華人男同志跨地域研究

U0152402

邊城思想者系列

華人男同志跨地域研究

江紹祺　著

楊靜怡、劉凱亮、許鎬泓、陳韋宏　譯

中文大學出版社

■ 邊城思想者系列

《華人男同志跨地域研究》

江紹祺 著

楊靜怡、劉凱亮、許鎬泓、陳韋宏 譯

國際統一書號 (ISBN):978-988-237-062-3

出版:中文大學出版社
　　　香港 新界 沙田‧香港中文大學
　　　傳真:+852 2603 7355
　　　電郵:cup@cuhk.edu.hk
　　　網址:www.chineseupress.com

■ BORDERTOWN THINKER SERIES

Chinese Male Homosexualities: Memba, Tongzhi and Golden Boy (in Chinese)

　　By Travis S. K. Kong

　　Translated by Yang Chin-Yi, Lau Hoi-Leung, Hui Ho-Wang, and Chen Wei-Hong

ISBN: 978-988-237-062-3

Published by The Chinese University Press
　　　　　The Chinese University of Hong Kong
　　　　　Sha Tin, N.T., Hong Kong
　　　　　Fax: +852 2603 7355
　　　　　Email: cup@cuhk.edu.hk
　　　　　Website: www.chineseupress.com

Printed in Hong Kong

目錄

圖片目錄

序言

　　在全球性的學術研究裏，「性」(sexuality) 作為社會學一門專科範疇乃始於 1960 年代，而相關的研究在中國和香港則延至 1980 年代末期才出現。至於本人就在 1990 年代中期投身於這個一直被學術界忽略且被社會大眾視為禁忌的學科，務求將華人的「性」研究引入國際性的學術討論之中。在全球化的脈絡下，我嘗試批判性地透過當代社會理論來理解現今華人社會中性身份、男性化、身體和親密關係等方面的討論。當中我最感興趣的是挑戰西方理論置於非西方 (華人) 社會的可能性，並希望與其他研究人類之「性」的學科進行對話。因此，我將自己的研究工作定位為新興的亞洲酷兒研究，旨在了解西方、本土和地區之間交織的知識系統，如何塑造亞洲區內有關「性」方面的經驗、身份、慾望及親密關係。

　　在這個五花八門的研究範疇裏，我的切入點是男同性戀的相關討論，包括性身份的形成和出櫃政治 (Kong 2000)、跨種族的男同志關係 (Kong 2002)、同性親密關係 (Kong 2009)、電影中的同志形象再現 (Kong 2005)、階層化的男同志社群和政治 (Kong 2004)，以及與愛滋病病毒或愛滋病 (HIV/AIDS) 相關的社會和文化含意的討論 (Wong et al. 2006; Wong and Kong 2007)。*Chinese Male*

Homosexualities（2011）是本人十多年來對於香港、倫敦和中國大陸男同志在身份、親密關係和性公民權方面的著作的整理和思考的成果，取材自華人男同志的生活經驗，來審視在「性」全球化下的性公民權，並透過 Foucault 有關生命政治、治理性、自我技術和權力／抵抗模型的觀點，呈現華人男同志在上述三個地區的性公民製造過程，尤其在「分散式霸權」（例如父權制度、民族主義、殖民主義、種族主義、世界主義、異性戀規範性和男性化霸權等）底下，他們如何在制度、社群和個人層面之間周旋。其中，我對男同志性公民權的「被製造」和「自我製造」的雙重過程尤感興趣，希望藉此了解他們如何創造出對抗着性論述和行為的「反公共空間」。

　　本書中，我透過五大有關性公民權的爭論來審視以上這些過程：一、在哪種層面上，以爭取同志政治權利為本的同化政治是複製，還是顛覆了性公民的異性戀取向；二、在哪種層面上，具商業性質的酷兒文化是促進了性權和對社群的歸屬感，還是在不同的社會階層如階級、性別、種族、年齡、身形和出生地等方面邊緣化了某些男同志；三、在哪種層面上，「出櫃」模式和男同志另類的親密關係是遵從，還是挑戰了當代華人家庭制度中的異性戀規範性和伴侶關係；四、在哪種層面上，新自由主義對性的規管將性公民權分為「好」與「壞」；最後，在哪種層面上，全球性的酷兒文化成為一種在階級、性別和種族等路線上既整合而又分割的力量。

　　我的研究方法屬於質性研究，以生命歷史（深入訪談）和民族誌為主要骨幹。在1997年至1998年期間，我在香港和倫敦訪問了34位華人男同志。十年之後的2007年至2008年期間，我再次訪問了當中的三分之一，並新加了26位香港（11人）和廣東（15人）的男

同志，即總共60個訪問。此外，在2004年至2005年期間，我亦訪問了30位從事男男性工作的男性，當中14人和16人分別來自北京和上海。這90個訪問代表了華人男同性戀在香港、倫敦和中國大陸三地的個案研究。

本書非常有幸得到不少正面評價 (例如 Ingram 2011; Wong AWC 2011; Wong WWC 2011; Hird 2011; Tang 2012; Wei 2013; Damm 2011; Chiang 2014; Baas 2015)。將這本著作翻譯成中文的主要目的，是希望可以將我的研究成果與華人讀者分享。但在翻譯的過程中，我也遇到了一些問題和限制：一、不論是學術名詞抑或是外國文獻的原文摘錄，要翻譯成顯淺和流暢的中文並非易事，因此在引用某些術語時，我會保留該術語的英語版本以作參照 (如異性戀規範性 "heteronormativity"、反公共空間 "counter-public"、分散式霸權 "scattered hegemony" 等)。而引述外國文獻時用字亦盡量簡單易明，力求做到行文通順，又不失學術討論的嚴謹精神。二、我知道近年中國大陸和台灣在同志研究方面的學術討論越發成熟、著作甚豐，但由於此書原著以英文讀者為主，當中引述的文獻和學術爭議也大多沿自國際學術界，故與華語文獻的對話相對較少着墨。三、此書的研究對象為居於香港、中國大陸和英國的華人男同志，其他華人社會 (如台灣) 的男同志故事並未收錄其中。四、我發現周遭的事情確實轉變了不少，當中包括整個世界，香港、倫敦和中國大陸，以及我自己。與其更新每個章節的內容，我更希望保留此書的原狀，畢竟它反映和分析了三地在1997至2008年的情況，因此中譯本並無更新受訪者的故事和分析，只是就相關資料提供最新的數字及現況。所以，在這個序言裏，我會簡略地刻畫出在過去十年之間

一些顯著的轉變如何影響華人男同性戀的發展，以及未來發展的新
方向，以作補充。我亦同時帶出本人有關華人男同性戀的研究路途
如何在十年過後延續下去。

＊＊＊

香港

　　這本書的首站是香港，我希望可以透過三個層次的分析來展現
香港性公民權的產生過程：一是在政治領域上性權的爭取，即建基
於行為、身份和關係上的權利（可參照Richardson〔2000〕對性公民
權的觀點）；二是在粉紅經濟領域上消費權利的行使；三是在私人
領域內，如婚姻與家庭中性身份和親密關係的確認。

　　第一個層次的分析與同志運動在後殖民的管治下有關。香港作
為一個特別行政區，與國家的關係在公民（以及性公民）的製造過程
中扮演着重要的角色。香港在過去十年之間經歷了重大的政治轉
變，特區政府似乎逐漸地受到中央政府的影響和干預。前者因應一
國兩制及其承諾的五十年不變而享有高度自治的地位備受挑戰和動
搖。香港社會日漸「大陸化」的趨向亦帶來不少爭議，市民上街遊
行示威時有發生，在2012年就發生了大型的反國民教育運動，抗
議政府在小學推行被視為洗腦教育和政治灌輸的德育及國民教育
科；接連的便是在2014年下旬發生歷時79日的佔領中環行動和雨
傘運動，其起因是抗議中央政府在普選行政長官上所作的人大
「8.31」決定。無可否認的是，現時的香港社會日趨政治化，出現親
建制／親北京和泛民主派兩大陣營，同時也有熱血公民、香港眾
志、社會民主連線和人民力量等本土自決派與激進泛民的興起，近

年更前所未有地出現在政治舞台上提倡香港獨立（如香港民族黨等）的激進力量。

　　在這個政治環境轉變下，香港的同志運動會變得更為激進嗎？事實上，香港的同志運動與民主運動之聯繫值得深入探討。過去十年，香港同志運動有什麼發展？首先，有關同性戀的法例不幸地在這十年間沒有太大的改變，我們只贏了幾場硬仗，例如在2009年將同性伴侶納入家庭及同居關係暴力條例，以及在漫長的爭議下因W小姐的案件而成功爭取跨性別人士的婚權。但直至現在，香港仍然未就性傾向歧視條例立法。在2012年，時任立法會議員的何秀蘭促請政府盡快就立法保障不同性傾向人士的平等機會及基本權利展開公眾諮詢，但在會內被否決（Kong, Lau and Li 2015）。而近年的研究雖然指出大部分市民支持訂立相關法例（Cho et al. 2014; Community Business 2012; Centre for Social Policy of HKPU 2014; Chung et al. 2014; Gender Research Centre of CUHK and Equal Opportunities Commission 2016），可惜政府卻以「教育」取代「法例改革」的藉口來拖延重啟有關的公眾諮詢，而當中最大的阻力仍然是來自與美國基督教右派運動類近的宗教團體（特別是基督教和天主教）（Wong 2013）。爭取性傾向歧視條例立法儼然成為未來同志運動的其中一個最重要議程。

　　其次，同志社群在過去十年之間進一步地被社會大眾所關注。黃耀明和何韻詩這兩位藝人，以及立法會議員陳志全先後在2012年出櫃，當中後者更是首位出櫃的立法會議員，故他們的出櫃均引來不少傳媒的報導。而「還我本色」、「大同」、「大愛同盟」、「學人·性·聯盟」和「大專同志行動」等新同志團體也分別於2008、2009、2012、2013和2014年相繼成立。始於新加坡的「一點粉紅」活動亦自2014年起在香港舉行，其在2017年的一屆便有多達10,000人

出席，相較「國際不再恐同日」和同志遊行的參加人數還要多。此外，一個名為"Out in Hong Kong"的新同志組織更以推廣體育、健身、戶外活動和健康為號召，成功申辦2022年在香港舉行同志運動會 (Gay Games)。

不過，香港同志運動在這十年的歷程中有兩件事情特別值得我們留意。第一是同志組織的內部分裂進一步加劇，第二是向激進的民主運動靠攏 (Kong, Lau, and Li 2015)。首先，同志社群的內部紛爭雖然時有發生，但不幸地演變成同志運動「屬誰」的爭議，這反映了在階級、年齡、種族和族裔，以及語言(英文或中文)等方面的路線分歧。最明顯的例子是在2012年，「同志社區聯席會議」因邀請親建制派的立法會議員葉劉淑儀擔任「國際不再恐同日」的發言人而惹來極大爭議。「還我本色」認為葉劉過往在捍衛人權、法治和社會公義的表現強差人意，故對「同志社區聯席會議」邀請她為活動發言人表達強烈質疑和不滿。而「大愛同盟」將新加坡的「一點粉紅」活動和主題「愛必勝」直接移植到香港，同樣備受某些同志團體非議，因為這種去性化的溫和包裝本來是為了避免新加坡政府打壓(新加坡仍把男男性行為列為違法)，但這個原因在男男性行為經已非刑事化的香港可能並不適用，而且活動的星級嘉賓陣容、跨國企業和外國領事館的贊助也引起了有關同志形象「陽光化」的爭論，部分人憂慮賣淫、嫖妓、用藥、玩3P，或從事其他「不見得光」的活動的同志，在主流同志得到認可後將被同志運動棄之不顧，甚至受到來自異性戀和「已上岸同志」的雙重歧視。說到底，爭議集中於討論誰人可以「擁有」同志運動和真正「代表」同志社群。

其次，是同志政治在整個社會公義運動的角色，部分人士認為前者應該聯同其他激進的社會運動一齊起義，例如反全球化、反資

本主義和反消費主義等被視為草根或激進的社會運動，甚至覺得同志運動的目標應該是情慾解放，故殘障人士的性權倡議、性工作非刑事化等均需納入議程，而其他人則將同志運動理解為爭取人權的大規模民主運動（例如雨傘運動）。因此，香港的同志運動由以往身份為本、強調性小眾的身份來爭取權益的路線，轉為近年的以議題為本、希望在雨傘運動和社會公義運動下與其他組織和群體結盟（無論是否同志）來壯大力量。

第二個層次的分析是酷兒消費公民權在粉紅經濟、異性戀規範性和「男同志陽剛文化」下產生的過程，而當中最重要的場域就是在資本主義的邏輯下市場競爭激烈的同志場所。新的同志酒吧和桑拿相繼湧現，而一代傳奇同志勝地 Propaganda 在 2016 年宣佈結業，結束了 25 年的漫長歲月。至於現有營業的其他同志場所特色依舊：以男性為中心、具有明顯階級分層、恐懼娘娘腔、着眼年輕人，以及充滿西化和國際化的外觀等。

除此之外，我亦留意到香港同志社群在這十年間出現了三大特徵：一是手機的交友程式（例如 Grindr、Jack'D、Scruff、Hornet 和 Manhunt）將男同志連繫在一起。它們促進了「陌生男同志之間因『地』際會而建立的匿名性慾關係」（Licoppe, Riviere, and Morel 2016）。其實在 1960 和 1970 年代，早期的香港同志「社群」散落於各種不同的公共空間，例如公園、公廁、火車站和海灘等，直至1980 年代男同志的聚腳點也是非常地下化的（Kong 2012a; 江紹祺 2014）。但自從 1990 年代，即在 1991 年同性戀非刑事化以後，伴隨着以同志為主題的場所的興起（例如酒吧、會所和浴室等），香港的同志社群愈趨地面化。不過，隨着 2000 年代以來網絡空間如網上聊天室、ICQ、MSN，以及近年同志手機交友程式（自從 2009 年）

的湧現後，同志生活也發生了巨變，以致國際的學術討論集中在研究同志社群是否已經悄然消失。究竟在哪種層面上這些交友程式促進新的身份、形成新的社群和建構新的性愛與情慾模式呢？在交友程式上哪些人去消費和被消費呢？哪些人被納入和被排斥呢？這個網上虛擬的性公民權又代表着什麼呢？

　　二是男同志社群日漸興起的"Chem-Fun"。早於2000年代初期，在大型倉庫舉辦的同志狂野派對已經出現，它們以男同志為主要對象，是一個可以讓他們享受着軟性藥物如搖頭丸（Ecstasy）和K仔（Ketamine，氯胺酮）跳舞的地方。至2000年代中期，由於政府大力執行打擊毒品的政策（零容忍措施），以及頻繁掃蕩的士高和會所等場所，同志狂野派對就如異性戀的狂野派對般逐漸式微，轉變成遊牧民族式的地下派對。狂歡跳舞與藥物的關係被切斷，取而代之的是將藥物與性愛結合在一起。受到藥物的影響，男同志主動找尋性愛，亦即是"Chem-Fun"的出現，在性愛的過程中加入藥物的元素。"Chem-Fun"是香港本地同志術語，代表着用藥與性愛，有點類似英國的"Chemsex"、北美的「派對與玩樂」（Party and Play，PnP），或者澳洲的「密集式性愛派對」（intensive sex partying）。在2000年代中期以後，這些用藥的場所變成由男同志在家中或酒店組織的私人性愛派對。用藥空間從此變得私人和小規模，參與者由數個到十個至二十個不等，致使藥物與性愛緊扣在一起，而所使用的藥物亦由搖頭丸和K仔，另加上壯陽藥偉哥（Viagra）和有機溶劑（Poppers）等，稱為EKVP Fun（約為2000年代中期到2010年），2010年後演變成以安非他命（crystal methamphetamine, Ice）、Viagra、G水和Poppers為主合稱的VIGP Fun。同志生活中的用藥元素開啟了被視為「壞」同志公民的新男同志身份討論，以及探討這

個既具快感又帶危險性的新男同志空間。作為香港首個針對本地男同志社群中"Chem-Fun"文化的質性研究，Lau（2014）對於同志用藥的現象提供了一個豐富詳盡的分析。

三是香港和深圳毗臨的地理關係進一步加速了兩地的情愛和性的聯繫，特別是中國大陸的男性性工作者（money boy）經常在香港透過男同志網站、手機交友程式和按摩場所尋找客人（之後再作討論）。

第三個層次的分析是有關戀愛、家庭和婚姻的私人領域。充斥着家庭式異性戀規範性的中國家庭傳統仍然是主要的控制據點，但與此同時，它亦是抵抗的場所。在1990年代和千禧年代之後，男同志出櫃的故事不斷湧現，而當中我最感興趣的問題是這些故事與上一代相比，有何異同之處？雖然同性婚姻在很多西方國家已經合法化，但似乎不少香港男女同志還是不太熱衷於探討其可行性，縱使他／她們當中有部分已經在海外註冊結婚（Yeung 2016）。事實上，他／她們在掙扎是否出櫃之餘，也渴望着建立另類的親密關係和「生活體驗」（life experiments），試圖挑戰異性戀定義下的家庭、婚姻和戀愛。

倫敦

本書的第二站是倫敦。我將移居倫敦的受訪者分為三類，一是「嫁」給英國男友的「過埠新娘」；二是隨着家人發展而遠赴他鄉的男同志；三是因為個人前途而作出走決定的男同志。他們的公民形成過程亦可以透過三個層次來分析：一是國家及其對同性戀的管治（例如英國自2014年起准許同性婚姻）；二是白人主導的男同志社群及其對華裔男同志身份的影響；三是經常在私人領域中形成的跨種族親密關係（英國人與華人之間的關係）。事實上，我的受訪者差不

多全部都擁有英國公民資格,而當中有部分更是得益於從2014年開始的同性婚姻合法化。由於在英國生活的華人算是少數族裔,故而華人男同志在白人同志社群中也算是小眾的一群。在這樣的社會環境下,華人(同志尤甚)普遍在政治和大眾文化上都是被邊緣化,又或者是被扭曲的,而在工作上亦面對不少難處。

Jackson (2000) 指出西方男同志文化的主流論述嘗試將歐美白人男性與亞洲男性建立的同性情慾關係描繪成兩個截然不同的圖像。第一個是「排除亞洲男性在性慾方面具有吸引力」(183),即在服膺於西方男同志超強陽剛特質的文化下,試圖陰柔化亞洲男性的身體。因此,亞洲男性被粗略解讀為「不值一幹」(not worth a fuck) (184) 的群體;第二個就是「將亞洲男性視為勾起性慾的個體而膜拜」(183),故這些被稱為「米飯皇后」(rice queen),即喜歡亞洲男性的歐美白人男性,某程度上是處於社會上被污名化和邊緣化的地位,他們會被定型為缺乏在性方面的吸引力,因而未能尋找到同為歐美白人男性的伴侶。相反地,有不少文獻指出亞洲男性往往會將白人男性視為潛在理想對象,同時負面地看待自己,又或者也內化了這些定型,認定自己為被動和順從的一方,因而對其他亞洲男性瞧不上眼或視其為競爭對手(例如 Ayres 1999; Chuang 1999; Han 2005)。在這些文獻的基礎上,我在本書中選用了「金童」(golden boy) 這個詞來形容西方社會生活中的華人男同志之主流形象和構想,即泛指年輕的處男,代表着無知、孩子氣、女性化或傳統中國文學中的雌雄同體。儘管這些主流論述塑造了歐美與亞洲之間的同性情慾關係,但近年的文獻也指出華人(以及普遍的亞洲人)男同志嘗試創造不同的策略來回應此種關係。他們有些熱切地抱擁這個定型、有些反行其道、有些全盤否定、有些保持一定距離,也有些

會重新定義。而在一個較為集體的層次上，部分會爭取亞洲男同志的曝光率、鼓勵積極參與以亞洲人為本的男同志社群，以及情慾化同種族之間的關係 (Poon and Ho 2008；亦可參見我在 Kong 2012b 的評論)。此外，近年亦有不少出色的著作講述亞洲酷兒離散生活，尤其是在美國社會裏種族和 (同性) 情／色所交織出來的關係 (例如 Nguyen 2014; Lim 2014; Han 2015)，可惜的是在歐洲社會的討論則相對較少 (Chow 2008 除外)。就算我近乎每年都會回去英國一趟，也沒有機會接觸到華人移民的第二代年輕男同志，而他們的故事實有待被開發。

中國大陸

本書的第三站是中國大陸。我們也可以透過國家、同志社群及家庭三方面來理解十年的變遷。自 2000 年開始，中國大陸步入一個稱為後社會主義的國家，在過去十年之間，政府對於私人生活的監控看似進一步減少，而容納情愛和性關係的社交空間也急劇增長(Jeffreys and Yu 2015)。雖然在過去十年，中國大陸在法律上沒有出現針對同性戀的重要改革，然而公民社會卻起了不少變化，例如出現在第一和第二級主要省市的同志消費市場和社群、在媒體和網絡世界迅速興起的同志影像，以及同志運動的冒起 (Chase 2012; Rofel 2012; Chua and Hildebrandt 2014; Engebretsen and Schroeder 2015)。不過，值得留意的是，這些新興的同志社交和情慾空間仍然受到監控，例如同志相關場所和活動的頻繁掃蕩和倒閉 (Rofel 2012; Engebretsen and Schroeder 2015)。

就如其他形式的社會運動一樣，酷兒運動很不容易才能在中國大陸出現。政府經常壟斷學術研究，只有少數的社會學家能夠將理

論結合社會行動，而其中一位便是在中國社會科學院工作，直至2012年方退休的李銀河教授。她是位非常有名的社會學家，曾鍥而不捨地在全國人民代表大會中提出同性婚姻合法化的議案，縱使其提議屢被否決。此外，自從2007年開始，潘綏銘教授和他的學生黃盈盈教授均會在中國人民大學舉辦兩年一次有關性／別的學術會議和工作坊，從而促進本地和海外的學者和非政府組織成員與社運人士在同性戀、性工作者和愛滋病病毒或愛滋病等議題上的交流。華東師範大學的魏偉教授是一名出櫃的男同志，專門研究及教授性／別議題。事實上，酷兒／同志社運人士需要冒着一定程度的風險與政府周旋，試圖建立一套「具創造性、深思熟慮、彈性和靈活變通的關係，以遊走於政府所訂下什麼是可行和不行的界線」（Rofel 2012: 158）。早前有五位積極提倡女性和同志權益的女性主義者，就因為提出在2015年3月8日的國際婦女節探討性騷擾的社會議題而遭到拘留，她們其後雖然獲釋但仍然受到政府嚴密監視。

公共衛生依然是中國社會研究同性戀的主要觀點。不過，中國在過去十年間也湧現了不少其他同性戀研究的文獻，它們分別是來自着重於社會建構論、酷兒理論和／或女性主義的學者。當中有些是進行中國研究的西方學者（例如Lisa Rofel, Elisabeth Engebretsen）、海外華人學者（例如筆者本人、黃結梅、金曄路、姜學豪），以及一些中國大陸學者（例如魏偉、包宏偉、富曉星）。他們均探討中國在面對文化、性和經濟全球化下，個人如何理解自己的身份和形成同性親密關係。他們透過質性研究（qualitative research）中的深入訪談、民族誌、參與觀察和符號學分析等的方法，蒐集了不少在中國城市的女／男同志生活故事，例如北京（Ho 2010; Engebretsen 2014）、上海（Bao 2012; Kam 2013）、成都（Wei 2007）和東北（富曉星 2012;

Zheng 2015）等地。當中的爭論仍然是停留於在家庭和婚姻制度下出櫃的歷程，並強調華人處境的「面子」和「孝順」問題（可參見Martin 2015 對此的評論）。而最近的研究則是探討男同志與女同志處理婚姻壓力的策略。有別於西方主流社會不是選擇單身就是與同性伴侶同居的狀況，中國的男女同志通常有兩個做法：一是與異性戀女子或男子結婚，然後壓抑自己的同性情慾，又或者是在婚姻以外建立秘密的同性戀生活；二是男同志和女同志合作的「形婚」（cooperative marriage）（魏偉、蔡思慶 2012; Kam 2013; Engebretsen 2014）。雖然這些出櫃政治（以及形婚策略）的討論是以抵抗異性戀規範性為理論框架，但卻是很中國式的關係式自我（relational self）之建構（不同於西方式的個體自我），致使華人創造了多重的自我身份（Kong 2016b）。

另一個重要的發展是中國大陸日趨成熟的男性性工業（Kong 2016b）。首先，值得留意的是男性性工業與男同志社群的發展是相輔相成的。這兩個互為影響的場景自1990年代開始逐漸冒起，並於2000年代轉趨成熟而呈現於公眾眼前（有部分是由於不同的男同志網站所帶起）。其次，就如男同志社群一樣，男性性工業在1990年代由地下有限度和分散的據點轉為在2000年代於大城市中出現。這個轉化成公眾領域的轉變吸引了不少男性（男同志與直男）投身此行業。第三，在1990年代，由於妓院和按摩浴場只屬有限度經營，故男性性工作者或"money boy"主要在街頭、公園，又或者同志酒吧來尋找客人。自從2000年代開始，性工業的發展變得成熟，在大城市中均出現為數不少的妓院和按摩浴場，因此為他們提供了工作機會，但這個日漸風行的趨勢卻吸引了媒體，隨之而來的是政府的注視。因此，近年來的發展便是依靠同志手機交友程式

如Jack'D等來接觸客人，以圖避開媒體和政府的監控。最後，政府
於2004年的李寧案中作出首次管制男男賣淫的行動。正因為這個
性行業日趨高調，政府也不得不在近年加強管制，例如大力掃蕩妓
院（由幾個月一次到現在每個月一次）和進行網絡審查（主要是針對
男同志網站中非常露骨的性廣告）。就如本人其他的著作（Kong
2010, 2012c, 2012d, 2014, 2016a）均持續地指出，不少money boy都
是中國新男同志公民權在資本主義和世界主義初現下的「他者」。他
們既是新的都市主體，又是城市的邊緣人物；他們既是新的工人主
體，又是非法勞工；他們既是新的酷兒主體，又是「不當」的男同
志公民；他們既生活在酷兒的時間和空間中，同時又要在無甚出路
的人生旅途上打滾。他們的流動性很大，從農村到城市，從中國內
地到外地如香港、澳門或其他東南亞國家如新加坡、泰國等。也是
因為這些流動，大大增加香港與內地同性情慾的聯繫，也豐富了我
們對香港同志嫖客的理解（Kong 2015）。

＊＊＊

　　這本書採用了跨地域的形式來審視華人男同志在新自由主義、
世界主義和全球化論述下的性公民權產生過程。而在完成這本書的
過程中，我卻發現了幾個研究缺口，促使本人繼續探索一些未被發
掘的領域，希望可以令到華人男同性戀研究變得更加充實。

第一代的男同志

　　在過去的十年間，我對於Plummer（2010）所提出的「代際間的
『性』」（generational sexualities）愈來愈感興趣，它讓我們了解不同年
代對性的不同看法。本人早期的著作主要集中於戰後的世代，那麼

出生於第二次世界大戰之前的男同志是怎樣的呢？他們都是被學術研究忽略的一群，在主流和酷兒的普及文化中缺乏代表，並消失於社會政策和社會服務之中，甚至在同志社群內部也被邊緣化。「性」的議題在老年社會學中經常缺席，「性」的社會學也對年齡和世代的分析無多大興趣，故他們是「不被看見的弱勢群體」(unseen minority)(Berger 1982)，又或者是「弱勢中的弱勢」(minority within a minority)(Jones and Pugh 2005)。直至近年才有國際性的學者肯定兩者之間交織的關係，試圖了解非異性戀長者的經歷之複雜性和多樣性（例如 Heaphy, Yip, and Thompson 2004; Heaphy 2007; Cronin and King 2010)。不過，到目前為止，聚焦於非異性戀年長華人男性和女性的研究仍然鳳毛麟角。

年長男同志絕對是華人同志史的滄海遺珠，也是在香港和中國大陸的老年學、「性」的研究和社會歷史研究中被邊緣化的研習領域。這促使我去探索這個看似失蹤的人口，繼而進一步發掘香港同志研究所失去的一塊拼圖。首先，本地年長研究均假設年長的參與者為異性戀者，從沒有考慮到他們有可能是非異性戀年長人士（例如 Chi et al. 2005; Chou, Chow, and Chi 2004; Yip et al. 2003)。第二，本地同性戀的研究基本上全部都集中於討論出生於 1950 年代或之後的女／男同志（例如我的著作有 Kong 2002, 2004, 2005, 2011; Chou 2000; Ho and Tsang 2000; Tang 2011; Wong 2007)。這個情況也出現於本地的同志故事、小說和電影。第三，年長男同志的故事在香港的社會歷史脈絡中長期缺席，在處理香港人身份認同的討論時也只是集中於異性戀男性（和女性）身上（例如呂大樂、吳俊雄、馬傑偉 2011；Pun and Yee 2003)。

我在 2008 年獲得香港大學研究計劃的資助經費，用以補充年

長華人男同性戀的學術討論。這個計劃於2009年展開，作為一個學術研究的項目，希望透過口述歷史的方法探索生活於香港的年長男同志（60歲或以上），過程中共有15位受訪者參與是項研究（Kong 2012a）。直至2012年，當這個研究接近尾聲之際，我將它變成一個參與式行動研究（participatory action research），與參與者進行恆常的每月茶敘。在2013年，我有幸得到香港大學的知識交流基金，其目的是記錄出生於香港的年長男同志（60歲或以上）之生活點滴，務求喚起一般大眾、社會服務提供者和同志社群關注他們的需要和困難。而在2014年，我出版了《男男正傳：香港年長男同志口述史》，此書捕捉了他們的生活故事如何與香港歷史交織在一起，以及他們所面對的困難和苦況，尤其是在殖民時期到現在因性傾向而帶來的挑戰。這是首本糅合學術分析和自傳、探討華人社會中年長男同志生活故事的社會學著作，在沒有失去其學術味道的情況下，對於非學術圈子的讀者來說也是一部易讀的作品。此外，我也邀請了四位本地和國際的藝術家，包括沈嘉豪先生、黃勤帶先生、Mr. Gyorgy Ali Palos和陳家祺先生透過攝影手法來記錄他們現在的生活。最後，這個計劃的研究成果，以及一系列的新書分享會和攝影展均在本地和海外地方的學術圈內／外發佈和舉行。透過這些活動，一個稱為「晚同牽」（Gay & Grey）的自助組織亦於2014年12月正式成立，這無疑讓一眾參與者感到無比充權（empower）。整個組織是由香港年長男同志負責營運，為其他年長男同志提供服務和支援，現在約有20位成員和25位好友及義工。再者，本人甚感高興的是可以引發其他地方例如廣州進行類似的計劃，而我亦在倫敦開始相關的研究。整個由學術研究變成參與式行動研究的歷程亦已經記錄在案（Kong 2017）。

90後和千禧年代的年輕男同志

延續本人之前對於跨國和跨地域的關注，我現正與來自中國大陸和台灣的學者合作開展一個以香港、中國大陸和台灣三地年輕男同志（年輕介乎18至27歲）為對象的比較研究，探討他們身份形成的歷程和挑戰。有別於前述世代的華人男同志，1990年代出生的香港、中國大陸和台灣年輕男同志均成長於與上一代截然不同的社會背景，即同性戀不再被視為刑事罪行和/或精神病（例如香港在1991年實施的同性戀非刑事化；中國分別在1997年從刑事法中廢除流氓罪和2001年將同性戀從精神病名冊中剔除；台灣以往常以違反「善良風俗」為由起訴男同志。「善良風俗」出自於《違警罰法》，此法在1991年後廢止）。此外，三地亦有不少男女同志娛樂場所、同志網絡世界和同志組織，以及同志運動的出現（例如同志遊行和一點粉紅等活動），故今次研究的目的是希望探究他們的生活經驗與上一代比較之下是否有質性的不同。這個跨地域的研究將會審視此三個華人地區在意念、身體和資本方面的酷兒流動，繼而形成和改造年輕男同志的身份、實踐和慾望。

男同志用藥

男同志用藥是全球的新趨勢。香港男同志感染愛滋病病毒的上升人數已經響起警號，成為急切要處理的課題，而我一直對於愛滋病病毒或愛滋病為男同志賦予的社會和文化意義深感關注（例如Altman et al. 2012; Kong, Laidler, and Pang 2012）。這個新的研究方向不僅是填補了「性」的研究和濫藥研究的缺口，同時亦對政府部門、醫療和公共衛生組織，以及前線工作人員帶來重要的政策啟示，有助於制訂針對男同志社群文化的愛滋病政策和介入服務（Kong and Laidler, 審閱中）。

***

　　最後，我想説的是，同志之路難行，同志研究也非易事。但願此中譯本能夠對這課題感興趣的人士有所裨益，進而深化或發展其他相關的研究領域。不論本身的性取向是什麼都共同努力，我想這就是同志真正的意思吧！而與我並肩作戰的就有將原文翻譯成中文的楊靜怡以及再作整理的劉凱亮、許鎬泓和陳韋宏，他們居功至偉，沒有他們的幫助，我簡直不敢相信這本書有面世的一天。在此我衷心感謝他們。

江紹祺

2018年1月，香港

從混雜的情/色經驗
探索全球性的親密公民權

Ken Plummer
英國艾塞克斯大學社會學名譽教授

> 我們有很多方法，去擁有、體會、表現和感受性。
> 人的性不只一種，性的世界就如萬花筒一樣。
>
> ——John Gagnon, *Human Sexualities*, 1977, 引言

> 我們都是性公民，但我們並不是平等的性公民。
>
> ——David Bell and Jon Binnie, *The Sexual Citizen*, 2000

　　無論在地球何處，人類的性總是多姿多采、千變萬化，充滿象徵意義的。今時今日，認識到性的多樣和百變，是任何研究的起點。如果我們不去正視人類之間的差異，就難以明白古今人類的慾望世界是多麼的無邊無際。由《愛經》、《十日談》，到 Sigmund Freud 提出的「多形性慾」（polymorphous desire），以至 Alfred Kinsey 的性傾向光譜，在在顯示了性的多元和流動是人類社會生活的重要一環。性的各個面向——意義、行為、身份、文化和政治——層出不窮，當中亦有互相矛盾、互相衝突的地方。某程度上，這種持續的衝突是一種推動人類社會運作的力量。如果還有人認為世上只有一種性、其本質永恆不變的話，只會被人當作笑話看待。

正因為人類的性是豐富多元，所有社會均透過法律、傳統、風俗與習慣等途徑來規管性，把它重新包裝。博大精深的慾望世界往往受到不同限制，形成了各種性的劇本、論述和規則，引導我們何時、何地和如何了解和實踐性，讓本來複雜多變的性變得單一和刻板。打着維持秩序的旗號，社會將情慾和性愛區分為「好」或「自己人」與「壞」或「異類」/「僭越者」。兩種標籤起着互相強化的作用，劃下了好與壞的分界。然而，即使是在「好」的、得到社會接納的那一方，性的多樣性仍然清晰可見。

或許，性的多元化與社會規管互相角力的這種情況，才真的是永恆不變。不過，這個角力過程在現今世界變得更加複雜，與全球化 (globalization) 和全球在地化 (glocalization) 等趨勢互相交織着。透過媒體化、數碼化、移民潮、旅遊和消費、全球化城市的興起等現象，區域間的性文化與組織不斷地相互滲透與影響，造成了「性的混雜化」的局面 (sexual hybridization)，離散的性群體 (sexual diaspora) 也隨之出現。

有人根據 Huntington 的理論，指出此現象將引發不同文明和文化之間的衝突；亦有人擔心全球各地的性文化被逐步標準化和麥當勞化，變得單一和同質。不過，包括我在內的另一班人，則認為人類的性本來就是一個大千世界，在未來將會保持這份多姿多采。事實上，這種多樣性在今時今日更為顯著，且有着全球性的特色，並不斷以新的形式出現。借用 Jan Nederveen Pieterse 在 *Globalization and Culture* 一書中的生動説法，我們正見證着「全球性的大雜燴」的誕生。我們更可進一步以「性的巴爾干化」(balkanization of sexualities) 和「性的克里奧化」(creolization of sexualities) 的概念來理解這種最新發展：前者描述一個本來具支配地位的群體（例如主流的男同性戀

文化)分裂成各式各樣的新群組,後者則描述一個相對被孤立的社群(例如性工作者)受到各種外來因素影響。一言以蔽之,「性的混雜化」(hybridization of sexualities)已成為常態,一種新的「混雜政治」(a new politics of hybridity)亦隨之而生。

華人生活的混雜性

江紹祺的著作不但富有啟發性,更為這個百變多端、充滿爭議的21世紀性的世界,獻上一次知性和感性並重的紀錄,令人獲益良多。他的研究旨在「捕捉華人男同性戀者在複雜的全球化下,於香港、倫敦和中國多姿多采的生活」(頁12),帶領我們遊走於三個有着截然不同的歷史的地方。用俗語說的話,此書是針對香港、倫敦、廣東、上海和北京「基佬」的個案研究,他們都是「基」的「華人」,但這些用字正正隱藏了不少文化差異,以及定義上的問題。我們即將聽到的故事來自不同地方,包括移居倫敦、較為女性化的離散「金童」;崇尚國際、進行炫耀式消費的香港 "memba";居於城市、追求現代感的中國大陸「同志」;以及漂泊不定、被污名化的內地 "money boy"。這些新世界「建構着各式各樣的男同志身份,當中混雜了不同元素」(頁281)。畢竟,同性情慾有着各種不同的起源,「同性戀者」一詞的意義流動不息。我們要學懂的,是如何跟多元、差異和混雜的世界共處,甚至愛上它的繽紛。

江紹祺研究的這三組華人男性,均置身於急劇的社會轉變、後殖民主義、全球化等趨勢的一片混亂之中,並努力地在情慾生活中尋找意義。這些慢慢成形的性故事,屬於一個又一個「想像的性共同體」(sexually imagined communities)。研究亦反映了當今世界裏性的多元、多變和差異,明確指出華人實踐情慾的方法不止一種(基

本上任何地方、任何文化裏都不會只有一種實踐情慾的方式）。以家庭為中心的傳統儒家思想或許仍有一定影響力，但與此同時，新的性身份正不斷湧現，形成「性的混雜化」的局面，而此書正正描繪了一塊由各種差異編織而成的版圖。性穿梭於不同時空之間，造就了不同的性景象（sexscapes）、性流動（sexual flows）和性遷移（sexual mobilities）。當這些男性進入一個充滿可能性的新空間，不論是由東方的家鄉來到西方的城市、由共產主義國度走進資本主義世界、由農村遷移至全球化的大城市，抑或由殖民時代過渡至後殖民的當下，他們的生命都經歷了大大小小的變化。江紹祺因此引用和延伸了 Aihwa Ong 的「跨國性」（transnationality）概念，擴闊了英文裏「trans」的意涵，用來代表「跨國」（transnationals）之餘，還有「轉型」（transformations）、「翻譯」（translations）、「踰越」（transgressions）的意思，指向一個「跨性」（transexualities）的世界（trans 在拉丁語中是指「跨越」、「超越」、「跨過」或「彼方」）。所見之處盡是各種跨越界線、體現着全球化的性實踐（trans global sexualities）。

　　此外，此書記載的性故事亦牽涉着華人男同性戀者的「修身大計」（body projects）：為了得到自我和別人的認同，他們努力維持或改變自己的身形，甚至一舉手、一投足也加以控制，一邊展示自己慾望滿載的華人身體，一邊檢閱別人的肉身。正如江紹祺所言，西方看待肉體的態度「對華人男同志身體產生深遠影響」（頁 299）。此書亦展現出不同的酷兒世界，探索了酷兒身份、酷兒政治，以及全球性的酷兒文化。一種「性政治」（politics of sexualities）已出現，高舉性的社會運動漸漸成形，我們也看到這個新世界繼續就性公民權（sexual citizenship）、親密公民權（intimate citizenship）、文化公民權（cultural citizenship），以及各種性態和情慾表達所牽涉的權利等議

題展開爭論，而江紹祺正正分析了不同地域的華人男性成為性公民
的過程。當然，市場力量不可忽視：開放後的中國大陸持續擁抱資
本主義，而香港則一如既往，對自由市場奉若神明。兩地均出現性
商品化的現象， 帶有新自由主義色彩的個人性故事 (sexual
individualisms) 亦非常普遍：對香港 memba 而言，男同性戀的身份
透過消費公民權與消閒活動和生活品味掛鉤，這情況也出現在中國
大陸的酒吧和俱樂部等商業場所。同時，江紹祺有力地展示了世代
所造成的分野，其中以世代的性差異 (generational sexual differences)
尤為顯著。中國大陸的老一輩成長於毛澤東時代，當時階級鬥爭和
集體主義蔚然成風。隨着公民權的模式由「社會主義公民權」轉變
成「市場公民權」，新一代受到個人主義的影響，經歷着一個「男同
志塑造自我、體現 DIY 公民權的過程」(頁 247)。

離散的情慾、自身的反思

這部著作說明了全球各地如何不斷建構各種混雜的性態和情慾
(hybrid sexualities)，這確實有很多值得細味的地方。最近亞洲和
拉丁美洲興起一股研究熱潮，聚焦於各個民族、國家的情慾文化如
何隨着內部和外部的界線而變化，江紹祺的研究正好承接了這個方
向。的確，不少學者的最新著作均強調，有關酷兒和同性戀的西方
理論並非放諸四海而皆準。2005 年在曼谷舉行的亞洲酷兒研究研討
會 (Asian Queer Studies Conference) 是最佳例證，它集合了 600 位學
者和社運人士，可說是學界的一個重要轉捩點。大家希望做到的，
是捕捉不同政治環境下，如何表達和建構各種混雜的、具有國際色
彩的性。很多時候，大家在特定的地域發掘了大量的田野資料，而
當中的細節往往是混亂、矛盾和複雜的，並非一般理論或教條式的

概念所能解釋或概括。

　　這些來自田野的故事，不少跟研究者的自身經歷或掙扎有着密切的關係，在其學術著作中顯現出來。江紹祺也不例外：他懷着一份屬於過來人、局中人的同理心，聆聽和重現華人男同志的聲音。有別於一般學術著作，他的文字毫不僵硬，富親切感而引人入勝，在跟受訪者交流的同時，針對自己的生命歷程進行反思。他從不離地，心繫田野，其經歷與受訪者的故事互相對照。他生於香港，在一個貧窮家庭長大。在英國留學期間，他自己也展開了情慾的探索，親身經歷過西方社會對華人男同志的嚴重污名化。可想言之，這部著作非常貼地，絕非曲高和寡的象牙塔之作。套用江紹祺的說法，他書寫的是「跨國的酷兒故事」，但文字同時也夾雜着「針對自身生命的分析」。社會科學發現過往崇尚的客觀分析只是假象，而越來越強調研究者的自我反思。

情慾世界主義

　　這本書讓我想起其他學者相似的佳作，包括 Richard Parker 的 *Beneath the Equator* (1999)、Don Kulick 的 *Travesti* (1998)、Martin Manalansan 的 *Global Divas* (2003)、Mark Padilla 的 *Caribbean Pleasure Industry* (2007)，以及 Tom Boellstorff 的 *The Gay Archipelago* (2005)。這些研究均反映了一種意識，我姑且稱之為「性的世界主義」：它建基於人類對性多元的認知，以及處之泰然的態度。世界主義有着複雜和悠長的歷史，由古至今曾被賦予各種不同的意義。最廣義的理解，就是指我們每個人都是世界公民。*Cosmopolitanism: Ethics in a World of Strangers* (2006) 的作者、加納裔美國學者 Anthony Appiah 就把世界主義定義為「面對各種合理的差異時，一種關注和尊重」。

Robert J. Holton 的近作 *Cosmopolitanisms*（2009）甚至收錄了超過 200 個定義。可以肯定的是，世界主義與全球化和多元文化主義並非同義詞，也不應被理解為精英的世界主義，只是對優越的生活品味、高檔文化的追求（常與大城市的生活掛鈎）。不過，江紹祺筆下的中國大陸男同志確實有不少人被此吸引，他們從農村遷移至五光十色的城市，累積了新的體驗，看見了新的社會階層，努力變身成講究生活品味的同志。

　　簡單來説，世界主義有着政治、文化和個人三個面向。在文化層面，「性的世界主義」展示了各式各樣的情慾文化，包括了男同志、女同志和其他酷兒群體，在不同的現代時空裏賦予了各種意義和實踐方式，再成為生活的一部分。在政治層面，「性的世界主義」涉及性權、管治、以至全球性親密公民權等方面的爭議，促使我們反思如何愛上差異，與之共處。而在個人層面，如 Ulrich Beck 在 *Cosmopolitan Vision*（2004 德語版；2006 英語版）所言，世界主義意味着一種能力、一種態度，去理解和體察世界上的不同立場，縱然它們經常出現矛盾；我們應努力尋找共同的方法與差異共存，然後往前邁進。

　　「性的世界主義」的敵人，是「性的原教旨主義」的支持者。這些人拒絕接受世界的多樣性，視保守價值和傳統思想為絕對真理，經常反對現代社會的一切或是狹隘且單一地詮釋教條與經文中的意義。江紹祺在此書中就提及了不少例子，指出香港一些基督教和天主教背景的非政府組織正進行反撲，積極打擊非規範（或非正典）的性／別社群的平權運動和情慾表達。由此可見，「性的世界主義」雖然在過去幾十年興起，但「性的原教旨主義」一直如影隨形地持續出現。兩者之間的張力和矛盾有着漫長的歷史，在可見的將來也不

會輕易消退。或許,這是社會組成的必然現象,亦是每個世代需要面對的課題。

全球性親密公民權:差異之中尋找共同話語

為更深入地理解這些矛盾,學者近年提出了親密公民權的概念,首先聚焦於性/別、性愛、關係、生育、感受和身份的建構和實踐,以及跟我們最貼身的情慾、愉悅、生活和處世方式,然後再探討這一切與權利、義務和治理之間的關係。在某些時空,人們能擁有個人權利和義務,並透過選取最適合自己的親密關係開展繽紛的生活;雖然他們對於理想關係的定義可能各有分歧,但面對差異、多元往往懷着一份尊重,這就是他們的共通點。因此,親密公民權的概念並非指向任何一種通用的模式、標準或原則。正如江紹祺在此書所呈現的,它只是一個具備包容性的術語,意味着性的故事無窮無盡,當中可以看到新的生活方式、社群面貌和政治生態。這個概念的價值,在於提醒我們必須繼續留意各種公共論述如何塑造和影響個人生活和私人領域。

要爭取這些權益,已不再只是一場限於本土領域的抗爭,因為戰場現時已延伸至全球。這種訴諸全球的抗爭策略,反映了有關人權和世界公民身份等普世價值的探索,為聯合國和不少非政府組織所採用。幾百年前,Immanuel Kant提出地球上的所有人進入了一個共同體;時至今日,如果某地區發生違反人權的事件,其他地方或許全都有所感應。世界主義一方面讓我們將所有人視為同一個世界的成員,另一方面仍然承認彼此之間的必然差異。差異存在於每一個地方,而通過差異,我們可以學習到很多很多。但與此同時,「人類」始終屬於同一個世界。

　　此書呈現了一系列有關親密公民權的建構過程的個案研究：江紹祺走訪三地，深切地了解人們如何在截然不同的性的世界努力開創自己的生活、建立自己的身份。不同個案貫穿全書，從不同層面反映現況，包括新興亞洲同志運動中的平權抗爭、資本主導的粉紅經濟如何排斥某些社群、新自由主義下同志能夠爭取的（消費）權利、同志婚姻和民事伴侶法的發展等。由於三個地域在資本主義操作、家庭文化和人權等方面均有着迥異的歷史背景，這些議題的形成過程和最新路向也因而有所不同。此書的魅力正正在於江紹祺穿梭三地、跨越各種界線後收集回來的生命故事。

　　對於「平權」、先進資本主義，以至當今新自由主義引起的種種爭議，江紹祺特別警惕。這些趨勢在中國大陸漸漸扎根，在香港更加穩固，在倫敦則發展到近乎病態的地步。在中國大陸，公民權的模式經已由「社會主義公民權」轉變成「市場公民權」，為社會帶來了急劇轉變和不穩定因素。在倫敦，甚為成熟、具規模的同志商圈受到新移民的衝擊：他們有些人並未跟家人完全切割，有些人則為了得到更美滿的人生而做好全盤規劃，有些人則選擇在當地登記結婚，成為「海外新娘」。受到新儒家傳統影響的亞洲家庭文化，確實維持着一定的影響力。在香港，我們則觀察到「性慾化的香港公民權」的出現（頁66）。無論在哪裏，納入（inclusion）和排斥（exclusion）的雙重問題持續存在。亞洲獨有的家庭中心主義、前殖民主體被剝削權利的情況、資本主義與共產主義的交替等因素互相交集，塑造了大城市裏西化的同志文化，掀起了各種平權爭議，最終令到「全球性的大雜燴」變得更加混雜、豐富。這確實是個令人興奮、充滿未知的時代。無疑，國家仍然扮演着一個重要的角色。江紹祺指出，國家「造就了充權的機會，但同時亦帶來新的限制」（頁294）。

在這三個地域，國家均為某些同性戀關係或實踐方式提供了某個程度的認同、支援甚或權益，但它同時也在控制、規管和懲治一些身處邊緣的「他者」。換言之，國家把同性戀區分為「好」與「壞」兩種。的確，對於這些發展方向，我們並非全面地感到樂觀（江紹祺似乎對於同志世界裏的物化和市場化尤其批判）。

江紹祺努力為這些矛盾尋找出路。他的關注點還有很多，包括：社會學會否因為過度重視分類和身份而產生其他問題、後現代思潮（後殖民理論、酷兒理論、「新空間」理論）引起的反思，以及差異與同質、獨立與統一、世界主義與原教旨主義之間的持續衝突。他一邊作出反思，一邊把社會學與酷兒理論、親密公民權和人權、個人與政治、在地與全球等看似相互衝突的東西連結起來。

一個多元的宇宙

一百年前，美國哲學家William James指出我們活在一個「多元的世界」。他不是第一個說這句話的人，也不是最後一個。大家無可避免地要面對一個挑戰，那就是學會與差異共處。很多時候，我們落入被同化的陷阱，誤信了原教旨主義的片面論述。沒錯，這個世界的多樣性有時令人難以理解，甚至看似一片混亂。要走出迷宮，需要互相指引。我始終相信：活着，就必須要從接受多元的世界開始。正如此書所示，人本來就是懂得雙向思考、在差異之中過活的動物。這一點，我們永遠不能忘記。

導論

周遊列國的身體

就讓我們遊走於三個不同的地區。

※ 2008年12月13日星期日下午3時，香港，銅鑼灣

今天是第一屆香港同志遊行的日子，起點是香港最熱鬧的銅鑼灣，主題是「驕傲愛上街」，大會宣言：「我們是同志：我們是男同志、女同志、雙性戀者、跨性別者、易服者、變性人、性工作者、性愉虐者，我們要實踐性多元。」

大會原本預計只有500人參加，與過去四年參加香港區「國際不再恐同日」（International Day Against Homophobia, IDAHO）的人數相約。因此，當最後有近千名同志或同志友好人士參加時，主辦團體都感到非常鼓舞。是次遊行隊伍從銅鑼灣出發，沿着軒尼詩道步行，最後到達灣仔的修頓球場，舞台上正進行各種不同的舞蹈和表演。[1]

在蔚藍的天空下，我和幾位朋友抵達了銅鑼灣。一位來自台灣的同志朋友對我說：「真的很高興可以在這個美好的星期日來佔領異性戀的公共空間！」我非常贊成她的説法。然而在幾天前，當我

圖 0.1 2008 年香港同志遊行（如非特別説明，均為作者拍攝）

圖 0.2 2008 年香港同志遊行後於灣仔修頓球場舉行表演

邀請一位非常要好的 "memba"（本土用語，香港男同志用來表達自我身份的稱謂）朋友來參加遊行時，他說：

> 噢！很抱歉我不能跟你去。你知道的，我不是你們
> 這種人，不能加入你們。上街遊行太高調了！要是
> 我的家人在電視或報紙上看到我在遊行隊伍的話，
> 你叫我怎麼辦？我寧願去逛街，聖誕節快要到了，
> 我真不想錯過最後的大減價呢！

其實我也頗為同意這位memba朋友的說法，為什麼非規範（或非正典）（non-normative）的性/別人士需要「出櫃」呢？究竟性身份在哪種程度上與政治扯上關係呢？

香港是個以華人為主的社會，在1997年主權移交中國之前，經歷了逾150年的英國殖民統治，現由香港特別行政區政府管轄。基於這種特殊的殖民及後殖民歷史，香港人無論在各種公民、社會和政治權利上[2]都只是「局部的」公民（partial citizen）。就此而言，我們應如何理解香港同志爭取成為「性公民」（sexual citizen）的歷程呢？而在殖民歷史及九七回歸後的政治和社會背景下，香港同志所定義和實踐的性公民權又是什麼呢？

自從1842年殖民政府將同性戀刑事化開始，直至1991年才非刑事化，這段時期香港只有少數的同志團體；但在1990年代之後，香港的同志組織如雨後春筍般湧現，同志商業活動和消費場所亦迅速發展起來。然而，儘管舉辦了同志遊行和國際不再恐同日，大部分香港同志仍不太熱衷於政治運動。[3]對於爭取不同性傾向人士的平等機會、同性婚姻的權利、向家人和公眾「出櫃」，以及追求

性公民權等議題，香港同志社群都顯得漠不關心。

原因是什麼呢？為何香港的同志身份認同主要是由炫耀性消費行為（conspicuous consumption）而非政治行動建構出來呢？我們如何在政治渠道受阻時釋放出同志力量呢？在由「家庭生命政治」（family biopolitics）[4] 衍生出來的家庭式異性戀規範性（familial heteronormativity）之下，香港同志的身份協商過程會受到什麼局限呢？在哪種程度上殖民政府與後殖民政府，以及其他社會、經濟、政治和文化等因素促成香港同志運動的發展呢？而香港的(性)空間又如何被創造、想像和實踐呢？

※ 2007年7月23日星期一晚上7時，英國，倫敦，Jeff的家

我坐在朋友兼受訪者Jeff位於倫敦家裏的露台上。他在香港出生，1980年代初期，Jeff九歲時，他的家人為了謀求更好的社會經濟發展而移居倫敦。這一晚我們正討論着彼此認識的導演朋友楊曜愷（Raymond Yeung）的電影，而Jeff一直都有參與製作這些電影。

Raymond的第一部劇情片《黃熱》（*Yellow Fever*, 1998），講述一位住在倫敦多年的華人男同志Monty的故事。Monty拼命地尋找心目中的「白馬王子」，直到有一天他遇上黃皮膚的新鄰居Jai Ming，並被他深深的吸引着。Raymond第二部劇情片《我愛斷背衫》（*Cut Sleeve Boys*, 2006），是關於兩個英國華裔男同志在倫敦尋找自我和真愛的故事。主角Ash是一位較為陰柔的男同志，他唯有在穿着女裝的時候才能面對他那粗豪且「扮直」（straight-acting）的退役英國軍人男友。另一位主角Mel，是個體現主流英國男同志文化的肌肉型男，他最終拒絕了從威爾斯跑來倫敦跟他同居的白人男友。

圖0.3　電影《我愛斷背衫》中Mel與兩個男人在倫敦一間酒吧（2006年）

圖0.4　電影《我愛斷背衫》中Ash躺在退役軍人男友的懷中（2006年）

　　Raymond曾於2000年至2003年期間擔任香港同志影展的總監，他不諱言總是很難找到由亞洲人拍攝的同志電影，如有的話，關注的議題也通常離不開出櫃、家庭壓力或種族歧視，而他現時最渴望的是寫一部關於現代亞洲男同志生活的浪漫愛情喜劇，其中《我愛斷背衫》就是描述幾個成功融入倫敦的新世代英國華裔男同志的故事。事實上，如同Raymond在其導演筆記裏所說：「他們已經成為這個城市的一部分，是充滿自信、成功和有修養的一群，並擁有選擇的權利。他們是新一代的英國華人，敢於追求並擁有一切。」

　　到底有什麼因素，促使香港男同志移居英國等西方國家呢？移民向來是個複雜的決定，受制於很多因素，例如貧窮、社會流動性、政治不確定性，甚至性傾向等，而除了是個人移民外，也可以是舉家移民。事實上，撇開社會和經濟優勢的理由，不少香港市民，尤其是中產階級與專業人士，基於九七回歸中國的政治憂慮，而紛紛在1980年代和1990年代初移民他方，包括英國、美國、加拿大和澳洲。[5] 而在這片移民潮下，同志移民是一股看不見的暗流。如果女／男同志在英國社會只是「局部的」公民的話，那麼，這些身處英國與中國文化夾縫之間，並且屬於少數族裔和性小眾雙重身份的華人男同志移民，又如何在以英國人為主導的同志次文化中生存呢？此外，這個在西方落地生根的「本土夢」（native dreaming）怎樣被詮釋成「對白人的想像和慾望」（imagined and desired whiteness）（Frantz Fanon, passim; Manalansan 1993: 68），並出現所謂馬鈴薯皇后（potato queen）？[6] 又或者是「斷袖男」（cut sleeve boy）這個由Raymond挪用而帶有中國傳統色彩的用語呢？還是指向「金童」（golden boy）這個由我所創造的名詞呢（即在西方白人男同志眼中，這些被視為天真、稚嫩、女性化，甚至是雌雄同體的亞洲男同志）（Kong 2002:

31–39)？當中又有多少人可以像Ash或Mel一樣，一方面是有錢的中產階級，另一方面又能夠在主流的白人社會中被同化，還可以像Raymond所說「充滿自信、成功和有修養的一群，並擁有選擇的權利」呢？

※　2004年10月23日星期六晚上11時，中國，北京

「目的地」是北京一間男同志酒吧，坐落於鬧市的主要道路上。雖然中國的男同志酒吧經常被警察巡查，但「目的地」還是吸引着數以百計的年輕時尚男同志光顧。他們身穿名設計師品牌的衣服，貼身的T恤，以及突顯男性下體與臀部線條的牛仔褲。他們縱使不太理解某些衣着的酷兒涵意，但卻很明顯地渴望可以擺脫過去40多年來加諸於男同性戀者身上的「精神病患者」和「流氓」的負面標籤。他們很自詡為"gay"或「同志」，並熱衷於崇尚和消費這種在倫敦、紐約和巴黎街頭隨處可見的全球化男同志形象。他們雖然面對結婚的壓力（又或已婚），但卻成功地遊走於異性戀和同性戀的雙重世界之中。

1987年，中國共產黨總書記鄧小平發起的一連串改革，例如農業去集體化、創造市場經濟、增強社會流動性，以及現代化和國際化等，在過去幾十年間改變了中國的經濟、政治、社會和文化領域。[7]這些改革開放帶來的轉變，一方面明顯地減少了國家對私人生活的監控，為普遍的年輕人，尤其是男同志開創了一個新的社會環境，使其得以自由地與別人進行情慾的交流；但另一方面卻仍然排除某種性行為和模式。這對同志有什麼影響呢？而這些新近湧現的社會(性)空間為同志帶來的是自由與快樂，抑或危險與壓迫

圖0.5　北京的男同志酒吧「目的地」（姚偉明攝於2009年）

呢？[8] 小北是我其中一位受訪者，在西安出生，現定居於廣東，他曾對我說：「我是同志⋯⋯我已向家人出櫃，亦在大學和現在工作的地方出櫃⋯⋯對我而言，同志代表文化、充實、多元和熱情⋯⋯但我的家人仍然希望我能夠結婚。」

在中國，特別是農村地區，人們仍然希望結婚和生兒育女，而不少文獻亦多次提及家庭一直是男女同志出櫃的主要障礙。[9] 但為何會出現這種情況呢？中國的男同志如何能夠在這種「家庭生命政治」中的家庭式異性戀規範性之情況下生活呢？事實上，進入21世紀後，男同志已經逐漸從「精神病患者」或「流氓」轉變成一種「新人類」的代表（Rofel 2007: 1），致使他們得以步入個性化、差異化、先進化和現代化的發展，並且得到解放的機會。而這些轉變又與中國在全球化下的市場經濟、世界主義和新自由主義有多少關聯呢？

　　男性賣淫是構成中國男同志場景的重要元素 (Jeffreys 2007; Rofel 2010)。這些因為販賣性而被標籤成 "money boy"（MB）的男性均背負着三種污名化的身份，即農民工、性工作者和男男性接觸者（Kong 2005a, 2008, 2010）。然而，中國的戶籍登記制度限制了人口的流動性，致使他們經常被視為城市的外來者。而在男同志的世界裏，他們也因為其農村背景的出身和牽涉金錢的性愛交易而受到歧視。他們在北京、上海、深圳、香港和澳門等中國大城市中遊走，有時也會在其他國家如泰國、馬來西亞和新加坡尋求發展機會，希望藉此改善生活條件和向上社會流動，又或者在性和愛方面得到滿足。不過，這種由農村到城市的遷移是他們唯一的選擇嗎？而作為短暫的酷兒性勞工，這些嚮往在城市中，尋找愛情、工作，甚至解放的 MB 又是過着怎麼樣的「裸命」(bare life)（參見Agamben 1995）呢？[10]

華人男同志和公民權的跨國研究

　　在急速的全球化、去殖民化和新自由主義下，新的男同性戀身份及文化在當代華人社會中出現了，例如男同志混雜身份的出現，如廣東話用語的「基」或「同志」、"memba/member"、「金童」和「MB」等，以及各種同志社群、文化與「場景」的誕生 (Kong 2000, 2002, 2004; Ho 1997: 94–201; Ho and Tsang 2004a)。我們該如何理解這種全球酷兒文化下催生的華人男同志身份呢？全球化通常指涉一系列的社會、文化、經濟、科技和政治的改變，並涉及貨物、資本、資訊、意念、圖像和人民等不同方面的跨國流動，這形成國家之間的

緊密聯繫，一方面意味着整合和互相依賴，但另一方面也出現衝突和混亂的情況。[11]這種「劇烈化的全球聯繫」(intensification of global interconnectedness) (Inda and Rosaldo 2002: 2) 在哪種程度上塑造和影響個人的親密生活呢？就華人男同性戀而言，這些酷兒的圖像、意念、身體、慾望、資本和商品等的密集流動，在什麼程度上創造華人同志空間或「同志景觀」(homoscapes) (Parker 1999: 218–221)[12]呢？而居於特定地方的華人男同志又是如何經驗、協調、體現、表達、挪用，以及闡釋這個大規模的全球化歷程呢？

這是一本關於華人男同志[13]的書，旨在以公民權和全球化的觀點，捕捉華人男同性戀者在複雜的全球化下於香港、倫敦和中國(北京、上海、廣東為主要地點)多姿多采的生活。它記錄了華人男性如何實現同性慾望、展現同志身份、互相約會、發展親密關係、打造屬於自己的同志空間，以及對抗社會的歧視和操控。簡而言之，就是他們如何在這些地方成為(性)公民。本書追蹤跨越全球的酷兒流動，包括資本、身體、意念、圖像和商品，並探索華人男同志的生活經驗。全球化是一個不平均且存在空間差異的過程，它再製了不平等和排斥，使社會出現了不對稱的現象。[14]學者如 Ulf Hannerz、Aihwa Ong、Inderpal Grewal 和 Caren Kaplan [15]等，均認為「跨國」(transnational) 研究，比起全球化 (globalization) 研究更能準確地指出全球化過程中的不對稱性。

基於上述學者的研究，我從四方面運用了 trans 這個詞彙。首先，transnational 不只是國與國之間，同時也是城市與區域之間的空間移動。因此，本書是關於華人男同志跨越邊界的研究，以求探討華人男同志的身體、身份和性實踐如何穿梭於不同的空間(例如香港、倫敦和中國大陸的不同地區，包括北京、上海和廣東等地)。

其次，trans也意味着「轉變」（transformation），本書旨在從宏觀的層次以檢視政治和經濟轉變如何建構不同地區華人男同志的生活。這些轉變包括香港政府在九七回歸前後法律對男同志施加的限制、英國的移民法和近來與同性伴侶相關的法律改革，以及中國自1970年代後期的市場改革和國家「退出」私人領域所促成的各種性空間等。本書亦希望理解個人如何在這些轉變之中創造不同的公共空間與「反公共空間」（counterpublics），[16]以及隱藏於身份、慾望、戀愛、親密和性關係的不同文化和社會涵意。這是透過Foucault有關「自我製造（self-making）」與「被製造（being-made）」（如身份／公民）中的「治理性」（governmentality）雙重歷程（Foucault 1982, 1988, 1991），進而產生的華人男同志的性政治。

這個trans字亦帶有「翻譯」（translation）的意味。Erni (2003: 381) 曾指出，我們當中不少人「夢想能有『西方』思想家去引導『去西方』的理論模型」。然而，如果全球學術界是「一連串階層性中心的知識／權力」（a series of hierarchical centers of knowledge-power）」（382）的話，這種批判性的論述如何能夠成真呢？又如何做到「將翻譯再翻譯」（384），即在中國的文化意義，以及由全球化和階層性的學術界所帶來的意義之間進行翻譯呢？與其「忠誠地」展開翻譯工作，我卻懷疑它是否真的可以反映「真實」和「原本」的意義。因此，我對那些迷失於翻譯之中的處境和東西更感興趣(de Kloet 2008: 200–206; Leung 2007: 1–6, 2008;[17] Ho and Tsang 2007)。[18]這些翻譯「失效」的情況包括了華人同志的身份與政治並沒有跟隨西方的步伐、人權與性公民的概念在華人的處境所賦予的不同意義，以及性身份不一定指涉個人主義並可能與異性戀的婚姻模式而有所衝突的諸種時刻。正正是這些所謂「失敗」的翻譯，逼使我們正視被

忽略的本土聲音，並挑戰一直以來以西方酷兒為首的同性戀研究。

最後，trans代表「踰越」（transgression）的意思。本書旨在踰越學科的界線，讓我們進行跨地域和牽涉多重地點的比較研究，豐富我們對非規範的性／別之理解。此外，本書亦描寫了部分華人男同志的故事，他們的經歷可以說是踰越了異性戀規範文化下的道德、社會和性規範，甚至挑戰同志世界裏的「同性戀規範性」（homo-normativity），我期望此書可以告訴大家關於性政治的各種想像。

本書以當前西方有關性公民權的爭論為背景（如 Evans 1993; Weeks 1998; Richardson 1998, 2000, 2001, 2004, 2005; Bell and Binnie 2000; Plummer 2001, 2003; Phelan 2001; Seidman 2005），並集中以下三個議題：（一）同志運動的發展——究竟同志平權的擴大，特別是1990年代以來以爭取同志權益為主的同化政治，是否挑戰了公民論述中的異性戀假設呢？抑或只是將女／男同志納入主流社會，從而支持和強化了酷兒生活的異性戀化呢？（二）酷兒消費場所的湧現——究竟粉紅經濟是否能夠展現性權和增進同志文化的歸屬感呢？還是建構了一種世界主義和階級本位的消費公民權，反過來邊緣化那些無力消費的同志呢？（三）同志伴侶和家庭的形成——究竟這種新興形式的親密關係，是否能夠挑戰家庭式的異性戀規範性，並創造出親密關係和家庭生活的另類選擇呢？還是認可了某種特定的異性戀關係（如一對一的夫妻模式），並且遵循異性戀的生活方式呢？此外，我也檢視了近來關於新自由主義治理和性之間的爭論（如 Cooper 1995, 2002; Richardson 2005），以及全球酷兒身份的出現及其對非西方酷兒形成的影響（如 Altman 1995, 1996a, 1996b, 1997, 2001）和所引起的爭議（Manalansan 2003: 5–6; Rofel 2007: 89–94）。

依照上述的問題，本書包含了三個地區（香港、倫敦和中國大

陸) 的個案研究，分析當中性公民身份形成的歷程。透過這項跨國研究，我們得以掌握公民權和華人男同性戀處境所帶來的複雜性，並將之連繫到政治經濟的領域，即性、種族與性別階層在本土與全球文化之間的展現 (Rofel 2007: 2)。我希望本書可以對新的同性戀社會學作出貢獻，即結合社會學與酷兒理論的觀點，並且帶來「新酷兒研究」(new queer studies) 的跨國轉向 (如 Manalansan 2003: 5–9; Cruz-Malave and Manalansan 2002: 1–10; Eng, Halberstam, and Munoz 2005; Wilson 2006; Johnson, Jackson, and Herdt 2000)。[19]

基分三路 ── 本書大綱

第一章為「華人男同性戀的研究」，闡述了本人累積多年的觀點和理論基礎。首先，我將概述本書的理論架構，包括社會學、酷兒理論和其他學科 (例如文化人類學、後殖民研究和文化研究)，並將其置於新亞洲酷兒研究和近來關於全球化的爭論。接着我將說明「權力/抵抗」之理論模型，並解釋本書的中心主題，即華人男同志分別處身於香港、倫敦和中國的性公民製造與再製造的歷程。全球化是一個不平等的過程，它再製了空間上不平等的發展，而地區之間有關資本、商品、人民、圖像和意念等的流動也從來不是平等的。本書接下來的部分是建構自三條跨國路線，[20] 並對這三個特定社會經濟的環境作出具體批判。

第一部分：香港

　　我的研究起點是香港。這部分訴說的香港故事，呈現了性和殖民歷史、國家治理、家庭生命政治、市場和空間限制之間的互動關係。相對於西方文獻傾向假設異性戀公民可以完整地擁有各種政治、公民和社會權利，香港人在殖民和後殖民政府的管治下，均只屬「局部的」公民，而這個特殊背景讓我們了解到香港同志的性政治。我將說明政治渠道內的同志能量已被堵塞，並且在「分散式霸權」(scattered hegemonies)（Grewal and Kapan 1994: 7）[21]的影響下，例如殖民和後殖民治理、家庭式異性戀規範性和空間的限制等，轉化成三個重要的性空間。第一個性空間是活躍的同志文化世界，它成功地抗衡了將同性戀人格病態化的傳統做法，但與此同時仍受制於新自由主義的治理、審查、商業考慮，以及來自基督新教和天主教非政府組織等保守勢力的反擊（第二章）；第二個性空間是大量湧現的同志消費場所，它們連結了男同志身份與消費公民權，但同時受制於「同性戀規範性」（如崇尚男同志陽剛氣質）和市場經濟（第三章）；第三個性空間是建立親密關係的個人空間，然而它的創造性仍然受到家庭生命政治和家庭式異性戀規範性的限制（第四章）。透過這三個空間，我們可以了解香港男同志如何製造和再製造性公民身份。

第二部分：倫敦

　　我的第二站是倫敦。在第五章，我着眼於這些飄泊的香港同志如何在倫敦，這個前宗主國首都的生活。我認為至少有三種類型的男同志移民，第一是伴隨西方同志男友來到英國的過埠「新娘」；第

二是基於家庭發展而移居此地者；第三是為了個人發展而特意搬遷至此者。有些移民成功取得居留權，包括那些在 2004 年英國通過民事伴侶法案 (Civil Partnership Act) 後，利用同性伴侶關係取得居留權的同志。透過酷兒離散 (queer diasporic) 的相關研究 (如 Leong 1996; Eng and Hom 1998; Eng 2001; Manalansan 2003)，這章關注華裔英國公民的華人男同志移民，如何在複雜的「種族」文化下，即英國社會的性文化、華人文化，以及英國人主導的酷兒文化生存。因此，這部分是一個有關同志移民的故事。

第三部分：中國大陸（廣東、北京和上海）

我的第三站是中國大陸。第六章說的是現居住於廣東的華人男同志的故事，並檢視同志身份如何受到全球資本主義、國家社會主義、市場經濟和家庭父權制度的影響。我追蹤並研究 1990 年代出現的同志身份，以及從毛澤東時期過渡到改革開放時期，性文化在家庭、工作單位、大眾文化和國家的改變路線。這種新出現的同志身份，已經逐漸地將同性戀由醫學和偏差的論述，轉化為一種新的文化和城市公民權的論述，強調「素質」、個性化、差異性和現代性。

有別於第六章裏有幸取得文化和城市公民權的華人男同志，第七章的主角──money boy 要爭取同等地位可謂難上加難。這裏涉及 "MB" 的「裸命」，即暫住在北京或上海的同志性勞工，他們受制於三種污名化的身份，包括他們是由農村遷移到城市的男人、販賣性的男人，以及與男人發生性關係的男人。

整理華人男同志的情感、次文化和生活

本書綜合了我過往差不多20年間（1990–2009），在這三個主要地方所進行的華人男同性戀研究。我出生和成長於香港，並在1990年代初出櫃。自1996年起研究性及男同志身份的議題，以及2000年開始投身同志運動和酷兒教學，而香港一直是我研究的據點。1990年代，我在英國求學，一直公開地以男同志的身份生活，並且沉浸於倫敦的男同志世界，在這裏我發現了種族與性之間錯綜複雜的關係，並於此投身酷兒的離散研究。自2000年返港後，倫敦仍是我經常往來的地方。我於2004年起開始探索和研究中國大陸華人男同志及其相關的議題，特別是這些由農村遷往城市販賣性的男性的移民故事。這樣看來，我也是一個具有跨國酷兒故事的人。此書包含的分析在某種程度上可以說是關於自身的經驗分析，而我從1990年代開始進行的男同志和親密關係之研究，也就交織出本人的故事，並反映於敍事之中。

我以生命史為研究取向而進行深入訪談。在1997年至1998年間，我訪問了34位在香港和倫敦生活的華人男同志。而在2007年與2008年間，我再度訪問了其中三分之一受訪者，於此同時我也訪問了另外26位華人男同志（11位在香港，15位在廣東），總共進行了60個生命史的探究。大部分的受訪者是透過個人聯繫和同志組織轉介，再以滾雪球方式進行。我在過程中努力尋找在年齡、教育程度、婚姻狀況、家庭狀況和職業方面等背景不同的受訪者，以反映受訪群體的多樣性（詳見附錄的受訪者檔案）。此外，在2004年至2005年間，我訪問了另外30位男性性工作者，訪問地點是北京和上海（分別有14位和16位），他們的故事出現在本書的最後一章（第七章）。

　　本書所訴説的是一系列的「性故事」（sexual stories）（Plummer 1995），它們發生在特定的時空和年代，並與不同的歷史時刻和地方扣連在一起。這些跨越地域和年代的故事，悲喜交集，並且笑中有淚，反映了他們在感到幸福和驕傲之餘，也流露出一絲憤怒、懊悔和羞愧。對我而言，它們以強烈的感染力，揭露了過往鮮為人知的事情，並與我們習以為常的負面印象，例如「變態」、「怪胎」、「濫交」、「不良」和「不道德」等有所不同。這些同志敘事，無論在那裏均呈現「動態的、政治的和可持續辯論的」（Plummer 2008: xiii）狀況，它們代表着「離經叛道的故事」（counter stories），挑戰和指引我們對於男性身份、男子氣質和對性的想像，並開始打破了描述酷兒生活的宏大理論（grand theories）。參與者知道他們的故事會被公開談論，而且影響所及可能不只是擴大他們的生活空間（參考 Ho 2006: 564），也可能有助於一個新公共空間的出現，在這個新公共空間裏，同性戀可以有各種不同演繹的可能。

　　在本書裏，我試圖記錄與整理這些華人男同志的故事，他們有着類似的邊緣性身份（如身為「男同性戀者」、「酷兒」、「同志」、"memba"、「金童」和"money boy"等），究竟他們是如何感受、體驗和實踐同性慾望、創造新的空間、賦予自身的生活意義，以及成為性公民呢？因此，本書可以視為對身於香港或他方的華人男同志在生活、次文化和情感方面的整理。就如 Halberstam（2005: 169–170）所言，酷兒生活、次文化，甚至情感的整理，並非只是一個資料庫，而是「文化理論的扣連，集體記憶的建構，以及酷兒活動的複合記錄」。[22] 透過記錄華人男同志的生活、次文化和情感，我希望可以有助於整理非西方和非規範之性／別的酷兒研究。

論盡專有名詞

專有名詞往往是備受質疑的，因為它會產生排他效應，又或者用Foucault的說法，它會有着規訓的作用。舉例來說，「同性戀者」(homosexual)這個詞語在傳統上是帶有醫學傾向的，故一直受到女/男同志學者的反對；「女同志與男同志」(lesbian and gay)，則經常特定地連結到白人中產階級的女/男同志經驗，因此遭受酷兒學者的挑戰；「酷兒」(queer)一詞在目前被廣泛地使用，是對非規範的性別與性身份的統稱。然而，「酷兒」一詞在過往是帶有強烈負面的意思，因此這個詞彙仍未被某些女/男同志，尤其是老一輩的女/男同志學者所接納 (Medhurst and Munt 1997: xi–xvii)。

在中文（普通話和廣東話）的脈絡裏，「同志」(tongzhi)一詞已被廣泛用來表示非規範的性/別，用法與英文queer相近。有別於「同性戀者」(homosexual)這個具有臨床醫學涵意的詞彙，「同志」，如同英文的gay、lesbian和queer，是用來表達自我的身份認同。「同志」字面上的意思是「共同意志」(common will)或「盟友」(comrade)，由現代中國的國父孫中山先生在20世紀初提出，用以鼓勵中國人民起來對抗滿清帝國的統治。他提出的「革命尚未成功，同志仍須努力」，後來成為民國時期和中華人民共和國時期著名的革命口號。1989年的第一屆香港同性戀影展，舞台劇作家林奕華用「同志」取代「同性戀」一詞，自此它開始被挪用作為女同志、男同志、雙性戀者、跨性別人士和酷兒 (lesbian, gay, bisexual, transgender, and queer，簡稱LGBTQ) 的代名詞。「同志」一詞其後在香港和台灣被廣泛使用，之後在中國也開始流行。至於另一個名詞「酷兒」，字面上有「很酷的孩子」的意思，是英文queer的變異字，但它只在台灣

流行，在香港和中國大陸並不常用。由於「同志」一詞在香港的學術著作和流行文化均被廣泛地使用，所以我在本書中主要使用「同志」這個詞彙。另一個需要解釋的詞彙是"memba"，它是香港男同志專門用來表達自我身份認同的本土用語。嚴格來說，memba並非粵語拼音，而是英文和中文的組合字，一個我們認為是「中式英文」(Chinglish)的典型例子，它是英文member的粵語衍生詞。

　　我選擇在書中交替使用「同性戀 (homosexuality)」、「女同志 (lesbian)和男同志 (gay man)」、「酷兒 (queer)」和「同志 (tongzhi)」，希望可以指出和保留這些詞彙在理論上的差異和政治上的張力，如非規範的性／別的異質性（例如「同性戀」、「女同志和男同志」和「酷兒」在內涵上的差異），以及在華人脈絡下挪用西方理論的「格格不入」(misfit)（例如「酷兒」和「同志」之間的張力）（參考 Leung 2008: 1–6）。本書標誌着華人男同志情／色的多重涵意、實踐和身份認同。本書所用的「西方」和「西方的」字眼，原則上是指源自西歐國家的政治、經濟、社會和文化的實踐與霸權，以及跟他們有密切關係的北美、澳洲和紐西蘭等地。此外，「亞洲人」和「東方人」一詞則交替指涉來自東南亞和東亞地區的人民，而不是 Edward Said 在《東方主義》(*Orientalism*) 中所指涉的南亞與中東人士。[23]

　　最後要提及的，是 human sexuality 一詞甚難翻譯，因它指涉的範圍甚廣，西方或主流的意思多指生理 (biological) 方面如生殖性徵、性慾、性事、性交、性行為等，即英文中 sex 的意思。但它也可指心理 (psychological) 和情緒 (emotional) 方面如人類情感與愛的表達，即性愛 (erotic) 與親密 (intimate) 關係。所以它有性與情兩方面。而且，它既是關乎肉身 (physical) 的各種性經驗、性幻想、性實踐，也有認知 (cognitive) 上如性意識、性觀念、性傾向、性身

份、性角色的含義。人類大部分與性有關的種種都與道德、法律、社會、經濟和文化有關。所以是關乎生理、心理、情感、肉身、認知的社會文化現象。

有人將它翻譯成性性、性存在、性意識、性經驗、性相等(彭曉輝2005;阮芳賦2005),但好像都不能表達其複雜的含義。與其發展一個新詞彙,倒不如用最簡單易明的用語。所以我取了阮芳賦(2005)及甯應斌(2005)[24]的做法,就是將sexuality簡單地翻譯成性,但為了不與sex混淆,我會根據上文下理而採用其他字眼,如着重性時會明確用性慾、性行為、性事等代表,着重情時會用情色、性愛、親密、情慾等字眼來表達。但sexuality studies就是性的研究,至於gender就沿用性別。如果同時談及gender and sexuality,就採用台灣的用法,以性/別研究(gender and sexuality studies)來表達。

第一章

超越西方視角：
華人男同性戀之研究

在每一個第一世界都有一個第三世界，反之亦然。

— Trinh T. Minh-ha, *Of Other Peoples*

　　這是一項有關非西方與非規範的性/別的跨國研究。首先，本章會闡述這項研究之理論基礎，當中的觀點主要來自同性戀社會學和酷兒理論，但亦觸及女性主義學者的「差異政治」(politics of difference) 觀點、文化人類學、後殖民研究和文化研究。本研究建基於本人及其他學者以往所進行的華人同性戀研究，並在全球及跨國的性/別研究背景下，與近來興起的亞洲酷兒研究接軌。

　　其次，我將提出一個後結構主義多元模型的權力/抵抗典範 (power-resistance paradigm)。在該典範下，身份包括了一個「主體化」(subject-ification) 的雙重歷程，依據「分散式霸權」的「治理術」及Foucault 所提出的「自我製造」(self-making) 與「被製造」(being-made) 的歷程，這可體現於系統、社群和個人三個層次之上。其中，權力的展現、生產、協商和抵抗，透過規訓、控制、管理和監視來達成。近來有關公民權的辯論說明了這個典範，並為我對中國性公民權提供了主要的分析架構，我將以華人男同志為例，分別走訪了

三個地方，即香港、英國（倫敦）與中國（廣東、北京及上海為主要地區）來闡明之。

誰是同志？誰説得準？[1]

系譜學本身是一種權力意志（will to power）的表達。Foucault 並沒有提供一種「較佳的」知識體系，而是以系譜的概念去除整個西方模式的普遍知識的中心化，藉由建立非正統及屈從的知識（subjugated knowledges），開啟真理競賽的其他體系，即所謂他者，包括異世界、異民族、異身份、異文化與異語言（Hall 1991: 12）。

同樣地，Abbas and Erni (2005: 1–12) 宣稱文化研究正處於「後殖民困境」中，世界各地的文化研究學者此刻紛紛對西方現代性及知識的霸權提出質疑。他們提議文化研究應該再「進一步國際化」，以提升「北美洲、歐洲和澳洲以外之譯作的可見度和流通性」(2)。

借用 Abbas and Erni 的概念，接下來我將使酷兒研究再進一步國際化。然而我並無意將華人同性戀加諸於一個統一的全球同性戀的研究名單中，亦不是要為華人同性戀追本溯源而重建所謂本土正統，而是要為同性戀研究創造一種簡明的另類系譜，關注那些被忽略的聲音，進而批判目前同性戀研究側重西方文化和價值的傾向，以及「同性戀身份源自西方」的假設。這種看似簡單的歷史書寫，使我能夠以跨越國界的規模理解當代華人同性戀的面貌。

Born This Way？本質論與社會建構論

讓我們從西方開始談起。從20世紀初到1950年代，性的相關研究一直受到性學（sexology）、精神分析學和精神病理學的支配。這些專家所持的正是我們現在所謂的本質論式的性概念，認為性取決於人類生理本能的需求，性身份則是遺傳基因自然衍生的認知覺醒（Epstein 1987: 11; Weeks 1985: 8, 2003: 7）。[2]

1960年代同志運動方興未艾，同性戀社會學亦日漸自偏差社會學（sociology of deviance）[3]中浮現出來，以社會污名和次文化的觀點來理解同性戀的底層世界（如 Plummer 1975: Part 3），以「性劇本（sexual script）」的觀點來理解「（同）性戀」的社會意涵（Gagnon and Simon 1974: 19–26; Ch. 5）。這為一種新的同性戀社會學鋪路，將「同性戀」理論化及問題化，並試圖對當代同志身份與文化的本質、起源、社會意義和變化加以解釋，亦即是當前大家所認知的本質論與建構論之爭。簡單地說，本質論者認為同性戀是與生俱來的，不受社會文化環境所影響，其發展有一定的階段，放諸四海皆準。而社會建構論者認為，即使同性情慾是天生的，同性身份必須在特定的歷史脈絡下經由社會建構出來的，與其視之為生物學的領域，不如說是屬於文化世界更為恰當（Epstein 1987: 11）。[4]

1980年代同性戀社會學開始全速發展。它不僅將「同性戀」這個概念問題化，也對幾乎存在所有社會制度中的「異性戀假設」加以挑戰。它將矛頭指向社會對同性戀的反應（如恐同症），並記錄不同程度的歧視；從針對個人的霸凌行為和街頭暴力，到社會及文化的排斥，以至法律和政治的懲治。這段期間主要有兩種研究取向，第一種取向主要是描述在不同的社會歷史條件下，同性性身份如何

被建構，譬如男同志次文化的出現，以及醫療專業化和工業資本主義的興起如何建構同性戀身份。[5]第二種取向着重在「微觀互動」的過程中，從出櫃歷程角度來探討同性戀的身份認同，包括身份困擾期（identity confusion）、身份比較期（identity comparison）、身份容忍期（identity tolerance）、身份接受期（identity acceptance）、身份驕傲期（identity pride）和身份統合期（identity synthesis）。這種較具目的論傾向的「出櫃模式」（Cass 1979, 1984），[6]與身份政治觀點不謀而合：「身份的掙扎、性社群的發展，以及政治運動的成長。」（Weeks 1985: 195）「出櫃模式」正是身份政治發展三部曲的第一步。

「Foucault 洪流」與不願被歸類的酷兒

Fuss (1989: 108–109) 正確地指出，同性戀社會學以社會建構論為基礎，不認同同性戀具有任何永恆、統一、超然於文化的意義，亦因此具有探索次文化變異性的力量。同性戀身份的建構論觀點也就此開啟了關於各種性身份生產的研究之門。「同性戀」、「異性戀」、「雙性戀」以及其他性身份都被視為社會建構下的「分類」，一種歷史偶然性的分類，而不是跨越歷史的現象。因此，建構論讓我們得以研究人們在不同的歷史或種族脈絡下「變成」（becoming）男同性戀主體、女同性戀主體，甚至異性戀主體的過程。建構論最終帶領我們脫離本體論（同性戀是什麼），進入社會和論述結構（同性戀身份如何被建構）的領域。

然而建構論的立場，存在着一項重大問題。Seidman (1993) 認為，雖然建構論反對跨越時空而強調「當下」和「文化」等因素，從而揭示同性戀研究普遍存在的種族中心論偏見，但卻未將同樣的批判意識應用到其自身的論述中。

> 如果以其出身的社會文化脈絡來指認同性親密關係
> 的類別，這與我們所要分析的類別有什麼兩樣？又
> 如果，這種再現是鑲嵌在更廣大的國際環境之中的
> 話，這種分析類別又和他們身上被銘刻的社會特
> 質——階級、種族、族群、國族、年齡或性別——
> 有什麼不同呢？（Seidman 1993: 128）

Seidman（1996: 9–13）認為，要解決這種困境，方法就是採取後結構主義的策略。後結構主義者提出一種認知上的轉變，從人文主義觀點的個人主體之自我創造，轉變到「結構」秩序的觀點；從抵抗的同志主體，轉變到對同性戀/異性戀的二元分析，以及這種二分法——無論它們是否與性有直接關聯——如何建構思想、知識和文化。

「Foucault 洪流」（Plummer 1998: 608–609）宣告了 1980 年代同志研究的明確轉向，後結構主義或相類似的論述成為主流。[7] Foucault 不僅挑戰本質論對性的觀點（在這方面，他與社會建構論非常相近），更質疑性知識本身，以及「性的科學」如何將我們五花八門的情慾經驗劃一化，成為連貫的、有組織的、以及異/同分立的性存有。Foucault（1980: 33）認為現代社會，其組成包括一個現代國家與其他社會制度和各種學科（人口學、生物學、醫學、精神病學、心理學、倫理學、教育學以及政治批判），它崛起的目的是要監控整個人口或各人的生命，其中性（sexuality）便是整個控制系統的中心（139–157）。「反常快感的精神醫療化（psychiatrization of perverse pleasure）」是將同性慾望（雞姦者）轉向同性身份（同性戀）的策略之一。[8]

「酷兒理論」大幅挪用 Foucault 的「解構主義轉向」。「酷兒理論」其實是將後結構主義/後現代主義，應用於性/別議題上。[9] 根據

Seidman（1995: 123–131），酷兒學術理論的典範（例如 Eve Sedgwick 1990; Diana Fuss 1989; Judith Butler 1990; Teresa de Lauretis 1991; 以及選集 Diana Fuss 1991 和 Michael Warner 1993）的貢獻是雙重的。首先，酷兒理論批評把同性戀視為一個同質族群的看法，並提出身份並非單一而是多樣的。性身份作為一種分類，包含了與其他性別、種族和階級等分類相互交錯的多樣意涵與矛盾。這種多樣性促使性身份得以長期地保持開放、混雜與流動，並反過來促成基於差異政治而建立同志運動上的結盟。[10]其次，酷兒理論批評同性戀理論僅僅作為一個關於社會少數的理論，並開啟了「同性戀」理論可以被視為一種普遍的社會理論與批判的想法。主流同性戀社會學將同性戀視為是個人或群體的屬性。這種屬性或身份，不是被解釋為天生的（亦即本質論的立場，聲稱「同性戀者之所以會成為同性戀是因為內在所具有的某種『本質』，即她/他們的存在、她/他們的心理，或是她/他們的遺傳結構中所具有的『gay因』所致」（Epstein 1987: 11）；不然就是被解釋為一種社會的存在（亦即建構主義的立場；聲稱「『同性戀』，『男同志』和『女同志』都只是文化所創造出來的標籤，並應用於自身」（11）。酷兒理論學者認為，這兩種取向都默認同性戀是社會少數人士的看法。然而酷兒理論，視異性戀/同性戀二元結構為建構其自身主體、性知識與社會制度的主要框架。這種二元的性（sex）系統，或者權力/知識的運作，創造出嚴謹的心理與社會界線，將異性戀與同性戀區分成兩種本質不同的存有，無可避免地會促成了性身份的支配系統和階層組織。

　　酷兒理論質疑一元或同質概念的同性戀身份這種被視為是「西方同性戀政治終極基礎」（Seidman 1996: 11）的看法，並提出了一個

似乎被社會學家所忽視的問題，也就是異性戀/同性戀二元結構的
社會運作。由於酷兒理論學者批判的範圍聚焦在西方的符號配置，
他們往往忽略了同性戀者的實際「生活經驗」（也因此忽略了着重經
驗的田野研究），而致力於文學批判（Plummer 1998: 610–611）。

當社會學遇上酷兒理論

同性戀社會學固然激發了當前有關同性戀和同志政治的辯論，
但人文學科也為同性戀研究帶來不少創新的觀點。社會學與酷兒理
論有諸多需要互相學習的地方。與其摒棄其中一方，我與其他學者
為伍，考慮每種取向，吸納各自的優點。不少學者在把文章收錄成
集時，清楚地意識到社會學和酷兒理論之間的動態關係。這些文集
包括：Seidman (1996) 的 *Queer Theory / Sociology*、Medhurst and Munt
(1997) 的 *Lesbian and Gay Studies: A Critical Introduction*、Richardson and
Seidman (2002) 的 *Handbook of Lesbian and Gay Studies* 以及 Corber and
Valocchi (2003) 的 *Queer Studies: An Interdisciplinary Reader*。本書的關
注點，是性自我 (sexual self) 在形成的過程中，與體制和結構秩序之
間的激烈碰撞與動態發展，既保留了酷兒理論的批判精神，亦對酷
兒經驗的文本化保持敏感度。

然而，儘管社會學和酷兒理論的典範在理解西方酷兒文化和社
群上有其貢獻，但在理解非西方同性戀卻極其有限。對於西方世界
以外，性與文化之間相互交織的複雜關係，只有在文化人類學和後
殖民主義研究，以及其後有關性的全球化研究與新亞洲酷兒研究
中，才能加以嚴格檢視。

西方以外的情／色世界

人類學和後殖民主義

　　人類學家有着研究「他者」文化的傳統（最早的研究主要是基於傳教士、貿易商人和航海員的旅行報告），人類學文本和民族誌的素材為非西方的性經驗提供了一些討論。Malinowski（1922）和 Mead（1952）等重要的早期學者觸及了美拉尼西亞地區居民的性／別議題，之後進行性／別研究的學者則往往指控這些學者的歐洲中心（Eurocentric）思想，異族化（exoticized）和性化（eroticized）了「他者」，突顯其與西方的「差異」（differences），並且過分強調非西方的性文化，他們不單「縱慾」（sexual excess）、「濫交」（promiscuity），而且有顯著的儀式性同性戀習俗和跨性別文化。他們並指出，非西方國家的性／別系統似乎有別於歐洲及英語系國家的性／別系統，詞彙如男性／女性，男人／女人，或者男性氣質／女性氣質，在非西方國家可能不易辨別，並且認為這些是受到西方生理與醫學論述嚴重影響下的現代產物。[11]

　　在檢視種族與性之間的交織關係上，另一股重要力量來自後殖民理論（Williams and Chrisman 1993; Mongia 1996）[12] 和離散（diasporic）群體的研究。Chow（1998: 2–5）總結了四種主要形式的後殖民批判。第一種是西方對非西方文化的表述之批判，始創於 Edward Said 的「東方主義」（Orientalism）（1978）概念。第二種批判是來自 Gayatri Chakravorty Spivak（1988）的經典文章〈弱勢者能發言嗎？〉（"Can the Subaltern Speak?"），即生活在各式各樣階層化的種族、階級和性別歧視之下的弱勢女性是否有發聲的空間。第三種批判是藉由少數族群的話語分析，強調從屬「他者」的聲音（例如 Gilles

Deleuze, Felix Guattari, and David Lloyd）。最後一種批判則是由 Homi Bhabha 及其他學者所提出的，以「混雜」（hybridity）和「含糊性」（ambivalence）來理解統治者與殖民者之間的關係。[13]

　　正如 Chow (1998: 2–5) 所言，雖然後殖民主義與後結構主義在顛覆性以及激進主義上有着許多共同之處，然而後殖民主義的主要特質，即對歐洲的「他者性」的探究，事實上也迫使後結構主義理論面對種族議題。「種族暨文化帝國主義之歷史，其『基礎』是理論上的符號錯置」(5)。在此意義上，後殖民主義挑戰後結構主義理論的優越地位，雖然後結構主義理論仍是歐洲傳統脈絡下的「他者」。

　　承繼了大量後結構主義、酷兒理論，以及後殖民主義的觀點，後殖民酷兒理論學者認為後殖民性身份並非只是種族、性別、階級與性的附加經驗，其所包含的也不只是另一個西方同性戀經驗的變異。後殖民性身份應被視為特定體制的競技場內，五花八門且矛盾衝突的壓迫形式下的產物。因此，我們應從「差異政治」的角度去理解性身份，以避免忽略同性慾望的多重經驗。[14]總而言之，我挪用了文化人類學和後殖民研究對於亞洲的理解，其中視當代性文化為亞洲文化和現代化的一部分。我們應該考慮到殖民歷史（如果有的話）、傳統與宗教、多數亞洲國家的日益富裕，以及國家的（解）殖民策略等因素。所有這些因素，在全球化和去殖民化的整個過程中，對於塑造性/別觀念，以及情慾表達的可能形式（例如關於約會、愛情、婚前性行為、貞操、墮胎、離婚、生育控制、同性戀、色情和賣淫等）都扮演着至關重要的角色。我們也應該關注新的性身份、文化和社群的出現，如何同時塑造與重塑特定國家的社會生活面貌，甚至影響全球的變化過程（Kong 2006a）。[15]

華人同性戀研究

關於香港同性戀的著作始於 1970 年代後期。一部分原因可能是由於同性戀次文化慢慢浮現成為一種社會現象，另一部分原因則是殖民政府基於一連串的警方醜聞而進行對男男性行為非刑事化的法律改革，（如 Lethbridge 1976, Hong Kong Government 1983, 小明雄 1997 [1984], 1989; 見第二章）。

小明雄的作品是這個時期的代表作，取材自豐富史料，如宮廷記錄、醫療手冊和其他許多的文本與畫像證據。他的《中國同性愛史錄》(1984) 就追蹤了中國自周朝 (公元前 1122–221 年) 到 1980 年代期間的同性愛史。小明雄的作品回應了當時同性戀非刑事化的辯論以及恐同的社會環境。它不僅指出中國古代已經擁有漫長而著名的「同性愛」傳統，並且反駁當時的主流想法 —— 特別是該書出版時社會的一項主要辯論 —— 即認為同性戀是一種來自西方的疾病及罪惡，經英國人於 1842 年統治香港時所引入。[16] 小明雄認為同性戀一直都存在於中國歷史上，但是同性戀恐懼症則是從西方引進的，並訴諸反殖民情緒和愛國主義式的文化自豪感上。之後，在 1997 年所出的第二版，他改變了説法，並承認同性戀恐懼症在中國文化中確實存在，只是其運作較為「隱晦」。[17] 小明雄的作品熱切地渴望揭露中國同性戀傳統的秘史，將中國同性戀描繪為一種獨特的文化，即將「破櫃而出」，並決心「找出自己的道路」。這種隱晦的本質主義式對同性戀的看法，部分融入了後來的研究之中，也融入了本地早期的同性戀運動裏。

1990 年代以來，社會科學觀點所進行的研究 (主要是社會學和政治哲學)，絕大多數聚焦於身份的形成，以及這個過程與各種議

題之間的關聯，如出櫃帶來的問題和社會對同性戀者的歧視，以及同性戀政治和運動，其中也包括筆者之前的研究在內（Kong 2000, 2002, 2004）。這些研究主要採用質性研究方法，如深入訪談、生命史、田野考察和虛擬民族誌等。

　　從中國古代的「同性戀作為一種性經驗」到當代的「同性戀作為一種身份」（可以是「同性戀」、「基／gay」，或「同志」），這種轉變涉及了社會建構的問題。不同學者一直致力研究人們的身份如何轉變成香港當代同性戀／女同志／男同志，融合了社會建構主義和其後的後結構主義要旨，突顯這些身份與香港獨特的（後）殖民主義、旅遊業、資本主義、西化和新儒學的錯綜複雜的關係（Ho 1995, 1997; Chou 2000; Kong 2000）。他們檢視了男／女同志的自我身份認同，尤其是出櫃以及關係建立的議題，特別是將男／女同性戀的身份概念化為同志身份（Chou 2000）；香港男同志及其西方伴侶（Ho 1997; Ho and Tsang 2000; Kong 2002）的跨種族愛情關係；男同志與其父母家庭出櫃的問題（Ho 1999），以及男／女同志的「成家」實踐（Kong 2009; Wong 2006）；女同志身份的性別展演（Kam 2003, 2008; Lai 2004; Tong 2008）。此外，個人身份的討論，亦與後殖民時代背景下的同性戀運動相關（Ho 1997; Ho and Tsang 2004a），特別是如Chou（2000）所倡導的華人同志政治；我對於異性和同性世界裏有關男同志「弱者的政治」的討論（Kong 2004）；Tang（2008）所闡述的女同志對都市空間的挪用；我（Kong 2004）和Lau（2004）對同志社群的批判；以及Wong（2007）對於「國際不再恐同日」（International Day Against Homophobia）這些反恐同運動的討論。

　　同時，酷兒研究也在人文學科中發光發熱。通過分析文字及視覺文本（主要為電影，但亦有小說及其他文化文本），不同學者形塑

了許多酷兒文本以介入西方和本地的性/別論述。他們熱烈投入酷兒理論、文化研究和性別研究,將全球/本地、男性化/女性化、異性戀/同性戀等,各式各樣相互交錯的諸多二元分法去中心化,這些二元分法與當代香港後殖民文化中的殖民主義、民族主義、性別主義,以及種族主義有着密切關係。許多時候,他們隱晦地將酷兒文化與香港政治並列分析,突顯出各種電影或其他文本對性/別的表述。他們亦將酷兒文化和香港的後殖民經驗同步探討,特別在更廣的文化研究辯論脈絡下討論酷兒身份與香港文化身份的關係。著名的例子是游靜(2005)與Leung(2008)對後殖民時期香港酷兒文化的分析;Szeto(2004)關於中國社會裏激進主義意涵的書寫;Mak(2000)所表述的雙性戀,出於其對酷兒與同志論述的一種「酷兒不安」(queer discomfort);Li(2003)探討中國戲曲中性別與性的操演及其性別錯摸的含糊性;以及洛楓(2005)對近代同志偶像張國榮的「沉溺」。[18]

中國大陸的同性戀研究仍以醫療科學研究典範佔主導地位,通常着眼於高風險男男性行為愛滋病毒或愛滋病之關聯(如Liu et al. 2006; Wu et al. 2004; Zhang et al. 2000; Wong et al. 2006; Wong and Kong 2007)。絕大多數的社會科學研究聚焦在男同志身份,特別是男同志如何在家庭和婚姻制度、工作場所(單位)和社會裏協調其性身份,這些研究主要以訪談和生命故事的方法進行,如Ruan and Tsai (1988)、李銀河(1998)、Gil (2002)、童戈(2005)、Sun, Farrer, and Choi (2006)、Jones (2005, 2007)和Wei (2007)。Rofel (2007)對當代男同志身份的討論,特別在世界主義和新興的消費主義宰制下的同性戀身份的討論,揭示了極具洞察力的批判。

在人文學科方面,透過歷史分析與文學批判進行研究,主要側

重於在現代化、西化與全球化的進程下，同性慾望與同性愛的觀念之改變。這些研究對於全球／在地，以及西方／中國等二元思維特別敏感，對於理解中國的性／別提供了批判性見解。例如Louie (2002) 就透過分析中國文學作品中的文／武兩個面向，開創出華人陽剛特質的理論；Song (2004) 對「文弱書生」的討論，和Wu (2004) 對前現代中國及中國帝國晚期的中國文學中同性戀情感的討論；Kang (2009) 透過翻譯的性學著作、小報、文學作品和京劇，對1900年到1950年間，男同性戀和民族主義之間的關係之探討；Sang (2003) 透過關於女同志或是由女同志所寫的文學作品，討論在帝國晚期至共和時代期間，被忽略的女性同性慾望；以及Lim (2006) 對香港、台灣和中國當代華語電影中的男同性戀角色的探討，細緻地批判同質的「華人性」(Chineseness) 及「同性戀」等概念。

性／別的全球化研究與新興亞洲酷兒研究

　　自1990年代開始，全球化已成為學術界的一個流行術語。在社會學中，全球化的討論可以追溯到早期關於社會變革的論述，如現代化理論（例如 Walt Rostow, Talcott Parsons）和馬克思主義的依賴與低度發展理論（例如 Immanuel Wallerstein, Andre Gunder Frank）。近期的全球化研究有着跨學科的性質，講求跟各種理論傳統對話，如馬克思主義、韋伯主義、功能主義、後現代主義、批判及女性主義理論、文化研究、國際研究、後殖民研究和文學等（Robinson 2007, 2008年8月8日的網上資料）；甚至指向一種社會科學範式的轉移，即「新的移動性」(new mobilities) 範式，強調社會進程與人民、資本、訊息和圖像之移動的流動性和浮動性（Sheller and Urry 2006; Urry 2007）。然而，正如 Plummer (2001: 248) 所說，「雖然全

球化被重視且廣泛討論，但卻很少論及全球化過程與親密生活之間
的關連」。

有關性的全球化 (globalization of sexuality) 的研究正逐漸興起，
嚴格檢視政治、經濟、社會與文化這些特定領域之間的交互影響
(例如 Binnie 2004; Altman 2001; Farr 2007; Padilla et al 2007; Herdt and
Howe 2007: Part 5)。性全球化依據三個既特定又相關的領域來研
究：(1) 性與政治全球化之間的關係，特別是全球性／親密公民權
的出現，及其各種人權訴求，依循着對全球化、新自由主義及跨國
治理的批判 (例如 Bell and Binnie 2000: Ch. 7; Binnie 2004: Ch. 2;
Plummer 2003: Ch. 8; Weeks 2007: Ch. 8)；(2) 性與經濟全球化之間
的關係，特別是全球粉紅經濟的出現，及其所建構的跨國、消費的
性身份、文化與社群。依循着對都市酷兒空間世界主義化、商品化
及士紳化 (gentrification) 的批判 (例如 Hennessy 2000: Ch. 4; Bell and
Binnie 2000: Ch. 6; Binnie 2004: Ch. 4; Binnie and Skeggs 2004)；(3)
性與文化全球化之間的關係，特別是所謂的全球同志文化和身份的
出現，體現在 Dennis Altman 的「全球酷兒化」(1995, 1996, 1996b,
1997, 2001)，依循着對文化帝國主義的批判 (例如 Manalansan 2003:
5–9; Boellstroff 2005: 25–30; Rofel 2007: 89–94)。

許多學者指出，全球化是一個不平等的過程，再製了空間上的
不平等，以及排他 (exclusion) 的差別模式。例如，Massey (1994:
121) 將有關社會關係的空間 (space) 與場所 (place) 概念化，強調我
們不能僅僅視全球化為一種快速或即時溝通的歷程，或是持續的全
球流動歷程，還必須認知到它也是「社會關係的空間重組，這些關
係充滿權力與意義，且社會群體因重組而被放置於極度不同的位置
之中。」Ferguson (2006) 以非洲為背景，強調全球化是「一種高度篩

選和空間飽覽的全球連接形式，結合了廣泛的斷裂與排他性」（頁14）。Trouillot (2003) 使用「全球集權主義」(globalitarism) 一詞，用以指涉「意圖提出市場目的論，作為西方現代性的新敘事主軸」的支配意識形態，隱藏了邊界內與邊界間大幅增加的不平等情況。Trouillot 認為，全球化導致全球的兩極分化，而世界地圖已日益充滿「黑洞」。因此，全球化應被視為「既是選擇性密集互連，同時也是廣泛斷裂及排他」。這正是為什麼 Hannerz (1996: 6), Ong (1999: 4–8) 以及 Grewal Kaplan (1994: 1–33) 提出以跨國研究取代全球化研究，因為「跨國」一詞可以處理全球化過程中的不對稱現象。

　　當談及性／別研究，跨國性／別研究所關心的是「穿越各種不同場景的連結與流動，不只有階級、性別與種族的場景，也包括都市、農村和其他地區的場景」(Farr 2007, 2008 年 8 月 8 日的網上資料)。「跨國性／別」突顯了二元性話語的不穩定性，如支配者／受支配者，中心／邊緣，殖民者／被殖民者，傳統／現代，全球／本地等，並藉此橫切了這些二元對立，並重申確認了「全球化下的各種歷程——資本主義、離散移動、國家政治經濟，以及通過這些場域所產生的意義之反向流動，大大地形塑了不同的性別與性」。整體而言，「跨國性／別」研究提出「全球化、種族、政治經濟、遷移和地緣政治」對性／別研究的重要性 (Grewal and Kaplan 2001: 666)；而要將性政治概念化，便需關注「同時涉及國家的、區域的、在地的，甚至是『跨文化的』和混雜的」等複雜範圍 (663)；並檢視「多樣、流動的宰制結構」，或「分散式霸權」(scattered hegemonies) 構成跨越空間的「不平等」和「抗爭」的新模式。

　　正是在這樣的背景下，非西方且非規範的性／別研究逐漸興起，在全球化和跨國的性／別研究下形成一門獨特學問，並被視為

一種新酷兒研究（Manalansan 2003: 5–9; Cruz-Malave and Manalansan 2002: 1–10; Eng, Halberstam, and Munoz 2005）。[19]

　　Wilson (2006) 注意到，在亞洲所謂的「新亞洲酷兒研究」的兩種主要取向。一種是「美國酷兒離散研究」取向（如 Eng 2001; Manalansan 2003; Leong 1996; Eng and Hom 1998）。這種取向承認西方勢力的全球支配地位，但藉由辨識非西方脈絡下酷兒的愛、性與政治的多重軌跡，「強調文化、歷史、種族、資本主義和地理對性／別的重要性」（Wilson 2006, 2008年8月8日的網上資料）。這種取向聚焦於研究亞洲移民或出生於西方社會的離散亞洲酷兒成員。而另一種取向，即被稱之為「批判性亞洲酷兒的區域性研究」（Johnson et al.），包括 Wilson (2006) 所指的「酷兒區域主義、酷兒亞洲主義或酷兒泛亞洲主義、亞洲酷兒文化研究或亞洲酷兒化」，將非西方的、第三世界的，以及全球之南 (global south) 的複雜現代性底下的酷兒生活，作為跨國酷兒分析的中心。Wilson (2006) 聲稱：「……這些分析突顯亞洲內部的權力關係，強調內部的階層化與不平等，它們與大世界體系裏的階層化與不平等並行存在」。下列作品皆可說是採取此種研究方向，例如 Erni and Spires (2001); Boellstorff (2005); Gopinath (2005); Blackwood (2005); Rofel (2007); Jackson and Cook (1999); Berry, Martin, and Yue (2003); Wieringa, Blackwood, and Bhaiya (2007); Martin et al. (2008)，以及由 Jeroen de Kloet 所編的 *China Information* 特刊 (2008: 22〔2〕)。這種研究取向與 *Inter-Asia Cultural Studies* 早前的酷兒專輯 (2007: 8〔4〕) 的編者 Chu Wei-Cheng 與 Fran Martin 相互呼應，他們為酷兒理論在不同地域所引發的蓬勃的本土酷兒理論提供研究平台。

華人男同性戀研究

　　綜合上述，同性戀社會學使我了解到性/別身份是經由社會和歷史建構的，協助我掌握到具體的同志生活經驗、社會組織秩序，甚至與全球化(酷兒)歷程之間的相互關係。我致力於闡明制度上規範華人男同性戀的種種因素，特別是國家、市場、酷兒社群和家庭四方面，它們從過去到現在，一直以來對於如何讓華人男同志理解和經驗同性情慾，都有着深遠的影響。

　　我也從酷兒理論獲得啟發，這不僅促使我挑戰看似牢不可破的性別身份概念，即對性、性別和慾望的單一化觀點加以批評，同時也確認了異性戀/同性戀二元對立而起的規訓作用，如何建構自身、性知識、社會制度和現代性/別的體制。酷兒理論從而協助我批判某些同志經驗如中產階級白人男同志對身為男同志所帶來的規訓效應；質疑出櫃模式所代表的優勢政治行為，並挑戰身份政治作為唯一的性政治。它為我開啟視野，使我了解到異性戀/同性戀二元系統的運作與種族、性別、區域和國家等相互交織的複雜關係。

　　雖然同性戀社會學和酷兒理論是我的主要理論工具，我亦從文化人類學、後殖民研究、文化研究和最近的全球化和跨國研究獲得不少啟發，它們對於性/別與種族認同，以及其他「分散式霸權」如殖民主義、民族主義和世界主義之間的複雜關係，提供了更為細緻入微的理解；並能處理既全球化但又不平等和不對稱，以及具跨國規模的非西方社會脈絡。

　　建基於過往的香港和中國華人同性戀研究，我希望這項研究對於亞洲新酷兒研究有所貢獻。我曾對香港、倫敦和中國大陸(主要城市為廣東、北京和上海)三地華人男同志進行廣泛的田野調查工作(深入訪談、生命故事、民族誌)，並由此獲得資料，用以檢視個

人生命故事、當地社會體制，以及較廣的全球／跨國歷程之間的相互關係。接下來，我將闡述本人的理論框架，藉此了解華人男同志的自我認同和性公民權被製造的過程。

權力／抵抗

　　我的理論框架來自後結構主義中「權力／抵抗範式」的概念，建基於「差異政治」裏有關身份和支配網絡 (matrix of domination) 身份的討論，同時依循性的地理學 (geography of sexuality) 將分析擴展至跨國的時空。

　　此一理論框架是基於差異政治對身份的探討，即是後結構主義對同一或同質的身份概念的批判，當中包括解構主義 (例如 Derrida 1976; Mouffe 1995; Hall 1996a, 1996b)、[20] 酷兒理論 (例如 Fuss 1989: Ch.6; Seidman 1995)，以及黑人女性主義的交織性 (intersectionality) 概念 (例如 Crenshaw 1989; Collins 1990, 1998; hooks 1981; Anthias and Yuval-Davis 1983, 1992)。[21] 簡而言之，每一個身份都有其歷史，我們不能強行將一個身份與其他身份 —— 如一個人的性身份與其他身份如她／他的種族和族群認同、性別、國族或階級地位、年齡，甚至身形和健康狀況、原居地等 —— 相分離。在思考「女／男同志」身份時，不能將其性身份與其他身份元素或差異類別 (categories of difference) 分開來看，即我們無法劃分出獨立的「同志」經驗 (Seidman 1995)。概括性的「同志」經驗對我們了解同志生活無所助益，因為女／男同志根據其種族、族群、階級、性特質、性別、年齡層、身體狀況、國族社會地位和原居地等不同的差異同時佔據了不同的特

殊地位及經驗（Fuss 1989, Ch. 6; Mouffe 1995）。[22] 因此，我們，或者我們的身份，是透過各種形式和意義，體現為一種對自我的、巨大的和無甚章法的多元定位與再定位（Hall 1996a）。[23]

身份網絡（matrix of identities）造成壓迫網絡（matrix of oppression）：性別方面，是男性對女性的壓迫；性傾向方面，是異性戀對同性戀、雙性戀或跨性別的壓迫；階級地位方面，是統治階級或中產階級對工人階級的壓迫；教育方面，是高學歷者對低學歷者或無學歷者的壓迫；種族和族群方面，是白人對非白人的壓迫，或中國漢人對其他少數族群的壓迫；年齡方面，是成人對兒童或老人的壓迫；身體狀況方面，是身體健全人士對殘疾人士的壓迫；在空間上，是城市對農村的壓迫；在工作上，是「體面」的工作對「污穢」的工作，就如對性工作者的壓迫。

但差異政治拒絕這種二元本質論的身份概念。例如，一位在英國生活的華人中產階級男同志，在某一特定時空下可能因異性戀霸權和種族主義遭受歧視，但亦同時受惠於階級結構的地位，對工人階級進行剝削。身份向來是多樣的，並且包含身份元素與差異類別，它們多元地，有時候相互矛盾地，彼此交織或結合着。因此，它們必然是不穩定的，是無法被完全固定或決定的主體。身份是通過「多元決定（overdetermination）和移位（displacement）的持續運動」所建構的（Mouffe 1995: 318）。

黑人女性主義（例如Collins 1998, 1990: 221–238）指出，差異政治的觀點拒絕將壓迫系統視為各自或獨立存在；壓迫系統（例如種族、性別和階級）在特定的社會歷史脈絡下，是會相互交織及相互聯繫在一起的，即是有其「交織性」（intersectionality）的面向。因此，個人可以是壓迫者或被壓迫者，或者同時是壓迫者與被壓迫

者，取決於特定的時空脈絡。這種壓迫來自於差異的多重交織，而非單一源頭。[24]

這些身份和壓迫的網絡與後結構主義的權力／抵抗範式相應，該範式描述身份的建構本身是規訓和監管結構的一部分，塑造出自我、身體、慾望、行動和社會關係。Foucault (1982) 對於主體和權力之間關係的闡述，成了最佳的例證。Foucault認為，權力不僅於法律、國家主權等各種結構性的控制中自我生產及再生產，同時亦透過意識形態的延續及規範的內化而運作，以鞏固其地位。正是通過這種「主體化」的雙重過程，我們得以「被製造」與「自我製造」成所謂的「主體」。[25]

依據Foucault的想法，我們可以宣稱，權力的運作是通過各種精細的管道，將個體建構成為主體，並在不同知識／權力體系下，從三個主要層面進行：社會制度的系統性層面，如國家、市場、學校、教堂和媒體等；社群層面，即由種族、階級、性／別所創造的文化背景；以及個人經驗層面（參見Collins 1990: 225–230; 1998: 235–240）。

放在性的研究上，異性戀規範性 (heteronormativity)（或「強制異性戀」，「異性戀網絡」，「異性戀主義」）[26]通常被界定為壓迫的主要形式。Berlant and Warner (1998) 將「異性戀規範性」定義為「不只是反對男女同志的意識形態、偏見或恐懼，它幾乎在社會生活形式與安排的每一個面向中產生，包括民族、國家與法律、商業、醫療和教育，同時也在敘事的常規與情感、浪漫史和其他受保護的文化空間中產生。」(554–555)

異性戀規範性無處不在，體現於結構性控制的系統層面，並置身於社群層面，也內化於個人層面。[27] 僵化的性階層 (Rubin 1993)[28]

透過法律、媒體、教育、家庭和宗教等建構所謂「好」的性。這種
性別化的性階層產生了二元對立的異性戀／同性戀。再配合其他的
組合告訴我們什麼是好的性／壞的性；正常的／變態的；健康的／不
健康的；道德的／不道德；和公開的／秘密的，並從而形成我們對
性的思想、知識和文化。透過這種不同層面的規訓和監控式的凝
視，性小眾被認為是「壞」分子、「變態」或「不道德的」公民，甚至
將這些標籤內化。因此，異性戀規範性伴隨其他壓迫系統（或是
Foucault 所指出的知識／權力體系），例如父權制度、性別主義、種
族主義、霸權陽剛特質和民族主義等，結盟成為「分散式霸權」
（Grewal and Kaplan 1994: 7），在不同的地域上建構我們的身份、慾
望與實踐。

　　然而，壓迫系統在政治目的上無論如何地明目張膽，社會建構
從未被完全安置，因為它一直不斷地受到顛覆。正如 Foucault
（1980: 95）所言，「權力之所在，亦即抵抗之所在，然而，或更合理
的推論之，此種抵抗從未處於權力之外」。換句話說，權力自上和
由下而來，因此它無法被推翻，只能加以抵抗或逆轉，而且「權力
之所以為人們所忍受是因為它將其自身大部分加以隱藏。故權力的
成功與否，與它是否能夠成功地掩蓋自己的手段成正比」（86），而
意識形態就是霸權長時間獲勝的結果。正如 Hall (1977: 333) 所說，
「霸權不是一種『被賦予』且永久存在的狀態，它必須積極的加以爭
取與維護，霸權亦有可能會消失。」

　　從這個角度觀之，支配的場域的確就是潛在的抵抗場域。抵抗
通常以兩種形式發生。一方面，抵抗可以是公然的，且直接地衝擊
主流文化價值觀，其形式通常是明顯的政治行動，由一群具有政治
熱情的人們所發起。女／男同志可以採取不同的策略，例如挑戰一

個特定的敵人(如政府),或者改變局勢(如法律),或者創造一個新的場域(例如收復一個同志敵意空間並將其改造為同志友善空間)。因此,整個同志運動強調社群建立、個人身份和生活模式的認同,具體化地出現自1970年代以來的身份政治議題,及1990年代以來的以爭取權利為本位的同化運動。

另一方面,抵抗也可以是隱蔽而間接的。在 *The Practice of Everyday Life* 一書中,de Certeau (1984) 在討論日常生活 (例如說話,閱讀,購物和煮飯等) 的微觀政治時,闡明了「戰術」(tactics) 對於抵抗常規的重要性。戰術是利用「已經形成」(already-made) 的文化系統來實現自己的慾望,其手段是導入另類價值到主流文化系統之中。戰術是弱者的藝術,當中的過程是「『弱者』戰勝『強者』……的聰明伎倆,知道如何脫身、『獵人的狡猾』(hunter's cunning)、花招百出、多樣的模仿、愉悅的發現,既詩意也好戰」(xix)。Scott (1985) 在其關於馬來西亞農民的民族誌研究中,表示有許多隱藏而無形的「日常形式的抵抗」(everyday forms of resistance),可以被視為是「弱者的武器」(weapons of the weak),作為「隱藏的劇本」(hidden scripts) 或「弱勢者的幕後話語」(offstage discourses of the powerless)。因為它是「不像政治的政治」,故而社會科學在討論政治模式時經常忽略這種抵抗方式。[29]

在性方面,這種戰略行動構成了另一種對性規範的抵抗形式,那些因身處弱勢而無法公然挑戰社會對性的監控時,通常會採取此種形式的抵抗。舉例來說,Chauncey (1994) 探討20世紀上半時期紐約都會男同志次文化,是推動1960年代同性戀解放運動的一大助力。回應政府為限制「反公共空間」(counterpublic) [30] 的性文化而推行的分區政策,Berlant and Warner (1998: 558–564) 認為那些轉瞬

消失的、「低俗」的公共性文化（如茶室、街道、酒吧、性俱樂部、公園、精品店、色情商店）可以醞釀一群具批判性的群眾，並將該領域轉化為一個大眾的性場所。[31]

這些在日常裏實踐的微型抵抗，雖然是由無甚政治意識的主體所採用，又或者只是在忍受每日發生的不公義時用來保障自我尊嚴的方式，但我們不能低估這些微型抵抗實踐的顛覆性潛力，因為它們可能會以一種無聲的方式去削弱「強者的力量」，也可以當作是一種公開宣戰前的幕後綵排。如同 Duncombe (2002: 7) 對我們的提醒：「政治的第一步簡而言之就是行動。」

政治參與的光譜，或是 Duncombe 所謂的「抵抗的尺度」，視乎主體的政治自我意識以及對文化挪用的程度、其投入的單位（社會、次文化或個人），以及其結果（革命、叛亂或只是生存為目的）而有所不同。抵抗的尺度和範圍還共同取決於每個國家或城市的政治、社會和文化環境。因此，最重要的是透過同性戀社會學去指出國家、市場、媒體、家庭，以及其他社會機制一直以來對性／別進行的制度性規管，如何持續地影響我們對性的理解及經驗（Corber and Valocchi 2003: 10–12）。

在個人層面上，抵抗的尺度和範圍取決於主體的位置，根據他／她的生平、教育水平、年齡、階級和身體狀況等來決定。我在研究中延伸了 Bourdieu (1986) 有關階級的理論，即階級是由穿越社會空間的各種資本流動所組成，[32]以「體現的資本」（embodied capital）的概念理解男／女同志在經濟、社會、文化和象徵性資本上的懸殊。同性戀者獲得的公民、政治和社會權利的多寡，決定了他們在社會上的整體政治協商能力，同時也決定了權力的整體形式與平衡。在一個根本上巧妙操控的系統內，他們持有的經濟資本（例如收入和

財產）之多寡，決定了他們的基本「信譽」。他們具有的文化資本（例如健康的身體、「合適的」消費生活模式、標準的語言或「可敬的」教育背景）和他們的社會資本（他們交往的個人、出入的團體和場所），大大影響他們進出不同的異性戀或同志的社交空間。他們獲得什麼程度的各種資本，決定了他們如何定義公民權、身份、同志氣質（gayness）、陽剛特質、品味、美貌、渴望度和可敬度等，同時也決定了他們在整個異性戀和同志社交空間的地位。

性．公民權

> 我們可能都是性公民，但我們卻不是平等的性公民。
> ──David Bell and Jon Binnie, *The Sexual Citizen*, 2000

我們可以用2000年前後開始的性公民權討論來說明這一理論的框架。公民權的概念長期以來被社會科學所忽視，但最近卻成為一個重要的概念，用以理解在日益全球化的世界裏，國家和個人之間複雜的相互關係。

整體而言，關於公民權的爭論可以說是與三大傳統有關：自由主義（liberalism）、社群主義（communitarianism）和共和主義（republicanism）（例如Janoski 1998: 6–8; Isin and Wood 1999: 7–9）。第一個傳統呈現了典型的「權利與責任」模型，如T. H. Marshall (1950) 的公民權概念涉及了三組公民權利，即公民、政治與社會，它們以法律之下的公義為中心，關注政治參與和基本人權福利。[33] 此模型着重於權利與義務的互惠組合，如享有公民、政治和社會的權利，以及納稅和遵守法律等的責任。第二個傳統，有時也被稱為「市政廳」（town hall）模型（Plummer 2003: 51），強調公民文化中的志願精神和

公民美德，從而將公民權理解為積極有意義地參與公民社會的看法。Janoski (1998: 7) 指出了這種模型的學者，即從19世紀初的 Alexis de Tocqueville，到20世紀早期的 Emile Durkheim，以至1990年代的 Robert Bellah 等人。第三個模型是公民共和傳統，它以防止國家濫權和市場貪婪為目的的。Janoski (1998: 7–8) 界定相關的學者為從19世紀的 Karl Marx，到20世紀初的 Antonio Gramsci，一直到較晚期的 Jürgen Habermas 等人，他們持續關注複雜的民主和社會運動，以及如何改善民主溝通。因此公民身份的爭論，一直是圍繞權利與義務、法律地位與資格、實踐與參與，以及身份認同與歸屬感等議題（Delanty 2007: 6–7）。

　　當代對公民權的討論，初期多是基於同一或同質的公民概念的假設之上，其概念的預設乃是以中產階級白人異性戀已婚男性為原型。而迅速發展的新興文化與社會身份，以及緊隨其後的差異政治，皆批評此種局限是以偏概全的公民權概念，並就階級、種族和族群、性別、性傾向、宗教等面向，辯論誰被納入和誰被排斥在公民的定義之外。以 Marshall 的公民權模型為例，它經常被指控未能將差異的類別，以及某些群體納入其中，以致出現不平等與排斥的情況，這些群體包括低下階層、少數族裔、婦女、同性戀者、移民人口和其他差異類別的社群。這揭示了三個常見的排斥情況：首先是種族方面（如 Anthias and Yuval-Davis 1992: 30–32）；其次是性別方面（如 Walby 1994）；第三是性傾向方面。以上這些都是我從性公民權文學作品中所得到的啟示（如 Evans 1993; Weeks 1998; Richardson 1998, 2000, 2001, 2004, 2005; Plummer 2001, 2003; Bell and Binnie 2000; Phelan 2001; Seidman 2005）。

　　當前性公民權的討論因而也加入了相關的辯論，用以挑戰近來

性公民權論述中隱含的假設，即「理想的」性公民權。大眾一般認
為理想的公民是「性行為符合傳統性別規範，並將性連結到親密、
愛情和一對一的關係上，他最好是結婚的，並將性限制在浪漫或有
關懷特質的私下行為上」(Seidman 2005: 237)。如 Weeks (1998: 38)
所言，一種新的對於公民權的討論，應該擁抱相互交織的多樣性，
揭示種族、階級、性/別之間的緊密連繫。

　　Diane Richardson (1998) 依據1990年代後期英國同性戀的處
境，強烈批判 Marshall 提出的公民權定義，質疑後者所主張的一個
「理想」公民能享有的公民、政治和社會權利。她認為，同性戀者只
是「局部的」公民，因為他們缺乏某些公民權利，如結婚權利或服
兵役的權利。他們的政治權利也是有限的，因為只有少數關注同性
戀議題的國會議員或「出櫃」國會議員。他們也無法享有完整的社
會福利，在就業、住屋、教育和養育子女等方面處處受到限制。因
此，他們就如同婦女和少數種族和族裔一樣，無法完全參與公共領
域，最終亦被民族和國家排除在外，因為合資格的公民往往是預留
給異性戀白人男性的。而且，同性戀者也被排除於私人領域之外，
因為隱私權基本上是一種屬於法定的已婚異性戀者的權利。因此，
性公民是高度限制和私有化的，而即使是有限度的給予某些權利
（例如非刑事化和合法性交年齡），亦會受到「異性戀主義的公開／
私人界線」所影響 (89)。[34]

　　藉由提倡不同版本的公民權（如女性主義公民權，性公民權，
親密關係公民權和情色公民權），女性主義者和酷兒學者希望擴大
公民權的定義，以納入更廣泛的性實踐、個人身份與親密關係。其
中一例是 Evans (1993: 64)，他率先將性公民權概念化為一種消費公
民權的形式，經由國家和市場之間的相互作用，形成「局部私人

的，但主要是以休閒與生活方式為成員資格」的消費公民權。Richardson (2000: 107–108) 對性公民權理論化的分析最全面，她的分析包括三方面：基於行為的權利（「個人關係中各種形式的性實踐之權利」）；基於身份的權利（「通過自我定義和個人身份發展而來的權利」）；以及基於關係的權利（「社會體制內的權利，當中包括社會認可的各種形式的性關係」）。Bell and Binnie (2000: 142) 宣稱「人人都是性公民」，提出我們必須認清公民權與性/別之間的密切關係。如 Phelan (2001: 140–141) 所言：

> 那麼問題並非「酷異與否」，或「如何讓公民權酷異化」，而是酷異化公民權時所面對的問題，即當某種分類對全世界數以百萬的人們是既重要且有利時，我們如何持續對該種分類加以顛覆。

　　關於爭取性公民權的過程，在文獻中所記錄、討論與辯論的途徑有三，包括平等權利的同化運動、酷兒社群的出現，以及同性婚姻的爭取。我們可以從權利/抵抗範式去理解此三種爭取性公民權在支配領域內的討論。

　　自1990年代以來，同性戀運動一直專注於以平等權利為基礎的同化政治。在此種正常化的論述裏，同性戀者是受壓迫的少數族群之一，他們要求融入主流社會之中，因為他們值得擁有和異性戀者一樣的權利和責任。Sullivan (1995: 216) 主張此種同化政治，認為大多數同性戀者「實質上是正常的」，只是想要全面地融入社會：「同志公民投票給自己的政府，並向後者交稅，理應可以與其他公民一樣地擁有相同權利並參與其中。故國家對他們的不平等對待，是一種對基本權利的根本剝奪」(216)（亦可見 Bawer 1993）。[35]

　　然而這種「融合主義」的論點備受挑戰，因為它突顯了異性戀文化的「正常化」，而低估了酷兒文化的顛覆性（例如 Bell and Binnie 2000: 44–48; Richardson 2004: 395–400; Seidman 2005: 233–238; Warner 1999: Ch. 3）。Warner (1999) 以 Andrew Sullivan 和 Judith Butler 作一個有趣的對比，他認為就 Sullivan (1995) 而言，同志基本上是正常的，只是被「未臻成熟的理論者、受傷的自尊心和不能婚姻等集結而成的勢力而將其誤導為具有病態的酷兒」(142)；而就 Butler (1993) 而言，所有的異性戀和同性戀實際上都是酷異的，但都被一種同一的身份所正常化。故我們應該強調的是在形成「正常的」主體時，那同時存在亦無可避免的酷異性、顛覆性與抵抗性的可能。如同 Berlant and Warner (1998: 558) 提醒我們，酷兒世界或酷兒反公共空間的形成，「是需要發展各種親密關係，且不必然與居住空間、親屬關係、伴侶形式、財產或者國家有關的」(558)。我們往往忽視了那些流動的、脆弱的和短暫的「場景」，它們構成了酷兒次文化。這不僅僅是關於男同志酷異化公共空間如公廁、街道、公園、商場等，同時也是關於男同志善於表達的流動的舞台，如「扮裝、青年文化、音樂、舞蹈、遊行、搔首弄姿和獵豔」(561)。這些場景或行動往往被貶抑為「生活方式」，但他們明顯地是微形抵抗的實踐範例。儘管是那麼的短暫，我們亦不能低估其顛覆性潛力。

　　同化主義或融入主義運動的最終結果是創造「好的」、「正常的」同志公民，「符合傳統性別，將性連接至愛和類婚姻關係，捍衛家庭價值觀，展現經濟個人主義，顯示民族自豪感」(Seidman 2002: 133)；而「壞的」、「變態的」和「危險的」酷兒，並不要求融入主流，也不藉由參與任何正式的公民社會來提出權利訴求來展示其作為遵循傳統異性戀性/別與親密關係實踐的「好」公民 (Warner 1999: Ch. 2;

Dangerous Bedfellows 1996）。[36] 雖然表達或公開性身份（例如同志），甚至讓他們在主流中找到一個「合適的」家是一種選項，然而創建另類的「反公共空間」，以及一種「懸而未決」（hanging there）、不求妥協或不容於主流的做法，亦是另一種選項。Plummer（2003: 64）提出了此種兩難困境：「一個人怎麼能夠『既酷異且激進』，然後又是一個『好公民』呢？」因此，第一個問題是，同志平權的爭取，在哪種程度上只是想藉由複製異性戀的「好公民」來融入主流之中呢？還是在多大的程度上，性公民的概念可以對人類生活的異性戀化提供一種顛覆性的挑戰，並帶來社會的真正變革呢？

第二項辯論是關於粉紅經濟蓬勃發展下，男／女同志中消費公民權的出現。最顯而易見的酷兒運動，可見於各種商業和消費場所的建立，如何擴大酷兒空間的版圖（Evans 1993: Ch. 4; Bell and Binnie 2000: Ch. 6; Bell 1995; Hennessy 1995）。受制於粉紅經濟的邏輯下，這種重大的酷兒基礎建設，產生不少影響。它有助於培養酷兒文化公民權的概念，成功將「變態公民」的傳統形象，轉為「良好的消費公民」形象，此種消費公民權支持且遵守主流的文化規範與價值觀念。因此，此種公民是模範的消費公民（如快樂的同志伴侶組成的完美雙職無子女家庭），以及穩定社群的建設者（Bell and Binnie 2000: 97）。這項發展也促成了活力充沛且顯著的同志休閒空間，提供了身份認同、文化歸屬感和社交網絡等的重要功能。然而，此種同志公民是世界主義傾向的，以商業利益和炫耀性消費掛帥的，同時也是階級、性別和種族導向的，因此它提供了一個新的權力場域而非抵抗場域。所以，第二個問題是：粉紅經濟和商業化酷兒空間的出現，是否以及多大程度上促進了性權的表達，並結束對性小眾的歧視？他們給予某些同志消費模式多大的特權？而這些消費模式

又如何依着階級、性別、種族、年齡、身形、出生地等而邊緣化其他酷兒個體呢？

第三種性公民權空間集中在私人領域，特別涉及了出櫃政治和近來對同性婚姻的討論。出櫃被視為一種值得推崇的政治行為，而同性婚姻則被視作為一種工具，直接挑戰異性戀的核心思想。然而，出櫃通常是有社會經濟地位和文化基礎的政治舉動（Seidman 1998; Seidman, Meeks, and Traschen 1999）。Bell and Binnie 從 Butler（1993: 226–230）對身份政治的批判（通常具體化為出櫃）[37] 汲取見解，認為在宣佈出櫃對性公民權來説是一種普遍必要的條件之前，最重要的是要追問出櫃是否一個可負擔得起的選項。再者，同性婚姻似乎特別推崇某一種異性戀的關係，即以婚姻式的伴侶關係作為衡量各種關係的標準，並且成為愛、關懷與支持的基礎，以及任何權利訴求的資格，這無疑是邊緣化了「另類的親密關係」，諸如非一夫一妻關係、多元關係、在公衆場所發生的性行為和其他眾多種類的非主流性愛實踐。[38] 所以第三個問題是：出櫃模型和同性婚姻促進哪種程度的性公民權？以及他們有多麼禮遇「政治正確」的「出櫃」者，而視櫃裏人為「不忠於自我」的個體呢？而婚姻模式的伴侶關係模範又在哪種程度上邊緣化了（特別在男同志社群中廣泛實踐的）「另類的親密關係」呢？

而近來兩項關於公民權的挑戰也應該被納入考慮範圍：一是在優越的新自由主義意識形態下出現的新治理形式；二是在全球化和跨國發展下對全球酷兒身份或公民權的霸權理想的挑戰。

新自由主義通常被視為是一種經濟意識形態，通過特定的政策去推動（例如放鬆管制、私有化、放寬對資本或貿易往來的限制），多數施行於西方國家和國際金融機構，如國際貨幣基金組織和世界

銀行。這些政策試圖「『消滅』國家和政府的角色，並將經濟中的分配、生產和分銷決策交託給全球市場，從而將限制或重新分配個人財富的一些措施加以排除或限制」(Hudson and Slaughter 2007: 4–5)。

相對於只是將新自由主義看作一個政治理念或經濟意識形態，我比較同意部分學者 (例如 Nicolas Rose, Wendy Brown, Aihwa Ong, Lisa Rofel) 根據 Foucault 的治理性概念，將新自由主義視為一種新興治理公民的模式。例如，Rose (1996) 認為，他所謂的「先進的」自由主義，在英國和其他先進的自由民主國家，是一種治理的支配模式。自由主義的規則，透過預算控制、問責制度和審計制度，將專業知識市場化；「遙距」私有化的政府活動之範圍甚廣，從水、天然氣和電等公共設施，到公務服務、監獄和警察部隊私有化等，最終可能導致社會福利中斷；並且發明新的技術，以建構個體成為努力向上的「積極公民」。結果，「社會國家」的理想讓位給「有為的國家」(enabling state) (Rofel 2007: 16)，其中新自由主義政策對國家的「縮減」與重塑公民主體兩者同時並進，公民不會對國家提出訴求，反而是一個將自己打造成進取的公民以配合國家的發展 (Ong 2007: 14)。

在性／別方面，近期的研究檢視新自由主義治理過程和性公民權之間的緊張關係 (Cooper 1995, 2002; Richardson 2005)。例如，Richardson (2005) 認為，新自由主義的治理技術已經從「自我監管」轉移到推動一種對規範性與體面性的渴望。過去，同志被描繪為瘋狂、壞或悲傷的個體，同時隱藏着一股顛覆的力量，足以挑戰社會的規範和價值，因此需要社會監管和控制。不過，新興的和自我規管的新自由主義性主體，內化了行為規範，以成為負責任且可敬的好公民，他們選擇穩定的同居關係。這種「好的」性公民與壞的、危險的性公民劃清界線，並在社會上過着「低風險」的安全生活模

式。所以現在的問題是，既然新自由主義治理與正常化政治同時並進，並將同性戀收編為有社會價值的成員，所付出的代價為何呢？因此，第四個問題是，在國家和新自由主義對情／色的規管下，我們要充當「好」公民到哪個地步？我們又能在什麼程度上終止國家對成人親密關係以及個人生活模式的規管呢？

另一項關於公民權的挑戰是全球化和跨國的發展。正如許多學者指出，Marshall的公民概念是基於一種假設，即固定邊界的民族國家控制了公民所想像的政治身份，並給予他們各種權利。然而，全球化和跨國的發展為公民權開啟了新的可能性（以及挑戰），繼而促使新興公民權的發展（例如世界公民權，Heater 2002；巢狀公民權，Faist 2000；以及彈性公民權，Ong 1999），這些都是超越民族國家地域界線的範圍。[39]

至於性／別方面，有些人認為全球化導致了世界各地同性戀文化的同質化，或者更具體地說是導致了「美國化」。例如，Adam, Duyvendak, and Krouwel (1999) 試圖以西方（由美國及西歐主導）的同志運動原型，繪製全球同志運動的模型。Dennis Altman (1995, 1996, 1996b, 1997, 2001) 是將此種全球化的同志身份加以理論化的典範。Rofel (2007) 將Altman的全球化男同志身份概念總結如下：

> 他挑戰的是性（sexual）而不是性別（gender）規範；以新的自我概念取代舊有男同志想成為女人的想法；他要建立基本男男相愛的關係而非與女性結婚但偷偷摸摸地與同性苟且的關係；他勇於公開表達自己的性身份；發展一種公開的同志政治意識；以及創造一種基於性身份的社群意識。(90)

Rofel認為，此種概念化從根本上將全球與本地二分，全球化同志身份即為西方同志身份，也代表同志的起源，擁有其歷史、身份和解放運動等各方面，而其他「剩餘的」非西方同志（例如華人男同志）則永遠處於「延後的位置」，過着模仿西方男同志模式的生活。[40]因此，第五個問題是：全球同志身份在哪種程度上能促使酷兒在意念、形象、慾望和實踐方面的流通，並有助於促進人權、推進民主、終止歧視和實現一個全球性的同志公民？又或全球性的同志身份在什麼程度上提供一種分裂而非整合的力量，而該分裂的力量僅僅給予全球性的性公民特權、加強民族優越感、理想化中產階層生活模式，以及透過不平等的全球消費邊緣化許多酷兒的個體？

結論

我的理論視野以同性戀社會學和酷兒理論為主，並根據先前自己與其他華人同性戀研究和參照全球／跨國對性的研究的文獻，以三個不同場景的華人男同志為個案，檢視性公民權的製造過程。

我始終認為，性公民權的產生，應該透過後結構主義「權力／抵抗範式」的概念，並從不同地域來加以理解。融合了身份研究的「差異政治」，身份網絡產生了支配網絡，此種支配網絡體現在不同層次上，例如在制度上、社群上和個體上。根據權力／抵抗範式以及Foucault式的治理性概念，異性戀規範性被視為壓迫的主要形式，與其他「分散式霸權」同時產生作用。此種作用，在牢固的性階層之下，將我們建構成性公民。但是，支配之所在亦即抵抗之所在。西方探討主體的文獻，指出性公民的三個空間，促成了近來關

於酷兒政治的論辯，所討論的重點是：一、關於權利導向的同化運動，討論融入主流是否代表了支持同志生活的異性戀化，抑或是對公民權地位的異性戀假設加以批判；二、關於酷兒消費空間的出現，討論粉紅經濟是否提升性權以及促進文化歸屬感，抑或建構了一個世界主義、階級本位的消費公民權，而此種消費公民會將無法達到此種理想的同志加以邊緣化；三、關於爭取同性婚姻，討論承認同性戀家庭有助於更大的民主目標，抑或只是犧牲「另類的親密關係」，如非一對一關係，多重關係等，而成全一種異性戀的親密關係模式。最後，近來關於新自由主義治理以及全球化酷兒身份／公民權的討論，在一個全球、跨國的規模下，讓這些辯論更加熾熱。

　　正是在這樣一個背景下，我將討論在後結構主義的權力／抵抗範式內，以前述所提問的五個問題作綱領，了解香港、倫敦以及中國的華人男同志如何體現性公民權。

I 香港

引言

從殖民公民權到進取公民權

　　香港在特區政府的管治下（1997年至今），從英國統治的殖民地（1842–1997）搖身一變成為「亞洲國際大都會」，當中關乎公民權轉變的歷史有助於我們對香港性公民權的理解。

　　Ku and Pun (2004: 2) 指出香港這個大都會的特色，是它那半城邦（quasi-city state）的政治身份。過去香港人不是英國臣民或國民，就是難民或移民。今日大部分香港人視自己為香港的「永久居民」，甚少香港人會將自己視為具有公民身份含意的「公民」。反過來，他們只稱自己為「市民」或者「城市人」。[1]

　　香港在1842年至1997年期間為英國的殖民地。殖民政府在管治上推動「法律與秩序」的意識形態，但卻建構了低度的公民權、政治權和社會權的殖民臣屬。[2] 誠如 So (2004: 236–238) 指出，直至二十世紀中期，香港人既沒有投票權，[3] 也無權力選擇自己的政府，而法律如「社團條例」更對批評殖民政府的組織、活動和刊物施予限制。在社會權利方面，殖民政府提倡自由放任式經濟，對香港人的就業、房屋、醫療保健、退休金和其他社會福利放手不管。香港人只是居民，既不是公民，也不是英國或中國的臣民，結果是香港居民只享有最小的公民、政治和社會權利，這個「殖民地公民

權」的處境解釋了為何他們對英國殖民政權的忠誠度不高,而 Lau (1982) 所説的「低度整合社會政治體制」(minimally integrated socio-political regime),[4] 正好反映了這種政體與社會之間的相互排斥性。

殖民政府與被統治者的關係自共產黨於 1949 年接管中國後產生巨大變化,這是由於成千上萬的難民或移民開始從中國大陸逃往香港。為了創造新的都市公民主體,殖民政府採取各種手段以進行去國家化 (de-nationalize)、去政治化 (depoliticize) 和「文明化」(civilize) 或現代化 (modernize)。1949 年之後,殖民政府開展「去國家化」的政策,以鞏固其對香港的控制,使香港從中國經濟體系中脱鈎,抑制共產主義在香港的滲透,並持續推崇英文而非中文作為支配性及官方的語言 (So 2004: 237–238)。Ho (2004) 認為殖民政府透過兩種手段將香港社會去政治化,一方面盡量減少對香港華人社會的干預,以免激怒香港市民;另一方面鼓勵自由放任主義的經濟策略,從而合理化其統治。因此,殖民政府封鎖了市民主要的政治權利 (如政治自由和參與),以經濟發展為優先,只給予與市場權利相關的公民權利,並且認為社會福利只是一個殘餘概念,強調香港人若有福利需要的話,理應向自己的家庭、志願機構和市場求助,而不是向政府提出要求。

在經歷了 1966 年和 1967 年的暴動後,殖民管治和公民權在 1970 年代出現了重大改變。為了恢復其統治上的合法性,殖民政府雖然一方面仍然限制香港人的政治權利,但另一方面卻透過各種方案和政策給予人民特定的社會權利,例如推行大規模的公共房屋計劃,以滿足逾半香港市民的住屋需要;根據國際標準訂立勞工法例以保障工人權益;增加社會福利開支,以幫助社會上的弱勢社

群；實施九年免費教育和增加高等教育的名額（So 2004: 239）。與此同時，政府進行了一項「文明化」計劃，以推動新的文化公民權。就如Turner and Ngan在其所編的 *Hong Kong Sixties: Designing Identity* (1995: 38) 一書中指出，殖民政府推動了一種新的香港身份和公民權的設計，讓我們「從中國分辨出來，六十年代的香港需要新的自我形象，這些形象深受西方觀念諸如：時間、健康、效率、姿態、時裝和體格所影響」(37)。在同一書中，Turner (1995) 認為在1970年代出現的各種「建設社區」的運動和口號，如「打擊罪案」、「清潔香港」、「香港人的香港」、「我愛香港」，以及「同一屋簷下」等，並不代表香港人在社會公民權方面得到充權的機會，殖民政府所做的只是為了培養地方的歸屬感和鼓勵一種新身份的出現，即是標誌着現代化、國際化和西化的理性經濟主體。[5]

　　直至1980年代，殖民政府在準備主權移交下才開始透過一系列民主化進程而給予香港人民某些政治上的權利（So 2004: 239–241; Lo 2001: 132–139），而1989年發生的六四天安門事件[6]更被普遍認為是促使殖民政府給予香港市民更多公民和政治權利的轉捩點。殖民政府其後於1991年通過人權法案；1996年成立平等機會委員會；末代港督彭定康在任內提出重組立法會的功能組別，又將香港市民的合法投票年齡由21歲降低至18歲，並承諾監督政府各部門的表現。然而，今日的香港仍然處於一個半民主的狀態，市民未能普選行政長官，雖然立法會的半數議席（35席）是根據分區直接選舉產生，但仍有一半議席（35席）經功能組別選舉間接產生（當中有5個屬於超級區議會議席，由不屬任何傳統功能組別的選民直接選出）。（作者按：上述數據在此中譯本中更新，英文原版的數據則止於2009年。）

　　1997年，香港成為中國的特別行政區（Special Administrative Region），自此進入一個嶄新的年代，So (2004: 241–243) 認為此時的特區政府希望推動一種有別於殖民地時代的新公民權模式。不過，特區政府也同時陷入「國家化」（nationalization）和「本土化」（localization）的兩難，它一方面希望與中國大陸保持距離，所以沒有在香港大力推動任何「再國家化」的計劃，以避免香港等同廣州或其他內地城市的地位。另一方面，它亦不能推動一種強烈的本土身份認同意識，因為這可能會被視為如當前的台灣一樣鼓吹獨立，構成對中國大陸的威脅。

　　因此，在「一國兩制」的框架下，可行的解決方案是將香港轉變成一個全球大都會（Ku and Pun 2004: 2；參照 Ku 2002a; So 2004: 241–243）。在這種霸權式的國家方案下，所謂理想的公民實體就是要成為進取的個體，依靠的是個人的自我進取和自給自足。事實上，香港從來都不是一個福利國家，而殖民政府和特區政府也一直使用着新自由主義的語言。就如 Ku and Pun (2004: 7) 指出，殖民統治下的「文明的、都市的、經濟至上的，以及自力更生的主體」，與1980年代以來的新自由主義意識形態下「進取的個人」有着極大的相似之處。在新自由主義有關「進取的公民權與具競爭性的經濟」之論述裏，公民、政治和社會權利的議題可以避而不談，又或者反過來被剝奪，例如透過香港的公安條例和基本法第23條來達到此種目的。[7] 此外，基於新自由主義對全球競爭力的追求，故特區政府特別關注「人口質素」，也就是人才和人力資源的增值，Sautman (2004) 認為這種傾向創造出一個公民層級，即包括華人精英中的富有「公民」、英國和日本的外籍「居民」，以及由菲律賓與印尼家傭和尼泊爾與巴基斯坦工人所組成的「邊緣人民」。[8]

　　總而言之，香港人民從未被賦予完整的政治、公民和社會權利。從1997年起，爭取全民普選行政長官和立法會一直是香港民主運動的重要議程。雖然香港人民享有某些公民及社會權利，然而這些權利是有條件的，很多時是根據族裔、年齡、階級和性傾向等分類而給予不同權利，這無疑是剝奪了社會上的邊緣群體，如內地新移民（尤其是低下階層的內地新移民婦女）、南亞裔工人、老人和性小眾的權利。此外，市民的權利亦因應不同的政治和經濟危機而隨時可以被「剝奪」。

　　因此，香港公民權的發展一直受到經濟上的意識形態（如自由放任政策和新自由主義）所限制。任何關於公民權利的訴求都會以經濟繁榮的考慮為大前提，而一個「和諧」的政治和社會環境均被視為對經濟發展最為有利。香港市民已傾向於接受他們在政治上的無能為力，相信所謂的開放社會，並且透過帶有競爭性的個人主義來解決問題。香港市民被建構為奉公守法和自我進取的主體，其特色包括政治冷感、經濟導向、講求個人競爭力、努力工作，靈活彈性和務實。

　　不過，這種被建構出來的理想身份往往是性別化、種族化和性化的。他們的形象大致上是代表着中產階級、本地出生和異性戀的華人男性，除了成功地累積財富和「有車有樓」外，同時也幸福地與妻兒建立核心家庭。

去政治化的政治文化

由於殖民管治和新儒家學說所強調的和諧，使香港長久以來一直被認為是個政治冷感的社會。然而，「政治冷感」真的是香港人的特徵嗎？是否只有西方人才擁有政治意識呢？「政治意識」和「激進」的意思其實是甚麼？怎樣才稱得上「顛覆性」的社會行動？這些詞語的背後又隱藏了甚麼目的和意義呢？

雖然香港人對於組織性和制度性的政治不特別感興趣，甚至與之疏離，然而即使沒有濃厚的興趣，但其實他們在生活中已涉足了一些政治領域。為了更清楚地了解香港人的「政治性」，我們需要將焦點從制度性的政治領域轉移至其它領域，例如市場經濟、公民社會、媒體、流行文化，以及私人領域中的家庭與婚姻，這些也是牽涉到「政治」的。

Chiu and Lui (2000: 1–19) 認為，雖然香港公民社會中的社會運動和集體行動的意義往往被忽視、影響力亦經常被低估，但它們在香港的政治歷史裏已經存在已久。特別是自 1960 年代起，戰後土出土長的一代對於政府 (如政府貪污)、惡劣的公屋居住環境，以及富裕社會中長期存在的貧窮等問題，均表達了失望和不滿的情緒。透過罷工、示威和其他集體行動，學生自發的運動和草根階層的抗爭挑戰了殖民政府在勞工、房屋、環境，甚至性別方面的政策、社會不公義和歧視。1989 年的六四事件和 2003 年的七一大遊行，[9] 均被視為是這種積極社會參與的延續。

Lam (2004) 也挑戰了香港是一個政治冷感的社會和香港人是政治冷漠的普遍迷思。她認為，雖然由政府主導，且能代表政府的合法政治參與，或許受到了限制 (尤其是在 1997 年前)，但很多社會

團體、組織和媒體均能在傳統的政治渠道外積極活動，並且表現出相當的組織和動員能力，以向政府表達不滿和提出訴求 。

Abbas (1992) 將香港這個處境歸因於「補償式」的經濟主義和「不光彩」的殖民統治，而香港人的經濟成功亦被理解成缺乏政治自主和自決的結果。

> 極有效的殖民管治所造成的其中一個影響，就是它幾乎沒有給予政治上的出路 (直至近年也是如此)；這使大部分的資源傾向投放於經濟領域之中⋯就算不可以選擇自己的政治領袖，至少也可以選擇自己的衣服。因此，我們看到的不是前景黯淡，而是最為矛盾的繁華景象，即對「民主」的願望愈受到挫折或遏止，市場就愈綻放 (Abbas 1992: 5)。

換句話說，由於香港政府甚少為具有政治抱負和理想主義的人提供出路，故人民便將精力放在經濟層面，以及文化產業和流行文化的消費上。Abbas 的洞見正正呼應了現存文獻中有關 1960 年代以來出現「香港人」文化身份的討論。[10]

然而，自從 2003 年的七一大遊行，約有五十萬人上街表達對政治、經濟、社會和文化的不滿後，政治參與和動員的程度與範圍都出現巨大的改變、增長及轉化。這些對政府的不滿，包括管治不佳、緩慢的民主發展步伐、結構性的財政預算赤字和社會不平等，伴隨着大眾媒體的廣泛使用 (特別是互聯網)，以及各種社會、文化和政治團體的興起，似乎有助於香港近年來政治形勢的改變 (Sing 2009)。[11]

最後，Ho (2004: 33) 指出 (後) 殖民統治強調家庭為自我調節

和自力更生的機制，成功地將人民對社會福利和資源的訴求從政府轉向家庭，同時有效地瓦解社會公民權和社區的發展，家庭因此被視為一個「道德合理的自我調節單位」(morally right form of self-organization)。這個論點破除了「香港人由於尊重儒家傳統，特別重視家庭」的迷思，並開啟了將家庭視為一種治理工具的新視野。香港人將生活的重心放在私人領域未必是基於他們對傳統的堅持 (特別是儒家傳統中所謂的「家庭價值觀」，並與美國基督教保守派所推廣的家庭價值觀相呼應)，而是受到國家管治的影響。Ong (1993, 1996, 1999) 也有類似的觀點，認為香港家庭是受到戰後香港對難民和移民家庭的國家規訓的影響。[12]

香港公民權的性化

在這樣的政治社會環境下，香港同志正製造或再製造哪些性公民權呢？政府如何塑造香港「性」運動的輪廓？同志和同志組織又做了些什麼？

在以下三個章節，我將會檢視香港三個有關性公民權的空間，並以香港的memba為重點。第一個空間可以見於同志運動。首先，受到殖民和後殖民的管治，同志運動在性權的爭取上往往局限於同化政治。縱使它能夠得到同性戀和異性戀這兩個世界的支持，但卻明顯地創造了一種「良好的同志公民」，與其他「危險的變態公民」割裂，直至國際不再恐同日 (IDAHO) 運動的出現才使性政治變得更具反思性。其次，政治渠道的堵塞，促成了一個充滿活力的酷兒文化世界，它成功將「同性戀」從病理上異常的主體，轉化為世

界性的公民。雖然這個公民仍然受到新自由主義治理、審查、商業資金和贊助的限制，並且長期面對反同志非政府組織（主要是宗教團體）的挑戰。

　　第二個性空間是一個充滿活力、清晰可見的酷兒商業空間，它提供了一個重要的文化舞台，促進了酷兒的消費公民權，但當中所涉及的粉紅經濟、同性戀規範和「男同志陽剛氣質崇拜」等，卻令不少香港 memba 被置於次等的位置。

　　性公民權的第三個空間是私人領域裏的家庭、戀愛和婚姻。雖然受到家庭式異性戀規範的限制，香港 memba 仍然在家庭生命政治的範疇下努力爭取同志身份認同的個人空間。雖然他們不太熱衷於討論同性婚姻的可能性，但他們還是會熱切地參與各種「親密計劃」，試圖尋找異性戀家庭、婚姻和愛情之外的另類選擇。

第二章

同志們,準備好了吧?! 性公民權和同志運動

香港的同志運動總是停滯不前,在政治層面上更是寸步難行,逼使「同志運動」淪為「同志活動」。就在這個初始階段,我們與同志社群談論有關性權的解放運動,希望可以透過政治上的努力,來重新部署和審視自己的權利。

—Anson Mak and Mary Ann King, "Hong Kong's Tongzhi Movement: Through the Eyes of Queer Sisters," 1997

Queers are ready (we are ready)
望見那彩虹正在面前
We are ready
下了決心團結在目前
人人願接力同步共邁向璀璨日子
人人齊投入信心皆一致
We are ready

—— 2008 年香港同志遊行的大會主題曲

1997年，Mak and King寫了一篇關於香港同志運動的文章，認為當時的同志團體並不關心平權，只專注於組織社交活動和派對，以致心思和努力都只花在同志活動而非同志運動之上。而自2005年開始，香港每年均舉辦國際不再恐同日（International Day Against Homophobia, IDAHO），在2008年12月13日更舉行了第一屆香港同志遊行。然而，這是否意味着本地的同志活動已經轉化成同志運動呢？社會運動的元素是什麼？如果它是一個政治運動，為何參加的同志總是那麼少？在首次IDAHO的活動上，其中一個組織者表示「我們創造了歷史或女史（herstory）！」，但究竟我們創造了哪些歷史呢？這個歷史中的「我們」是誰？身處號稱亞洲國際都會的香港，我們可以想像和創造出怎樣的性空間呢？這些空間的限制和界線又是什麼？

本章將會以香港同志運動為例，檢視性、公民權和政府管制之間的複雜關係。首先，我會概述同性戀法例在香港的轉變（尤其是1991年的同性戀非刑事化），繼而指出香港關於公民權的論述一直將同志置之不理。早期香港的同志運動與「社會和諧」、「經濟優先」等政府口號類似，反對任何「激進」形式的運動，務求提倡一種和諧和非衝突性的政治，這個同化和正常化的主張遏制了激進和衝突性的同志政治。

近年，同志政治好像走出了「第三條路」（the third way），徘徊在同化政治和激進主義之間。雖然香港大部分同志對參與正式的政治活動並不感興趣，但我將會指出香港同志的這種「政治冷感」特質，例如不太熱衷於在制度上爭取同性權利等，都只是故事的一面而已。事實上，同志在媒體及大眾文化層面所進行的文化生產，對於打亂霸權式的異性戀規範提供了一個重要空間，並將同志從一個

性變態的客體轉化成國際化和跨國的文化主體。不過，縱使同志在文化領域的多元再現能夠帶出某種文化公民權的身份，但我也將會指出無論是在主流或另類媒體，同志的能見度仍然受到新自由主義的監管和控制，這反過來又將它的社會和文化生活局限在「異性戀規範式的制度」之中（Richardson 2001: 163）。

同性戀非刑事化

與殖民政府講求「法律與秩序」的總體意識形態一致，香港在整個殖民時期（1842年至1997年）均緊隨英國法律（梁定邦 1987），[1] 包括監控同性戀行為的法律（Lethbridge 1976）。

歷史上普遍認為男同性戀在中國古代及帝制時期是被容許的（Van Gulik 1961; Chou 1971: 90–93; Bullough 1976: 300–310; Ruan and Tsai 1987; Ruan 1991: 107–120; 小明雄 1997; Hinsch 1990）。清朝（公元1644–1911年）關於同性戀的法律主要是針對雞姦，尤其是向未成年者進行雞姦（小明雄 1997: 245–246; Hinsch 1990: 139–146; Sommer 1997; Ng 1987; Lethbridge 1976: 310–317; 亦可見於第六章）。然而，殖民政府於1842年在香港將雞姦（buggery）[2] 入罪，並且遵循大英法律，例如英國於1861年廢除對肛交的死刑，香港於1865年效法；而處理男性之間「嚴重猥褻行為」[3]的《1885年刑事法修訂條例》，亦於1901年引入香港。

不過，即使英國在1967年《性罪行條例》的修訂已將私下的同性戀行為非刑事化，但殖民政府在當時並沒有準備遵循相關法例。Lethbridge (1976: 306–310) 認為可能的原因有三：第一、一般人並未將同性戀視為一個社會問題，因此政府沒有理由去改變法律，因

為這樣的舉動反而可能被認為過於激進和開放；第二、香港的同性戀者，尤其是華人同性戀者，在英國的統治下非常謹慎，這點可以從極少人士被捕看出來；第三、在香港比較「高調」的同性戀者通常是歐洲人，不起訴他們已經成為警方的普遍做法，並且得到政府的支持。[4]

1980 年，蘇格蘭籍的麥樂倫督察被指控進行嚴重猥褻行為，其後更被發現陳屍於警察宿舍，事件引起社會對同性戀的廣泛討論。[5] Ho (1997: 7–21) 在其文章中清楚地說明了這宗案件。一個主流的看法是，麥樂倫的死因涉及謀殺和警方對該事件的掩飾，故引起了媒體的關注，並對殖民政府的公正和誠信存疑。殖民政府於是委任調查委員會與另一委員會 (香港法律改革委員會，LRCHK) 對此案進行調查，並檢視監管同性戀行為的相關法律。1981 年調查委員會所作的結論是該案屬於自殺，而香港法律改革委員會則在 1983 年發表了一份報告，建議法例不該禁止 21 歲或以上男性之間私下發生的性行為 (香港法律改革委員會，1983，1988)。這個同性戀非刑事化的建議在 1980 年代激起了許多關於同性戀的熱烈討論，當中涉及不少有趣的議題，例如同性戀是否經科學證明是正常的、同性戀是否一種由「西方」引入的疾病，以及同性戀行為是否屬於人權的一部分等。建議最終於 1991 年的刑事罪行 (修訂) 條例落實，而這一步似乎是對即將到來的九七回歸作出回應，即受到人權法案的影響，以及 1989 年六四天安門事件後整個香港社會要求加快人權改革和民主步伐的訴求有關 (Ho 1997: 75–79; Chan 2007: 39)。

然而非刑事化並不代表合法化，殖民政府只同意將某些條件下的男同性戀行為非刑事化，例如兩名年齡 21 歲或以上的男子在「私人空間」並雙方同意下發生的性行為。殖民政府對於促進同性戀權

利，又或者承認同性戀生活方式等均不感興趣。當時的布政司霍德爵士，在立法局會議的總結如下：

> 投贊成票僅僅表示認同每個人的道德準則可能有所不同，並且可以在同一社會中共存，但這並不代表得到政府的批准，它意味着只承認個人在私人性生活上的選擇權。投贊成票也不表示個人接受這種行為的對與錯，只表明整個執法部門只關注這種行為是否屬於成人雙方同意以及在私底下發生而已。

— *Daily Information Bulletin*, Government Information
Service 7–11–1990, 引自 Ho 1997: 84

　　這項非刑事化的法案在1990年代產生了不少影響，它不僅保障了男同志之間私下發生的性行為，也引發了本地同志團體如雨後春筍般的出現，以及各種同志娛樂場所的產生（例如會所、酒吧、桑拿、卡拉OK等），其後更促成了同志次文化的發展（見第三章關於同志商業場所之發展）。再者，長達十多年的辯論將同性戀行為從一個法律議題轉化為社會議題，包括將「同性戀者」創造成為一種獨特的社會類型，之後的非刑事化更造就香港同性戀者身份的出現（Ho 1997: 94–155; Ho and Tsang 2004a）。然而，這法例也同時產生了兩種類型的同性戀者，一是「行為合宜」的同性戀者，即他們與其他成年男性在私人空間下發生性行為；二是「應受譴責」的同性戀者，包括那些沉溺於在公眾地方與其他男性發生性行為，又或者與未滿21歲的男子性交的同性戀者，他們仍然受到監視和懲處，這從1990年代開始激增的逮捕案件可見一斑（Ho and Tsang 2004a: 671）。Richardson (2001: 157) 在分析英國的情況時，就指出

這種私人／公共的區隔，意圖規範同性戀關係只能在「私下」進行，並將女／男同志的權利局限在「個人權利」而非「人權」的範疇。此外，如同 Mort (1980) 與 Evans (1993: 36–146) 所指出，英國的法律改革往往將性與道德劃上等號，並將性的事情視為私下和個人的，從而創造出一種同性戀者類型，即是講求個人主義和享樂主義，並培育出一種政治冷感的同性戀次文化，[6]而香港的情況也正正切合他們的觀察。

　　香港有關同性戀的法律自1991年以來並沒有多大改變。在1994至95年度的立法局會議期間，異性戀的前立法局議員胡紅玉提出了一項私人草案 (平等機會條例草案)，包括規定禁止基於性別、家庭崗位、殘疾、種族、族群和性傾向等而造成的歧視，但該草案被認為覆蓋太廣，使其他立法局議員以不太合適為由而策略性地推延 (Chan 2007: 44–45)。政府最終確立了三條歧視條例，即性別歧視條例 (包括婚姻狀況、懷孕和性騷擾)、殘疾歧視條例和家庭崗位歧視條例。前兩者於1995年通過，後者則在1997年通過。[7]到了2008年10月，政府亦制定了種族歧視條例，但直至現在仍未就性傾向歧視條例立法。而對現行法律的重大挑戰則出現在2005年，當時一名20歲的年輕男子William Leung申請司法覆核，指控同性戀者的合法性交年齡 (21歲) 與異性戀者的合法性交年齡 (16歲)有所不同是違憲的，認為它違反基本法和人權法。經過司法覆核，高等法院於2005年8月裁定合法性交年齡的差異實屬違憲。雖然政府提出上訴，但上訴庭最終在2006年9月再次確認高等法院的判決 (Chan 2008)。(作者按：然而，這條被判違憲的法例一直原封不動，直至2013年12月律政司才向立法會表示會在《2014年成文法 (雜項規定) 條例草案》中正式修訂有關條例。)

相較於其他亞洲國家如新加坡、馬來西亞，男同性戀行為仍然被認為是刑事罪行，香港男同性戀者誠然享有較多的自由。然而，在整體上，香港同志在法律、政治和社會狀況三方面仍然強差人意（香港基督徒學會等著 2006）。同志一直被認為是社會的局外人，雖然同志擁有政治投票權，但其行使政治權力的能力是有限的。過往均有少數政治人物長期關注性小眾的人權和平等機會，例如前立法局議員陸恭蕙、劉千石、劉慧卿、黃毓民、何秀蘭、陳婉嫻、陳偉業等，現任立法會議員梁國雄、張超雄等，但香港並沒有任何一位「出櫃」的同志官員，直至 2012 年人民力量的陳志全才成為首位「出櫃」的民選政治代表，而在此之前所有的選舉中只曾出現過一位「出櫃」的候選人（張錦雄，參加 2003 年的區議會選舉，最後落選）。（作者按：此中譯本已更新上述有關資料。）正如 Richardson（1998: 88）在討論英國政治時指出，「出櫃」對一個人的政治前途並非有利，出櫃後可能處於劣勢地位，甚或喪失資格。

在公民權利方面，香港並沒有就性傾向而訂立相關的歧視條例。同性伴侶沒有結婚和領養孩子的權利，如果伴侶死後沒有留下遺囑的話，另一方也沒有繼承遺產的權利。直至 2005 年，高等法院才裁定男同志的合法性交年齡應該與異性戀者一致。同性伴侶不可以跟異性戀已婚夫婦一樣申請公屋和享有其他房屋福利。一旦性傾向被揭露，同志要承擔被解僱或無法晉升的風險。在某些教派的教會裏，同志基督徒不時接收反同訊息，有些甚至要承受厭惡治療（reparative therapy）或「拗直」（改變成異性戀）輔導的壓力，並被要求暫時停止進入教會，或者被禁止參加定期的主日崇拜。雖然香港的學校已有納入不同性傾向的性教育指引，但有否落實執行則取決於個別學校和教師，而事實上學校可以是同志學生遭受欺凌的地方

（Hong Kong Government 1996: 4–7; Kong 2000: 115–159; 香港基督徒學會等著 2006: 8–134）。面對各種對同志不公義的惡劣環境下，為什麼我們無法看到一些強而有力的反抗呢？

同志也是正常人？同志政治與後殖民管治

同化政治

在建立現代酷兒身份和發展國家酷兒運動上，國家政治和文化特色扮演着極其重要的角色。自1990年代以來，西方酷兒政治在新自由主義的管理下，已經從分離主義政治轉變為同化政治（Bell and Binnie 2000: Ch. 2; Richardson 2004; Warner 1999; Seidman 2005），而香港的同志運動似乎一直採取同化政治路線。

在1842年至1990年間，香港的「同志」是極為謹慎和低調的。即使是在同性戀非刑事化的辯論上，支持非刑事化的一方主要都是由異性戀人士而非同志所組成。因此，整個論戰並非同性戀者和異性戀者之爭，反而是牽涉性別、階級、年齡和宗教背景等多個不同團體的角力（Ho 1997: 82–92）。自1991年香港通過同性戀非刑事化後，同志組織開始蓬勃發展。早期的同志組織基本上是以自助模式、服務導向和社群網絡為主。他們的首要關注是在社群內建立同志身份，故多採取非衝突性的同志政治策略，例如香港「十分一會」和啟同服務社提供定期的社交聚會、休閒活動和茶舞等；啟同服務社和同志健康促進會提供諮詢服務；基恩之家及自在社鼓勵同志的靈性發展；1997同志論壇和「XX小組」專注於文化和媒體的議題；逍遙派和大專同志聯盟則組織非政治性的社交活動。

這些團體所爭取的並不是在法律或政治層面上，故很少組織大規模的集體行動以保障同志的法律權益，又或者從事任何衝突性的政治行動。因此，當時的同志「社運人士」主要是鼓勵同志參與組織的活動，其目的不在改變法律，而只是簡單地希望透過教育其他同志和發展同志社群，讓他們可以正面地建立同志的身份，從而將自己定位在一個較大的「自己人」群體之中（Ho 1997: 204–226; Kong 2000: 260–267）。

這種非衝突性政治的策略，在1996年舉辦的華人同志交流大會中可見一斑，該會議於12月8日發出了一份名為「1996年華人同志交流大會宣言」的新聞稿，其中兩段：

> （六）西方同志運動，是建基於個人主義的經濟與文化體系，而發展出爭取個人自由和權益的對抗式政治。以個人現身、集體遊行及法律改革為本的對抗式西方同志運動，不一定適合以家庭宗族為本，強調和諧人倫及社會關係的華人社會。我們應該按華人社會及同志的獨特處境，發展出適合自身文化處境的同志理念，讓同志健康和諧地融和在大社會裏。

> （七）同性情愛是人類自然情感的一部分，倘若大家能以平常心看待，同志根本不必大費周章地站出來作平反。我們是一群華人同志，不卑不亢、自尊自重，既不否定自身的性取向，也不刻意突出性的部分，本着平常心，盼望眾生，不論性取向或一切社會文化差異，懷着一顆關懷的心，互相尊重，共同建設美好社會。

同志運動的修辭用語，似乎本質化西方文化和中國文化，忽視

了兩者之間的複雜關係，且亦如同政府在面對民主運動時所用的理由一樣，即香港殖民政府一直使用「尊重本地文化」的概念，通過低度整合的社會政治體制（the minimally integrated socio-political regime），而將香港社會去政治化（Lau 1982; Ho 2004; Law 1998）：而香港特區政府也一直在其政策宣傳時強調「華人」的價值觀，諸如「和諧」和「中庸」，以反對任何激進民主的方式（Lau 2002; Lam 2005; Ngo 2000）。

如 Wong（2004）指出，本地的同志運動促成了一種「去性化的政治，為求打造良好公民的形象」（desexualized politics of respectable citizens），將同性戀者和異性戀者之間的差異變得正常化：「在香港的同志社群裏，那些自認為男同志或女同志的人，都不是有病的，反而是有生產力且對社會有所貢獻的人」（Hong Kong Gay Coalition 1996: C59；引述自 Wong 2004: 207）。

> 男同志和女同志的價值觀和異性戀者沒有什麼大不同。我們都會重視有愛的家庭、長久的伴侶關係、成功的香港經濟、工作倫理，以及美味的食物。任何將男同志和女同志塑造成道德上有所缺失、邪惡或破壞家庭結構等的企圖，都是帶有偏見的。
>
> ── Hong Kong Gay Coalition 1996: C74,
> 引自 Wong 2004: 207

整個同志運動一直試圖將同性戀和病態分開，淡化女／男同志身份中「性」的一面，並藉由強調同志如何服膺好的公民形象來表達異性戀者和同性戀者之間相同的地方。在這種同化政治下，同志被視為良好的公民（具生產力且有貢獻的社會成員），與其他人一樣

認同香港政府所提倡的核心價值，例如「有愛的家庭、長久的伴侶關係、成功的香港經濟、工作倫理，以及美味的食物」。這個策略與西方的同化政治有着極大的相似之處，當中所強調的「正常同志」與Sullivan (1995) and Bawer (1993) 在美國推動同化政治運動中的正常同志形象吻合。所謂「正常」的同志是什麼樣子的？在性別上要扮演傳統男或女的角色，性與愛要合一，享受一種類似婚姻的關係，維護家庭價值，體現經濟個人主義，且展示國家的驕傲感（Seidman 2002: 133）。

雖然同志運動旨在融入主流社會，但它卻忽略了其內部的排他性。其實同志社群內部的分裂已有很長的歷史，尤其是一些女同志和其他酷兒女性均感覺到被男同志排除和摒棄（Mak and King 1997）。在1998年舉行的華人同志交流大會，曾有一位男同志組織者對媒體宣佈不會有女人參與，令不少女同志感到憤怒和沮喪，促使她們離開以男性為主導的同志團體，並成立了專屬女性的組織（Tang 2008: Ch.6）。[8]

激進同志政治

然而，與後殖民時期的本地民主政治並行，香港同志政治也變得更為積極，以及更主動地關注性小眾的權利，例如「十分一會」、啟同服務社和基恩之家自1990年代起均開始投入同志人權（平等機會）運動。姊妹同志將其置身於一個較大的社會民主運動之中，致力關注婦女議題和人權事務。1990年代或以後新成立的組織也將平等權利列為其主要議程之一，例如性權會、F'Union、香港女同盟會和女同學社。

香港彩虹於1998年成立，是一個爭取平等機會的同志組織，

但該組織採用了一些激進和對抗性的手段來達到其政治目的。2001年，彩虹行動的成員抗議香港紅十字會的捐血指引歧視男同性戀者。[9] 他們在世界紅十字日於九龍灣德福廣場舉辦的典禮上與保安員和警察發生爭執，有些人則從一樓拉起一幅大型橫額，並向該公眾場地拋擲反歧視的宣傳單張。2002年，兩名男同志成員與兩名女同志成員結婚，企圖透過合法婚姻狀態的漏洞以申請公屋。他們藉由宣稱自己信奉一夫一妻制及親密關係的主流價值觀而瞞天過海，即使在現實生活中，他們實踐的是開放式關係，並且將自己描述成有繳稅的可敬公民（儘管事實上，他們屬於免除納稅的低收入人士）。[10] 同年，一對喜好皮繩愉虐（BDSM）的外籍夫婦因為舉辦了相關的派對而被警方搜查和起訴，[11] 為了支持他們，彩虹成員身穿性愉虐的衣服並將自己綑綁在中區警署的正門，他們後來也被警方起訴。2003年，為譴責當時的羅馬天主教香港教區主教陳日君在一份教會通訊上發表兩篇反對同性婚姻的文章，他們在香港天主教聖母無原罪主教座堂與教會神職人員發生衝突，並在彌撒進行間走到信眾前面接吻，以及高叫口號。

以上這些行動均廣泛地被異性戀者譴責，指控該組織「不尊重社會」，而大多數同志團體也認為他們「令同志社群蒙羞」。有些同志組織甚至和他們劃清界線，認為自己是「良好的」同性戀者，而該團體屬於「敗類」。他們的憤怒和沮喪，似乎是源於一個事實，即他們不喜歡該組織的創辦人（以及其他較活躍的成員），因為他曾經公開宣稱自己是一名雙性戀者、自由性工作者、性愉虐實踐者，並且喜歡開放式關係。當大部分的同志均努力地希望踏進Rubin (1993) 在性階層概念（見第一章註釋28）中提出的「內圈」（charmed circle）之時，彩虹行動的成員卻很「無恥地」沉醉在「外圍」（outer limits) 的危險性愉悅之中，藉此推動其激進的性政治。因此，他們是「壞男孩」、「危險的酷兒」，或者是「性公民中的異見分子」，他們不講求主流社會的接納，也不主張表現為一個良好的公民。他們體現了身為「同志」的另一個面向，即是所謂「局外人」，既是「踰越的、激進的和具威脅的，也是怪異的酷兒」（Plummer 2003: 42）。

第三條路？

雖然西方文獻關於同化政治或正常化政治的利弊得失之討論已經相當完整（Bell and Binnie 2000: Ch. 2; Richardson 2004; Warner 1999; Seidman 2005），但究竟哪一種同志政治最適合香港的情況呢？這似乎是香港同志社運人士最為關心的課題。事實上，同志運動策略的制訂應該考慮到香港特定的社會經濟及文化背景，並認真看待後殖民處境。如果我們認識到衝突性政治對社會可能帶來潛在威脅是如何重要，那麼確認活在「社會和諧」口號下所引起的潛在傷害也是需要重視的。如果我們不應該厚待出櫃政治裏的個人權利，那麼也應該挑戰以家庭為中心、逼人「入櫃」的機制。如果在性公民權的論述上，爭取同志應有的權利是正確的話，那麼也應該追問我們為同化政治和正常化政治所付出的代價為何（例如形成了「好」的和「壞」的同性戀者，以及在性別及階級等方面的內部分裂）。在「良好公民權」的範疇裏，強調同性戀者和異性戀者之類同是可以達到去污名化的效果。但另一方面，激進酷兒所提倡的同性戀者和異性戀者之間的差異，又確實帶出了作為局外人的顛覆性潛力，從根本上挑戰異性戀規範性和其他社會的不公義。

國際不再恐同日傳遞反同性戀恐懼和崇尚性多元的訊息。第一屆國際不再恐同日活動於2005年舉辦，主要原因有二：一是為紀

念世界衛生組織於1990年將同性戀從其疾病分類列表中除名；二是回應宗教右派對所有人皆可享有平等保障的攻擊。[12]

四年後，國際不再恐同日的委員會由16個同志和同志友好的非政府團體組成，[13]其活動主要針對性傾向歧視（例如2005年的「化恐懼為關愛」，2006年的「挺身而行，消除歧視」，以及2007年的「立法要同步，教育有出路」）和性別歧視（例如2008年的「多元性別，不容歧視」）。參與者的人數多年來一直保持穩定，約為500人。該活動已相當有組織性，由不同的個人和非政府組織開場，活動包括宣讀聲明、「裝死」行動、[14]唱歌、高叫口號和遊行等。

Tang (2008: 194) 指出，IDAHO是一個「反恐同遊行，但同時很難得的是看到一群女同志、男同志、雙性戀者、跨性別人士及其盟友一起公開現身」。就如Mouffe (1995) 所說的激進民主政治，IDAHO提倡的似乎不是一種圍繞特定身份的政治（就此而言指的是性身份），而是一種聯盟政治，即基於具體的議題、抗爭、目標和一些廣泛界定的原則或價值（例如平等機會、歧視）而組織和匯集關心不同利益的同志和非同志團體的一種聯盟政治。這種聯盟政治包括同志非政府組織，以及對同志友善的非政府組織，例如婦女團體（如新婦女協進會）、性工作者團體（如紫藤、青鳥和午夜藍）、人權組織（如國際特赦組織香港分會）、社運團體（如社會運動資源中心〔自治八樓〕）、宗教團體（如香港基督徒學會），以及私人企業（如杜蕾斯、男士護膚Ziz Skincares、男同志酒吧Propaganda和Works、跨國的亞洲同志網站fridae.com、男同志網上電台gayradio.com，以及同志雜誌《點心》）。歷年來的參與者也不乏政治人物，例如張超雄、劉慧卿、梁國雄和黃毓民等，以及從中國大陸，例如北京、成都、廣州、深圳和台灣來的同志代表。

圖2.1　2005年第一屆「國際不再恐同日」

圖2.2　2007年「國際不再恐同日」的裝死行動

2008年的大會主題曲《Queers Are Ready》挪用了2008年北京奧運倒數計時的主題曲《We Are Ready》，是一種酷兒文化加上普選訴求的民主運動。參與者高呼一些性挑釁的口號，例如「我們很下流，我們是酷兒」、「我們很淫穢，我們很自豪」和「變態是正常的，道德是虛偽的」。這次遊行集會一方面尋求包容、平等權利、個人自由、民主和公義，而另一方面則是希望顛覆異性戀規範性，以突顯其霸權和不穩定性。[15]

在2008年12月13日舉行的第一屆香港同志遊行，主辦單位原先預期只有500人參加，但慶幸最後有大約1,000名參與者，當中包括同志與非同志，以及從中國大陸和台灣來的人士，大家從銅鑼灣一路遊行到灣仔，而是次活動吸引了大量媒體報導。我參加了所有IDAHO的活動和同志大遊行，而我知道當中的參與者有很多都不是同志。事實上，歷屆參與者的人數並非太理想，如果七百萬香港人口中有百分之一是同志的話，那麼應該有大約七萬個同志。如果只有百分之一的同志人口參加是次活動，那也應該至少有700個參與者，但一個星期六的晚上就有不只700人流連同志場所。究竟這些同志的身影在哪裏呢？

同志文化公民權：從「變態佬」到同志亦凡人

同志在政治體制上缺乏興趣只是故事的一面，雖然他們並不熱衷於爭取平等權利（不管是政治的、公民的或社會的），但是對於經濟消費和文化呈現卻很有興趣。他們渴望與眾不同、宣稱非污名化的身份，以及擁抱一種新的生活模式，也就是説他們關心公民權的

圖2.3　2009年「國際不再恐同日」遊行至中區政府總部

文化面向，即「在社會上公開宣稱自我身份的權利（相對於邊緣化）」、在媒體上呈現自我身份的權利（相對於污名化），以及在生活上維持獨有模式的權利（相對於同化）（Pakulski 1997: 80）。

　　這種從制度性政治到文化政治的轉向，原因有二：一是在殖民政府的管治下，使得政治上的理想主義並無出路；二是香港人往往尋求非建制的渠道以宣洩其不滿（Lam 2004），又或者傾向將自己放在經濟消費或文化生產的層面上（Abbas 1992）。

　　香港及華人家庭是政府治理人民的工具（Ho 2004; Ong 1993, 1996, 1999）。它不僅成為自我管制和自力更生的機制，使人們不會向政府尋求協助、爭取社會福利和資源，同時也是一種強大的隱藏機制，防止同志公開表達訴求或展現情慾。因此，人們認為出櫃會對家庭帶來恥辱，尤其是在人口密度極高和資訊流通密集的香港，

任何會被家人和親戚說閒話的行為是需要避免的。

因此，同志透過在各種文化領域和經濟消費的再現與參與 (見第三章)，我們得以看到同志如何挪用文化公民權的意識，並將同性戀從一種變態的人格轉變成具有國際視野的文化主體。正是基於這樣的認識，我們可以窺探香港同志的性政治，亦讓我們可以理解為何過往大部分同志團體均被認定為具有「政治冷感」的特質。雖然立法變革不是他們主要的政治興趣，但他們透過文化再現積極地挑戰支配性的社會規範，並藉着展現同志的生活來揭露異性戀規範性的霸權。就如 Scott (1985) 筆下的馬來西亞農民，這些同志團體參與的是一種看不見的隱敝式政治運動，在正常的情形下是不容易受到注意的。Ho and Tsang (2004a: 688) 曾提出「這些離散的參與絕不應被摒除在政治參與的論述分析之外，即使我們難以確定其社會意義和有效性」。

West (1987) 認為學術界和「次文化的藝術、文化與政治」是美國黑人知識分子的兩個主要場所，用以形成文化政治來挑戰社會歧視和不公義。不過，這個作用在香港社會的公民教育和學術界並不明顯。在殖民政府和特區政府的管治下，公民教育長期以來被批評為培育競爭式的個人主義和開放社會的信念。教育制度所生產的是「經濟人」，而不是具有批判思維的個體。它重視背誦記憶和「一試定生死」的大規模公開考試 (Lee 1994; Yee 1989)。[16] 這樣的結果造就了「被動」和「漠不關心」的學生，以及遵循商業模式與行政官僚體系的技術官僚。正如 Lee (1994: 15) 所言，香港的學術環境似乎不是一個培育文化知識的理想地方，因為「教育系統 (從幼稚園到大學)，就算不是反智，也因為其僵化的課程、對個性發展的不鼓勵，以及存在已久的教育政策問題，而無法促進知性的生活」。Ho and Tsang (2004b: 704–705) 指出公眾性教育自 1950 年代起就將節育和避孕列為重大議程，並主要是由政府補助的香港家庭計劃指導會推行。從 1971 年有關性教育課題的首次備忘錄到 1997 年的修訂版指引，教育署在教材編纂上呈現強烈偏見，只將性的討論局限在生物學、性解剖學和性生理學的範疇，又或者與情緒健康、人際關係和家庭關係有關，卻從不觸及敏感的議題如同性戀、色情或娼妓等。學生只好轉向大眾媒體如報章和雜誌等來尋找性的資訊（亦可見 Ng 1998; Ng and Ma 2004: 491–492）。

　　再者，學術界也不是同志議題在意識形態論爭方面的理想地方。Currie, Petersen and Mok (2006) 便曾提出強而有力的觀點，認為香港的學術自由長期以來受到政治和意識形態的影響，這從部分學者在 1997 年前對殖民政府，以及在 1997 年後對特區及中國政府的有限度批評可見一斑，他們更指出新近一些對學術自由的限制。在新自由主義管制所產生的經濟壓力下，香港的大學正朝向精簡化管理，這從學者與公務員的薪酬脫鈎，以及減少終身聘用制和增加合約制等方面可見一斑。在削減高等教育經費和面對院校評估的壓力下，香港的大學在學術人員評鑑上一直以來較英美大學更為極端，形成一種「（學術）表現」文化，即只關注在國際學術期刊發表的產量和獲得研究經費的多寡。他們憂慮學術自由的真正威脅是學者將放棄發表本地著作，使整個系統推向學術單一化。在這種壓力下，「敏感」及「爭議性」的議題更難以有機會發聲。

　　公民教育與學術界這些正式渠道既無法孕育同志運動，也不是產生意識形態論爭的理想地方。文化空間，包括媒體和普及文化，便成為生產文本和相關實踐，以及挑戰異性戀規範性的主要場所。事實上，學術界已有相當完整的文獻描述殖民統治下普及文化裏出

現的本土意識和文化身份（例如呂大樂1997，2007；吳俊雄2001；Wong 1998; Mathews 1997; Abbas 1997; Leung 2004）。在文化政治方面，對於社會的納入與排斥，以及發展可能的抗爭手段來說，能見度（visibility）是一個非常重要的議題（Richardson 2001: 157）。而在性和文化交會的情況下，了解在各種文化領域中（例如電影、戲劇、音樂、舞蹈和文學）如何再現與刻畫同志也是值得關注的。

羞恥的年代

　　我曾經指出（Kong 2005b），在1980年代之前，普及文化中（特別是電影裏）的同性戀形象不是隱晦就是將之病態化。舉例來說，根據舊電影中的「文—武」傳統，[17] 同性戀形象只在兩種情況下呈現。第一，同性戀只有在演員裝扮時才會公開展現，即男扮女或女扮男，沿用了男女調換性別角色的傳統，以及中國「文」人的陽剛氣質和理想形象（例如1960年代的粵劇和戲曲）。第二，男性之間的情誼和男同志的情慾空間只會出現在武打片之中，即強調中國人陽剛氣質中「武」的理想形象和兄弟情（例如1970年代李小龍和張徹的電影）。當影片直接呈現男同性戀者時，他們總是被譏笑為「娘娘腔」或性變態，又或者是以受害者的姿態出現。《面具》（張曾澤執導，1972）似乎是第一套直接描繪男同性戀者的香港電影（邁克2000：59–63；參照游靜2005：第六章）。該片的情節發展類似John Schlesinger於1969年執導的《午夜牛郎》（*Midnight Cowboy*），片中講述一位異性戀男性性工作者的生活，並有一個男同性戀朋友，電影最後講述這個男同性戀朋友在向男主角表白後自殺。電視劇《家變》（TVB，1977）中女主角的弟弟被刻畫成一個「娘娘腔」的男同志。雖然該年輕男子在這齣連續劇中只是個小角色，但在1970年代似乎已是本地男同志在電視中的重要形象。

禁色

　　1980 年代出現的四個主要事件使事情有所變化。首先，1980
年的麥樂倫事件引發同性戀非刑事化的爭議，歷時十年之久。來自
各方的支持和反對勢力，包括政府、衛道人士（尤其是基督教的基
要派和福音派人士）、社會工作者、教師、律師、學者、文化工作
者和政治人物等，掀起了香港第一波有關同性戀的辯論：例如同性
戀是不是先天而成、是正常還是不正常、是來自西方抑或源於中國
傳統，以及它是否屬於人權的範疇。在這辯論的過程中，「同性戀
者」從一個離經叛道的社會行為轉化成一種社會身份（Ho 1997:
111–151; Ho and Tsang 2004a）。

　　其次，女／男同志的跨國網絡促使了男同志次文化的出現。小
明雄是香港早期同志運動的重要人物。[18] 1970 年代，正值美國同性
戀解放運動的黃金時期，在美國求學的小明雄經歷了一個再教育的
過程。1979 年他以第三世界同性戀代表團亞洲代表的身份，訪問白
宮並就亞洲男同性戀者的人權狀況進行討論。1980 年代初期他返回
香港，發現香港市民對同性戀的認識非常貧乏，而整個社會也非常
恐同。他不敢相信香港竟然沒有支持同性戀者的團體，也沒有商業
化的同志場所，並認為香港同志的發展落後美國約 20 年。因此，
他起草了一份「一個同性戀者的宣言」，同時在以中產階級為對象的
生活雜誌《號外》撰寫文章，並開始出版和發行一份名為《粉紅三角》
的通訊錄。很多後來在同志運動中活躍的人士也曾經向他出櫃，一
個非正式的同性戀次文化因而形成。這個社交網絡更被視為催生地
下同性戀組織「十分一會」的成立（1986 年）。由於當時同性戀仍屬
違法，故不少男同志活動均主要在地下進行。

　　1980年代文化團體「進念二十面體」(Zuni Icosahedron)的崛起，是第三個重要的文化現象，孕育了日後香港的同志發展。榮念曾是進念二十面體的主要創始人，他於美國生活十餘年之後在1970年代中期返回香港。他在美國的亞裔社群運動中非常活躍，認為「做一個邊緣人，彷彿擁有一切有利條件去論述、觀察、評論和創作」(榮念曾 1997：29)。他為了實現追求藝術的目標，開始繪畫概念漫畫，接着從事實驗電影和錄像，最後投身劇場，從此他進入香港「邊緣」藝術社群的更深處。整個經歷啟發他成立進念二十面體，一個從事實驗舞蹈和戲劇的團體。「對話」和「集體創作」已經成為他的藝術創作中不可分割的兩個重要元素。透過不同的協作，他和其他「邊緣人」，例如林奕華和胡恩威，認真審視邊緣和系統兩者之間的關係，從而探討藝術和權威之間的衝突。

　　雖然榮氏主要關注的是香港整體文化的發展，然而他的藝術方向多元而自由，促使他與一大群藝術家合作。這些藝術家在一定程度上表達了他們對當前殖民社會不同面向的不滿，並創作了自己對理想社會的願景和幻想。這反映了Mouffe (1995) 的激進民主政治，藝術家集體塑造了一個未必與性或其他特定身份有關之政治出路，圍繞着更廣泛的民主目標，希望可以發展出一個自由和開放的社會。在這些主要原則下，對殖民社會的批判中便自然流露對同性愛戀的歌頌，以及對異性戀主義的顛覆批判。

　　最後是身份（和男性身體）的商品化，這個發展起源於西方，並自1980年代起透過全球化急速擴展，在資本主義的商品邏輯下帶來的影響。從1980年代起，西方普及文化開始有愈來愈多的男性裸體展示，男性身體成為人們慾望投射的對象。1980年代電視廣告中，男模如James Mardle穿着Levis牛仔褲洗澡，以及Nick Kamen

在洗衣店裏脫掉牛仔褲等，都是讚揚男性裸體的經典例子（Mort 1988a: 201–202）。這種自戀男人的新形象，比較着重他們自身（尤其是他們的身體）如何與眾不同，並誘發對同性戀慾望的想像。不少廣告商也開始引用具有「多重含意」的營銷策略，以流行明星和時尚模特兒作為廣告代言人，藉此同時吸引酷兒和異性戀消費者，雖然後者並沒有意識到這些形象可以吸引到同性戀者，但就算知道的話也不會認為得罪他們（Clarke 1993）。[19] 這種做法帶給觀眾接觸多重性身份的可能。如 Evans and Gamman (1995: 32) 在著作中提到，這種做法「允許了」讀者將各種形象混淆，也使得這些形象可以曖昧運作，引起對同性、異性、雙性的無限遐想。相較於西方美學中的男性身體，華人男性的身體向來是去性化的（desexualized）。過去在香港主流的普及文化中也很少出現裸露的男性身體，如果出現的話，也通常是發生在喜劇裏（邁克 1993：79–80）。然而，自1990年代起，商品化的男性身體開始出現後，在電視廣告、電影和其他形式的普及文化中看到的男性裸體，都帶着強烈的同性戀意味（Kong 2006b）。

同志亦凡人

自1990年代開始，同志在普及文化及主流媒體中的能見度日益增加。[20] 一方面普及文化中仍然充斥着恐同的意識形態，男同志往往被貼上偏差者、性變態者、受害者或者性罪犯的污名化標籤。男同志也通常被描繪成來自破碎或虐待家庭，又或者是「歇斯底里的男人」（其邏輯是「男人身女人心」）和「時尚受害者」，他們總是過度裝扮，中產階級，受過良好教育，並流連在蘭桂坊[21] 這些極度西化的地方。普及文化喜歡這種不懷好意的偷窺，並且以異性戀規

範性的方式來塑造恐同的報導和故事，使男同性戀者之間的性成為其「審查」的焦點。男同志生活模式裏的肛交、群交或在公共地方性交總是被誇大其辭，同性戀者總被說成是濫交的，是愛滋病傳播的始作俑者。藉着將異性戀者和同性戀者擺放在兩個敵對的位置，普及文化成功地將後者污名化為不正常的偏差者(參照周華山1995：249–318；周華山與趙文宗1995：198–204)。

另一方面，由於在正式的政治體系中缺乏政治權利，一些本地出生的年輕世代，將他們的政治情感轉向文化生產(Au Yeung 2006)。[22]他們當中不乏同志或同志友好人士，並日漸在大眾媒體中佔有重要地位，並對異性戀文化加以顛覆批判，這或許也代表了同志文化開始被讚揚的年代終於來臨。憑藉其自身專長及在社會中的優勢地位，同志或同志友好的文化藝術家在普及文化中佔有一席位，亦同時維持其同志的視野，擺脫以異性戀為中心的文化，不斷協商、顛覆、揭露和反抗社會的恐同的思想、圖像與論述。

例如在主流媒體中，已故影星張國榮透過其跨性別裝扮，以及在公開場合展現他和其「好朋友」的長久愛情，將自己的「細膩敏感度」塑造成一種新的感性陽剛氣質，因而被視為一個「顛覆性的代表」(洛楓2005)。[23]流行歌手黃耀明的歌曲帶有濃厚的社會和政治批判意味，有時他也會打扮得驚世駭俗且充滿挑釁性，是同志藝人的最佳代表。女歌手何韻詩(暱稱HOCC)可以說是他的「接班人」，她經常以獨特的中性服裝在公共場合亮相，例如以一身紅色戰士服，並在臉上掛着鬍子現身於演唱會。2009年7月她曾經在一個電視遊戲節目中不經意地出櫃，歌曲中也常常隱含着強烈的男同志情慾(如《勞斯‧萊斯》)和女同志愛戀(如《露絲瑪莉》和《再見露絲瑪莉》)。(作者按：在2012年黃耀明和何韻詩均正式「出櫃」。)作為

公開「出櫃」的男同志導演，關錦鵬的《男生女相：華語電影之性別》（關錦鵬執導，1996）可以說是香港版的 *The Celluloid Closet*（Rob Epstein 與 Jeffrey Friedman 共同執導，1995 年；該片乃是改編自 1981 年 Vito Russo 的同名原著）。該片呈現過往 45 齣觸及性/別議題的華人電影片段，他從男同志的角度去解讀這些電影，將這些個人的詮釋與電影片段相互交纏，片末更收錄了他和母親談論其同性戀傾向的一段對話。

以戲劇和寫作為主要手段，林奕華以其大膽的表達手法，衝擊異性戀世界，例如他的戲劇作品，包括《教我如何愛四個不愛我的男人》（1989）、《男更衣室的四種風景》（1991）、《男裝帝女花》（1995）、《水滸傳》（2006），以及其著作《太多男人，太少時間》（1996）和《27.01.97–30.09.97》（1997）。李志超主要以攝影及其後來的文字創作（如《燃燒慾望地圖》，2001）和電影（如《心猿意馬》，1999；《妖夜迴廊》，2003），作為其表達的媒介，在「前衛的」保護傘下，將同性戀、皮繩愉虐、易裝、亂倫、人獸戀等各類離經叛道的行為、想法和慾望正常化。邁克的男同志書寫樹立了其獨特的風格，當中包括對同志電影矯揉而又不失「基」智的分析，以及對異性戀電影風趣而又顛覆性的「同志解讀」、「歪讀」和「逆向閱讀」（如《假性經》，1993；《影印本》，1993；《男界》，1994 年；《性文本》，2000；《互吹不如單打》，2003；《迷魂陣》，2005 年）。黃智龍和梁祖堯製作了一些關於新世代男同志而又極受歡迎的舞台劇（如《馴情記》，2003；《攣到爆》，2004，2006，2008；《白雪先生灰先生》，2008）。此外，游靜在文學上有大量文學批判的女性主義和酷兒著作（如游靜 2005），而《好郁》（2005）更是第一部女同志劇情長片的獨立電影。最後，香港最受好評的錄像藝術家鮑藹倫，其錄像

作品《似是故人來》(1993)，曾在海外多個藝術節放映，是香港最重要的女同志獨立影像代表。

本地軟性的男同志故事集也日漸浮現，例如周華山等人的《香港同志站出來》(1995)、周華山的《香港同志故事》(1996)、葉志偉的《突然獨身》(2003) 和《不能》(2004)。2000 年初，也有一些免費的報章雜誌如 *G Magazine*（直至 2007 年停刊）和《點心》發行，另外在書報攤也可以買到男同志色情書刊，例如《雄風》和《蘭桂坊》(已停刊)。由於電子科技的進步，1990 年代開始出現了一種新興的網上虛擬空間，並且極受歡迎。男同志網站和線上聊天室為數不少，例如 www.gayhk.com、www.fridae.com 和 www.tt1069.com。對於生活在保守恐同的亞洲社會的年輕男同志而言，互聯網成為他們透過性、語言和價值觀去辨識彼此的新方法 (Berry, Martin, and Yu 2003: 1)。

其他更為獨立而短暫的「同志自我表述」的製作也在進行中。Leung (2008: Ch. 5) 稱之為 DIY (do-it-yourself)，即由「自己動手」的同志計劃。她舉出一些在香港同志影展中放映的短片、金曄路主編的《月亮的騷動——她她的初戀故事：我們的自述》(2001)、香港女同盟會的「她們的女情印記：香港會愛上女人的女人口述歷史」計劃 (2004)， 以及在獨立網台香港人民電台， 由同志社運人士 Connie、阿力、煒煒和小曹共同主持的同志網上電台節目《搞乜鬼同志運動》(2005)。他們出於自願，為了社群而非商業或學術的需要，聆聽觀眾的訴求。這些同志文化的生產者並沒有倚靠正式的途徑，例如學術界和主流媒體文化，反而為被忽略的同志次文化生活創造出一個新的空間。

各種男女同志的再現，不論是正面或反面，對爭取文化公民權來說都具有重要意義，因為它們「真實地」和「多元化地」呈現性小

眾的生活。傳統上大多描繪同志是變態可悲的人，如今他們已慢慢變成一種新的文化都會主體形象，有着各種不同的稱呼，例如廣東話中對男同志的稱呼有「基」、「基佬」、「同志」、"memba"、「斷背」、「1仔」、「0仔」和「金剛芭比」等；而對女同志的有"les"、"pure"、"TB"和"TBG"等的稱呼。這種新的男同志文化主體的形象，在沒有出櫃的男同志和高調出櫃 (泛指娘娘腔和扮cool) 的男同志之間徘徊。他可能是個「直」得很的男同志，有一副精心鍛鍊的健美身材，受過良好教育和懂得生活品味的人，而且是女性最好的朋友。[24]無論他的形象如何，隨着酷兒全球化、亞洲酷兒圈裏慾望、身體和文化不斷流轉，這種新的文化主體已經漸漸成為一種跨國性的酷兒主體。

在香港，同志作為一個別樹一格的文化公民權概念，有着強烈的中產階級或資產階級個人主義色彩，與炫耀性消費之間有着錯綜複雜的關係。這種同志公民權的概念創造出一種同志公民階層，透過階級、性別操演、年齡、種族與族群等分類，將某些個體置於優勢的位置，在下一章中我們將檢視這種在男同志社群裏新興的同志文化公民霸權。本章接下來的部分，我將探討同志在新自由主義社會的治理形式下的曝光情況及其限制。

同志公民權和新自由主義的管治

旗幟鮮明的同志次文化逐漸受到新自由主義管制的影響，特別是那些依賴政府資助和商業贊助的同志團體，並且引起基督新教和天主教非政府組織的強烈抵制。首先，香港一直沿用非常嚴格的審

查制度，由政府的廣播事務管理局負責執行。一些含有「敏感」或「爭議性」內容的節目很容易被刪剪，尤其是牽涉到性的議題（如同性戀，淫穢和色情），或者是可能「不利於香港與鄰近國家之關係（如香港──中國──台灣的政治關係）」的政治議題（Hong Kong Cultural Policy Studies 1995）。

其次，政府一直被批評在文化和藝術發展方面缺乏遠見和計劃。這個問題可以追溯到殖民時期，從1970年代後期開始，殖民政府推動「最好的文化政策就是沒有文化政策」的想法，因此並沒有努力去培育香港人的文化身份（Yung 1997; Ooi 1997; 陳雲 2008）。[25] 然而，政府崇尚高檔藝術，並將專業和卓越劃上等號。因此，它對西方文化，以及中國傳統文化特別另眼相待，故往往採取國際化或國家的觀點，而輕視本土或實驗性的創造。自1990年代以來，民政事務局和藝術發展局（政府於1995年設立的法定機構），以及一些民營企業，對文化藝術活動的贊助愈來愈多，但對於需要補助的同志團體來說，這種財政支持形成一種新的「問責」制度。[26]

第三，正如 Ho (2008) 指出，雖然東亞的新自由主義國家都宣稱尊重多元，但有時卻為了標榜自己為「文明和潔淨的國度」，突顯其嬌貴之處，而與基督新教或天主教非政府組織緊密合作，以規管與性有關的行為、身份、訊息和交易。在香港，一直存在着來自宗教團體（主要是基督新教和天主教非政府組織）對同志運動的強烈反彈。香港國際不再恐同日的活動實際上是受到反同志基督教陣線和香港家庭聯盟的觸發而引起的（見註釋12）。

因此，我們可以看到香港出現一種對同志曝光的新管制，以下是三個值得留意的例子。首先，香港電台（港台）的紀實節目《鏗鏘

集」，於2006年7月播出《同志‧戀人》的特輯後，有不少基督徒向廣播事務管理局投訴，當局其後向港台發出強烈勸喻。廣播事務管理局指控該集節目「不適合家庭觀眾收看」，因為該節目特寫了一名男同志和一對女同志伴侶，並在片段中討論同性婚姻的可能性，局方認為此節目對同性戀的態度過於正面，並且企圖鼓吹大眾接受同性婚姻。這個節目被認定為對於此項「爭議性」議題僅呈現一種「片面」的觀點，而未提供足夠的「正反論述」。[27] 三位受訪者之一的小曹，當時是一位本地大學的研究生，將該案件訴諸法庭，並於2008年獲得勝訴。在2008年5月12日一封給其支持者的公開信中，三位當事人總結了整件事情，他們表示：

> 雖然夏正民法官的判決非常令人鼓舞，並對不公義事件做了及時的糾正；但我們仍然感到悲哀，為了保障最基本的人權，身為性小眾，我們竟然需要花費極大的成本和時間來投入這場官司之中。政府根本沒有為堅持平等原則而盡一切責任，反而成為歧視和仇恨的幫兇。我們認為此刻正是政府訂立反性傾向歧視法律的時刻，以實踐我們期待已久的法律保障和公眾教育。
>
> 　夏正民法官所推翻的不僅是廣播事務管理局所作的歧視性決定，同時也是一整套的恐同假設（即同性戀「總是」具有爭議性的；呈現男女同志的生活時，若然沒有呈現反方觀點的話就「一定」是鼓吹同性戀）。各種隱晦存在的歧視和仇恨並不會因為這場勝利而終止的。

這宗事件不僅顯示香港同志在文化上和社會上仍然受到歧視，也證明了帶有強烈主觀的審查法律對言論自由具有極大的影響力，且很容易受到保守勢力，尤其是反同性戀的宗教團體之影響。

其次，女同學社是一個於2005年新成立的同志組織，致力於透過教育、文化和媒體來改善同志權益。該組識於2006年籌備了一系列的創作工作坊，並於2007年在香港文化中心舉辦公開展覽，展出工作坊期間完成的作品。這個展覽名為「你們看我們看自己：同志創作展」，以不同的主題回應各種反同志的宗教、社會和政治勢力。政府部門作為該項計劃的經費資助者之一，敦促主辦單位將其作品送交淫褻物品審裁處進行評級。在政府威脅如果有人投訴該項展覽就會撤回資助的情況下，女同學社只好把作品送往審查，而結果是被強烈要求移除某些作品。[28]儘管女同學社舉辦了一場記者會（當時本人也是其中一位講者）來宣佈展覽開始，並指控政府的審查標準不明確，最終還是要把部分作品從是次展覽中移除（女同學社2007）。這次事件不僅涉及侵犯言論自由，同時也讓主辦單位疑慮在未來的政府經費資助計劃申請上會有困難。Chasin (2000: 202) 指出美國的情況是，「在同志議題上，小型的、較為本地和基層的，以及從事激進社會變革的團體」，通常較不受企業和捐贈者青睞。這種「市場導向的資助機制，使得較大型的全國性服務導向組織有較高的曝光率，而較為非主流的組織則容易被忽視，並且拿不到資源」。

最後，1989年首次舉辦的香港同志影展，最初是由非牟利的獨立機構，即香港藝術中心資助的活動發展而來，着眼於具有教育功能的紀錄片和藝術電影。在互聯網發展前的年代，香港同志影展提供了重要的功能，播放香港人在其他地方無法看到的眾多同志影

圖2.4　「你們看我們看自己：同志創作展」展覽現場的警告標語（2007年
　　　1月23–29日，香港文化中心，女同學社主辦，照片由女同學社
　　　提供）

圖2.5　「問題」作品之「我的靈魂受害者」（「你們看我們看自己：同志創作
　　　展」，創作者Ele，照片由女同學社提供）

圖2.6 「問題」作品之「汝當愛汝鄰居如己」（「你們看我們看自己：同志創
　　　作展」，創作者小曹，照片由女同學社提供）

片，同時讓同志們有機會在社交場合互相認識，該活動對於1990
年代香港「同志空間」的發展有着重要的象徵意義。然而，由於經
費緊絀，影展總是被指責是一種文化消費產品和中上層階級的活
動，其特色是播放次文化、前衛和另類電影，且沒有中文字幕。
Tang (2008: 238–242) 指出，自從Fortissimo Films電影公司於2000年
成為香港同志影展的官方贊助後，電影節變得愈來愈商業化。博偉
達 (已故) 同時身兼Fortissimo Films電影公司的聯席主席及香港同志
影展主席，成功將一些國際知名的酷兒電影帶給香港觀眾，並建立
其「舶來品、外籍人士喜好，以及中產階級男同志活動」的形象
(240)。電影節從此陷入兩難局面，一方面要在主流商業鉅製，和
另類、獨立和實驗性電影之間取得平衡；另一方面也要在側重西方
中產階級的男同志影片與放映本地其他所謂「票房毒藥」如女同志
及跨性別的電影之間取得協調。

結論

　　社會整體的政治和文化特色在其同志運動發展上扮演着非常重
要的角色。不管是在殖民政府或後殖民政府的管治下，2000年之前
的香港同志團體除了在同志政治上傾向在非建制的文化空間發展
外，也傾向沿用權力架構的語言。香港的個人身份與社群政治之間
一直存在着鴻溝，故香港同志團體的首要關注一向都是身份的建
立，而非政治與法律上的改革。同志運動長期受到權利導向的同化
論調所支配，故對較為激進和踰越的政治路線不以為然。運動人士
的迫切議題是找到一個「合適」的方式，即是對香港的政治和文化

環境具有敏感度。事實上，自2005年香港國際不再恐同日首次舉辦後，一種新的同志政治漸漸浮現。

　　當議會等正規的政治渠道被封鎖，同志隨即轉化成為一種文化力量。雖然香港政府的管制使得公民教育和學術界較難孕育同志聲音，然而一個充滿活力的同志文化世界已經形成，這可見於公民社會裏各種形式的媒體和普及文化。值得注意的是，這種文化發展成功地反擊傳統病理學上的同性戀異常人格的看法，並將同志塑造成世界酷兒文化主體。不過，同志文化世界的出現並不代表可以無拘無束地進行一切同志表述，它一樣受到很多限制。普及文化在同性戀議題上呈現了一種矛盾的特質。一方面，八卦新聞裏充斥着恐同的意識形態，對同志的描繪也頗為負面；另一方面，一種新的歌頌同性戀的趨勢也開始出現，通常可見於獨立和非牟利文化產品之上。在新自由主義治理、審查和商業考慮的限制下，文化工作者、同志表演者和同志非政府組織需要為基本生存而努力，但卻不斷遭受反同志的基督教或天主教非政府團體的挑戰。他們希望讓更多人看見同志的存在，並挑戰所謂「正常」的生活方式，以及充斥在日常生活中的異性戀規範性。他們削弱了掌權者的力量（參照de Certeau 1984; Scott 1985），這種由下移上的文化政治運動，可以帶來一種變革的社會力量，「促成政治場地的擴散和政治空間的拓展，並擴大對抗的策略範圍，以及民主運動的平台」（Ho and Tsang 2004a: 689）。

第三章

自己人 Only：
Memba、陽剛崇拜與消費公民權

男同志公民權的建構取決於兩股力量，常被夾在中間：一方面是成年個體同意下所享有的自由，尤其是消費市場賦予的自由，另一方面則是社會上持續存在的污名化，拒絕承認男同志公民為「合乎道德的社群」，將他們規管在私人領域裏。男同志在消閒娛樂和生活品味的同時，這些娛樂和品味市場也在進一步主宰、剝削和殖民化男同志。現代男同志除了在情／色方面展現其「男性化」的特質外，在經濟方面也有着類似的影響力，促使他們得以行使作為消費者的權利。他們在別處無法享有「平等」權利，但整體而言，他們對此好像毫不在乎。

— David Evans, *Sexual Citizenship: The Material*
Construction of Sexualities, 1993

※　**2007 年 5 月 19 日星期六晚上 11 點，上環**

Rice Bar [1] 是一間位於上環後巷的男同志酒吧，該區以舊式住宅

為主，毗鄰充滿活力、國際化的中環和蘇豪區。我和一位朋來到這裏，他如常地嘆了一句「太多男人，太少時間！」酒吧當時擠得水洩不通，外面有超過30個年青男子在徘徊，整個場面猶如港式黑社會電影，來自不同「幫派」的黑社會成員聚集在一起，劍拔弩張的似是準備「開片」。然而再仔細一看，卻出現了一個截然不同的畫面，這不是打鬥而是一場「花生騷」(fashion show)。你可以輕易地看到一個拿着 Louis Vuitton 手袋的男子，戴着一副 Gucci 的太陽眼鏡，上身穿着 A & F 的 T 恤，腰繫 Versace 的皮帶，下身則是 Levis 的牛仔褲，並且着上 Prada 的皮鞋；又或者看到另一名男子，身上穿着同樣的品牌，但配搭不同，例如 Gucci 的手袋、Prada 的皮帶或 Versace 的皮鞋。他們精心經營髮型，身穿名牌衣服和飾物，毫不吝嗇地盡情炫耀自己的身體。他們這些鍛鍊有成的性感 V 字身形傾倒周圍的男性，挑起了無窮無盡的慾望。

凌晨兩點之後，部分人士湧往 Propaganda (俗稱 PP)[2]這間男同志跳舞勝地。儘管它的音樂出名差勁，價錢也出奇地昂貴，但每逢周六的晚上 PP 依然吸引至少上千名的男同志前來。他們均熱衷於脫掉自己的上衣，展露辛苦鍛鍊得來的健美身段，黃湯下肚，享受着電子音樂，在令人着迷的氣氛下伸展着他們的肌肉。大概四點左右，當有些人還在「舞池中告白」(“Confessions on a Dance Floor”, 麥當娜的歌曲)之際，其他人卻已準備離開，興致勃勃地前赴其他較小型的狂野嗑藥派對，火熱的夜晚才正式開始！

或許消費公民權是香港同志對其性公民身份最成功的實踐，並表現在各種消費型的酷兒空間，如酒吧、夜總會、桑拿浴室、精品店和咖啡室等，這些地方似乎受到不少同志歡迎，而新自由主義下的自由市場經濟更起了推波助瀾的作用。如果此種「粉紅經濟」消

圖3.1　2004年 Rice Bar 外面的人群

費對實踐同志權利是如此重要的話，我們必須考慮它在相關論述中的幅度、限制與迷思。

　　本章繼續就香港的性公民權加以討論，檢視新興的酷兒文化公民權如何在全球酷兒文化中連結了性身份、炫耀性消費和後殖民空間。在概述這種公民權漸漸被界定在消費層面之後，我會轉而談論香港的情況，聚焦於消費，特別是為女／男同志而設的商業空間，如何有助於性身份的發展。我將會指出酷兒空間和粉紅經濟怎樣明顯地「開疆拓土」，孕育了「酷兒文化公民」的概念，並且成功將「變態公民」的傳統形象轉向為「良好的消費公民」的形象，為同志在身份打造、交流和聯繫等方面，提供一個重要且正向的文化歸屬感的平台。然而，這個同志公民權，與消費有着密切的關係，當中的特點包括：世界性的外觀、商業導向，以及炫耀性消費，特別彰顯在

特定的潮流界定下的不同類型的身體上。這個同志公民權定義了個人身份和生活模式，甚至影響慾望的邏輯。雖然這個同志公民權可能是「全球酷兒身份」的衍生物 (Altman 1995, 1996a, 1996b, 1997, 2001)，但它並不一定提供很多促進同志文化一致性與身份認同的功能，反而產生了劃分的作用，因為它用階級、年齡、性別、性傾向、種族和身形等條件，來界定哪些人可以或者不能完全達到理想的標準。以香港的memba為例，我將論證香港男同志如何藉由對主流規範的遵守、抵抗，甚至重新定義，以體現他們在酷兒公民這個概念上採取「靈活彈性的同性戀公民權」(flexible gay citizenship)；[3] 並且使用自身的文化資本，周旋於不同的權力與支配場域之間，創造屬於自己的同性戀公民權意識。

消費、身份與性公民權

現今檢視當代消費現象的文獻已經相當完善，[4] 例如Campbell (1987) 跟隨 Max Weber 在新教倫理與資本主義精神方面有關「選擇性親和」(elective affinity) 的論述，追蹤 18、19 世紀的歐洲浪漫主義運動到當代的消費風氣。Campbell 認為，雖然新教倫理提倡禁慾和清教徒式的價值觀，着重於努力工作而反對追求享樂，然而浪漫主義倫理卻孕育了一種情感豐富而感性的生活方式，致使人們在其中逐漸意識到個人的享樂。現代消費已從僅僅只是生理需求上的滿足，慢慢發展成經由社會、文化和符號等的中介而建構社會身份，這種社會身份建構尤其發生在中產階級身上 (Bocock 1992: 122–128)。不過，並不是每個人都歡迎這種歷程，例如 Marcuse (1964: 4–9) 批

評現代消費的剝削本質，認為消費式資本主義的利益高舉了不少「虛假需求」(false needs)，尤其是透過大眾媒體和廣告而呈現出來，特別影響那些不能自控的個人：「時下的需求是要放鬆，要開心，行為和消費要符合廣告，要愛人們所愛、恨人們所恨」(5)。Bourdieu (1984) 對法國社會品味的批判提供了一個細緻的分析，他將消費視為一種透過挪用各種資本 (即經濟、社會和文化資本) 而區分群體的方式，並且在各社會階級中出現。Baudrillard (1988: 22) 甚至超越了真實/虛假需求或社會階級的討論，他假設所有的消費，在某程度上都是一種象徵性符號系統的消費，「被消費的不是物品，而是一種對比關係：有沒有象徵意義、感到被接納還是被排斥，而在一連串的過程中，被消費的其實是『關係的概念』(the idea of the relation)」。Bocock (1992: 149–151) 認為 Baudrillard 在對「消費」進行理論化時將慾望的角色轉移。人們不是被建構成一個有吸引力的女人或英俊的男人，而是被誘導去透過購買商品以追求其所想要成為的對象。這個情況在一幅當代著名的海報上簡潔地描繪出來：「我購物，故我在」。

　　現代消費展現了炫耀性消費和個體化這兩大顯著特點。首先，消費是「社會」和「性」的識別「徽章」，人們的消費必須被看見，而不是僅僅只是去消費。這種消費從而證明了對自己和他人的性與情慾的渴求，並作為表達自我的方式，例如陽剛氣質的呈現 (Mort 1988a, 1988b)。其次，消費的場域已經從傳統家庭移轉到個人領域，其特定的生活方式「代表個性、自我表達，和風格化的自我意識；一個人的身體、服裝、言語、消閒娛樂、飲食偏好、住屋、汽車和度假偏好等將被用來作為判斷人們的品味個性與時尚觸覺的指標 (Featherstone 1987: 55)。除了傳統家庭主婦，還有新的消費族

群，如年輕人、「都會型男」(metrosexuals)，以及女／男同志，都逐漸成為市場的目標。因此，現代消費（尤其是體現在身體上的炫耀性消費）連結到與身份、個人選擇和風格有關的個體化過程之上。

此外，Fiske (1989: Ch. 2) 根據「弱者政治」的傳統 (Certeau 1984; Scott 1985)，主張購物永遠無法成為一種根本的顛覆行為，因為它永遠無法改變資本主義暨消費主義的經濟系統。然而，如果資本主義下金錢代表權力，那麼對於那些從屬於這個經濟系統的人們而言，自願性購買就是一個人充權的時刻。因為任何單一的購買行為都表示了數個拒絕的行為，拒絕那些沒有被購買的商品。因此行使選擇權和購物時的挑選，建構的不只是從屬者「接受」該系統，同時也是從屬者對權力、控制以及自主的運用。

正是這種「消費的政治」將消費主義與經濟權力連結到身份政治，並引發一連串激辯，爭論誰可以行使哪一種消費權力，以宣稱一種文化身份，從而被賜予市場經濟內「文化公民權」的地位 (Pakulski 1997; Turner 2001: 18–22)。因此，最早在學術文獻中將性公民權概念化的 Evans (1993: 45)，嘗試將消費公民權的概念與同志身份和消閒及生活方式的地位連結在一起，指出「身為消費者，我們是一群有需求、身份地位和生活風格的獨特個體，並且透過購買合適的商品來表達出來。」

性小眾尤其是男同志，特別沉迷於消費，所以是市場行銷策略鎖定的理想消費者。然而，為何會有這種情況出現呢？除了因為我們的日常生活逐漸被全球消費所薰陶外，許多女／男同志如此喜歡購物的這個事實，也可以被視為是因為同志努力抵消他們在其他社會領域裏所沒能擁有的權力，尤其是在社會權利的範疇內。Binnie (1995: 190) 表示，1990 年代英國許多年輕的同志較不關心法律和法

例（例如合法性交年齡），反而更為在意「音樂、舞蹈、表演和性方面的消費自由」。酷兒消費主義彰顯了強大的同志經濟實力，成為他們在公民、政治和社會等權利被剝奪的掣肘下的一道最強大的力量。

在充斥着新自由主義治理技術的環境下，同性戀者已經成功將自身轉型，即從悲傷的、壞的、瘋癲的，但卻具有潛在顛覆力量、得以挑戰社會規範與價值的社會異類，轉變成為負責任且可敬的消費公民，成為社會上奉公守法的一群。由於同志在生活上較有品味，所以我們需要時尚、佳餚、美酒、裝扮、室內設計和文化方面的酷兒眼光，如美國電視節目《粉雄救兵》（*Queer Eye for the Straight Guy*）讓「五美」（Fab Five）改造那些被認定為乏味、寒酸且沒有時裝敏感度的直男（詳見第二章註釋24）。在沒有供養子女的責任和壓力下，中產階級和中上流階層的男女同志具有較高的消費力，是安定社會的中堅分子，並奉行主流異性戀式的價值觀和想法（例如 Bell and Binnie 2000: Ch. 6; Richardson 2001: 161–163）。

然而，有批評指出這種性公民權的概念鞏固了特定的生活和消費方式。這種普遍且具吸引力的公民資格取決於人們是否有經濟能力去行使消費的權力，因此無可避免地排除了某些人的完整公民資格，尤其是經濟上的弱勢族群，如女性、工人階級、年輕人和新移民等（Evans 1993: Ch. 4; Binnie 1995; Bell and Binnie 2000: Ch. 6; Richardson 2001: 161–163; Hennessy 1995: 159–177）。正如 Richardson（1998: 95）指出：

> 同性戀者只能在一些特定的空間和文化界線內才可以自由地消費。消費主義下公民權的界線，是對我

們可以在何處、何時和如何消費同性戀「生活方式」
的限制；他們只可以在(異性戀的)容忍和「公共空
間」界線內的範圍才可以行使其消費的權利。

Binnie (1995: 187) 也提醒我們，粉紅企業畢竟是一盤生意，而
不是慈善事業。故爭論的重點是：到底這種「粉紅經濟」可以賦予
同性戀者力量去爭取社會權益，抑或只是另一種形式的資本主義，
對同性戀者進行殖民化和剝削。

香港的情況又是怎樣？在下文中，我將會簡要地說明自1990
年代以來香港酷兒消費公民權的出現和同志商業場所的發展，以及
隨之而來同性戀者形象的轉變，即由變態的公民成為體面的公民
(已在第二章中討論過)。接著，我將討論新興酷兒公民權，這種全
球酷兒公民權的衍生物，很多時都無助酷兒文化認同的發展，反而
作為一條分界線，透過階級、性別、年齡、種族和族群等來讓某些
同志公民得到特權，這種發展與男同志陽剛氣質的霸權崇拜有關
(參照Connell [1995] 關於陽剛氣質的層級的理解)。根據Foucault
(1982, 1988, 1991) 對於治理身份所提出的「被製造」與「自我製造」，
以及「自我技術」(techniques of the self) 的概念，我將探討香港男同
志如何應對這個複雜支配的網絡，以及如何創造屬於自己的公民權
版本。

圈中浮沉：兩則香港故事

在1990年代之前，香港很少有迎合同志顧客需求的商業場
所。幾個較為顯著的例外是中環的男同志酒吧Dateline和的士高

Disco Disco（俗稱D.D.），以及位於九龍區尖沙嘴的男同志酒吧Wally
Matilda（之後改名為Wally Matt）。由於英國法例在1990年代之前
視同性戀為刑事罪行，加上普遍存有殖民文化中的服從性，香港同
志多數循規蹈矩，且支持建制。雖然D.D.和Dateline雙雙於1980年
代晚期關閉，然而隨着龐大酷兒市場的發展，促使酷兒導向的企業
日益增加，香港的商業酷兒場所在1990年代早期開始得以擴張。

此種酷兒曝光的急速激增，原因有三。首先是1980年代開
始，社會普遍富裕，以及西方現代化消費文化的普及，如飲酒、跳
舞和蒲吧。[5]其次是1991年同性戀的非刑事化，這不只在法律層面
上保障同志（主要是男同志），同時也促使同志團體的興起，以及各
式同志娛樂場所的出現，例如夜店、桑拿和卡拉OK等，[6]而這些聚
腳點成功地建構了同志的身份與「社群」。第三是香港土地的匱乏，
在政府的房屋政策下，高地價的後果是導致大多數同志（尤其是年
輕、單身和經濟貧乏的同志）必需與家人同住。與家人同住不僅使
他們承受向家人出櫃的壓力，令他們感到困擾（見第四章），還影響
其生活方式，致使他們較常流連於公共空間。由於他們難以邀請同
志朋友回家，例如辦派對等，所以酒吧、會所、卡拉OK、購物商
場和戲院便成為了他們的社交場所。在假日甚至周末，負擔得起的
同志都會到鄰近的中國大陸、台灣、日本和泰國旅遊，成了他們的
慣常做法。因此，香港的同志個體，並不是在家的個體（home-
bodies），而是公共的、消費的和旅遊的跨國個體。

自1990年以來，同志消費場所迅速增加，包括酒吧、夜店、
咖啡室和桑拿。它們的生命周期可能不長，反映了粉紅企業之間的
激烈競爭。它們主要位於購物區，分佈在港島區的中環、灣仔和銅
鑼灣，以及九龍區的尖沙嘴、佐敦、油麻地和旺角。[7]此外，用藥

派對也曾在大型倉庫、會展中心或劇院等地方舉行，一般是在大時大節的日子，但由於香港政府對藥物（毒品）採取零容忍政策，故2000年後這些派對轉移到深圳舉辦，[8]而較小規模的在家用藥派對（約為五至十人）也有增加的趨勢（Kong et al. 2009）。

商業同志空間不僅提供了聚會的場所，讓同性戀者可以自由地表達情／色和建立社交（甚至政治）聯繫，還有助改變社會對同志的看法，因為在這些空間內香港男同志不再被視為變態公民，而是擁有一份好工，在時尚及生活風格上有卓越品味的良好公民，他們是沒有威脅性的男性，更是「女性最好的朋友」（見第二章）。

然而，我們不禁要問，要在這樣奢侈的同志空間中生存，並且符合這種令人嚮往的公民權，是否容易。當我於1997年訪問Calvin時，他33歲，中等身材，是醫療界的專業人士。他衣着保守，直男打扮，擅於表達自己，理性的思考方法更反映着一種專業素養。15歲時，他的初戀被家人發現，並且被迫離開男友，自此之後在家人和在工作場所中，他都會對自己的性向保持「緘默」。然而在1980年代正值學生時期的他交了些好朋友，並經常一起外出遊玩。在他們剛剛二十歲出頭，開始工作的時候，有一天Calvin問他們，如果他們必需在一個男人和一個女人當中做選擇，他們會選擇誰。這個問題引發了熱烈討論，過程中他們向彼此出櫃。之後他們於1980年代期間，在同志世界體驗了許多不同的經歷：

> 我覺得我們相當保守。在「集體出櫃」時期之後，我們並沒有去任何同志場所，而是從海外訂閱男同志雜誌或影片。我們夾錢合租了一個郵政信箱，在收到錄影帶後我們會去彼此家裏觀看。之後，我們當

中有些人會去Dateline，但是我沒有。我選擇 *Hong Kong Magazine* 的分類廣告。我對此也相當保留，通常我會回覆某些分類廣告而不會刊登自己的廣告。於是我開始和其他男同志聊天……嗯，我有和一些人碰面，但那個時候，我很挑剔，想要完美的對象，你知道的，就像那些雜誌和錄影帶上看到的模特兒一樣。我沒有找到任何一個讓我很感興趣的對象，真的。

過了一段時間之後，我們都認為大家應該再開放一點。於是我們去了健身室。可惜的是，在那裏我也沒有發現任何讓我感興趣的人……我去了健身室好幾年。我做了一件蠢事，就是把一個男人誤認為memba，他在健身室大聲罵我。我受到很大的打擊跟傷害，自此不再去健身室了，而這個歲月亦到此結束。

之後我開始去蒲吧。我看到許多很潮又很好看的男人。他們是上流社會的公子哥兒，很「in」。他們和我在健身室遇到的那些男人很不一樣。但我想如果你要蒲吧的話，要有很好的溝通和社交技巧。我不知道如何與陌生人交談，於是我發現好像沒有人對我有興趣。我也不喜歡跳舞，再加上我的耳朵有問題，我不能在那麼吵的環境裏聊天。

所以我的朋友就建議大家可以到桑拿看個究竟。對我來說，要接受和一個沒有任何感情的人上床是很容易的。但整體的經驗並不是很正面。我記得第一次去桑拿時，我遇上了各種不同類型的memba。他們很……嗯，我過去一直認為所有的男

> 同志都應該是年輕、英俊、中產和camp camp地，
> 而最重要的，他們應該是「乖孩子」類型的；我不知
> 道為什麼，可能是之前我沒有太多參考吧。我對男
> 同志的形象是來自我讀過的書本或雜誌，也來自我
> 和朋友之間的討論。總之，我在桑拿裏面看到的，
> 有些人看起來像地盤佬，有些人不停抽煙，有些人
> 老是講粗口，有些人真的很醜或很肥，也有些人很
> 老。所以，我在桑拿裏面看到了各式各樣的男同
> 志，然後我突然看到自己的將來，我都會變老，而
> 且可能還在這些地方流連。

> 去桑拿曾讓我很生氣。桑拿純粹是為性，而在
> 這裏的人非常實際。我曾被一些人毫不客氣的拒
> 絕，這些經驗讓我感到傷害。我很難過，但有時都
> 會遇到一些不錯的人。我覺得我上癮了。如果我
> 和一個男生拍拖，我就不再去這裏。但如果我被甩
> 了，我就會再去這裏。事實上，我在桑拿遇到現在
> 的伴侶，我們在一起已經一年了。

「出櫃時期」發生於Calvin 21歲之時，是在1980年代中期。那段期間關於同性戀非刑事化的辯論，及其後關於該議題的公開討論都已出台，然而整體的社會氛圍仍然極度恐同。再者，那時同志社交或商業場所極少。基於這些既真實同時也是想像而來的限制，Calvin和他的朋友透過訂閱外國的男同志刊物，尋求海外資訊，或者回覆非常西化的本地消閒英文雜誌 *Hong Kong Magazine* 上的徵友廣告。西化的男同志形象和生活模式塑造了他們的審美觀，並且定義了他們的「慾望對象」。因此，Calvin尋找完美情人，就如「那些雜誌和

錄影帶上看到的模特兒一樣」，於是在他第一次去到一間本地桑拿看到「各式各樣的男同志」時，感到大為震驚。

　　Calvin 和他的朋友後來去了健身室，那裏是「偷窺男同志」最常發生的地方。然而，「酷兒化」異性戀場所的風險是很容易找錯慾望的對象。Calvin 在健身室裏把某個男人誤當成同志而被毫不留情的斥責後，他便直接闖入男同志的世界；但整體經驗不是十分令人滿意。這些地方的特色是狂野醉人和通宵達旦的盛會，Calvin 本想參與其中但最後卻沒有。因此他選擇去桑拿找人上床，甚或尋找愛情。可是，即使在這種純粹只為了上床的情況下，他也必須追求特定的身體類型，例如備受推崇的健身室身形。

　　Calvin 和他的朋友們，就像諸多男同志一樣，在他們向彼此以及親密的朋友出櫃後，想要探索他們秘密的性傾向。最終他們發現，商業的同志世界跟香港社會無異，要生存其中不是易事。商業的同志世界並非一個整體，而是由階級、性別、年齡、種族和族群等劃分的科層世界。

　　社群與身份和公民權一樣，具有雙重特質，一方面表現出共通性與共同認知，另一方面則帶着排斥與差異的意味。也就是說，社群既是納入的地方，也是排斥的地方。商業同志世界的「入場券」似乎有賴於這些場景內部的潛規則，即是建基於人們獨有的經濟、文化、社會和象徵資本（參照 Bourdieu 1986, 1984, 1989）。

　　我透過一些在藝術圈的朋友認識 Ivan。較 Calvin 年輕十歲，22歲的 Ivan 在 1998 年於本地一所大學畢業，在那裏他修讀人文學科，同時進入藝術與戲劇領域。不像 Calvin，他已向家人及朋友出櫃，並在一個同志友善的組織工作，在那裏他向所有同事出櫃。Calvin

和 Ivan 似乎代表了兩個不同世代的男同志。然而，Ivan 説，雖然時代變了，同志世界的某些特色可能沒變。

> 同志圈十分中產。好像要求每個人都有相同的身份、相同的生活方式，以及相同的消費條件。有些人花了很多時間進入這個圈子……嗯，這對他們或者對我來説可能不是一個問題。但我覺得同志的世界裏應該多一些東西。如果同志圈是由中產階級來定義，那麼勞工階層的同志都將被消失。殘疾人士也將不被看見。女同志，我想，是完全被漠視的。那麼，到底哪裏出錯了？……我不知道如何解決這個問題，但我覺得，社會總是告訴我們，如果你生活舒適，就不要吵鬧，如果你是快樂的，就不要關心任何社會問題。所以我想整體氣氛是有問題的，這就是為什麼整個同志世界普遍是有問題的。

Ivan 對同志世界的狠批是在 1990 年代晚期，並且是我的受訪者中唯一一個將同志世界的問題連繫到大社會環境中一些普遍問題的人。他正確無誤地指出在後殖民資本主義社會裏，香港的商業同志場景依循性別、階級、種族、年齡和身體而變得階層化。

一般來説，商業同志場景主要為男性主導，階級背景極為特定，以年青人為主，厭惡娘娘腔，具有時尚品味，並一直帶有大量從西方輸入的元素。這些區別的組成定義了同志公民權，成員都必須遵守。就像在異性戀社會操作的強制異性戀，或是異性戀規範一樣，在同志商業世界裏運作的是對男同志陽剛氣質的霸權崇拜。

要理解此一情況，首先，D'Emilio (1983) 的分析也許是對的，

他認為資本主義的發展帶動了同志消費場所的興起，因此使得同志身份與次文化的出現變成可能。晚期資本主義的邏輯需要高消費水平以支撐粉紅企業，而商業化的男同志場景因此涉及了階級差異模式。隨着過去幾十年香港經濟蓬勃發展，香港男同志次文化也驚人地成長，特別是自1990年代開始；而資本主義亦進一步助長這種文化的流行。然而，一位應屆大學畢業生的平均月薪在訪問之時約為港幣7,000至8,000元，但在酒吧或會所裏一瓶啤酒就要港幣50元以上，而會所的入場費更索價港幣100元或以上；因此，活躍於這些次文化的同志，在他們的口袋裏最好有點錢方可成事。

香港的男同志酒吧和夜店根據階級差別大致可以分為兩類，一是位於九龍區的酒吧，迎合勞工階層同志或不同身形的「簡樸」同志；二是位於港島區的酒吧，主要吸引的是中產階級、時髦、裝酷、很"in"（潮）的年輕男性專業人士，並且有着「標準」健身房體型。

其次，同志世界是一個男人世界。在較為公開的同志空間裏，尤其是消費場所，主要都被男同志所佔據。這可能反映了女性（特別是女同志）在經濟上相對被剝奪的地位，但也顯示了男同志對享樂主義的執着。雖然本次研究並沒有探討香港女同志的生活史，然而其他研究指出，女同志們感到被同志世界排除在外。正如一位女同志在接受訪問時說，「我們大多數人都習慣了一無所有」。另一個則說，「我們沒有地位，沒有發言權，什麼都沒有，我們甚至不被看作是人。在異性戀世界裏，至少你是一個女人，但在男同性戀的世界裏，你什麼都不是」（Turner 1994: 17）。「Les」（香港對「女同志」的稱呼）的場所，與男同志場所相比，似乎顯得更加隱藏。女同志

會把一些異性戀酒吧「酷兒化」，或是流連於男同志酒吧，以及集中在銅鑼灣及跑馬地少數以中產女同志定位的酒吧或咖啡室。[9]香港，就像其他大城市一樣，在娛樂場所方面男女同志的數目明顯地不成比例。

第三，由於香港的殖民歷史和全球化的影響，香港的建築所體現的是西方形式，而這在香港同志世界的場所裏亦然。大多數酒吧和會所的室內設計與氣氛都會強烈表現出歐美的華麗風格。雖然有些場所並非刻意為吸引西方人而設立，例如 Why Not、Wally Matt 和 Rainbow Pub 等酒吧，以及 Galaxy、ABC 和 Double 等桑拿主要是為迎合本地的男同性戀者（作者按：部分酒吧桑拿已結業）。然而，英文的名稱均帶有「西方」的概念，且具有象徵意義，通常與氣質修養、現代性、財富、教育、文化和性解放的觀念有關。[10]兩位能說地道廣東話的華人男同志，在中環某酒吧裏用英語交談是很常見的事。據說這些場所對西人或西化的華人提供較好的服務。因此產生了空間、性慾和種族三者如此緊密交織的有趣現象。港島區和九龍區的酒吧常客之間總是有些內部不和。前者覺得後者過於本地、粗鄙和勞動階層，沒什麼時尚美容和文化的品味；後者則抱怨前者的「傲慢」、「中產階級」，以及扮「鬼佬」。中環的酒吧有較多國外尤其是西方來的顧客，而九龍的酒吧則有較多的本地客人，故種族的階層結構複製了這個城市的空間階層。

當 "man" 成為霸權：
同志公民權與男同志的陽剛氣質崇拜

Jeff 在 2007 年第二次訪談時年約 36 歲。他於 1980 年代移居英國，但於 1990 年代期間在香港居住多年，現在定居倫敦。他在香港時曾經對我說：

> 很多香港男同志想要出人頭地。他們非常努力地想要出人頭地，你知道，最好的衣着，最好的樣子，最好的身形，最好的一切，真的……所以他們往往表現得很進取，甚至看不起你……或許，事實上，如果他們可以更自在和輕鬆些，整個情況就會好很多！

Jeff，來自一個富有的家庭，是一位建築師，各方面均擁有着一個「完美」男同志公民的必要資本：英俊、年輕、富有、充滿時尚感、國際化、有良好的工作，並且擁有在健身室鍛鍊有素的身形。然而，就連他都覺得難以生活在香港的同志世界。究竟是什麼一回事呢？

Connell (1995: 77) 曾提出「霸權式陽剛氣質」的概念，將它定義為一種「性別實踐的配置，為當前的父權認受性問題提供了暫時性答案」。它不僅確保了女性在社會的從屬地位，並且將其他男性氣質定義為不夠完備或次等的。Connell 界定四種類型的男性陽剛特質是「面臨壓力的」：一是年輕而又沒有固定工作的勞工階層男人，故無法成為傳統的經濟支柱；二是男同性戀者，由於鍾情男性，因而與異性戀陽剛氣質的基本定義背道而馳；三是投身環保運動，並

與女性主義者一起生活和工作的男人，這些場景使性別層級失去合法性；四是中產階級職業的男人，他們只是依賴技術性知識，而沒有資本和其他資深專業所給予的社會權威。

這些情況產生了一個陽剛氣質的層級，優待某種男人而污名化其他男人。霸權陽剛氣質是一種文化和歷史的特定理想，並隨着時間而變化，男人支持這些氣質但不一定能夠實現，但似乎創造了嚴格的心理和社會界線，無可避免地產生了支配系統以及層級化組織。[11]

同樣地，同志公民權的自我塑造概念帶有強烈的中產階級或資產階級個人主義的意味，亦與炫耀性消費有着錯綜複雜的關係。作用如霸權陽剛氣質，此種同志公民權的概念，或可稱之為「男同志陽剛氣質的霸權崇拜」，創造了一種同志公民層級，依階級、性別操演、年齡、種族、族群和其他諸多因素，使某些個體處於特權地位，而不利其他個體。我過往的著作（參見Kong 2004）曾探討承載着各種性想像的身體，而在下文我將延伸這個概念，針對一些二元性的思維，討論同志社群裏香港memba的身體政治。

扮直 vs. 陰柔

正如Connell (1995: 156) 所說，「選擇一個男人作為性對象，並不僅僅只是選擇了一個有陰莖的身體，而是選擇其所體現出來的陽剛氣質。陽剛氣質的文化意義，一般而言也是這個整體的一部分。」在香港男同志的場景裏，最「值得嚮往」的男同志似乎是那些聰明、光鮮、身形健碩、男子氣、扮直、粗豪、有事業心和情感控制得宜的人。這些屬性都是對身為一個男人非常典型的文化定義。這就是為什麼幾乎所有我的受訪者都有過愛上直男的經驗。追求陽

剛、結實這類完美身體的想法似乎支配了整個同志場所，而健身文化也席捲了整個同志圈。「男同志的陽剛化」（例如「陽剛轉向」、「粗豪」風格）已經開始，「超」陽剛氣質已由男同志所宣稱、主張或再挪用。這種男子漢的外表似乎完全聚焦在一個人的身形之上，以讚揚運動型的男性身體為主。[12]

　　雖然少數受訪者顯示出對 "Muscle Mary"（本地用語稱為「金剛芭比」，即指體格健碩，通常在健身室鍛鍊身體，但是言談舉止卻表現陰柔的男性）的焦慮，他們往往還是接受了陽剛體格作為一種理想的審美標準。我有很多受訪者都對外表及舉止陰柔的男同志懷有敵意。這種評論在各個年齡層都很普遍，例如「如果我遇到一個男仔很娘娘腔、很依賴，我一定會反胃的」（David，43 歲，餐飲服務業老闆，於 1997 年受訪）；「我找的是男人不是女人」（Frank，35 歲，1997 年時失業，2008 年時 46 歲，擔任保險從業員）；「如果你是個男人，就要表現得像個男人。如果你是個女人，就要表現得像個女人。請像一個人！」（Robert，20 歲，學生，於 1997 年受訪）。

　　娘娘腔或女性化的 memba 一直以來不管是在異性戀或男同志的世界裏都被嘲笑、愚弄甚至欺負。此外，香港 memba 嚴守「top」和「bottom」的角色分工，或者用本地的說法，即是 1 號和 0 號。1 和 0 的角色分工反映出的不只是性行為（1 號是插入者，0 號是被插入者），同時也是性格上的分別（1 號是主動而獨立的，0 號是被動而依賴的）（Lau 2004）。[13]

　　我的受訪者就像許多 memba 一樣，似乎沒有想過任何關於跨越這些既定的性別與性慾規條。他們不僅敵視極度陰柔的男人，也討厭雙性戀者、易服者、變性人，或性愉虐愛好者，因為他們覺得這些人「奇怪，變態和不正常」。他們嚴格進行角色扮演，崇尚 1 號

多於 0 號，因為後者與女性特質緊密相關。為了要在男同志的世界裏受到歡迎，香港 memba 被期待舉止要有男子氣概同時又有同性慾望，即是表現得像異性戀男人，但卻渴望與自己相同性別的人。

小鮮肉 vs. 年老色衰

正如我在其他文章論述過（Kong 2004），對同志公民權來說，青春和美麗（主要是指運動型的身體）是一個人所能擁有的「具體文化資本」中最重要的資產。這反映在香港同志媒體上不斷呈現的多是擁有模特兒樣貌，年輕（大概二十出頭），打扮入時，外表健康，並且擁有健身室訓練出來的身體。

從 Eric 的經驗，可以說明年齡在同志世界裏扮演着關鍵的角色。Eric 在 2008 年時 59 歲，是一位醫療專業人員和藝術家。他是個虔誠的教徒，信奉天主教神秘主義。當我在 1997 年第一次見到他時，我在他的診所被他的智慧所啟發，並且聽他分享自己那苦樂參半的人生。他告訴我他很不幸運。1970 年代末，當他年輕的時候，同性戀空間極為有限，他沒有和朋友外出夜蒲，生活完全隱蔽。時移世易，許多同性戀空間開放了，但他依然沒有走出去玩，因為他無法適應這些新的空間。他告訴我那令人着迷的男同志夜生活的另一面。

> 我覺得整個圈子就是這樣，很多時都以年輕人為主。如果你擁有青春，你就擁有全世界。所有的事情都很有趣，一切都很好。但是，如果你已經錯過了你的青春，你就會發現這個世界並不是那麼有趣，也不怎麼好玩。而你必須接受現實是你不能擁

> 有最好的，你必須意識到你的限制。我現在48歲
> 不是38歲，或者你現在28歲不是18歲。男同志的
> 場所多以年輕人為主，你是進不去的。如果你進不
> 去，還有什麼空間可以留給你呢？

　　他曾經在1997年辦過一場攝影展，聚焦於老年memba，這些人對他來說是「十分一中的百分之一」。透過記錄他們的激情和慾望，Eric揭露了他們生活的特色：一整個完全不同的文化，一個繁華背後迅速凋零的人生。Eric是很少外出的人，大多沉醉於自己的私人感情生活，以及他的職業與藝術工作。

鬼佬 vs. 華人

　　1990年代以前，本地人稱之為「西人」或「鬼佬」[14]的白人男子，包括來自英國及世界各地，居住香港的外籍人士、旅客和商人，是同志場所的中堅分子，甚至是支配者。出生於1980年代之前的受訪者都對白人男子有正面評價。

> 我比較喜歡鬼佬……我讀書時英文不太好。我想我
> 可以從鬼佬身上學到一些我在家人、學校或朋友身
> 上學不到的事情……我很幸運地遇到很多鬼佬，他
> 們對我非常之好。我很開心……我學到很多……
> 我很喜歡西方人的浪漫。（什麼是西方人的浪漫？）
> 嗯，華人的浪漫比較有所保留。很多事情你都不會
> 說出來……但西方人的浪漫是不同的，它比較直
> 接，充滿激情……（Alan，36歲，舞蹈員，於1997
> 年受訪）

> 他們（鬼佬）比較靚仔，人也比較好。你可以看到很
> 多不同的類型。香港男同志你只能看到一種類型，
> 就是很娘娘腔和臭脾氣！(Jonathan，33歲，學生，
> 於1998年受訪)
>
> 我覺得鬼佬很吸引人，你都清楚，他們的面部輪
> 廓、完美的胸部和臀部、發達的二頭肌，但我從
> 沒有幻想過跟他們任何其中一個約會。(Aron，33
> 歲，醫護人員，於1997年受訪)

這些白人男子（鬼佬）在香港佔有的經濟及社會優勢地位，加上他們在文化與符號上體現的精緻與現代性意涵（尤其是透過所謂「西方人的浪漫」的表達），以及他們擁有的身體（即「陽剛的」和「運動的」特徵），均吸引不少香港 memba，尤其是那些年輕或經濟貧乏的男同志。一個年紀較大、較有錢和比較「有男人味」的白人男子，與一個年輕、體形纖瘦些、比較陰柔和來自較低下階級背景的華人男同志的配對並不少見 (Kong 2002)。藉由與白人男子（通常年紀較大）的接觸，這些華人同志，通常人們稱之為「湊魁」（或馬鈴薯皇后，potato queens），得以獲得進入西方世界的入場券。這種希望透過搭上白人男子在社會往上游的文化，在香港的空間限制、家庭居住模式和去殖民等因素的強化下，產生了大量同志遷往西方國家的移民潮（見第五章）。然而白人吸引力及其相較於華人男同志的殖民優勢，自1990年代後逐漸下降，這與香港主權自英國移交至中國大陸同步發生有關 (Ho and Tsang 2000)。[15]聽到年輕一代大多數不覺得白人男子有吸引力的時候，我感到很驚訝。當我問 Christopher 他會幻想什麼樣的男人，2008年剛滿18歲的他立刻排除了白人男

子，他說：「鬼佬？不可能，我甚至不能跟他溝通……用英語說話已經是一個問題，你怎麼能指望他能理解你？！……我只能接受香港男同志。」如果「鬼佬——湊魁[16]」的配對標誌着殖民時期欲望結構中的種族主義和殖民主義，那麼在後殖民時期香港同志公民的跨國階層中，誰是新興受歡迎的人物和新的從屬者呢？雖然白人男子已經失去了他們曾經擁有的高尚地位，但他們仍然在全球化、英語主導的世界中佔有一定的「市場地位」；然而，白人男子現正面臨真正的競爭者。隨着富裕的中產階級的興起，加上曾受良好教育、精通雙語、跨國、國際化白領階級的香港本地男同志的出現，這樣的男人取而代之成為受歡迎的新貴。

　　然而，這些新的同志公民，製造了新的邊緣群體。來自中國大陸和其他地區（例如南亞和東南亞）的男同性戀者，成為香港同志男社群的少數族裔。香港一些研究正在討論關於新來港的中國人或其他族裔的移動人口，如何被排斥、邊緣化和污名化為香港的「邊緣人」。[17]同樣地，在男同志圈中對來自中國男同志移動人口的歧視相當明顯。Christopher 繼續說他約會時的種族優先順序，他說：

> 我不喜歡那些中國大陸來的……我不喜歡說普通話。（那些從大陸來但懂得講廣東話的呢？）即使他們能講廣東話，也是大陸廣東話，不是香港廣東話……很娘（廣東話「老土」的意思），他們仍然還沒發展……好吧，就算中國正在發展，他們仍然落後……我只是覺得他們很大鄉里！

健全 vs. 殘障

　　1998年時Tony 21歲。他長得很好看，但是在說話、聽力和行動上有困難。當我第一次見到他時，從他英俊的臉上我可以看出他強烈的慾望，似要告訴我關於他的悲慘人生。我們一直是通過書寫來交流的。可想而知，他要交一個男朋友有多困難。我是透過另一位受訪者，他的前男朋友Edward的介紹認識他的，在1998年時Edward 25歲，身形高瘦，剛在澳洲畢業。他們在著名的同志海灘中灣相遇，但這段關係只維持了大概兩個月。Edward描述他倆的關係：

> 我在中灣遇到了Tony，我發現他又聾又啞，而且行動不便。我們大概外出約會了兩個月。我們通過寫作來「聊天」。然後，我覺得不再是那麼好了……有一天，我「打電話」給他，他說他不像我這麼有信心，因為我會說話。然後我說我沒有辦法。那不是我的問題，是嗎？

　　Tony經常去海灘或公廁找尋性伴侶，很少去酒吧或會所。他非常渴望能交到男朋友，但他的殘疾身體使他難以如願。他曾經自殺未遂，新聞也曾報導了該事件，Tony一直不斷地想尋死。我和他已經失去了聯絡。每當我想起他，腦中便會浮現Spivak (1988) 一篇意義深遠的論文〈弱勢者能發言嗎？〉，在完全的靜默無聲之中，生活在邊緣位置的Tony是否代表了最極致的男同志底層人物呢？

男同志公民身份的重塑

正如在第一章所討論， 身份不能從一個人的「差異類別」（categories of difference），即種族、族群、性/別、國族或階級地位、年齡，甚至身體狀況中割裂開來。透過各種形式和意義，我們的身份體現了一種自我的多重定位和再定位。然而，體現的身份不僅只是這些「差異類別」的附加經驗，而是在特定制度領域內的壓迫，以及複雜多樣且相互矛盾的過程所產生的結果。

香港memba性政治的可能性正是在於這種「差異的政治」（politics of difference）。可以達到霸權同志公民理想的香港memba，或許能夠從他們的日常互動中所體現的文化資本獲益；反過來說，極度女性化的身體、年老的身體、纖瘦的身體、殘疾的身體、貧窮的身體，以及其他眾多被視為從屬的男同志變種，都是屬於「失敗」的身體或「次等」的身體。然而，這些屬性的負面描述不應該被視為固定不變，事實上仍有許多回應這些霸權理想的可能。

第一個途徑是遵守要求。當我於1997年第一次遇到24歲的George時，他的身材非常纖瘦，外表舉止女性化。他告訴我，一直以來他在異性戀和同性戀的世界裏都受到言語上的欺凌。後來有一天，我在一個社交聚會中看到他。我非常震驚，因為他剃掉了頭髮並且留了鬍子，身穿毛衣並展露自己曬得黝黑的健身室身形。新的「陽剛和男子氣概的形象」將他帶回受人讚賞的圈子，而他似乎很享受他新得到的、體現的資本。他讓我想起了一個舉止很「男人味」的memba朋友曾經對我說的話：「我曾經很娘娘腔，很女性化，很戲劇性的，這些我都可以，但我討厭連帶引起的污名和侮辱，所以從那一天起，我就決定要扮直。」

　　身材高瘦、擔任時裝設計師的Matthew也是如此。他總是將頭髮染成不同顏色。當我十年前第一次見到他時，38歲的他一頭金髮，那時我以為他只有28歲。當然，他因為我猜錯了他的年齡而滿心歡喜。他打扮得相當潮，經常健身。他們透過不斷運動，或是購買昂貴的美容及臉部護理產品，已經能夠打造成非常年輕的身體，成功隱藏自己的年紀。此外，Matthew是歐亞混血兒，可以說流利的英語和廣東話。在酒吧和會所裏他堅持說英語，因為他認為這樣可以得到較好的服務。

　　這些人似乎符合Butler (1990: 33) 描述的身份公式，她指出其組成乃是一連串的操演，經由重複發生而變成慣常，「性別是身體的重複風格化，在高度嚴格規管的框架內，一連串重複的行為，經歷時間的凝聚以產生實體的表象，一種人類自然類別的表象」。操演者的技巧以及其操演有多成功，相當程度取決於他們將男同志陽剛氣質霸權崇拜以及男同志公民身份資格的「劇本」演得多到位。很明顯地，表現得陽剛、異性戀、年輕，甚至表現得像「西方人」，都是符合規則的主要元素，讓你在同志世界裏得到一個具吸引力的身份。

　　然而，對霸權理想的反應並不總是意味着調節自己以適應之，有時候也會通過抵抗或抽離來加以回應。舉例來說，Ivan是一個女性化的男同志。與George的因循守舊相反，Ivan嘗試以他的「女性化」來重新定義陽剛氣質，不將女人味等同於軟弱無力。他在藝術表演裏扮裝登場，利用「女性化」作為武器，挑戰僵化的性別秩序，顛覆陽剛氣質的概念。另外，有很多「前湊魁」的男同志已經開始質疑「白色的陽具」作為慾望的唯一邏輯，並開始和本地華人男子

約會。受訪者如Eric傾向不去遵循陽剛霸權的理想，而是將自己沉浸於工作，去尋找另一種生活方式，從男同志公共空間中抽離。

霸權同志公民的理想標準支配着香港的同性戀酒吧和會所，然而「從屬的」同志身體仍然可以為自己找到某種隱蔽的容身之處，縱然這些地方的出現通常較為短暫。彩虹酒吧 (Rainbow Pub，2000至2006年經營) 的成立，便是一個象徵，因為它為身形不符合「標準」的男同志開闢了一個新的空間 (雖然該酒吧嚴守不准女性入場的政策)。彩虹酒吧以吸引「熊族」及其仰慕者而聞名。每個星期六，超過100個壯壯的或「有肉地」的memba都會在九龍區佐敦的一棟商業大廈裏跳舞。遺憾的是，該酒吧後來結業了。(作者按：其後，在同一座大廈的另一樓層有一間Boo Bar出現，也是以熊族作招徠。而香港現時，也有一些桑拿專門鎖定「熊族」為客戶。)

2008年夏天，旺角大型購物中心朗豪坊的六樓廁所，曾經是一個熱門蒲點，當時有一些男同志中學生經常在這裏流連。他們消費能力有限，難以去酒吧、會所和桑拿，故在購物商場裏尋找對象，並用藍牙技術溝通。[18]然而，當一個公共空間變成一個尋找性刺激的場所時，它必然會招徠違法的風險、徘徊於監視的空間、慾望的空間和操控的空間，故抵抗的時刻也正是管治的時刻 (Woodhead 1995: 239)。這間廁所成了吸引眾多年青男同志的著名「寶口」。然而，幾個月後，有不少人投訴。為了恢復異性戀的公共秩序，商場管理部門藉由安裝監視攝錄機，施展其權力與控制，而且只安裝在該樓層。現在還遺留在這裏的只有安裝在走廊天花板角落的攝錄機，至於「寶口」，已經恢復成一間簡單的公廁。我也不知道那些男同志中學生去了哪裏。

在香港，要尋找愛情和消費的男同志空間並非易事，但在香港以外尋找一個新空間已成為一種選項。由於香港和中國大陸毗鄰，到中國大陸性旅遊已成了香港男同志尋求性滿足的新渠道，特別是自1997年之後。深圳，最接近香港的中國城市，自1990年代開始湧現大量的同性戀酒吧、會所和桑拿（http://www.utopia-asia.com/shensaun.htm），其主要客戶為香港男同志。

1998年，35歲的Stuart是一名勞工階層背景的建築工人，曾經從事多項體力勞動工作。他有一副「陽剛」身體，由於承受不了香港同性戀場所的高消費水平，所以便去深圳尋找較便宜的男同志娛樂場所，就算明知是要冒着被money boy勒索、被歹徒搶劫或被警察抓的風險，都在所不計。[19] Stuart曾「供養」一名中國大陸的直男好幾年，而兩人的關係主要建築在金錢之上。其他收入較高者，如Eric和Matthew，會去其他亞洲地方（如泰國、新加坡、台灣和日本等）尋歡作樂。這些亞洲區內的男同志性旅遊不僅反映了不同亞洲城市的政治經濟，同時也將不同用語、生活模式和文化差異聯繫起來，並因而促進了一種跨國的男同志身份（Altman 2001; Bollestorff 2007: Ch. 6; Martin et al 2008: 1–27）。

結論

酒吧、的士高和「同志特區」（ghetto）是酷兒文化極其重要的元素，因為它們可以作為當代酷兒歷史的標記，有助於當代都市同志身份的建立。新自由主義經濟孕育了一種酷兒同志身份，成功地將女/男同志由昔日變態的形象轉化成尊貴的國際化消費公民形象。

酷兒理論強調同志空間與身份的異質性及階層特質，[20] 據此我認為這些「慾望的場域」實際上也是「權力與支配的場域」，只是以較為隱蔽的方式運作。在香港，同志世界是顯而易見的，而對同志公民權較為正面的觀念也已經實現，然而這個同志世界仍然是男性主導、階級分明、恐懼娘娘腔、年輕人居多、崇洋，以及頗為國際化的。Binnie and Skeggs (2004: 39) 在分析英國曼徹斯特的同志村時，就呼籲我們重新思考酷兒空間的大門究竟為誰而開、當中又涉及甚麼知識和權力的運作：「在這樣一個男同志空間內，誰可以使用、消費和被消費呢？」他們的分析表明社會上存在着贏家和輸家，而性別、種族和階級一直在同志空間商品化的過程中扮演重要角色：

> 世界主義透過消費差異而產生，雖然來來去去都是某幾種差異。男同志經常被定位為必需透過消費才能成為差異的指涉者 (signifier)，然而只有那些可以（以及渴望）接近不同文化的人才可能負擔這種差異的消費。(52)

處於這種支配性理想的影響下，香港 memba 傾向遵循一種霸權體現、衍生自西方世界主義的陽剛氣質，其中「理想」的男性公民必須是身體健全、扮直、具有男子氣概、不女性化和經濟可靠的；而受歡迎的「理想」男同志公民應該是那些一舉手一投足如同異性戀者，並且是年輕和擁有健全的身體。霸權的陽剛氣質在異性戀世界與同性戀世界幾乎一樣，並決定香港 memba 的慾望對象，說明了他們得以建立關係的機會與限制。

　　權力並非一致，同性戀身份亦然。Ong (1999) 指出香港商人持有多本護照，並且為了家庭前程穿梭於世界各地的城市，從而提出靈活／彈性公民權的概念。我認為香港 memba 也一樣，他們陷入男同志陽剛之氣的懲戒性霸權崇拜以及炫耀性粉紅消費的實踐之中。他們在全球同性戀公民的無數可能性 (和問題) 之間，尋求靈活定位。為了尋找愛情和親密關係，他們透過循規蹈矩、不斷抗拒或重新定義的協商過程，展現一種靈活務實的同性戀身份，並對不同體制的規則具有敏感度。在同性戀世界裏，他們利用自身體現的資本，於各種不同形式的支配底下奮鬥和生活，同時備受商業化的霸權同性戀陽剛氣質觀念所統治。在這個協商過程中，有些人成功，有些人失敗，有些則仍躑躅於其中。男人的世界如是艱難，男同志的世界更是難上加難！

第四章

萬事不離家：
親密公民權和家庭生命政治

當代異性戀本來是指親密關係以及與他人的認同關
係，而性行為應是當中最親密的溝通。性行為在
私隱的庇蔭下，其情感的光環受到異性戀文化所保
護，並從中攝取道德的養分，然而此種烏托邦式的
社會關係卻被支持與延伸至一般較不被認定為性文
化的一部分行為上，如繳稅、被厭惡、打情罵俏、
遺產贈與、歡度節日、投資未來、教學、遺體處
理、夾在銀包裹的相片、購物、裙帶關係、競選總
統、離婚，或擁有任何「他」或「她」的物品。

── Lauren Berlant and Michael Warner, *Sex in Public*, 1988

我們應撫心自問：「經由同性戀，什麼關係能被建
立、發明、提升和變換呢？」這個問題並不取決於
在自己身上發現什麼性的真理，而是如何利用性來
建立多重的關係。作為男同志，我認為，不在於
認同那些所謂的同性戀心理特徵以及虛有其表的面
具，而是在於試圖定義及發展出一種生活方式。

── Michel Foucault, *Friendship as a Way of Life*, 1996

---

* 本章部分內容曾以 "Where is My Brokeback Mountain?" 為題，發表於 *Social Transformations in Chinese Societies* 2009 (4: 135–159)。經學刊主編批准收入本書。

在討論現代公民權時，我們對公民的理解通常建立在一種主流的假設上，即社會的基本單位是長久的一夫一妻異性戀配對，在婚姻制度裏合法存在，並以核心家庭為最佳的表達形式，即已婚異性戀伴侶以及他們的未婚異性戀孩子。

這種將家庭與婚姻制度視為重要親密關係的論述，似乎在英國的政治佔有核心地位（例如 Richardson 1998: 91; Bell and Binnie 2000: 53–61; Weeks, Heaphy, and Donovan 2004），美國的政治亦然（例如 Berlant and Warner 1998: 548–550; Meeks and Stein 2006）。作為家庭意識形態的主要元素，異性戀家庭規範透過國家機器，例如福利、稅務和教育等產生，它們超越了性與浪漫的領域，並滲透到我們日常生活中的各種活動，正如上述 Berlant and Warner 所指出一系列並非與性有關的日常生活。

那麼在此種家庭圖像裏，同志的定位為何？如果家人發現家庭成員之中有男同志、女同志、雙性戀者，又或者只是有一點與眾不同的話，情況會是怎樣呢？這些酷兒孩子的生存空間在哪？而如果身為「男同志」，正如 Foucault (1996: 310) 所言，「不在於認同那些所謂的同性戀心理特徵以及虛有其表的面具」，那麼怎樣的「生活方式」才是我們可以定義、想像以及實踐的呢？

前兩章討論了香港的社會政治、文化和商業在同志社群的發展，本章將探討香港男同志如何透過出櫃與建立親密關係，挑戰家庭與親密關係範疇裏對公民權的異性戀假設。我將論證在香港，家庭意識形態與政府的治理相輔相成。借用 Aiwha Ong（見下文）關於「家庭生命政治」的見解，我將論證家庭生命政治是由國家（或政府）規訓所造成的，它影響家庭實踐與意識形態，規範健康的、具生產力的和異性戀的個體。家庭異性戀規範是此種生命政治的產物之

一，透過家庭制度而產生，其特色是劉兆佳提出的「功利家庭主義」（utilitarian familism）（Lau 1978, 1982: Ch. 3–4）或特區政府倡議的「和諧家庭」，以及以一夫一妻為基調的婚姻制度與伴侶關係。

　　本章的前半部，我將探討香港memba，作為男同志的兒子，如何在異性戀家庭裏生活，以及他們如何挑戰異性戀家庭規範的規訓守則。我將聚焦於他們的出櫃經歷。接着我將着重在他們形成親密關係和建立自己家庭的方式，並思考他們如何解構家庭和長久一對一伴侶親密關係的意識形態。在這些過程中，memba協商「被製造」與「自我製造」的雙重歷程，以訴求親密關係的公民權，使他們能夠在異性戀的公民霸權的社會文化環境底下，體驗一種新的「生活方式」。

香港家庭的生命政治

　　香港的家庭研究最初引用功能學派（functionalism）的框架，即傳統中國父權大家庭在現代化與西化的進程下如何轉變。其研究焦點是香港在面對工業化的發展之下，家庭如何適應和演變出不同的形態，如主幹家庭（或稱折衷家庭）、核心家庭、孤立的夫婦家庭（或稱配偶家庭）（Wong 1972, 1975），以及微調後的延伸家庭（李明堃 1987；Podmore and Chaney 1974）。這些研究的理論取向具有功利家族主義的色彩（Lau 1978, 1982: Ch. 3–4）。[1]

　　將中國孝道觀念的傳統漢學表徵加以具體化之下，Lau (1982)解釋戰後中國移民或難民為何常被認定擁有某些特徵如政治冷漠和經濟掛帥。這些移民或難民儘管被視為固步自封且傾向物質主義，

就如理想的「經濟人」一樣，但他們並非個人主義，而是一心一意
忠於家庭價值的。香港家庭表現出 Lau (1982: 72) 所定義的「功利家
庭主義」形式：

> 個人的道德規範與行為傾向，首要考慮的，是將其
> 家庭利益置於社會利益與其他個人與團體的利益之
> 上，以及某種程度上是為了促進家庭利益而去建立
> 自身和其他個人與群體的關係。此外，家庭利益
> 中，物質利益優先於非物質利益。

功利主義的考慮在家庭成員的關係中佔了極大位置，強調的是經濟
交流上互相幫助的常態、家庭的財產擁有權和經濟合作。這些考慮
通常會擴展到周邊親友，亦即包括親戚和類親戚的廣大家庭族群，
形成一種流動的人群組合，即我們所稱之為的「一家人」。

為解釋香港這個殖民地的奇跡，Lau (1982) 在他的構思中，提
出所謂戰後香港的「低度整合的社會政治系統」（minimally-integrated
socio-political system），其中政體和社會被視為相互排斥的。殖民政
府被認為無意高度介入香港市民，因為香港人傾向功利家庭主義，
並忙於家庭問題而不參與政治議題，他們從家庭和親戚中尋求協助
而非向政府提出訴求。有了此種「絕佳配對」，雙方透過「邊界政治」
（boundary politics）的精心計算，Lau (1982: 68) 提供一個功能主義的
框架去解釋政治相對穩定與經濟繁榮的殖民地奇跡：

> 中國人的社會可以被視為一個內向型封閉、自給自
> 足、原子結構的社會，具有政治冷漠的傾向，以及
> 低度政治動員的可能性。這樣的社會與「隱蔽」的官

像政體完美地相輔相成，兩者共存並相互迴避，為
香港的政治穩定提供了解釋的線索。

然而，相較於完美的天生一對，其他學者（如 Law 1998; Ho 2004）則認為殖民政府巧妙地擷取中國孝道和功利傾向，以進行其殖民統治手段。Ho (2004) 主張殖民政府將香港社會去政治化的手段之一，是封鎖政治權利的主要通道，以經濟發展為優先，只授予與市場權利相關的公民權，並將社會福利限縮為一種殘存的概念，潛在的原則是將其視為政府對人民的施捨與慈善，香港市民應向家人、志願機構或市場而非政府尋求協助，以滿足其福利需求。換句話說，功利家庭主義並非成因，而是「殖民管理主義」(managerial colonialism) 的結果 (Law 1998)，[2] 它破壞了公民社會和公民權的發展。

新的特區政府延續此一傳統，提倡以家庭作為香港社會的核心價值，以及作為「中國文化」的重要成分。在 2001 年的施政報告中，首任行政長官董建華表示：「我們的社會一向重視家庭。在融洽的家庭中，家人互相照顧和關懷，這種關係是難以取代的。」（第 110 段）。在 2005–2006 年的施政報告裏，第二任特首曾蔭權更明確表示：「重視家庭是我們的核心價值觀念，和睦家庭是和諧社會的基石」（第 45 段）。

那麼政府指的又是什麼類型的家庭呢？曾蔭權在 2006–2007 年施政報告中提供了答案。

現時最普遍的家庭模式，仍是由夫婦與未婚子女組
成的核心家庭。但已婚子女與上一代以至兄弟姊妹

之間，即擴大式家庭之間，普遍仍然維持緊密的關
係和互相幫助的情義。已婚子女供養和照顧父母、
祖父母幫子女照顧年幼孫子女等例子彼彼皆是。
兩代之間，以至已婚兄弟姊妹之間關懷照顧，互
相扶持，是應予鼓勵和弘揚的傳統家庭美德。（第
39段）。

致力於此一目標，政府於2007年底成立了家庭議會，由政務司司
長領導，詳細討論了家庭核心價值和家庭成員之間的和諧關係，以
及如何鼓勵社會各界共同參與促進這些價值觀和關係。

借用Foucault (1982, 1988, 1991)對當代人口治理的解釋，Ong
(1993: 753–762, 1996: 748–749, 1999: 117–119) 提出她稱之為「家庭
生命政治」(family biopolitics) 的概念去理解中國家庭內，監管「健康
的、具生產力的，以及成功的個體」的理性與道德實踐，並且為了
家庭福祉，在經濟活動中部署的「家庭治理術」。正如Law (1998)
and Ho (2004), Ong 主張「功利家庭主義」並非中國文化所固有，而
是國家或政府對戰後香港的難民或移民家庭所造成的影響。在英國
統治，以及自由放任資本主義的競爭條件下，各個階層的香港家庭
都努力工作、力爭上游和嚴守紀律，舉家上下皆然，以求改善家庭
生計和財富。家庭生命政治從而建構主體的道德財富 (moral wealth)
意識，「他們，特別是女人和小孩，刻苦耐勞地工作來賺取收入，
遵從家長意願、作出犧牲奉獻，以及延後享樂和滿足」(Ong 1999:
118)。

如果家庭生命政治是一系列的家庭實踐與意識形態，旨在規管
和孕育有經濟能力的、多產的和成功的華人個體，它也需要一套實
踐守則，去管教和培育健康的、具生殖力的，以及異性戀的個體。

異性戀家庭規範是「家庭治理術」的一部分，也是家庭生命政治的部署，用以生產主體的道德價值意識，並且要求子女，尤其是兒子，去遵從父母期待，結婚生子，以及繼後香燈，不能從事任何有損家庭地位與聲望的事。

家有一Gay

生在如此一個香港異性戀家庭的生命政治紀律守則之下，一個男同志兒子的生活是怎樣的呢？Calvin生於1960年代晚期，是香港戰後嬰兒潮的第二代。他來自一個傳統的中產家庭，家中有父母和三個兄弟姐妹。1997年我訪談他時，他說：

> 我生長在一個非常傳統的家庭，爸爸、媽媽和連我在內的四個孩子，我是最小的……我知道我的家人愛我，我也愛他們……他們給我很大的自由去做任何我想做的事……那個時候，我很年輕，還在讀中學，我認為我喜歡什麼，我的家人也會喜歡什麼，大概是因為我和他們的關係很好吧，當時我非常愛我的初戀情人，我是多麼的開心……我們有些情書的往來，我把它們到處放……但當我家人發現時，他們非常生氣，我們大吵了一場……他們給我一個不是選擇的選擇，要不我就留在家，要不我就去跟他住。拜託，我才中五，怎麼可能搬出去和男朋友住呢？……實際上我根本就沒得選擇！
>
> 對我的兄弟姊妹而言，他們覺得同性戀是不正常的……但是對我爸媽來說，他們覺得這牽涉到我

> 是不是一個好兒子的問題⋯⋯男同志,對他們來
> 說,代表我是一個壞兒子!⋯⋯我想了又想,決定
> 我應該和家人維持良好的關係,我不想傷害他們,
> 我希望我們可以像以前一樣平靜地生活⋯⋯所以這
> 件事之後,我們不再談論它。⋯⋯九年後,我找到
> 一份工作,便搬了出去⋯⋯自從我搬出去之後一切
> 變得容易許多⋯⋯但就算是現在,我也知道家人的
> 期待,他們仍然想我有一個健康的生活方式,就是
> 和一個女人結婚組織家庭⋯⋯有時候當我不開心,
> 我可以感覺到他們的難過。他們不知道該怎樣安慰
> 我,而我也不想透露太多我自己的事⋯⋯他們關心
> 我,希望我能開心⋯⋯但我們就是不再討論它了。

和 Calvin 一樣,Jonathon 也算是香港戰後嬰兒潮第二代。1997 年我們首次在英國見面,33歲的他在香港一間藝術公司工作,與家人同住,包括他的父母、兩個姊姊和一個弟弟。他修讀藝術,並獲得獎學金讓他可以留在英國一年。關於他的職業選擇,他的家人沒有給他壓力,但是他總是很難告訴他們自己的性取向。當我1997年訪談他時,他說:

> 首先,如果我告訴他們(他的家人),他們會承受壓
> 力。我不想給他們壓力⋯⋯在中國傳統文化中,如
> 果你沒有結婚,他們是會不高興的,是會在意的,
> 但我不認為這是必要的。如果你告訴他們你是同
> 性戀,你會製造很多問題,而且你無法解決它們。
> 所以,就不要煩他們吧⋯⋯(為什麼他們會承受壓
> 力?)你的親戚會問你的父母為什麼你不結婚⋯⋯

> 我不能為他們找到一個答案……我和所有的家族
> 成員都很親近。他們關心我，也很讚賞我。但他們
> 不知道我為何那麼認真讀書。就算我們是那麼的親
> 近，我們也無法真的談得很深入。我不會讓他們知
> 道，我不知如何向他們解釋。我不知怎樣表達我自
> 己。就像女人生孩子。一個女人告訴你生孩子實在
> 很痛苦，但我怎麼會知道呢？我怎麼能體會她的痛
> 苦呢？

Calvin 和 Jonathon 代表了香港六七十年代出生的男同志中最常見的類型，佔我的受訪者的大多數。他們的父母是第一代或第二代移民或難民，在 1940 到 1950 年代之間從中國大陸來到香港。他們成長在有兄弟姊妹的家庭，而傳統的勞動分工和父權結構仍然運作其中。也就是說，他們的爸爸外出工作，是家中的權威；至於當家庭主婦的媽媽雖然可能也有兼職工作，但同時要負責照顧孩子和處理家中的感情生活，尤其是孩子的感情生活。這種「疏離的父親／感性的母親」(distant father / seductive mother) 的家庭形式在戰後時期的香港彼彼皆是。

這些男同志的父母，尤其是他們的父親，如同呂大樂 (2007：15–25) 所描繪的第一代香港人[3]一樣，都是務實勤奮、奉公守法，凡事以家庭為先，並且讓他們的孩子自由追求事業，而沒有太多干預的。他們通常在感情上有所保留，表達情感是透過物質獎勵，而不是透過與孩子交談、分享或玩耍。此外，部分男同志（如 Jonathon）的姊妹們是所謂的「工廠妹」(working daughters) (Salaff 1976)，她們犧牲自己，放棄中等或高等教育機會，在工廠工作以造福家庭經濟，也是「修正向心家庭」(modified centripetal family) 的

一部分 (Salaff 1981)。[4]整體而言,此種家庭是一種情感訴求的父權社會單位,使用物質上的滿足而不是親密或情感的表達,來構建家庭內部的人際關係,並且照顧兒子多於女兒 (Kong 1993)。

然而,這個看似和諧、經濟導向,並且以父權為上的中國家庭,家長照顧兒子多於女兒以及給予兒子自由發展的空間是一回事,如果他們發現兒子是男同志的話,又是另一回事。這些男同志成長在同性戀仍是刑事罪行,並且被視為是社會問題的年代。幾乎沒什麼關於同性戀的正面論述,也幾乎沒有任何男同志次文化 (見第二及第三章)。

家庭生命政治對同性慾望加以規管,並將同性戀者規訓為溫順的異性戀兒子,在這樣的影響下,Calvin 和 Jonathon 展現了受訪者普遍存在的焦慮。他們害怕如孝道這樣的中國傳統規訓價值觀,即是誰聽話誰就是好兒子(「對他們而言,身為男同志意味着我是一個壞兒子」)。婚姻的要求和必須繼後香燈的觀念對他們影響很大(「如果你不結婚他們會很不高興且很在意」)。他們會擔心面子的問題,害怕他們的同志身份讓家人感到恥辱。[5](「你的親戚會問你的父母,為什麼你不結婚……我無法給一個答案」)。他們不知道如何替自己辯護,以抗衡同志是不正常、變態以及偏差的偏見(「對我的兄弟姊妹們來說,他們覺得同志是不正常的」)。雖然他們可以自由地選擇修讀那個學科或從事哪份工作,但是他們仍然必須生活得像在家庭生命政治運作和定義下的好兒子。

至於新世代所面臨的又是什麼呢?我訪談了十位1980年後出生的男同志。2008年時80年代出生的 Bowie 才23歲,正在香港就讀大學。他與父母、妹妹和菲傭同住。他的父母是戰後嬰兒潮的第二代,兩人都在工作。當他讀中學時,他說自己活在巨大的壓力底

下，因為父母對他的學業有很高期望。之後他被送往澳洲攻讀大學學位，在那裏他開始探索男同志的生活。然而，由於家庭的財務問題，又被迫中途回港完成學業。

> 他們送我到澳洲留學……中五會考給我很大的壓力。我考得很差……他們給我很大的壓力。我對父母說你們不知道怎樣當好的父母。結果他們對我說，「沒有人教我們怎樣成為好父母，你要接受吧！」但我不這麼認為，我覺得你應該學着做一個好家長……嗯，他們都很年輕，才40多歲…然後當我在澳洲時，我媽媽打電話給我，想和我聊天……我們有好一陣子沒有聊天了。她說：「你最近在做什麼？」我就……我就告訴她，「你不覺得我們很有距離嗎？」……她承認，然後問我為什麼，於是我跟她說，「我在感情上遇到問題，但我不敢告訴你……」她後來告訴我，她哭了整整一個星期。

我訪談Bowie時，他與家人住在一起。他說自己很不情願地回到香港，因為以一個男同志的身份在香港生活對他來說實在非常困難。

2008年Christopher剛滿18歲。那時他是一個中六學生，正在準備公開考試。他與父母和妹妹同住，雙親都是營商人士，並且對他有極高期望，希望他可以取得學士學位。

> 我覺得讀書很難，我有很大的壓力。我很認真的學習，我想讀大學……但我發現真的很難趕上進度……這也是我父母的期望……也許他們沒有上大

學，所以他們會這麼盼望我可以進大學吧⋯⋯他
們認為考試就是一切，我不應該做任何其他的事情
⋯⋯他們會不停地打電話給我，只是想檢查看我有
沒有溫書⋯⋯我的媽媽很聰明。我不知道為什麼，
每次我騙她我在那裏的時候，她都會知道⋯⋯就算
我知道讀書是最重要的事情，我也不只是讀書⋯⋯
我遇到了一個男仔⋯⋯我們只在一起一個星期⋯⋯
透過互聯網認識，我們一起拍了一些照片，親吻，
擁抱等等⋯⋯我把它們存在家裏的電腦。我以前
會儲存男同性戀色情影片⋯⋯我爸如果發現一些檔
案太大的時候就會起疑。我騙他說，那些只是音樂
檔案。我用這個謊話逃過很多次了，他都沒有發現
⋯⋯但這次我將檔案存在錯的位置，他很聰明地找
到照片⋯⋯我很害怕，因為他們很生氣。我說我喜
歡男仔，但也許我以後會喜歡女仔⋯⋯你知道這種
藉口的⋯⋯但儘管如此，他們還是大受打擊，傷心
痛哭⋯⋯我的父母都非常年輕，30多歲，他們在其
他事情上是很開明的，但他們說，他們不能接受這
種事⋯⋯他們說社會也不能接受這種事。

在那次出櫃後，Christopher認為自己應該告訴家人。他在Xanga（一
個部落格社群）書寫關於自身性取向的文章，他大部分的朋友、同
學，甚至教會的人（他是基督徒）都知道他是同性戀者。

　　Bowie和Christopher代表着出生於1980及1990年代的年輕一
輩。他們的父母是戰後嬰兒世代，對他們來說，社會已經不同，這
些年輕一代來自不同家庭類型，從傳統男主外女主內的家庭類型，
到有家庭傭工的雙職家庭，以及更小規模的單親家庭都有。

如呂大樂（2007：53–65）所主張，和前幾代不同的是，這些年輕一代的父母對子女的學術成就賦予高度期望，因為那幾乎被定義為一個「成功」人士的唯一標準。子女的生活比前幾代人更容易受到父母的監視，他們的父母精心挑選其應該就讀的學校，以及他們應該參與的課外活動（如鋼琴、繪畫、體育等）。出國留學也可以看作是家庭生命政治的一部分，為了讓其子女有更佳的社會向上流動和發展的可能。他們的父母傾向採用（對華人而言）更現代的溝通方式，即以聊天和分享等方式來表達親密關係。

在這種新的家庭生命政治形式下，年輕的受訪者也覺得與父母同住有很大的壓力。這些年輕的受訪者成長時同性戀已經非刑事化，社會上已有大量的酷兒次文化，且對於同性戀的態度似乎也更加開放（見第二及第三章），他們甚至知道去哪裏玩，而且要結識男朋友也不是難事。雖然他們面對的是不同的家庭生命政治邏輯，但出櫃依然不是一個容易的選項。他們的家人仍然難以或甚至不可能接受家裏有一個同性戀兒子，他們仍然覺得難以抵抗結婚的壓力，同時在面對社會對同性戀普遍存在的負面講法時依舊很難為自己辯護。

出櫃政治

香港的男同志如何應對家庭的要求呢？在回應異性戀家庭生命政治上，香港男同志主要有三種方式的回應。

2008年，永哥步入60歲。他在澳門出生，十幾歲時來到香港。1980年代，迫於家人的巨大壓力，他終於和一個交往了十年的女人結婚。他們有一對兒女。當我於2008年訪問他時，他說：

> 我們（他和妻子）已經交往了十幾年。時間太長了，
> 但你知道，我不想結婚……我有點拖延她……但
> 我的家人一直催我，我別無選擇。所以最後我還是
> 選擇了結婚……我知道很多男同性戀朋友跟我有同
> 樣的問題，我們別無選擇。而且我是家裏的獨子，
> 我的父母一直問我……我才結婚……但經過這麼
> 多年，其實我挺喜歡一個異性戀家庭的；它是甜蜜
> 的，它好像是一個男人人生的一部分……一個已婚
> 男人。這就是我們所謂的家，甜蜜的家，對吧？你
> 覺得你屬於那裏……你跟一個男人永遠無法得到
> 的！我出沒男同志圈子這麼久……我知道你永遠無
> 法得到這種關係，男同性戀的愛是如此脆弱。

有趣的是，我也發現一些年輕的受訪者，尤其是那些已經逗留
在男同志圈子裏一段時間的人，都會作出像永哥這樣的結論，還說
男同志之間的愛是非常短暫的，轉瞬即逝的。Christopher，2008年
時18歲，出櫃不到兩年，已經有這樣的印象。

> 我覺得一個男人和一個女人可以交往，結婚，然後
> 永遠生活（在一起），一段男同志關係就不能。它無
> 法持久，男同性戀者只是想要新鮮和刺激……我認
> 為男同性戀者之間的愛情無法持久……雖然我現在
> 是 memba，我真的想結婚和生兒育女……我真的覺
> 得之後我會與女孩在一起的。我不知道，我還太年
> 輕……什麼都有可能。

香港很多不同世代的男同志同樣地都決定過「異性戀」的生活。

這可能不僅僅是因為他們迴避社會的反對，或害怕從衣櫃裏走出來；而是基於一種對長久一對一親密關係的深層心理需求，他們認為此種關係只有在異性戀婚姻裏才能找到，同時也是因為他們拒斥男同志次文化裏商業化的性消費主義。[6]這種植根於家庭生命政治裏的同／異二元對立，成為他們用以建構自身，並將異性戀家庭生活（具體化為一夫一妻的霸權理想）正常化成為一個純潔且幸福的主要生活方式。儘管如此，男同志從中的收穫是確認他們為「良好的」男人，因為他們實現了父母和社會的期望。於是他們過着與過去華人男同志和許多現代中國大陸男同志類似的生活，也就是異性戀的婚姻生活，同時以同性戀愛情為調劑品。然而，這種異性戀家庭生活的代價往往犧牲了其妻子的福祉（尤其是情感和心理健康上）（見第六章）。

在香港，1980年代之前男同志選擇結婚似乎是主要的策略。我的受訪者中，出生於1960和1970年代的人，大部分都用不同的藉口去描述自己見不得人的一面，當中涉及如何隱晦地表露自己的性取向。有些人欺騙了他們的家庭，有些人使用「沒錢沒時間」的藉口來解釋為什麼他們不能交到一個女朋友，有些人迴避談論它，有些如Calvin，長大後乾脆搬出去自己住。

David的方法積極但隱而不明。1997年，他40多歲，我第一次見到他時，正經營一間中國餐館：

> 我認為在中國家庭裏不應該很露骨地談論性……我選擇相信我的父母和我之間有一種默契和互相理解，不需要尋根究底地事事開會去討論。我相信有些訊息可以用一種更隱晦的方式來表達。其實，同

> 志的父母想要看到的，基本上是他們的孩子在社會
> 上表現良好，有一門生意或工作，做一個正經人家
> 該做的事，負擔家庭責任，以及在父母百年歸老時
> 會照顧他們。如果這些你都做到的話，你的父母通
> 常不會再追問你在櫃子後面做些什麼。這是一種相
> 互的尊重。自從我十年前決定開始我的同性戀生
> 活，我一直一點一點地教育我的父母，說不是每個
> 人都要結婚……你真的想看到的是一個將來會照顧
> 你的好兒子。我猜他們應該是高興的，因為我幾乎
> 每天都見他們，而且他們並不需要擔心他們的財務
> 問題……我沒有逃避問題，反而我是在考慮這個問
> 題，並且找最好的方法去處理它。

David 把一切都埋藏在枱底下，表面上遵守中國傳統價值觀，同時
他也試圖積極地教育他的父母接受他的性傾向。他抗拒結婚，但不
直接衝擊中國的價值觀，而是以一種酷兒方式，盡力去成為一個好
的中國兒子。

談論性似乎是家庭的禁忌，因此這些受訪者通常都隱瞞自己的
性傾向，避而不談。他們認為將一切隱藏起來，已經是很坦誠地面
對家人了。這些和平的戰術並沒有公然地挑戰異性戀霸權的家庭價
值觀，他們挑戰婚姻卻不涉及任何直接對抗，就這層意義來說，仍
然具有一定的顛覆性。採用和平戰術的男同志所擔心的，是他們的
家人能接受這種迴避和戰術多久。他們希望家人可以心照不宣，並
且默認自己的性傾向。相較於展現出一種「驕傲高調現身」的同志
自我，他們更想維持與家人的良好關係。

回應家庭式異性戀規範的第三種方法是直接面對它。Norman

出櫃的經驗相當戲劇性。當我於1997年訪問Norman時，他正就讀中五，他的一個同班同學是男同志，愛慕他且不斷打電話給他。他的姑姑發現了這件事，便告訴他的父親：

> 他（父親）知道怎樣套你說實話。他態度很好地問我是不是同性戀。好像同性戀對他不成問題一樣。他很少這樣很好地跟我說話的。但當我承認是同志之後，他就臉色大變。他說：「我不會再給你錢了，請離開這間屋。」他說話的方式非常不尋常，平靜且鎮定。「你知不知道其他親戚會怎麼想我，如果他們知道你是那樣的話？⋯⋯如果我一早知道的話，我會在你出生時將你殺死。」

Norman非常害怕與沮喪。之後，他找了一份工作謀生，向親戚借了些錢來支付學費，並和一位朋友住在一起。

出櫃是一種違反強制異性戀概念，以及反傳統婚姻制度的行為。出櫃行為必然會打亂家庭秩序，通常導致兒子被拒斥和被孤立，以及令父母感到內疚、抑鬱或憤怒，Norman和其他人的例子所體現的正是如此（如Ho 1999）。我的受訪者中，只有極少數人已向家人出櫃，而那些已出櫃者也只向某些家人出櫃，如果有姊妹的話，通常是向姊妹出櫃，其次是向他們的媽媽和兄弟出櫃。父親似乎是最難的出櫃對象。

然而，出櫃的下場並非總是如此戲劇性的。2008年時Jason年僅20歲。他來自一個貧困的單親家庭，和母親及哥哥住在一起。當時他剛和男朋友分手，很不開心，就在母親做了某件錯事後，他「發爛」（粵語，指發脾氣）並且向母親出櫃：

我和前度分手後，那時正要公開考試，我非常失控，並且和我媽大吵一場。我的前度送了我一幅畫作為生日禮物，我將它貼在睡房的牆上，但我媽媽把它撕掉。我很生氣，於是我破壞了她三支釣魚竿、她的電子琴，以及屋企的大門。我的行為像一隻哥斯拉！（譯註：日本電影裏的怪獸）之後我就執拾行李去跟我祖母同住⋯⋯我三個月沒有和她（母親）說話⋯⋯接着有一天我寫了一封電郵給她。我告訴她，我是一個 memba 而那幅畫是我的前男友送給我的，我也告訴她我和前度之前發生了什麼事⋯⋯然後，她回覆我說：「你以為我會不知道嗎？我是你的母親⋯⋯我年輕的時候，也曾愛上了一個女孩，但什麼事都沒有發生過⋯⋯我那時才30多歲，還不知道自己接下來會發生什麼，所以你不必這麼肯定現在要走哪條路。無論如何，如果你選擇走這條路我是不會介意的。最重要的是，你要開心！」

兩個星期後，Jason 搬回家去。他仍然保留着那封電郵，並讓我看過。自從這件事之後，他和母親的關係變得非常親密，正如他說：「現在什麼事都可以對她說了」。因此出櫃的後果，並不一定總是離家出走，像 Calvin 和 Norman 一樣，也可以是家庭體制內的和解。

出不出櫃？

作為社會的基石，家庭常被認為與同性戀相對立。自1950到1970年代，西方的女/男同志研究絕大多數集中在身份及出櫃議

題，強烈批判家庭，認為家庭是敵視同性戀的（Weeks, Heaphy, and Donovan 2004: 341–343; Stacey 2003: 145–151）。

採用 Foucault (1980) 對西方的性與權力的見解，Boellstorff (2005) 主張西方男女同志自我的主體性源自於「告解模式」（confessional model），其中「性是自我認同的核心要素，必需加以承認，並將其整合生活的各個面向。」（209）出櫃決定了一個人是否忠於自我，作為一種自我發展的形式，首先對自己出櫃，接着向父母朋友出櫃，然後是在工作場所，最後是向全世界出櫃。

這種「同性戀身份形成」模式（如 Plummer 1975: 135–152; Troiden 1979, 1988: 41–58; Cass 1979; 1984），一直是西方身份政治的基礎（如 Plummer 1995: Ch. 6; Weeks 1985: Ch. 8）。在個人層面上，出櫃是確認一個人同性身份的常見做法。該行為既成為解放的象徵，也成為對抗異性戀霸權的政治舉動（例如 60 年代標舉的口號「走出衣櫃，走上街頭！」）。不出櫃，即留在衣櫃裏，通常被視為是消極且不忠於自我的行為。而出櫃通常涉及離家出走，是性身份解放的象徵，也是與父母家庭分離的表現。在集體層面上，反歧視是男女同志主要關注的議題，在公開其性取向後，建立其法律、政治、經濟、社會和文化地位。這種身份政治觀，作為一種身份的抗爭、性社群的發展，以及性政治運動的成長（Weeks 1985），在往後受到批評，尤其是來自酷兒理論學者的質疑，認為它尊崇出櫃行為，本質化身份，並且忽略了當出櫃成為性公民的必要條件時，其所需要具備的社會與經濟條件。話雖如此，留在衣櫃的重要性在西方已日益下降（Seidman et al. 1999, Seidman 2002）。[7] 而就確認一個人的同性身份和判斷「好的」和「壞的」性公民而言，出櫃模式仍然佔主導地位。

在 Berry (2001) 對東亞電影及錄像的分析中,他提出在東亞社會裏,有兩種最常見的同志影像身份。第一種呈現為「親屬的問題,因家庭是由親屬責任網絡所構成,並將個人綑綁在其中」(213)。第二種呈現為「活在邊緣空間」(213) 的人,彷彿「出櫃」的男女同志都是孤兒。[8] 香港的情況似乎正符合此兩種模型的看法。

出櫃對同志而言向來就不是簡單的事,它涉及了許多嚴肅的思考和計算,與整體社會環境有關,當中包括針對同性戀的法例、傳媒與社會上的輿論,以及同志次文化的存在與否等。然而,在香港,家庭作為國家或政府的治理工具,不僅成為一個自我管控和自力更生的機制,使人們遠離政府,不向其尋求協助、獲取福利需求和資源,同時也成為一個強大的衣櫃機制。此外,地狹人稠致使土地價格居高不下,是以政府的房屋分配措施促成了家庭共居的模式 (Kong 2000: 129–130)。這或許就是為什麼對香港同志來說,家庭總是內藏規訓機制的主要原因。[9]

出櫃可以是一種挑戰強制異性戀觀的政治舉動。然而,個體化的概念,以及它所隱含的經濟與物質假設,有時與植根在華人家庭生命政治內的關係式自我 (relational self) 概念相衝突。Seidman et al. (1999),以美國為背景,認為亦可以將隱身櫃內的做法視為「一種調和與抵抗的策略,該策略一方面挑戰社會上的異性戀規範但 一方面也再製了此規範」(10)。也就是說,不應只是將隱身櫃內的做法視為完全負面,或者將其視為通過塑造一個自我厭惡的同性戀者以保存異性戀權力的做法。它們亦可以是有創造力的,因為它們不只迴避了意外暴露身份的風險,同時也創造了一個受保護的社會空間,該空間允許個人塑造同性戀,並游走於異性戀與同性戀世界之間。

對於家庭生命政治所規定的家庭異性戀規範，我的受訪者以各種方式去協商其同志身份，程度各有不同，從對其家人完全隱藏到完全現身者皆而有之。他們大多數都會採取一些戰術，如結婚、説謊、保持曖昧不明、用「沒錢沒時間」的老話、保持沉默、或者重新定義什麼是好兒子，來適應霸權的家庭價值觀。他們多數抗拒婚姻與「強制異性戀」，卻大都不會選擇與家人直接衝突。即使那些向家人出櫃的男同志，也很努力地和家人保持良好關係。然而，不管他們採取何種戰術，他們的行動都不離家庭生命政治的範圍。我同意 Wong (2007) 的論點，即在中國人的社會裏出櫃通常並不代表着離家出走，相反的，出櫃更多時候意味着回到家裏。解決性身份和家庭之間的緊張矛盾關係，仍然是香港同志的一項重大課題。如同 Berry (2001) 精確地指出，亞洲同志面對家庭的問題，並不是在性行為本身，而是「一種排它 (exclusive) 的性傾向，當性傾向發展成一種排它的身份，繼而阻礙了個人扮演家庭的角色的時候，問題就會出現」(215)。有時真正的對立不在於同性戀和異性戀之間，而是「在願意且可以扮演傳統家庭角色者和不願且不能者之間」(219)。

Memba 成家立室[10]

我們如何理解建立親密關係，甚至建立自己家庭的香港同志呢？直至今日同性婚姻並沒有合法地位，而相關辯論尚在初始階段。我的香港受訪者中並沒有與同性伴侶結過婚。[11]本章最後部分，我將探討在所謂追求、戀愛、結婚三部曲，以及成家立室的異性戀一夫一妻模式下，香港 memba 如何建立親密關係，並由此得以看見他們如何解構家庭意識形態，並創造親密公民權的另類選項。

然而，首先我們必須了解「同性戀」對他們意味着什麼，而他們的家庭觀又為何？

自選家庭

Jeff來自一個富裕家庭，是一名建築師。1997年26歲的他，還是一名沒有出櫃的年輕男同志，對同性戀次文化幾乎一無所知。然而，如他所説，他是個學習能力很快的gay仔。現在他已經從一名中上階層的衣櫃男同志，轉變為高調現身的男同志，他對政治抱持自由開放的態度，愛好尋找性刺激，並且具有時尚觸覺。他目前定居於英國，但1990年代時曾在香港及倫敦之間往返居住。當我於2007年再次與他訪談時，他説：

> 如果我是直（異性戀）的話，我會做其他直人通常會做的事，你知道的，好似結婚生仔等等⋯⋯但如果我是直的話⋯⋯我就不會如此開放地接受我所見過或經歷過的許多事情⋯⋯這就是作為gay會做的事⋯⋯我可能會成為一名醫生，我也不會去從事藝術⋯⋯我也不會讓自己接觸到這麼多不同的事情⋯⋯流連於夜店、用藥派對和不同的同性戀場所⋯⋯我想如果我是直的話，我的視野會狹隘得多⋯⋯自我思考，獨立思考⋯⋯我想這就是區別吧！

Jeff可能有點誇大了異性戀和同性戀生活的差異。然而，當被問及身為同性戀者代表什麼時，大部分受訪者都會和Jeff一樣認為「身為同志」除了普遍地體驗到社會歧視與邊緣化之外，更意味着「解放」、「自由」、「愉悦」（特別是「性愉悦」）和「機會」等。在他們

的陳述裏，相較於同性戀，異性戀尤其是已婚者的生活，被認為是無趣、平庸和乏味的，即使有些人還是寧願選擇這種看似穩定的生活，就像永哥和 Christopher 在他們的敘述裏所說的一樣。此種差異似乎來自一個事實，即他們不得不徹頭徹尾地從頭開始去創造自己，一種屬於同志自身獨有的生活模式（Foucault 1996: 309）。[12] 新的劇本和新的「性故事」正在粉墨登場。

　　儘管他們多數沒有自己的家庭，但對於家庭的憧憬他們肯定有自己的想像。正如 Jeff 所說：

> 我的家庭……因為我的父親去世了，現在只有我的兩個兄弟和母親，真的，這就是我的家庭……而 Klaus（他最近一任男友），肯定是我家庭的一部分……還有 Thompson（他的前男友）……我有一個普通朋友往來的圈子，我有一個親密的朋友圈子……朋友也是我家庭的一部分。你永遠是我家庭的一部分！

　　許多受訪者傾向於擴大家庭的定義，納入各式各樣的人，如他們的戀人和前戀人，原生家庭成員，親密的朋友圈子等。和美國 1960 年代嬉皮士之間的「公社」理想並無二致，這種「以友為家」模式（Weeks et al. 2001: Ch. 3），或者「自選家庭」模式（Weston 1991: Ch. 5）在同志生活裏非常普遍。對於非異性戀者而言情況更是如此，因為朋友提供了情感、社群，甚至物質上的支持，以及一種身份與歸屬感的確認。[13] 正如 Altman（1982: 190）所指出，「就永久關係來說，許多男同志生活中所缺乏的部分，大大地經由友誼網絡加以補償，此網絡往往成為實際上的家庭。」

一對一的模式

受到全球化的急劇發展和個體化的結果影響，家庭、婚姻、其他人際關係，以及性方面等的個人生活，在晚近現代社會裏已發生重大變化。這促成了多樣的親密關係模式，成功地將性、愛和婚姻制度三者脫鉤，例如單身、同居、自願地無子女、繼親家庭、單親家庭、「開放式婚姻」(open marriage)、複合成人家庭 (multi-adult households)、同性伴侶等 (Weeks 2003: 100)。[14] 在這些模式裏，一項顯著的新興因素是，許多現代社會裏的伴侶關係已經取代了婚姻與家庭，成為親密關係的主要場域。Jamieson (2004) 認為，從 1950 到 1990 年代，至少在西方工業化的國家，重點已從已婚異性戀夫妻關係轉移到「各式各樣，發生在兩個地位平等的成人之間的緊密情感關係」之上 (39)，他們可能是結婚、同居、分開居住，有或無子女，異性戀或同性戀等。然而，這種發展的結果並非代表婚姻或家庭的終結，而是類婚姻安排 (例如同居，連續一對一關係〔serial monogamy〕、同性婚姻) 和新傳統家庭類型 (例如繼親家庭、單親家庭、無子女和少子女家庭) 的出現。

夫妻關係的核心為一對一的觀念。雖然 1970 年代已有女性主義者批評此種觀念強化性的排他性 (sexual exclusivity)、將伴侶關係制度化，以及將個體 (特別是女性) 視為個人財產的一部分 (Jackson and Scott 2004: 152)，然而一夫一妻制或有秘密婚外情的一夫一妻關係 (而不是公開的非一對一關係)，仍是伴侶關係的常態 (Jamieson 2004: 35–38)。因此，通姦和「外遇」仍然被視為重大的婚姻或關係問題，隨時可能成為離婚或關係破裂的理由，因為這些行為表示違反婚姻契約、違反夫妻之間的信任，以及違反情慾倫理的潛規則。

正如Weeks所指出（2003: 99），在英國和其他西方國家，連續一對一關係（並非指濫交）已成為常態，而非一段終身的婚姻伴侶關係。

　　Giddens (1991, 1992) 的「純粹關係」（pure relationship）概念試圖捕捉現代親密關係的特質。純粹關係是個體之間「性與情感皆平等的關係」（Giddens 1992: 2），在其中「信任只有在透過大家互相坦誠告白的情況下才得以產生」（Giddens 1991: 6）。純粹關係不一定天長地久，因為它有賴雙方的相互滿足。透過「『在進一步通知前』（until further notice），大家互相接受，讓雙方從關係中都能有所裨益，並且雙方都認為值得而願意延續下去」（Giddens 1992: 63）。純粹關係指向「匯合的愛」（confluent love），這可以不必然是異性戀的，也可以是非排他的（即不一定是一對一的）。然而，雖然純粹關係的概念試圖調和非一對一的做法和想法，Giddens提出其伴侶配置的非排它性仍有其限制。[15]非一夫一妻關係（從秘密外遇，到開放關係如三人行關係或交換伴侶）或許可以實踐，然而「如伴侶般生活」對多數成人來説仍是理想的居家狀態（Jamieson 2004: 35）。

　　相關的爭論集中在「準」伴侶關係的形式如何被視為是此種理想的「衍生」或「從屬」情況。（如 Heaphy, Donovan, and Weeks 2004; Stacey 2003）以西方同志文學中對家庭的文化想像，Woods (1998: 345) 確認女／男同志確實「發明了新的關係配置，此種配置可以被稱為另類家庭或家庭的替代方案」。[16]

　　同志族群所關注的焦點從1970年代的身份政治，傾向轉移到1990年代及其之後的關係政治與伴侶權益議題，聚焦在關於同性婚姻的爭辯。儘管有些人認為爭取婚姻權是基於確認政治（politics of recognition）和平等概念，然而部分人士則憂慮婚姻權的延伸將擴大

國家對公民「私生活」的控制，獨尊一對一的伴侶形式，排除了其他可能性，並且強化了婚姻與非婚姻親密關係之二元對立。[17]

　　相關的討論亦持續地關注在不同的西方社會裏，同志族群之間出現的新興親密關係模式。[18]其中一個討論焦點是一對一的概念，即所謂伴侶關係中的基石，不論是在異性戀關係抑或非異性戀關係中，這樣的概念都備受挑戰。雖然非異性戀關係不必然是非一對一關係，但同性伴侶通常都視一對一為理所當然。這就是為什麼Giddens (1992) 認為，「一夫一妻制必須在承諾與信任的脈絡下加以『修正』(reworked)」(146)，而他也指出同志擁有更為開放且平等的關係，可以成為純粹關係的良好範例。對我而言，因為少了傳統性別預期和異性戀的準則與劇本 (例如一夫一妻) 等諸多包袱，同志被認為是「被自由詛咒」，而能以自己的方式重新建立關係。

Memba 愛的故事：一對一關係及其他形式

> 在「生命中」的恩客、愛人、前度、朋友、砲友、夜店朋友、夜店朋友的恩客、恩客的夜店朋友、男同志好友和同伴之間，酷兒的親密關係網絡鋪天蓋地。
>
> ── Michael Warner, *The Trouble with Normal*, 1999

　　Tsang (1987) 指出，香港典型的親密關係傾向終身和異性戀，並以一夫一妻制的婚姻作為體現浪漫和發生性行為的前提。任何偏離者，如婚前和婚外性行為、有性無愛、自慰、閱讀色情刊物和同性戀等，都被視為是有問題的。[19]

　　我同意Tsang (1987) 的說法。此種對親密關係的支配想法既非源自猶太基督教，也不是來自中國傳統，而是後期基督教文化、西

方傳統宮廷式的愛情觀（courtly tradition of love），以及新儒家道統混雜之後的產物。在後期基督教文化裏，愛代表着基督徒美德的總和，諸如提升善良和正義，以及不鼓吹嫉妒和憎恨。在西方宮廷傳統裏，愛可以使個人高尚守紀律，因此愛是個體追求認同、完整和圓滿的中心象徵（Swidler 1980: 121–125）。在新儒家的教誨下，愛是去性化的（desexualized），愛局限在家庭義務責任上，且受禁慾主義的影響。上述三項傳統裏，愛都被灌注了道德含意。隨之形成獨尊終身、異性戀和一夫一妻的概念，並以此去衡量任何形式的愛。

香港唯一合法的婚姻形式是指西方的一夫一妻婚姻制度。一夫多妻和安排式婚姻（arranged marriage）在香港自1970年代起就被廢除。在親密關係方面的轉型，香港傾向於跟隨西方潮流。例如，中學生和校外青少年婚前性行為有日益增加的趨勢（Ng and Ma 2004: 493），而男女的初婚年齡中位數，男性已從1981年的27歲提高到2003年的30.8歲和2007年的31.2歲，2015年維持在31.2歲；女性則是從23.9歲提高到27.8歲、28.3歲及29.3歲。這可能與同居的興起有關。同時，離婚案例已從1972年的354宗，上升到1981年的2,062件宗，到2001年的13,425宗，2007年達18,403宗，2013年上升至22,271宗，2015年則稍微回落至20,075宗；據統計，單親家庭數量從1991年的34,538個，到2001年的58,460個，2006年達72,326個，2015年增至81,705個；再婚案例[20]從1981的1,891宗，到1986年的3,333宗和2007年的15,060宗，2015年上升至25,455宗。（作者按：上述數據在此中譯本中更新，英文原版的數據則止於2007年，香港特區政府統計處，香港的女性及男性——主要統計數字，2008及2016年版；Lam, Lam, and Leung 2005。）

隨着香港特定的社會、經濟和政治的轉變，新的家庭形式和準家庭形式也開始出現，包括同居伴侶、繼親家庭、單親家庭、孩子從國外回來（Salaff, Shik, and Greve 2009）的「太空人家庭」（astronaut families；又稱「空中飛人家庭」，即家庭成員在兩個國家之間穿梭來回）（Ong 1999）、中港兩地的跨境家庭（Leung and Lee 2005; So 2003）、準一夫多妻家庭（已婚香港男子在中國大陸有情婦，俗稱包二奶）（Tam 2005; So 2003）、中國新移民家庭（Pun and Wu 2004），以及其他可能的各種形式（例如 Mulvey 2005）。

根據這種背景，我要問的是在文化公民權的異性戀霸權假設下，香港 memba 如何創造親密關係？他們又實踐了哪些另類「生活方式」呢？

1997年，我第一次訪談 Aron，那是在他於1999年移居加拿大之前。當時他33歲，是醫療專業人員，與一名男士（Steve）同住在一起已經四年，但那個時候他們的關係出現了些問題：

> 我不喜歡玩弄感情。我不能接受你每逢周末都出去玩，然後帶不同的男人回家。要找到你可以相處一輩子的人或許很難，但至少你應該嘗試……所以如果我和一個男人約會，至少在一開始時，我不能接受他出去釣魚……我從沒試過一夜情或和人隨便上床。

2007年時 Martin 步入37歲，當時他住在倫敦，是一位媒體策劃人，遊歷世界各地。我於1998年第一次訪談他時，他在倫敦念書，有一個德國男朋友。他在性方面經常尋求冒險刺激，與很多男

人上床是他的例行公事。正如他1998年時所説：

> 我每天都是一個人去上學，然後去蒲夜店。嗯，實
> 際上我一星期蒲夜店三四次，其他時間我到公廁釣
> 魚。[21] 嗯，我很喜歡的。你不需要愛他們就可以發
> 生性關係，而且你有很多的體驗。那是很自然的
> ……那是一種男人會做的事。

許多我訪問過的人，似乎都在上述兩種故事劇本之間拉扯搖擺
着。一方面是尋找白馬王子般的愛情故事，即是一種較「女性化」
的論述，認為理想的關係路線應該是追求、約會、戀愛、終身承諾
以及一對一的關係。這種故事劇本常見於主流的異性戀通俗愛情故
事裏 (Illouz 1997)。[22] 然而這種故事與另外一種故事相牴觸，即追
求性冒險的故事，此種找尋刺激的劇本，即是一種較為「男性中心」
的論述，強調男性性慾的即興與爆發性，性是樂趣，享受愉悦而無
需承諾的。這種劇本相當程度地受到男同志文化的支持與鼓動。
(參照 Adam 2006; Mutchler 2000)[23]

Mutchler (2000) 認為，雖然異性戀和女同志的性行為也有性別
化的傾向，然而男同志性行為的獨特性，乃是基於這些男同志的雙
重身份。一方面，他們身為「男性」，和許多異性戀男人一樣，認為
性是根據「生理或水文 (hydraulic)」模式運作的，性慾是無法抗拒且
容易衝動的；另一方面，他們身為「男同志」，在男同志文化裏有獨
特的性渠道 (如「黑房」、桑拿/浴室和公廁)。我所感興趣的是這些
受訪者，尤其是擁有感情關係的受訪者，如何在各種限制下，於上
述兩種劇本下活得與眾不同。

「1＋1＝2」：理想的一對一伴侶關係

在Aron於1999年移居加拿大前，他和交往了四年的Steve分手。回首那段關係，他說：

> 哦！太漫長了。四年。好像太長了。發生了很多事……老實說，你怎麼會一輩子只愛一個人呢？但我認為，既然我和他一起，我就不該讓自己去愛別人……你知道，一開始，我認為我們是絕配，但是後來我發現我們並不是……我以前很健康的。我的意思是，我喜歡行山，露營，野餐，各式各樣這類型的活動，但他不喜歡……更重要的是，我們對人生有不同的看法……那時候正好是移民潮，我認為那是一個機會。我認為去別的地方生活會是一個很好的選擇，讓我體驗許多不同的東西……Steve好像阻礙了我的發展。這樣說可能對他不公平，但我認為我們的關係無法再繼續……後來我發現他喜歡上另一個人。我沒有生氣……如果是兩年前發生的話，我肯定會發癲的……事實上，在我離開香港之前，我們仍然住在一起，睡在一起。是不是很奇怪？……所以如果我和某個男人約會，至少一開始時，我不能接受他出去釣魚。過一段時間後，如果不再有吸引力了，我不知道……也許出去玩也沒問題吧！

浪漫的、白馬王子般的故事劇本，或愛情神話 (Swidler 1980)，[24] 企圖經由自由選擇伴侶來定義自我身份。此種身份自我定義的先決條件是忠誠。忠於自己的選擇變成了忠於自我，而作出承諾以及

「堅持下去」的能力，似乎成了度量一個人是否成功塑造身份的指標。雖然不如婚姻般具有社會約束力量，Aron 非常認真地想要有忠誠的關係。他認為一生只愛一個人對他來說相當不可能，但他願意堅持他所作出的選擇。「承諾之後斷絕其他選擇和身份的可能」（128），他情願只選擇一次，並且忠誠信守堅貞愛情理想的口頭承諾。性似乎是一把重要的尺去檢測他對承諾的「忠誠度」。

　　究竟為何不能維持一對一關係？它可能是一種「自然」的趨勢，或者失去激情（「可能不再有吸引力了」），或者對伴侶的某些地方不滿（「我以前很健康的……但他不喜歡」，又或者個人的成長與發展（「Steve 好像阻礙了我自己的發展」）。這些困難可能促使男同志考慮找尋另一個「對」的人，或者渴望體驗不同的性（「也許出去玩也沒問題吧」）（參照比較 Yip 1997: 295）。[25] 當代的自我道德理想往往強調自我實現，以及在成年時期對成長和改變的持續要求。一段良好關係的定義，可能不是一個人可以堅守一段關係到什麼程度，而是一個人可以從這段關係裏了解自己多少。持續的自我探索，而不是持守固有身份或關係，就構成了現代愛情觀。

　　雖然一對一伴侶關係被說成是一種理想願望，但大部分的受訪者都承認理想和現實之間的落差，因而往往不會將它視為是既定的規則，而是視為一種應該實踐的主動選擇（Adam 2006: 11; 參照 Mutchler 2000, Heaphy, Donovan, and Weeks 2004）。如果這個理想無法實現，還可以想像或創造其他什麼可能性呢？

　　一對一關係通常要求在情感及性方面專一獨佔，非一對一關係可以有三種形式：情感專一但性不專一、情感無需專一但性專一，以及情感及性都不專一。我的受訪者沒有人是採取「情感不專一但性專一」的模式，在其他地方也沒聽聞過有人採用此種模式（Yip

1997)。[26] 這裏我將討論兩種模式：一種是我稱之為「2+多人」的模式，亦即在一對一的情感關係上，同時與其他人發生性關係；另一種是「2+1」模式，即在原關係之外發展另一段「有質素」但居次要地位的關係（參照比較Adam 2006）。[27]

「2+多人」：情感上一對一，但與多人發生性關係

在有伴侶關係的受訪者中，很少有人指稱自己實踐「開放關係」，即使他們可能有過很多跟人發生性關係的經驗。對他們來說，開放關係就代表「沒有關係」，因為「一段關係就是一份承諾」，而開放關係意味着「亂搞關係以及每逢周末有不同的男朋友」。且關係的構成要素是「質素」而非時間長短。正如Joey，一位22歲大學生於2008年所說：

> 我對男朋友的定義，是看有沒有放「感情」在裏面。
> 你經歷了悲傷和快樂等，不只是性……和時間長短
> 完全無關。它可能只有一天或一個星期。

這種關於非一對一實踐的說法，似乎涉及了一種白馬王子劇本與性冒險劇本之間的妥協：承諾和一個男人之間的主要愛情關係，但尋找和其他男人之間的性滿足。非一對一關係被理解為是一種性與愛的區別，更準確地說，與伴侶之間的性，被視為是「有愛的性」，應該是和「重要他者」發生的，是獨有的，而和一夜情伴侶之間的性，被當作是「好玩的性」，因此可以和很多不同的「陌生」男子發生的。[28]

1997年我第一次訪談Calvin時，他正和某個男人交往。他非常投入與這男人的關係。他喜歡照顧他的男朋友，並且把他像「公主」

一樣的對待。但他也會偷偷地去桑拿找人上床：

> 我想我基本上相信一對一關係，但我還是可以和別
> 人上床的。如果我只是想做愛，我也不會跟他（純
> 上床的對象）聊太多。我做愛時會很投入，但我也
> 會讓他知道只有這一次。我不喜歡兼職情人的想法
> ⋯⋯我會説得很明白，這是第一次也是最後一次。

1997年我訪談Peter時，他26歲。他曾經和一個男人及其家人
住在一起好幾年。有些時候他會有其他外遇，但他當這些外遇只是
逢場作戲而已。然而，他多數還是偷偷摸摸，即是一種典型的「不
問不説」的做法：

> （我們的關係）非常穩定。我覺得我們就像是異性戀
> 伴侶。我們住在一起，我們分享一切⋯⋯嗯，有時
> 候我會出去玩。我不會告訴他我這麼做，但我也希
> 望他不會做同樣的事。就我所知，他沒有。但有一
> 次他發現我⋯⋯當他發現我和別人上床後我們吵了
> 一場，但我們還是在一起。我不認為我們其中一方
> 想要分手⋯⋯可能那是因為我們住在一起吧。我們
> 很快樂。我的家人能夠接受他而他的家人也能接受
> 我⋯⋯我喜歡待在家裏打機或養寵物。他接受了。
> 所以，如果我放假，我通常待在家裏，然後只是打
> 機。我們都滿意這樣的生活。

1998年我訪問Matthew時他38歲，單身。他曾經和男朋友一
起住了八年。他説自己和男朋友把規則講得很清楚。如果他們都在

香港，他無法接受他們之間任何一方隨便和別人上床：

> 我告訴他⋯⋯如果你不在香港，不管你是放假或是
> 出差，你可以做任何你想做的事；我無所謂。但如
> 果你在香港，請不要做任何事⋯⋯如果你有外遇，
> 你就是給了他一個機會。你完全不應該給任何人任
> 何機會⋯⋯因為香港這麼細，男同志圈這麼小，
> 大家都認識大家；和你上床的那個人可能是我朋友
> 的朋友。這是非常容易發生的，那我就會覺得很尷
> 尬，很可怕⋯⋯基本上，如果你有一段關係，我不
> 認為你可以完全開放你的關係。不要太離譜。

　　在性與愛的實驗方面，Martin可能是個極端例子。十年前我第
一次遇見他時，他非常自豪自己和德國男友之間的戀愛關係，他說
他深愛着男友。他們於2002年時在德國合法結合為同性伴侶。當
他們在一起時，喜歡一起「釣魚」，也經常去「夜場」、公園、黑房
和桑拿。他們非常享受開放的集體性愛，甚至他們發展了不同的
「釣魚」策略。一起釣魚實際上是一種增進彼此關係的方式。但是，
他們有自己的規則。例如，他們不可以分開釣魚；如果他們這麼
做，那也不能留到天亮。2007年當我再次訪問他時，他和德國男友
分手了，但他仍然和別的男人維持着這種關係模式。

　　這些故事描繪了大部分受訪者處理他們非一對一關係時所使用
的戰術，其範圍從完全保密到完全披露，有隱含或明確的規則。
Calvin小心翼翼地隱藏他和別人上床的事，但也為自己設下了「沒
有第二次約會」的限制。Peter十分重視他和伴侶之間的家庭生活，
實踐「不問不說」政策，把這些霧水情緣當作餘興節目，認為大家

都無需太過認真看待。Matthew選擇討論並建立明確的基本規則（例如「如果你是在香港，請不要做任何事」）。最後，Martin和他的男朋友遵循「一起做」以及「不睡到天亮」的規定。這些非一對一關係實踐可能會被批評為自私的性滿足方式，但是它們似乎是受訪者用以保護他們主要關係的方法。

「2＋1」：有「質素」的次要關係

　　1998年，我第一次訪談James時他22歲。當時的他單身，正在香港讀大學，喜歡蒲夜店，並且喜歡在公廁找尋性愛。2008年我再次訪談他時，他已是一名自由工作者，和他當時的男朋友已經住在一起五年（2003至2008）。回顧過去的浪漫史，他說他曾和一名男子交往，視對方為生命中第二任男友，他們的關係維持了三年（2000至2003）。在和這個第二任男友交往期間，他也有另一段幾乎快兩年的關係：

> 那個時候……我沒有和我的第二任男友住在一起……後來我遇到一個男人，一個已婚男人……他是個移民他國的華人，但經常返港……我們經常見面……幾乎一星期一兩次。有時候我會留在他家……次數很頻密……但當然周末期間我不會見他……因為我得和我男朋友在一起……我曾經在一開始時就告訴他我有男朋友，但他似乎不理解……我們在一起快要兩年了……有一天在ICQ他發現我的確有個男朋友……他非常生氣並且結束了這段關係。
>
> 這兩個男人的差別（亦即第二任男友和已婚男友之

間），嗯……我把我男朋友當成男朋友，因為我們
會做情侶會做的事，像一起吃飯，看電影，購物，
而且他見過我大部分的朋友……更重要的是他見過
我家人……重要的節日我們會一起過……（和）那
已婚男人，我們較少做那類事……比較多是上床
……但我們仍然發展了不只是性的事情……但很難
說……嗯，我從未跟我男朋友說過這件事……對
了，當我和他以及那個已婚男人交往時，我還有和
一些人往來……但他們比較短暫……可能一個月見
他們一兩次。

James與前述其他受訪者的非一對一關係實踐不同之處，在於他擁
有一段次要但「有質素」的關係。James將這個第二位的男人（已婚
男人）與其他男人區別開來，其他男人是比較短暫、隨意的性往
來。他和該名已婚男人之間存在的不單只有性，而是某種難以言喻
的，遠遠超越其他一夜情邂逅的特別關係。他將這位已婚男人置於
無人能取代的特殊地位，那時就連他的「正室」男友也不能取代之，
他和「正室」男友之間的關係在這層意義上，性質是相同的。但儘
管如此，他無意讓這位已婚男人取代他的「正室」男友，他的「正室」
男友比較公開且佔重要社交地位（「……他見過我大部分的朋友
……以及……家人」），且兩人共享重要的「優質」時光（例如假日、
生日和周末等）。因此，他將自己與這名已婚男人之間的關係擺在
第二位。

　　James隱藏自己的花邊事件，其他受訪者則選擇公開他們的其
他關係。就重要性而言，第三方通常被視為次要的，而兩段關係通
常被區別為「愛」與「性」。然而，少了制度性的約束力（如婚姻、父

母和子女），關係可以很輕易地從一種類型移向另一種類型，即從
主要關係到次要關係，反之亦然。

討論與結論

　　如前一章所述，香港同志抵抗異性戀霸權的文化公民權觀點，
不在於他們對平等權利或法律認可的爭取，而在於他們訴諸一種能
夠在大眾文化中表達自傲、尊嚴和差異的文化公民權身份之上。本
章就此繼續討論，並聚焦在香港男同志或 memba 的私人生活。

　　出櫃對女／男同志來說並不容易，因它涉及了對社會政治環境
的嚴肅考慮，這個環境包括了法律如何對待同性戀、公眾對同性戀
的討論和容忍度、同性戀次文化的存在與否，甚至是有否擁有自己
的空間等。除了這些因素之外，香港 memba 似乎面臨了一個更大的
挑戰，因為出櫃議題總是牽涉到家庭制度，而家庭總是被塑造成具
有重要功能，以滿足各種社會和福利的需求，要不這些功能就需由
政府所提供。在協助國家或政府治理上，家庭生命政治不僅是調節了
經濟生產的福祉，同時亦規訓了具生殖力的異性戀主體。正是透過此
種家庭生命政治，即是經由「被製造」與「自我製造」的雙重歷程以創
造文化權公民身份，我們得以更全面地理解香港 memba 的性政治。

　　香港 memba 透過各種策略協商適當的同志身份，即從徹底地
公開到秘密地隱藏，從離家出走到回到老家，從「高調現身」的態
度到有謀略的脫險求存（de Certeau 1984），[29] 以求在家庭生命政治
的範疇內創造適合自己的性空間。

　　香港 memba 對於討論同性婚姻不感興趣，倒是熱衷於為伴侶

關係創造新的劇本。雖然異性戀規範文化對男同志生活造成各種不利的影響，但亦有人主張正正在缺乏制度的支持及文化的指引下，可能產生一些意想不到的正面效果 (Heaphy et al. 2004: 169)。[30] 香港 memba，沒有太多來自監管親密關係的預設劇本所給予的壓力，如同其他地方的女／男同志，在創造新的劇本上相對地自由，讓他們自追求、結婚、親密關係以及家庭實踐的異性戀霸權中脫穎而出。他們的敘述挑戰了傳統血緣家庭的定義，實際上也擴大了對家庭的理解，其中不只包括「原生家庭」，同時亦涵蓋了由男朋友和朋友組成的「自選家庭」。此外，他們對「友誼」的熱烈投入，以及他們靈活的性愛分離，可以被視為是一種男同志性政治的形式。這是因為這種「自選家庭」或「朋友一家」模糊了「（非情慾的）友誼關係與（情慾的）伴侶關係之間的界線，切實地為家庭的概念開啟了空間，聯繫起情慾與非情慾，凝聚愛人與朋友。」(Bell and Binnie 2000: 137)。透過各種區分愛、性、家庭和婚姻的個人關係形式，新的空間由是形成，因此可以重新定義當中「愛人」、「朋友」、「伴侶」和「家庭」的意義 (Foucault 1996; Nardi 1999; Bech 1997: 141–148)。正是此種社會劇本的缺乏，以及經由同性戀文化創造出來的新自由空間，使得男同志友誼／關係具有政治意味。如同 Bell and Binnie (2000: 134) 對我們的提醒，「友誼的性政治」的訴求變相成為一種重塑性公民權的訴求。

親密公民權的異性戀霸權理想在建構伴侶關係方面獨尊一夫一妻模式。在兼顧浪漫與性冒險的劇本下，香港 memba 選擇一起或是個別地去「探險」，當中有些人選擇公開，也有些人選擇秘密地進行，也會有隱含或明確的規則，以求獲得不同形式的關係，範圍從短暫的一夜情到「有質素」但次要的戀愛關係。他們嘗試用不同的

方式來「營造親密關係」(doing intimacy)，並挑戰傳統上所認為的伴侶承諾基石，即「性的排他性」，並藉由區分情感忠誠與性忠誠來顛覆一夫一妻的理想模式。雖然我所訪問的memba沒有挑戰伴侶關係的觀念，但事實上他們正在創造另類的生活方式[31]和性與親密的關係，超越「強迫性一對一關係」的文化。

Ⅱ　倫敦

第五章

酷兒離散：移居倫敦的香港男同志

Little Britain（港譯《小小小英國》）原是電台節目，後來發展成電視劇，自2003年首播以來一直大獲好評，成為英國演藝界一時佳話（作者按：節目已於2007年停播）。它是一齣英國電視處境喜劇，創作人及演員David Walliams與Matt Lucas在劇中以誇張、戲謔的方式模仿英國社會階層各式各樣的人。Daffyd Thomas是最矚目的角色之一，由已出櫃的男同志創作人兼演員Matt Lucas所飾演，他是一名鄉下的年輕男同志，住在威爾斯的一條小村莊，堅信自己是「村裏唯一的同志」。Daffyd演唱的《唯一一個基佬》，歌詞以「因為我係一個基佬……一個肥基佬！一個見得人嘅基佬！總之就係唯一一個基佬！」作結，為2007年*Comic Relief*的現場慈善騷掀起高潮。Matt Lucas這首歌的歌詞誇張、大膽、直接，讓我歎為觀止。對我來說，他不但精彩和有趣地演繹了Daffyd這個男同志角色，更為自己的個人生活作出公開宣言，在舞台上高呼：「我係一個基佬，一個肥基佬！」

　　當我穿越各大洲來到英國時，不少思緒在腦中閃過。我想到我在倫敦的受訪者。他們在1980和1990年代來到英國，現在已是當地居民。是什麼因素使他們離鄉別井？作為華人男性，他們在前宗

主國的土地上經歷了什麼？他們在英國屬於少數族群，而這又跟他
們的情慾有甚麼關係？他們是否可以引以為傲地說：「我係一個基
佬，一個英籍華裔基佬」？英籍華裔男同志又是否「見得人嘅基佬」？
他們的家在何處？

　　如果公民權的形成過程有着「自我製造」與「被製造」的雙重元
素，而這個過程又離不開民族國家與公民社會的權力網絡（Ong
1996: 737; Foucault 1982, 1988, 1991）的話，那麼居於英國的華人是
如何發展出一種「新族群身份」（new ethnicity）（Hall 1996c）[1] 呢？他
們變成了（或被變成）甚麼樣的公民？如果英國的同志只是「局部的」
公民，無法完全擁有各種權利，那麼我訪問的華人移民（在英國份
屬少數族裔）男同志，在種族與情慾等因素交織下，會否在英國社
會以至男同志社群裏面對更多問題呢？

　　本章將探討1980和1990年代移民到英國的三種類型的香港男
同志。他們在當地屬於少數族裔，亦同時是性少眾，往往需要承受
各種壓力。這些壓力來自白人和異性戀社會，以及強調性愛的男同
志社群本身。身為英籍的華人移民男同志，雖然在同志圈的種族階
級中被安排了「金童」（golden boy）的位置，即活在非常普遍的刻板形
象之下，但與此同時，他們努力尋找新的方式去實踐男同志公民權
的概念，並在錯綜複雜的權力網絡內按着各種矛盾的劇本演出自我。

身為英國少數族裔的華人

　　有別於北美和澳洲，英國的華人人口相對較少。根據2011年
的人口普查，居英華人佔總人口（63,182,178人）的0.7%（433,150

人），在非白人人口（8,171,819人）中則佔5.3%（作者按：上述數據在此中譯本中更新，英文原版的數據則止於2001年，www.statistics.gov.uk，最新資料取於2017年2月28日）。由於英國政府謹慎地處理移民政策，這個規模相對較小的族群常被學術研究所忽略，不論是廣受稱譽的英國種族與族群研究，抑或是海外華人研究。前者聚焦在英國最多的兩個非白人人口，即南亞裔英國人，以及黑人或非裔英國人；[2] 後者則主要聚焦於北美和澳洲華僑，以及當地出生的新世代華人的經驗。[3]

　　文獻指出，[4] 歷史上曾出現幾波華人移居英國的潮流，當中有重要的社會經濟與政治因素，以及政府的移民政策和措施的影響。紀錄顯示，最早來到的華人是一些貧困、低教育程度的年輕船員。他們主要來自中國廣州南部，在18、19世紀因為英國與亞洲的海上貿易增加（例如英國東印度公司）而來到英國。這些中國船員很少受到關注，早期人們對他們的印象是「中國佬」（Chinaman），以充滿種族歧視的用語「黃禍」來描繪他們，形象不是吸鴉片的人就是惡貫滿盈的罪犯，一如Sax Rohmer暢銷小說和短篇故事系列裏的「傅滿洲」（可參見Parker 1998: 67–74; Baker 1994: 291–293）。

　　第二次世界大戰之前，英國的華人社群主要由船員及其妻子組成，但人數漸減，散居在細小的港口城市，維持一種由洗衣店、餐館和雜貨舖構成的圈圍式經濟（enclave economy）。他們無意尋找可以長期逗留的安身立命之所，英國人亦沒有善待他們。他們的生命故事，只留下零星的軌跡可供追尋。

　　1950及1960年代初期，英國華人人口顯著增長，這些人佔了今天英國華人的大多數。相關文獻指出了三大因素：（一）1914年及1948年的《英國國籍法》賦予英聯邦公民前往英國的自由；（二）

戰後英國民眾對異國食品的需求湧現，包括希臘、印度、意大利和中國，主打族群特色的餐飲貿易隨之興起；（三）中國大陸政局動盪，香港出現難民潮，影響了新界地區村民的生活，並為就業市場帶來激烈競爭 (Skeldon 1994a: 25–26; Baker 1994: 293–303; Parker 1998: 74–78)。

然而，這種遷移模式在1960年代初出現了戲劇性的轉變。1962年英國國會訂立了《英聯邦移民法》，加上隨後幾年的一些新法令，不僅限制了移居英國的英聯邦勞工人數，同時透過「就業券」制度把他們吸納到餐飲業工作。文獻遂指出第二波移民潮的特色是連鎖性遷移 (chain migration)，以及被集中在餐飲業的勞動力。到1960年代末期，英國華人主要由幾個族群組成：服務於餐飲業的新移民勞動人口，大部分來自香港新界地區，說客家話；來自香港、新加坡、馬來西亞等前英國殖民地的學生及專業人士；來自越南的難民；其餘人口包括早期的船員、洗衣店老闆及其後代 (Parker 1998: 76–78; Baker 1994: 303–305)。由於華人高度集中於餐飲業，因此直至今天英國社會對華人的主要印象仍然是「餐飲業者」(restaurateur)。

Skeldon (1994a) 指出，自1960年代以來，加拿大、美國、澳洲和紐西蘭已漸漸取代英國，成為香港選擇移民的主要國家，一方面是因為英國對移民的限制愈來愈多，而餐飲業對來自香港的勞工需求亦減少，另一方面則是因為其他國家放寬了針對非歐洲移民的限制。[5]

為回應香港人對1997年主權移交的焦慮，英國政府提供了居英權計劃，但配額相當有限。回歸前不少人覺得香港前途充滿未知之數，此計劃旨在緩和這份不安，同時堵截大量移民湧入英國。然而，計劃截止前申請人數出乎意料的少，顯示香港人移民的目的地

主要為北美及澳洲，而非歐洲 (Skeldon 1994a: 35–37)。

　　當代種族論述常將英國華人視為「向上流動」的成功人士(Cheng 1996)，並歸因於其「節儉、勤奮、孝順、重視關係等傳統美德」(Lee et al 2002: 608)。他們得到親屬網絡及人際關係的支撐，被視為「同化程度最低」的少數族群，不甘願改變生活方式以迎合英國社會的期望 (Tam 1998)。[6]但與此同時，當代英國華人又跟北美華人有相似的地方，給人一種「模範少數族群」的印象(Kibria 2002: Ch. 5)。Ong (1998: 151) 指出：「當代社會對亞洲少數族群的觀點，建基於東方式的順從、勤勉、自給自足、富生產力等定型，認為他們理想地發揮了良好公民的人力資本，有別於依賴福利制度的人。」

　　Rassool (1999: 23–24) 指出，英國的種族論述歷來都將移民和外來者劃上等號，視之為一個問題，必須透過移民管制和社會福利計劃的介入加以處理。Benton and Gomez (2008: Ch. 6) 記錄了居英華人所經歷的種族歧視。例如早期英國商船老闆就對華人船員進行嚴重剝削，而且往往得到政府的默許和支持。英國人認為他們對勞工階級的白人構成威脅，造成經濟競爭，而媒體亦將他們塑造為對國家民族有威脅的少數族群，並且與毒品、黑幫及暴力問題掛鈎，從而製造道德恐慌，針對種族的攻擊和暴力事件因此時有發生。但一般而言，戰後華人比早期的僑民承受較少的種族主義式欺凌與歧視。如 Benson and Gomez (2008: 19) 所言，這是因為華人移民主要為自僱人士，集中在小型企業，亦可說是一種策略，用以克服語言障礙、種族歧視和其他不利的處境。這個策略繼而使他們難以投入勞動市場，與本土英國人競爭。而這種強調自給自足的傾向，亦恰好配合了英國政府(尤其是戴卓爾夫人年代)為疏導種族主義所施行的小型企業推廣策略。

　　雖然華人學生在英國教育制度下成績非凡，華人男性亦成功在餐飲業以外的職場攀上較高職位，得到「模範少數族群」的地位和成就，但1990年代的研究仍顯示，高學歷華人依舊受到各種歧視：他們必須比白人同事擁有更好的資歷，才能獲得相同的職位，而且薪酬較低，晉升高層管理職位相對困難（即所謂的「玻璃天花」效應），失業機會亦較大（Benton and Gomez 2008: 314–318; Pang 1996, 1999）。

　　如今，華人在英國社會仍然缺乏代表性。英國的政治體系裏也沒有任何一位英籍華人的國會議員（Khong 2008），大眾媒體裏幾乎看不到華人身影，形象刻板依舊，離不開功夫高手、黑幫分子、唐人街餐館侍應，或勤奮工作的專業人士。

身為「局部的」公民的英國同志

　　長久以來，同志在英國社會如同「局部的」公民，在權利方面受到不公平對待。有關同志如何對抗歧視，已有詳盡的文獻記載（如Plummer 1999; Weeks 1990; Healey and Mason 1994）。抗爭例子多不勝數，包括爭取廢除禁止於公開及私人場所進行同性性行為的法律；挑戰生活各個領域裏的歧視與差別對待，例如教育體制、職場以至家庭；抨擊異性戀霸權社會的核心價值，如爭取同性婚姻和同志養育及收養子女的權利。同志政治採取集體示威、宣傳小組、靜坐和遊說等行動策略，目的是要建立一個富有凝聚力、能見度高、具政治意識和樂於宣示情慾的社群。

　　在法律改革方面，英國的主要發展包括：1967年《性罪行條例》

的修訂，將兩個21歲或以上的男性在私人場所進行的性行為非刑事化，並根據1957年「沃芬敦報告」(Wolfenden Report) 的精神所起草；2000年《性罪行條例修訂案》使雙方同意的異性戀和同性戀性行為的合法年齡劃一；2003年廢除《1988年地方政府法》第28節，不再禁止人們將同性戀視為等同一般家庭的關係 (pretended family relationship)；2004年的《民事伴侶法》允許同性伴侶取得官方認可的伴侶地位，享有異性戀已婚伴侶大部分的權利 (www.stonewall.org. uk，資料取於2008年11月26日)。[7] (作者按：英國於2014年正式通過同性婚姻。)

　　同志運動在以下各方面也取得了一些成果 (如www.stonewall.org. uk，資料取於2008年11月26日互聯網上取得；Plummer 1999, 2003: 78–80)：(一) 各種政治團體相繼成立，爭取法律與社會改革，例如1970年代的Gay Liberation Front、1980年代晚期開始活躍的Stone-wall和Outrage，而公開出櫃的國會議員亦愈來愈多；(二) 社福機構同時冒起，提供個人輔導、電話熱線，以及愛滋病和濫藥支援服務；(三) 興趣小組多不勝數，橫跨不同年齡、種族、運動嗜好、性癖好等；(四) 大眾媒體開始呈現更多元化的同志形象，例如電視劇 *Out on Tuesday* (1989–1990), *Gaytime TV* (1995–1999), *Queer as Folk* (1999–2000), *Clapham Junction* (2007); 電影 *Victim* (1961), *My Beautiful Laundrette* (1986), *Beautiful Thing* (1996); 同志刊物 *Gay Times, Attitude, QX, Pink Paper* 等；(五) 同志市場 (亦稱「粉紅經濟」) 蓬勃發展，咖啡館、酒吧、的士高、桑拿、時裝店和美容院成行成市，集會和遊行等活動亦得到大企業贊助；(六) 不少大學開設同志研究及出版相關刊物，逐漸打破Escoffier (1998: Ch. 4) 口中的「象牙塔裏的衣櫃」。

　　雖然這一切成功地開拓了酷兒空間，我們仍須保持警惕。

Klesse (2007: Ch. 1) 指出，英國法律將酷兒的身份、情慾和關係逐出公共領域，藉此建構以異性戀價值為中心的公民權 (參見Cooper 1995, 2002: Ch. 6; Stychin 2003: Ch. 2)。[8]儘管1967年《性罪行條例》的修訂將兩個男人在私人場所的性行為非刑事化，但同時也將同性戀者二分為「正派」和「敗類」：前者只會和其他年滿21歲的成年男子在「私底下」發展關係；後者只屬少數，他們沉溺於公眾地方發生性行為，或與未成年伴侶發生性行為，故理應受到管控。[9]如Bell and Binnie (2000: 53–61) 與 Stychin (2003: Ch. 2) 所言，雖然新工黨政府認可了同性伴侶關係，並通過法律改革，但實際上仍然擁護以異性戀為中心的家庭價值。(作者按：英國現時由保守黨執政。)

　　同志社群跟倫敦的整體社會一樣，以白人、中產和英國人為主。雖然少數族群缺乏代表性，但倫敦無疑是一個多種族與多元文化的社會。至於商業化的男同志空間，可以是身份認同、浪漫愛情、社交和情慾互動的場域，但同時也可以是「建基於性商品化的市場經濟」(Keogh et al. 2004a: 12)。普遍而言，社群對於不同種族的情慾想像十分刻板，例如黑人和愛爾蘭人 (Keogh et al. 2004b)，[10] 以及亞洲人和中國人。

　　中產階級、受過良好教育、有着陽剛身體的成年英國男性，被建構為具有支配地位的男同志公民 (見第三章註釋11)。在帶有種族主義色彩和刻板的情慾想像下，加勒比裔黑人男性和華人男性似乎代表着兩個極端：前者被視為「極度男性化」及「性能力超強」(主動、霸氣、強壯和魁梧)，後者則是「極度女性化」及「性能力弱」(被動、友善、溫馴和嬌小)。正如Fung (1996) 對北美地區的觀察：「白人落在正中位置，擁有完美的平衡，不需要被分析，也不用被檢視」(179；亦可參見Fung 1995)。

當金童遇上白人男子

　　華人在英國仍然是少數族群，即使踏入千禧年代之後，社會對他們的性格和體形依舊持有既定的刻板印象。不論他們是鴉片吸食者或是「黃禍」、功夫高手或是專業人士、「中國佬」或是書呆子，華人男性幾乎不是性無能就是跟情慾完全無關的，除非他們表現得像女性一樣，做一個陰柔的男人或男同志（例如《霸王別姬》、《蝴蝶君》）。[11] 如果華人女性總是被呈現為擁有特別性感的身體，那麼華人男性則總是擁有着「無性」的身體。華人男性被視為「時而危險，時而友善，但總是帶有一種去性化、禪宗式的禁慾色彩」（Fung 1996: 183）。

　　在主流的白人和異性戀社會，尤其是商業領域中，華人男性的身影不是不存在就是被女性化。那麼在主流的白人同志社群裏，華人男同志的形象又如何？在男同志圈，「超級男性化」的男人體現了一種霸權式的男同志陽剛氣質，為「男同志公民」的資格下了定義，而不符合或無法展現這種陽剛氣質的華人男同志則淪為眾多次等的男同志之一，可謂二等公民。而在傳統中國文學中，「金童」就是指一些年輕處男，天真、稚嫩、女性化，甚至有着雌雄同體的中性氣質。[12]

　　我曾指出（Kong 2002），在英國及其他西方的工業化社會裏，華人男同志的形象大多是稚嫩、女性化的「金童」。號稱英國唯一「東方」男同志場所的龍陽君俱樂部（Long Yang Club），曾在倫敦的免費男同志報刊 QX 刊登廣告，內容如下：

　　　　每星期日九點開始，龍陽君俱樂部就會吸引不少東

方人及其仰慕者來到 Heaven 的 Star Bar。如果你還沒來過，不妨見識一下，但不要以為一定可以找到華人男性打包走人啊！

這廣告不但深化了華人從事餐飲業的刻板形象，同時也強調華人男同志的異國情調，視之為即食、廉價、快捷方便的外賣飯盒。

加拿大電影導演及評論人 Richard Fung (1995, 1996) 曾探討這種定型對社會和個人心理造成的衝擊。他一直以來都在努力地「尋找他的陽具」(looking for his penis)，指出華人男性 (以及其他亞洲男性) 在男同志色情片中總是扮演被動角色 (如0仔、居家男或家傭)：「問題不在於肛交本身，而是在於這種敍事方式，一方面以陽具為中心，另一方面總是分配『0仔』角色給亞洲人，將亞洲與肛門劃上等號」(Fung 1996: 187)。[13]

我們首先要問的是，西方人或「鬼佬」(見第三章註釋13) 如何挑動香港男同志的情慾？我的受訪者談及這種慾望時，表達了對西方人的身體的看法。他們所見略同，例如 Nelson (30歲，自由工作者，1998年接受訪問) 就說，「鬼佬比較好看，人比較好。你可以看到很多不同的類型」。另外一個例子是 Jeff，26歲，建築師，1997年接受訪問時說：

> 我的理想男人是很 man 的。我要找的是男人味、一個男性化的人，但同時對我很敏感，而且懂得浪漫。我偏愛……嗯，高大魁梧，真的……比起華人，找這一種類型在鬼佬當中容易得多……我不知道，可能我被雜誌那些相片影響得太深吧！

「鬼佬」或白人代表着一種萬眾仰望的形象、一種標準，我們不得不將自己、身邊的同志朋友跟這種形象作出比較。本土對西方的嚮往（native dreaming），就此轉化成一種「對白人充滿想像和慾望」（imagined and desired whiteness）（Manalansan 1993: 68）。

在華洋伴侶關係中，華人一方通常都比他的西方伴侶年輕、嬌小和女性化。像年長、強壯、男性化的華人和年輕、纖瘦的金髮洋人這種組合，幾乎不可能找到。即使華人一方英語程度不夠好，其洋人伴侶都理所當然地把英語視為主要的溝通媒介。除了「我愛你」和「我想和你上床」等有助「交流」的簡單句子，洋人很少願意學習中文。華人一方似乎都會跟從其洋人伴侶的生活方式，亦不覺得受到壓迫。

此外，在倫敦的男同志圈，華人、東亞及東南亞男同志大多不與自己種族的人拍拖，而只會與白人建立伴侶關係。有趣的是，我的受訪者在男同志社群裏曾感受到其他東亞及東南亞男同志的敵意。一如Jeff所說的：「我感受到他們這種敵意，所以下次我去Kudos時，會對他們微笑打招呼，看他們有甚麼反應。」

Kudos是一間位於Soho的酒吧（作者按：現已結業），顧客以東亞及東南亞男同志為主。Jeff的說法得到我的泰國朋友Chai的印證，他也經歷過這種困境：

> 我不喜歡去Kudos。你知道，那裏有很多亞洲人，有些只是點頭之交的朋友。我總覺得不舒服。我記得有一次我跟他們在一起，然後有個亞洲人來到酒吧。雖然他們不認識他，卻對他評頭品足，大談他身上的每一個地方：他的臉、他的身體、他的衣

服等。如果他和一個英俊的白人在一起，我們就會
說「整死這個死八婆」。我也會開他玩笑。但突然之
間，我明白到，他們也會在我背後說着同樣的話。

這些亞洲男同志的敵意反映出一種非理性的嫉妒和羨慕，彷彿
一個東亞或東南亞「新人」會帶來潛在威脅，讓他們沒有機會被rice
queen（「米飯皇后」，意指只喜歡亞洲男性的白人男子）[14]消費，帶
回家做「戰利品」。這種敵意也反映了同志社群內部的階級運作，歧
視並非總是來自佔有支配地位的種族（英籍白人），有時也來自被支
配的族群（華人或亞洲人）。面對負面標籤，華人或亞洲人的身體難
以跟情慾扯上關係，彷彿白人身體是唯一的慾望對象。在「陽具永
遠是白色的」（phallus-is-white）規範下，來自「東方」的身體與女性化
的身體被劃上等號。Leo（36歲，男護士，1997年接受訪問）說：
「有兩個馬來西亞的朋友跟我說，兩個亞洲男人上床，就好像兩個
女同志做愛一樣。我同意他們的說法。我只想要鬼佬。」

我曾指出（Kong 2002），或許重點不在於「被動」或「服從」本
身，而是在於「東方人」與「西方人」的相遇，為何總是促成「東方人」
扮演此角色的這個結果。這種角色好像牢不可破，而人們又難以想
像其他可能性，這活生生地反映了社會上的階級劃分、經濟上的不
平等，以及政治上的支配。雖然男同志社群開拓了一個空間，讓人
得到自我認同、慰藉以至情慾解放，然而矛盾的是，它同時鞏固和
強化了某種種族、文化和情慾的看法，而這種情況有時甚至比主流
社會更為嚴重（Fung 1996: 190）。

如果我們要超越「他者」、「缺陷」或「失敗」等矮化香港男同志
的論述，那麼我們可以如何理解他們的獨特性與差異性，重新認識

這班有着自己故事的男人？與其追問香港男同志為何不能符合英國
（男同志）公民權所強調的霸權式男同志陽剛氣質，更應探討的是，
他們如何令我們反思這些有關陽剛氣質與公民權的假設？就現代男
同志身份與性公民這些概念，他們為我們帶來什麼新觀點？身為一
個「男同志」的意義，似乎都被「老祖宗」──西方男同志──定奪
了，而後殖民男同志則只能是這些價值的接收者，其生活方式永遠
限於「本土」層面，不值一提。香港男同志可以激發出甚麼新思維，
讓我們認識倫敦、紐約、巴黎或柏林的男同志，脫離以西方為中心
的單向式視野？

　　我將參照 Lee et al. (2002) 關於移居英國的華人女性的研究，探
討三種移居英國的華人男同志類型，並檢視他們如何實踐身體政
治，以應對被白人支配的英國異性戀社會和同性戀社群。

海外「新娘」

　　第一類移民，是跟英國白人男同志交往、「嫁」到英國的「新
娘」。我在1997年第一次訪問當時27歲的Martin。最初他和40歲
的英國人Michael來到英國，那年他20歲。他們在香港認識，後來
因為他擔心香港九七回歸後的前景，加上渴望得到愛情、浪漫與性
方面的自由，於是和Michael來到英國。

> 每天當我看到新聞，我就很害怕……我的心就像
> 死了一樣！人們只關心香港經濟將如何受創，但我
> 想到的是權利、自由、享有自由的權利、言論自由
> 等。香港曾經是一個非常自由的社會，你可以說任
> 何關於台灣、中國諸如此類的事，但九七之後就不

> 行了，你只能説中國的好話，不能批評它……我的
> 心很急，一心想離開香港……也因為愛。我只想離
> 開。對我來説香港這個地方太小了。

現在回想，Martin 對九七的恐懼可能有點誇張，但在 1990 年，當他移民英國時，香港的確剛剛經歷了一場嚴重的政治危機。在整個 1980 年代，九七後的政治不明朗所引起的恐懼觸發了一連串的移民潮，而在 1989 年的六四事件後，移民潮更加達到高峰。那時候，Martin 感受到的恐懼是很真實的。此外，在 1990 年同性戀才剛剛列為非刑事化，香港社會的恐同氣氛仍相當強烈（見第二和第三章）。

然而，來到英國後，Martin 過着無聊的生活，擔當「家庭主夫」的角色。他成長於節奏極快、擠擁和繁忙的香港，習慣了城市生活。當面對平靜安寧的英國鄉村，自然受到巨大的文化衝擊。

> 第一年，我做的事只是待在家裏、逛街、睡覺和煮
> 飯等……然後第二年也一樣！……Michael 在愛爾
> 蘭買了一間公寓，要我跟他去一起住。於是我們去
> 那裏度過了一個夏天，我覺得很無聊。沒有酒吧，
> 沒有會所，甚麼也沒有。我來自香港，自小就在人
> 來人往的高樓大廈裏生活。但在這裏，方圓五公里
> 之內只有我和他兩個人。我無聊死了。每一天早
> 上，我們起床，然後去海灘釣魚……晚上八點就上
> 床睡覺！我覺得毫無意義。

正如 Lee et al. (2002: 610–613) 有關華人移民女性的研究所形容的海外新娘，Martin 高度依賴英國男友。身在外國的他，缺乏經濟和文化資本與人際網絡，加劇了他被社會孤立的處境。直到他碰到

一些從香港到倫敦修讀時裝的朋友，情況才有所突破。他在倫敦跟隨這班朋友，開始學習藝術。

> 我有兩個香港朋友來到倫敦，學時裝設計。於是我問其中一位，我也可以讀書嗎？他說，有何不可？我就是這樣開始……我在車路士申請到一個學位。

他也是在這個時候與 Michael 分手，並與一個德國男人 Wolfgang 開始約會。他們剛在一起時，Wolfgang 42 歲。

> 那個時候，我差不多要和 Michael 分手。我認識 Wolfgang 很久了，我是在香港認識他的……我們在電話裏聊了很多關於我和 Michael 的事，他也常常來倫敦看我。我認為自己已是成年人，但是他（Michael）不喜歡我做的事，他有點像一個父親，告訴我甚麼事應該做，甚麼事不該做……後來我們就分手了。
>
> 　但是剛和 Wolfgang 一起時，我們也出現些問題。他有一個小他 20 歲的德國男友，所以我不能和他住在一起。他租了一間公寓給我住……我常常要躲起來。但你知道的，這種事我們無法隱藏很久。有一天，Wolfgang 開着他的車，他的男朋友就騎着電單車在後面追着我們……他的男友後來就提出分手了。

與 Michael 在一起時的經驗，加上和 Wolfgang 的男友這件事，讓 Martin 覺得不應該完全依賴任何一個人。

> 所以我去念書⋯⋯你的教育程度愈高，你能去的地
> 方就愈遠⋯⋯對我而言，攻讀學位的意義，就是當
> 我無法依靠別人時，我還能依靠我的學歷。如果我
> 真的需要工作，我是說，如果真的有這個需要。

Wolfgang是有錢人，可以負擔Martin每逢周末前往德國的旅費。
Martin樂在其中，而他們的開放式關係亦把他引領到一個跨國空
間，享受以前想像不到的情慾體驗。畢竟香港的同志社群規模實在
太小，像皮繩愉虐、黑人同志等文化幾乎無跡可尋。

> 和Wolfgang在一起，情況好了很多⋯⋯但問題是，
> 他住在德國，而我住在倫敦。我們只有在周末才見
> 到對方⋯⋯所以每一天我只是去學校，很孤單，每
> 天都去酒吧和公廁找人做愛⋯⋯周末時我飛去德
> 國，星期五一起吃晚餐，然後外出⋯⋯我們通常先
> 去一個公園⋯⋯當作前菜⋯⋯然後去一間為皮繩社
> 群而設的酒吧，跟着再去夜店⋯⋯我們的關係是開
> 放的，我們會交換性伴侶，以及各自的性幻想⋯⋯
>
> 　我發現自己喜歡黑人⋯⋯在香港你很難找到黑
> 人，如果你和黑人約會，別人會給你壓力，我無法
> 承擔那一種壓力⋯⋯香港這麼小，你能去的地方很
> 少⋯⋯你去每一個地方都會碰到同一群人⋯⋯但在
> 倫敦，你可以和任何類型的人交往⋯⋯如果你在一
> 間酒吧碰不到，你總是可以去另外一間。有很多可
> 以去玩的地方。

他在倫敦的皮革 (leather) 和「黑人」同志社群中非常活躍，直言

自己是一個喜歡「湊魁」和「好大食」[15]的人。無疑，Martin清楚了解
自己的慾望對象。他過去一直在尋找一個能扮演父親角色的男人。
對他而言，這個角色代表着一份成熟、經濟穩定，以及物質上的滿
足。他那嬌小苗條的身材，總是與那些高大魁梧、讓他覺得性感的
身體形成對比。然而，儘管他明白少數族群被賦予刻板的形象，但
他並不拒絕這種定型，反而擁抱它。他深知自己擁有「異國文化資
本」（參照Bourdieu 1984, 1986, 1989），他可以利用白人對「有色」身
體的迷戀得到好處。Martin有意識地控制自己的身體，知道如何投
其所好，以迎合白人目光（white gaze）。

> 我喜歡年長的人，或許我一直在尋找一種父親型的
> 男人，或許我想人照顧我，我不知道⋯⋯在男同志
> 圈裏，你的身體非常重要。如果你太高頭大馬，那
> 你看起來就跟他們太像了，他們不會喜歡你。如果
> 你染頭髮，看起來就會太新潮。你應該保持身材苗
> 條，才會討人喜愛。

在沉迷於各種身體類型的男同志「市場」裏，他靈活自如地操縱自
己的身體。然而，一次在邁亞密的不愉快經驗，讓他決心鍛鍊自己
的肌肉，以迎合全球化下霸權式的市場標準，即就像運動員一樣的
大隻身形。

> 那是我們去邁亞密度假的時候。我們去了著名的肌
> 肉海灘（Muscle Beach），沒有人、沒有任何一個人回
> 頭看我，該死！於是我下了決定，要做點甚麼。

由於對加勒比裔黑人男同志社群的興趣日益強烈，加上令人失望的
邁亞密經驗，他有意識地改變讓他失去自信的東方身體，練成黝黑
健壯的身材。當我在2007年再見到他時，他「身體改造」的成果讓
我吃驚。他看起來就像一個黑人男子，皮膚是深古銅色的，剃了光
頭，且擁有久經雕琢的運動員身材。

　　Martin現為藝術策展人，常於歐洲各國旅行。他在德國與
Wolfgang申請了官方認可的同性伴侶關係，取得歐盟護照和英國護
照。2007年，他在訪問時總結道：「在英國，你可以做你真正想做
的事。在過去十年，我得到我想要的。這關乎我的自由……以及
如何實現我的夢想……我經歷了不少：念書、同性婚姻，以及工
作。」Martin似乎代表着這種類型中最成功、最特別的例子。

　　我的泰國朋友Chai，是另一個極端例子。當我在1996年和
Chai初遇時，他只有20歲。他教育程度較低，在1996年來到倫
敦，做一名英國男子的「新娘」。然而，很不幸運地，他很快就被英
國男友甩了。接着，他在一家泰國餐廳工作了幾個月。有一天，他
下定決心不要這樣過日子，於是透過援交代理成了一名性工作者。
他有很多客人，自置了一間公寓，還買了車。在2002年，當我回
到倫敦度假，他開着車來接我，並向我展示他的泰國雜貨小舖，我
替他很高興。然而，到了2007年，當我回到倫敦做研究時，他的
生活已經變了。由於投資失敗，加上被朋友和家人欺騙，他失去了
所有錢、他的店舖、他的公寓、他的車，以及愛爾蘭男友。他染上
了毒癮，當時正和其他來自泰國的性工作者一起住在Soho區的一
間小公寓裏。我臨走前，他正完成變裝，扮成一個女主管，叫我借
20英鎊給他去Madam JoJo's。[16]他滿懷信心地說：「我今晚會很幸運
的，你不用擔心。我會把錢還給你！」

　　這些「嫁」給海外的「新娘」，非常渴望離開自己的祖家。他們抓住機會，渴望在國外脫離窮困、約束自我的家庭文化、恐同的環境，或是不明朗的政治氣候。倫敦是其中一個目的地：它不僅是國際大都會，同時也是有着大量男同志人口的全球化城市。倫敦代表着摩登和高雅、浪漫和性自由、財富和向上流動的機會，像磁鐵般吸引着成千上萬來自世界各地的男同志。

　　然而，這些男同志缺乏家庭與社會支援，社交及語言能力亦有限，法律地位更使他們難以找到工作。因此，他們很容易被社會孤立，其命運只能跟那些把他們帶到英國的男人糾纏在一起。Martin得到財力雄厚的男人支持，但最後他還是決心念書，最終有機會開展更理想的生活，但其他像Chai的人就沒有那麼幸運了。

　　男同志移民如果不是大家庭或移民社群的一分子，似乎只能把商業化的同志場所當成唯一的社交途徑。然而，同志社群這個網絡本身不一定能提供支援和資源，而且往往純粹是一個市場，由情慾與商品這兩個密不可分的元素所驅動（Keogh, Henderson, and Dodds 2004: 41）。從事性工作，因此成為一個選項。如Keogh, Dodds, and Henderson (2004: 23) 所言：

> 如果你是一個移民同志，需要接受援助的話，那麼今天倫敦同志社群，一定不會助你學習英文，增進你的工作技能，讓你找到工作，得到一頭家、朋友或者愛情。相反地，它只會壓榨你擁有的最大資本：你的身體，也就是你為了維持生計所販賣的勞力或性資本。因此我們總結出，對低教育程度的移民而言，他們只是男同志社群的一項負擔。

與家人同來的男同志

一直以來，香港和台灣(以及中國近年)許多中層與中上層家庭都會採取一種策略：送孩子出國留學，以取得具有廣泛認受性的教育資歷，順便透過移民讓家人獲得居留權(Skeldon 1994b: 11; Ong 1996, 1998)。我將討論的第二類移民男同志，正正是跟家人一起移民的男同志。Jeff便是其中一例。

Jeff九歲時，家人為了向上流動移民到英國，他也一同前來。他的父親是一家之主，為了把跨國業務的發展機會擴展到最大，將一些家人安置在海外。這儼然是一種「家庭生命政治」(family biopolitics)，規管着「家庭成員的行為，包含着一種利益考慮，以整個家庭的安穩與興盛等為依歸」(Ong 1996: 748)。Jeff跟他的兄弟都是「太空人家庭」裏的小孩，其父在1980年代為了生意奔波，經常穿梭於香港和外地之間。

由於家人同在英國，Jeff必須非常謹慎地隱藏自己的性取向。他曾經歷《1988年地方政府法》第28條在學校強制執行的時期。跟許多同志男孩一樣，他偷偷去男同志場所見識一番，並在1990年代到倫敦工作，在此期間出櫃。

> 我知道自己是同志，但在整個求學時期我都把它壓抑下來……我偷看 Skies 雜誌，裏面有一小頁同志分類廣告……我真的登了一次廣告，但甚麼事情都沒發生……於是我開始和女生約會，然而……我試着說服自己我不是(同志)，也試着證明給別人看，我不是(同志)。
>
> 我在布里斯托念書……在那個社區人們很難

接受（同性戀），來到倫敦後，工作把我帶領到新的城市環境，事實上我認為來到倫敦是一個主因（讓我出櫃）⋯⋯因為你可以做一些事，也不會被別人知道。這就是為甚麼我記得自己是怎樣發現 Earls Court 的。

其實是 *Time Out* 雜誌的同志專欄登了一篇很簡短的文章之類，提到 Earls Court 又大又漂亮等等，我內心很期待，就算自己的情況很不開心，我覺得我也應該做點什麼，不然我會繼續難過下去⋯⋯好啦，所以我就在不認識任何人的情況下去了 Earls Court，去試試看⋯⋯我很緊張地去了那間叫 Clone Zone 的店舖，待了大概 45 分鐘，當時真的很緊張，但不知怎的，我突然鼓起勇氣問店員：「最近的酒吧在哪裏？」然後他指給我看。

大概在同一時間，他向最好的朋友出櫃。這個朋友是德國人，一位已出櫃的男同志，就這樣把他帶進了男同志圈裏。然而，他覺得很難向家人出櫃，尤其是他的父親。對他而言，他的父親是一個典型的父權人物。

我覺得我父親是最難出櫃的對象⋯⋯去年 2 月我在香港，我必須去見一些我爸幫我安排的女孩⋯⋯他是一個異性戀大男人主義者，如果發現兒子是同性戀，會非常失望⋯⋯可能也因為當時我在經濟上仍依賴他⋯⋯對我來說，在他死後情況容易處理得多。

「相睇」是一種非常老式的做法，在 1990 年代的香港已十分罕見。這種為子女安排婚姻的企圖，反映出他父親是一個控制慾強的傳統中國男人。Jeff 在父親去世後，才向家人出櫃。但對他來說，家庭仍是一個大問題，他認為這是「華人」家庭的特質。他跟一個德國男人 Klaus 交往了六年，在 2006 年分手，導火線是他認為男朋友不理解中國人處理家庭關係的方式，尤其是他必須照顧母親和患有精神病的哥哥。

> 我身處華人家庭，當我處理家庭關係時，Klaus 不是很明白……他不能理解家庭責任是甚麼一回事。我想，對他來說，中間有很大的差異。他來自一個非常不同的家庭，一個單親家庭，他和母親關係非常親密……他只需要照料自己，他的母親是個醫生，且非常獨立……但我需要照顧我的母親和哥哥……他一直在生病。有一天我去看他時，他整個人崩潰了……信件散落在門口附近，他已有幾天沒有好好吃過飯，到處都是餿菜……但當我在情感上需要 Klaus 的時候，他不在我身邊。他認為我不應該為我的哥哥和媽媽負責。

先不說家庭的「問題」，Jeff 在融入英國社會方面幾乎毫無障礙。他是唯一一位受訪者，堅稱沒有經歷過任何形式的種族歧視。他有着中上層階級的背景，而持有兩本護照為他帶來好處和便利。

> 我始終以身為中國人為傲，我從未摒棄這一部分……所以我還是將自己定義為居住在倫敦的中國人……一方面利用我的英國特質……一方面利用

> 我的華人特質把事情做好……我只是一個碰巧生在
> 香港、在英國受教育的人……我覺得所謂的文化認
> 同，説的就是用更方便的方法把事情辦妥……我有
> 英籍身份，所以旅行更容易……我也沒有放棄中國
> 護照，因為它也有用得着的時候。

此外，他幾乎擁有同志公民「必須」具備的資本：富有、中產、高學歷、操英國口音、專業人士，以及健身室鍛鍊出來的健美身材，因此他覺得自己在白人主導的同性戀社群裏沒有遇到任何問題。曾有一段時間，Klaus失業留在家裏，有點像個「家庭主夫」。那時候Jeff基本上是為這個白人男子提供財政支援，也把他當作「家庭主夫」。

「種族」和情慾之間有着複雜的關係，因為它們與階級、年齡、教育程度等差異性因素相互交織。Ho and Tsang (2000: 318) 指出：「在某些情境裏，『主動——被動』的性角色會跟從『殖民者——被殖民者』的形式被分配，但在其他情境又可以發生相反的情況。在不少例子中，年紀、財富和體制賦予的權力，比起種族和殖民主義下的地位來得重要」（亦可參見Kong 2002）。

Jeff的例子似乎符合這種説法。事實上，當Klaus後來重新工作，他們的關係就出現了改變，而這彷彿也是他們分手的原因之一：

> 我覺得我們現在的關係的整體互動是不一樣的。他
> 更獨立……我覺得他之前像寵物一樣，我確實可以
> 駕馭他……但他很快就找到了工作，變得比較獨
> 立，在這段關係裏終於有了發言權。

　　總括來說，那些早年就移民到英國的受訪者必須找到一種方式，同時與華裔文化和城市中的英國男同志文化共處。一方面，作為華人的移民男同志，必須與家人一起在英國生活，面對「家長文化」。華人移民社群，就如同其他族裔的社群一樣，發揮着保護文化傳統的功能，給予經濟上的支持，並提供了文化認同感。一般來說，這個社群比較保守，且以異性戀為中心，家庭結構相當緊密。另一方面，華人移民男同志必須面對英國男同志社群建構出來的同志身份和社交文化。雖然投入同志社群便有機會參與身份認同、友誼和浪漫愛情等劇目，但它同時也是一個情慾市場，華人置身其中可能會經歷殘酷的種族歧視。要做同志，就要做一個「白人」同志。應對這種兩難的方法，並非全盤拒絕任何一方，也不是二擇其一，然後完全融入。面對兩種文化，華人男同志時而接納、時而拒絕、時而顯露真身、時而收起自我，就這樣慢慢地、默默地和微妙地爭取自己的空間。[17]

孤身上路的男同志

　　最後一類移民，是我的樣本中人數最多的一群。他們隻身來到英國，主要是為了個人發展接受教育或培訓，但背後還有一個原因，就是為了實現同性情慾。他們完成學業後，決定留下來定居。雖然大部分人因為英國移民法的種種限制而未能成功留下來，但有些人還是設法留在英國，無論是透過工作或是同性伴侶關係。

　　我在1998年第一次訪問Nelson，他當時30歲。他在1994年來到英國，那時候他對工作感到厭倦，更重要的是，他在香港受到同性戀身份的困擾。強烈的欲望，驅使他逃離這個困境。

我的工作令我感到窒息，更重要的是，在香港我不能出櫃。於是我決定辭掉工作，來到倫敦修讀媒體課程。我想拋開所有事情。我想，或許我可以忘掉舊愛，我想好好的透透氣。這聽起來可能有點傻，但我想找到一段關係，我想要一個簡單的人生。

他住在倫敦，一邊體驗城市生活，一邊徹底實現他的情慾夢想。

我愛香港。它是我土生土長的地方……但是它太小了……而且人們心胸太狹窄……這裏（英國）不同，有很多不同的種族，不同的語言……有着多元的文化。它比較複雜多樣，我喜歡住在這樣的環境裏。

典型的香港男同志就是很女人型（camp），很八婆，過分在意自己的外表……所以我才覺得這裏（倫敦）自然多了……我覺得，要將我自己和香港男同志區分開來，一點都不難，因為我不是個娘娘腔或八婆型的男同志。我只是一個愛男人的男人！作為一個男同志，在倫敦生活，比在香港更輕鬆自然。

然而，由於他的少數族群身份，倫敦的生活為他帶來嚴峻的挑戰。來到倫敦後，他才開始反思自身的文化認同，並發現「種族」和情慾之間的密切關係。

我一直不喜歡中國。我甚至排斥自己的國家……我想我是一個典型被殖民政府洗腦的香港男人……我

> 認為身為香港人比大陸人優越……但自從我來到倫
> 敦後，我的想法改變了。當我的英國朋友鄙視或看
> 不起中國文化時，我開始反抗這種羞辱……但接着
> 我就意識到自己對中國一無所知，我不知如何為自
> 己的國家辯護……中醫好不好？易經是什麼？儒家
> 思想如何影響我？
>
> 　　種族和情慾是分不開的，就像電影《蝴蝶君》
> （見註釋 11），它談及白人對東方男子的迷戀……我
> 現在的男朋友，他 43 歲……我花了很多時間去嘗試
> 了解他行為背後的意義和動機……所以我們之間絕
> 對有文化衝突。

他曾與一名英國男子短暫交往，關係結束後再和另一名英國男子在
一起，那就是比他大 12 歲的英國男子 Paul。那時候他身份很模糊，
他彷彿需要扮演一種「家庭主夫」的角色，做一些煮飯、洗碗和種
花之類的工作。那段時間他很沮喪。

> 我現在處於人生最不確定的時刻。我的面前是一片
> 虛空。雖然有人與我相伴，但我覺得我已失去了任
> 何遠景……我不知道如何在這個社會運作。嗯，我
> 可以當一名打字員或技術人員，謀生並不成問題。
> 就算我不工作，我仍然可以在這裏過活。但我想找
> 到自己的位置。

他的母親在香港去世時，情況變得更糟。

我在一家中文媒體公司擔任自由工作者，但是我沒
有拿到工作許可證。差不多那個時候，我們去申請
民事結合……起初內政部拒絕了我的申請，但我們
上訴……我無法從事全職工作，只好做自僱人士
……接着我媽在香港過身。那是整個歷程裏最艱難
的一段時間……我一直和母親很親近……我不能離
開英國，由於身份問題，如果回去香港很可能無法
再回到這裏……但是我們最後還是決定應該回去香
港。所以我便回去了……之後，在一連串複雜的法
律程序完成後，我便以旅客的身份回到英國，但這
個身份再度讓我不能工作。一直到我們取得同性伴
侶的正式身份後，我才拿到公民資格，然後可以去
工作。

Nelson 和 Paul 最終贏了這場民事結合的官司，之後 Nelson 開始在另
外一家中文媒體公司工作。

於是我獲得這份工作。薪水不是很好，但沒有關
係。那個時候我不在意，我只想工作……幾年後，
我獲晉升為經理。

他取得英國居留權，可以順利工作。雖然他後來和 Paul 分手，但他
不覺得自己是為了在英國定居而利用了男友。

那個時候，我們的步伐走得太快了，那是因為移民
的問題。我們意志堅定，一定要讓我留在英國，因
此沒有去思考其他事情……我們在性方面也出現問

> 題……他喜歡開放式關係，但我不行……所以我們
> 最後決定分手……但我不認為我利用了他……我從
> 未覺得自己利用他去取得英國護照，只是我們的關
> 係行不通。

他們在2003年分手後，Nelson陷入絕望之中。他那時候從未接觸過倫敦的男同志社群，覺得這個社群過分強調性愛，令他感到疏離。更重要的是，他知道自己無法符合「東方」同志的刻板形象，也沒有迎合這種定型的打算。

> 我們分手後，我的感情生活一片空白！我很害怕作
> 出承諾，但同時也害怕過着孤獨的生活……我很痛
> 苦……我很少外出……我從未去過香港或倫敦的同
> 志場所玩……我不喜歡……因為我肥，所以也不喜
> 歡去桑拿……有時候我只是透過網絡找炮友……我
> 只是不斷工作，直到我在2005年遇到現任男友。

Nelson像許多受訪者一樣，拒絕投身同志社群，轉而寄情工作，透過其他社群，尤其是華人朋友的社群，發掘更有意義的社交機會。

Leo和Kenny是隻身移民的另外兩個例子。我在1997年首次訪問Leo，他當時36歲。1980年代初期，他曾修讀普通教育文憑，之後攻讀電腦工程學位。畢業後他找不到工作，最後成功留在英國修讀市場勞動力短缺的護理學。他的社交網絡，主要局限於華人社群。Kenny較Leo年輕七歲，在1990年代中期來到倫敦修讀時裝，畢業後從事自由工作。他在男同志酒吧工作了幾年，約會對象大部分是白人男子，後來成了空中服務員，在倫敦和香港之間穿梭。

　　總而言之，這些男人就像其他移民一樣面對種種困難，需要尋找工作、棲身之所、愛人，以及一份歸屬感。他們出於各種原因離開香港，主要因素自然跟自身的性傾向有關，所以一般來說他們未能取得家人積極或全面的支持。對他們而言，性傾向可能是一種包袱，也是一種好處。有別於得到伴侶的財務支持的第一類移民，以及和父母家人一同前來的第二類移民，他們更需要依靠自己。雖然他們的人際關係可能極度疏離，但他們透過教育資歷等社會資本努力生存，並藉此找到「家庭主夫」以外的出路。科技發展正不斷縮短國與國之間的距離，他們因此無需完全斷絕與香港之間的聯繫，透過定期旅行、手機和網絡世界等，與香港社會保持接觸。

討論與結論

　　本章透過檢視1980和1990年代移民到英國的香港男同志的故事，探討在同志遷移的背景下，種族與情慾之間的複雜關係。這些去到英國的香港男同志，可能是「新娘」，可能是家庭發展大計中的一部分，亦可能是重視個人發展的學生哥，經過審慎盤算，遠赴海外攻讀學位。作為一種行動，移民始終有着複雜的意義。有些人有意識地作出長遠規劃才來到英國，有些人則欠缺周詳部署，只是伺機而來。有些人目標明確，一心促進家庭和個人發展，但亦有人只是想要脫離窮困、約束自我的家庭文化、不明朗的政治環境，以及對同性情慾的壓抑。我們不宜將這些移民經驗純粹視為個人作出的奮鬥，而忽略本章提及的國家移民管制政策和建基於種族的特權階級所造成的影響。[18]

　　雖然華人被視為「少數族群的典範」，比起非裔英國人受到較少的結構性種族歧視，但在白人主導的英國文化中，他們仍然維持少數族群的地位。在政治體制和大眾媒體等領域，他們的代表性仍然不足。在就業市場裏，華人相較白人仍需經歷更多大大小小的困難。身為移民，他們往往默默接受「英國人優先，華人第二」的基本定律。

　　與父母一同移民的男同志，是家庭整體規劃的一部分。這些計劃有着不同目的，包括擴展家族事業、獲取海外學歷，以及在香港回歸的政治危機下，取得英國居留權或公民資格，當作「保險」。他們多數在年少時便來到英國。由於他們與家人之間保持緊密連繫，因此必須活在兩種矛盾的文化之間。首先是華人文化，其特色是家庭網絡的緊密連結，與英國文化截然不同，卻又跟當地其他華人產生聯繫。其次是英國的男同志次文化：置身在講求品味、現代化和全球化的「男同志都市」裏，需要面對種族階級的劃分，如要被同志社群接納為其中的一員，就意味着要使自己變得國際化和成為中產人士，而且對象最好是個白人。移居英國的華人男同志處於兩種文化之間，並不完全拒絕或吸收兩者之一，而是不斷掙扎。作為華人、作為男同志，他們努力地開闢屬於自己的一條路。

　　有別於與家人一起移民的男同志，另外兩類男同志移民在審慎考慮之後有意識地來到英國。除了一些常見的因素，例如透過留學或培訓脫離貧窮、促成社會流動和個人發展之外，他們背後還有一個原因，就是為了逃離香港的恐同文化，強烈地渴望體驗男同志情慾。他們通常刻意切斷自己與家庭之間的聯繫，而為了在英國生活，他們必須自食其力，或是依靠把他們帶到這個國度的英國人。他們因為自身的性傾向而選擇了流放的生活，且要面對種族歧視，

不得不掙扎求存。透過男人或學位，他們努力取得英國（或歐盟）護照和居留權，從而留在英國。他們靠着自己的社經背景得到成功，並以各種方式設法生存，成為專業人士、從事勞動工作，或是當性工作者。他們沒有家人支援，傾向接近同志社群。雖然同志社群是一個可以尋找友誼、談情說愛的地方，但它也可以純粹是一個按照商業邏輯操作的市場，並且建基於情慾的刻板形象、種族歧視和身體的商品化。人們對同志男體的迷戀帶着種族主義的色彩，使華人男同志被局限於「金童」的定型之下。有些人熱情地擁抱這種形象，有些人則斷然拒絕，並奮起抵抗。曾幾何時他們是多麼渴望與男同志社群產生聯繫，卻偏偏陷入了社群內部的權力網絡，不管他們願不願意。有些人依然積極參與其中，有些人則轉向其他社群和網絡尋求支援，尤其是華人組成的社群和網絡。而隨着日新月異的電訊科技不斷進步，加上生活方式日益全球化，他們漸漸習慣了在不同文化之間遊走。

　　取得公民權並非只有政治上的意義，它同時也是一個尋找歸屬的過程，而文化擔當了重要的角色（Rofel 2007: 94）。就像Manalansan（2003）研究的紐約菲律賓移民男同志，我的受訪者的公民權經歷着「自我製造」與「被製造」的雙重過程。正因為這個過程，讓英籍華裔男同志的路途時而平坦，時而跌宕。他們必須兼顧三種文化：第一是英國文化，它代表着一份自主、一種品味，以及白人的優越感和種族主義；第二是華人文化，它提供了實質的經濟支援和文化認同，但同時也代表着家庭壓力與責任；第三是英國的男同志文化，象徵着性自由與解放，但同時受到情慾定型和身體商品化的支配。因此，建構公民身份的歷程「既不是一種與生俱來的權利，也不是一部異見分子的浪漫抗爭史，而是為了生存而努力譜寫出來的一份

又一份劇本」(Manalansan 2003: 121)。這個過程離不開階級、家庭
與種族關係的網絡，影響着主流社會以至同志社群裏的身份認同和
實踐。

　　每一個身份都有一段歷史，我們不能強行將「男同志」身份從
其他「差異類別」中切割開來。種族與族群、教育與階級背景、性
與性別、年齡與身形等各個面向，共同形成了公民的「整體性」，包
括同志公民。香港移民男同志的例子，正正體現了英國男同志公民
權豐富多樣的特質。

III 中國大陸

引言

從社會主義公民權
到市場公民權

　　不少文獻記載了當代中國公民權的含意及其轉變。[1] 相較於西方對公民權的理解（例如 T. H. Marshall 於 1950 年提出的模型），學者認為公民權於中國社會或許有着不同的意義。舉例來說，Keane (2001: 2–3) 與 So (2004: 247–250) 均指出，由於公民權的概念帶有傳統資產階級色彩，且指向個人的政治和公民權利，因此在毛澤東時代甚少提及此概念，轉而強調利他主義、集體主義、群眾動員、階級鬥爭等社會主義的目標。有別於 Marshall 的理解：毛澤東時代的中國並沒有同時發展公民、政治和社會權利，演化為西方式福利國家。當時，政府限制了人民的公民與政治權，但透過工作單位的一系列配套，城市居民獲得了大量的社會權利，如就業、住屋、醫療保健，以及托兒等福利。

　　這種模式可稱為「社會主義公民權」。而隨着 1970 年代末開始的各種經濟改革，如「四個現代化」和經濟的市場化，此模式已逐漸轉變為「市場公民權」（market citizenship）。社會主義計劃讓位給新自由主義的市場經濟學、經濟獎勵取代了強調無私的倫理觀念、群眾動員劃上句號、「鐵飯碗」不再、供求定律頓成新的主宰。經濟管治成為了政府最主要的管治機制，大幅削減城市居民往日享有的

社會權利，把財產權和消費者權利當作代替品，在經濟及文化公民身份的基礎上，促成新身份的形成和發展 (Keane 2001)。

如 So (2004: 249) 指出，這種市場公民權某程度上與香港的「進取公民權」相似：中國大陸及香港政府均為了提倡市場競爭力而限制社會權利，培養強烈的經濟公民權或消費公民權的意識；透過一種強調法律與秩序的論述，把人們的權利局限於指定的公民與政治權利。

以下兩章針對中國大陸華人男同志的討論，正是以此為背景。在第六章，我將詳述 1990 年代起男同志身份的出現，以及這種新興的男同志身份如何扣連文化公民權的發展。在第七章，我將聚焦 "money boy" 的生活，看看這些從農村遷至都市的移民如何在城市從事性工作，努力改變自己的命運，希望從一個城市的邊緣人變身為一個都市公民，藉此探討新興男同志公民權的另一面向。

第六章

新新中國，新新同志

　　星期六午後。我今天訪問了兩名中國大陸的男同志。阿明，42歲，住在廣州附近的小農村，結過兩次婚，有兩個小孩。他不懂得用電腦，從未試過上網認識其他人或約炮，他主要是透過手機尋找其他男同志的。朋友的朋友的朋友，透過流動通訊的新科技，傳遞色情照片和訊息給他。我想，這就像一種男同志專屬的臉書吧，讓人互相聯繫與通訊。這真是個認識人的好方法啊！他讓我看手機訊息，都是一些男同志友人或相熟的朋友透過手機傳送給他的。部分訊息內容相當露骨，讓我感到十分意外。我問他：「你老婆有可能無意間拿起你的手機，然後發現那些訊息呢？」他信心十足地說：「不會！」

　　然後我和小王碰面。他來自四川，25歲，長相俊美，是典型的書生型年輕人。他曾就讀於北京一所大學，現就職於廣州一家電腦公司。他正與一個男子交往，當然沒讓他的家人知道。他堅持不會為家人而結婚：「如果他們逼我結婚，我會告訴他們的。」

　　在兩個訪談之後，我有點累。幫我找受訪者的非政府組織工作

人員小光，叫我休息一下。他興高采烈地說，他們外展團隊的其中一名義工小北，當晚會搞一場盛大的生日派對，邀請我們參加。他熱切地告訴我，我們可以去游泳了，因為那個屋苑裏有一個游泳池。在私人地方游泳，對他來說似乎是一件特別的事。現年32歲的小光來自廣東的貧窮農村地區，2006年才在廣州安頓下來。他1993年搬到深圳工作，2004年逃到上海，擺脫家人逼婚的壓力。和家人分開的兩年間幾乎沒有聯絡，最後他向家人出櫃了。他來廣州工作，就是為了跟家人距離靠近一點。雖然他的家人知道他是男同志這個身份，但仍然希望他結婚。而事實上，每個人都有自己的故事！

我們坐火車到一個很漂亮的私人屋苑，這個私人屋苑有自己的花園、會所，以及內部交通系統。這是小北現在居住的地方。廣東繁榮的經濟發展令我很驚訝，尤其是中產階級的出現，可以過着這樣奢華的生活。但願我在香港也可以擁有這麼漂亮的一間房子！我們看到小北和一堆朋友正在泳池裏。大家除了游泳，還在玩一些水上運動，互相追逐。我先前一直緊張的想着自己的研究，但此刻終於可以在陽光底下休息一下，在煦煦暖水中放鬆自己。

之後我們在會所裏的一家餐廳吃晚飯，他們訂了一間包廂。接着我就遇見了一些之前見過的受訪者、外展工作人員，也看到一些新面孔。我們一共20人，有人還帶了一對白色翅膀送給壽星仔。小北穿上翅膀，加上他俊美的臉孔，看起來真的像個天使。一些人跟着拿出了假髮拍照，他們誇張招搖的言行讓我始料不及。他們好像不介意在場的服務員。那些服務我們的「打工妹」，可能已經很清楚我們到底是什麼樣的人吧？！

我們回到房子裏。他們搖身一變，將生日派對變成一場大型時

圖6.1　2008年廣東某地的男同志派對

尚花生騷。這些年輕男子，年齡主要介乎20歲出頭到30歲尾，大部分來自中國不同地方，但已在廣州定居，透過非政府組織的外展工作或互聯網認識。他們都承認自己的同性情慾，並認同自己是"gay"、「同志」或「圈內人」。有些人已經向家人出櫃，大部分人則沒有也不打算這樣做。有些人已經結婚，有些則打算結婚，有些拿不定主意，既要應付父母對他們結婚的期望，又要為找男朋友而煩惱。

　　有些人繼續當觀眾，有一半人則跑去衣帽間挑選衣服、禮服和配件，再出來投入各種迷人的性別操演：女學生、淑女、女高層、牛仔、脫衣舞男、仙女等。我想起紀錄片《巴黎妖姬》（*Paris is Burning*，Jennie Livingston執導，1990年）裏，那個生動的哈林區變裝舞會，雖然這裏規模小很多。我們全笑成一團，滿屋子到處是閃

光燈，只為捕捉那當下的片刻。曾赴美留學的生意人Harry對我說：「做gay真好玩！」

在中國大陸做一個男同志，究竟意味着什麼？男同性戀為什麼一直被視為家庭問題？在新儒家氛圍下的中國家庭，尤其在農村地區，結婚生子仍是常態。中國大陸男同志如何處理自己的性身份？對於像阿明這樣的人，結婚是唯一的解決辦法嗎？出櫃必然意味着離家出走嗎？就像小光一樣，如遊魂般逃到上海嗎？在中國，大部分我遇到的男同志通常不會視同性戀為變態。相反，他們認為做男同志是一種解放、一種讓做人變得「開心」的方法。如果全球男同志身份已透過全球化的過程及新自由主義的意識形態支配了中國，並將男同志身份從一種以前被視為變態的客體轉化為一種新的主體的話（Rofel 2007: 1），這種新的主體呈現着什麼樣貌呢？它跟國家高舉的都會文化公民霸權和世界主義又有什麼關係呢？

本章首先以過去數十年處於轉變中的性文化與社會政經歷史為背景，簡述男同志身份在中國社會如何出現。接着我將根據廣州受訪者的分享，以「出櫃」為重點，探討中國男同志現正面對着的種種問題。

我將指出，同志身份受制於各種性/別的社會制度之下，如家庭、工作單位、公安以至國家機器。其中，家庭似乎最具支配地位。他們必須處理好自己的家庭角色，以及家庭的「面子」問題。出櫃，作為一種調節與抵抗的策略，自是本章檢視的重點。

然後我將於總結部分指出有關中國新興男同志身份的探索已逐漸轉型，包含着一種對同性戀的新理解，不再只是遵從醫學論述把同性戀視作變態（雖然這種討論模式仍佔有主導地位），而是多了一種積極地塑造自我的看法。[1]做一個男同志即意味着對「素質」、個

性和「差異」的追求，代表了在全球化、新自由主義、世界主義和消費主義等急劇轉變的過程下，一種新興的做人或處世之道（Rofel 2007: Ch. 3）。

誌同志：中國男同性戀發展簡史

中國古代

中國文獻的詳實記載，顯示了中國古代男人之間曾出現豐富的「同性愛」傳統，社會態度亦相對寬容。「斷袖」與「分桃」的故事，更成為中國歷史上文人之中最為著名、常被引用的婉轉說辭，暗指南（男）色和南（男）風。這股「男風」最早可追溯至周朝時期（公元前1122年至公元前221年）。雖然有着這些廣為人知且豐富的同性愛傳統，同性戀在中國古代文化裏仍處於邊緣位置，在儒家家庭與婚姻制度衍生出的性別階層裏，可謂無足輕重（如Van Gulik 1961; Chou 1971: 90–93; Bullough 1976: 300–310; Ruan and Tsai 1987; Ruan 1997: 57–59; Ruan 1991: 107–20; 小明雄 1997: Hinsch 1990）。

古希臘羅馬也有着豐富甚至備受推崇的同性情慾傳統（Hubbard 2003），然而到了中世紀便告終，主要原因是譴責同性性行為的猶太教與基督教思想和教義成為主流，例如Thomas Aquinas的自然法理論等。Hinsch（1990: 8–13）指出現代西方國家出現四種主要的同性戀實踐方式，包括「跨越世代」（transgenerational）、「跨越性別」（transgendered）、「反映階級結構」（class-structured），以及「主張平等」（egalitarian）的同性戀關係，他認為在中國古代也曾出現這些方式，但主要受性別、年齡及社會地位所主宰，因此當中的角色分配

一般會沿着支配/服從，及主動/被動這兩大分界而操作。Hinsch
的解釋亦指向一種有別於西方的實踐自我的模式（model of
selfhood）。最常被引用的說法是，在傳統中國社會裏，廣為盛行的
儒家思想，這種作為社會與哲學性的思考方式，將個人定義為一種
關係式的自我（relational self），個人置身於一個具有既定結構，並講
求群體內互助互惠的網絡之中。身份因此沒有本質，而是圍繞着家
庭與親屬關係等結構而建立起來的，有的只是扮演不同的角色，這
反映在五倫，即君臣、父子、兄弟、夫婦和朋友之上。如果身份的
本質並不存在，只有一些為了維繫不同社交關係而被解讀為合乎道
德的行為，那麼性同樣沒有本質，只有由群體內互助互惠模式界定
的正確行為。因此，只有在個人違反了社會期望或是過度放縱的情
況下，性行為才會遭到譴責。如果我們遵循此邏輯，那麼傳統中國
文化裏可謂沒有「同性戀」或「同性戀身份」可言，因為同性戀身份
假設了一種獨特的對同性有着一股慾望的個人類型。故此，重點在
於個人的所作所為（doing），而不是個人的本質（being）。即是一個
人進行性活動時，會做什麼、喜歡什麼、享受什麼、參與什麼、在
什麼情況下可以放縱一點，而不是這個人究竟是什麼人（Hinsch
1990: 7; Kong 2000: 63–67）。

　　不少研究均依循這種想法。近期就有Louie（2002）的理論，指
出傳統中國男性氣質是透過兩種相互交織的理想形象體現出來的。
「文」的理想指涉的是「文學與其他文化素養」（10）的男性氣質，體
現在才子、文人以及士大夫身上「較為溫柔、知性的男性傳統」
（8）；「武」的理想指的是「體力和軍事實力」（14）的男性氣質，體現
在英雄、好漢和軍事將領身上。「文」與「武」的男性氣質是兩個極
端，成為建構中國男性身份的基礎。「文」和「武」的男性氣質均為

中國男性所追求，但由於儒家文化重文輕武，故「文」的男性氣質是較被推崇。Louie (2003: 6–7) 認為，當時社會針對男性情慾的道德觀念，關注的地方在於是否符合權力架構的運作，男人身在其中必須履行社會期望，例如結婚生子；其次就是對過度縱慾（表現在自慰、嫖娼等）的抑制。就此而言，性伴侶的性別並非主要關注的問題。無論是文（「溫柔」或「女性化」）的男性氣質或是同性情慾，皆未被視為對男性氣質的威脅。Sommer (1997) 指出，成年男性被視為強而有力，且不可被插入。一位男子如果扮演被插入的角色就會蒙受污名，因為那代表着女性被支配的從屬地位；若他是一個純真的年輕男子就尤其如此，因為年輕男子與女性在年齡階層裏都代表着軟弱無助。

　　於是，只要這個男人願意留在婚姻和家庭制度內，同性戀就可以被視為一個男人生命中的一個過渡期，或是一種可以被接受的行為。在這個建基於親屬關係的社會裏，只要跟異性結婚，即使同時發展同性浪漫史也不是不可能。然而，這種社會制度拒絕了另一種可能（現在依然如是），那就是一些自我認同的同性戀者，他們很難像當代西方大部分的男同志一樣，脫離異性戀婚姻制度而獨立生活。

民國時期

　　到了清朝（1644–1911），為了強化儒家思想下的家庭價值，同性戀開始受到較大的規管，這可能是針對明朝時期容許個人主義抬頭的一種反撲（Hinsch 1990: Ch. 7; Ng 1987, 1989）。[2] 受到現代化的衝擊，「斷袖」的傳統宣告終結。在西化與現代化的進程中，中國人於民國時期對同性情慾的態度發生重大轉變。Dikötter (1995) 指出，民國時期的中國見證了熾熱的民族主義與急劇的國家發展，對

性慾的適當控制被視為促進現代民族國家發展的關鍵。個人的性慾應受規管,不良習慣應加以摒棄,夫妻宜嚴格規範其性行為,以協助實現民族的復興。因此,官方論述以社會福祉及國家建設為名,管制性慾,而被邊緣化的婚前性行為、婚外情、自慰、同性戀、賣淫/嫖娼和閱讀色情刊物等,則被視為「無恥」或「不正常」的行為。

此外,當時的知識分子熱衷於翻譯西方學界有關性的理論和文獻(例如 Magnus Hirschfeld, Haverlock Ellis, Iwan Bloch, Richard von Krafft-Ebing, Sigmund Freud, Edward Carpenter)。儘管這些早期譯本就同性戀提供了帶有矛盾甚或正面肯定的理解,然而自1920年代開始,以 Ellis 為首、將性二分為正常和偏差兩個類別的醫學理論,經反覆引用和翻譯後取得了領導地位(Sang 1999, 2003; Kang 2009)。幾十年來,這種針對同性戀的醫學論述一直佔有主導位置,亦被視為中國社會對同性戀的主流理解。

毛澤東時期

在毛澤東時期(1949–1976),國家強調「人民」和「群眾」等的集體主義思想,進行聲勢浩大的群眾動員,以及標榜利他主義之美德。而孫中山於20世紀初首次提出的同志一詞,在毛澤東時期被廣泛採用,意指盟友,與共產主義的實踐一致。

這個時期常被形容為打着革命豪情的旗號,實質施行清教徒式性壓抑的黑暗時期(Ruan and Bullough 1989; Ruan 1991: 120–121; Wu 2003: 124–125)。然而,如 Jeffreys (2006: 3–4) 及其他學者(如 Hershatter 1996: 86–88; Honig 2003; Evans 1997)所言,這個時期也見證了國家規訓式權力的轉移,此改變自然是源自被國家視為至高無上的革命綱領。Evans (1997) 就指出,雖然一般人認為性在這時期是一個禁

忌的話題，但其實國家於1950和1960年代初曾廣泛印製有關女性性事的官方刊物，內容只局限於性的生理和道德層面，亦遵從1950年婚姻法底下的霸權模式，即一夫一妻的異性戀婚姻制度內、純為生育而進行的性行為模式。在這種強制異性戀婚姻和生育主導的模式底下，不但否定了屬於「外圍」的情慾之存活空間（例如性交易、婚前和婚外性行為、色情刊物，以及同性戀等），同時利用「性別差異」建構「性別」，特別強調女性的屬性，以及強化革命式的性潔癖主義：「有關性慾的官方論述的發展，證明了黨國權力如何針對性行為建立一套劃一和規範性的標準，進而施加在個人、尤其是女性身上」(7)。[3]

此外，在醫學論述及強制性婚姻的意識形態裏，同性戀不只被病理化和壓制，也日益被視為異常和犯罪行為。同性戀在愈來愈多的個案中被歸類為「流氓罪」——這是一項總稱，指不當的社會行為。同性戀者遂如同社會棄兒，被視為一種「流氓」，背負着社會的污名。[4]

改革時期

性在中國改革開放時期（1978年至今）經歷了巨大轉變。相較於毛澤東時期的階級鬥爭與動員政治，改革時期着重經濟發展、「四個現代化」、市場化、農業去集體化、土地改革等。原則上，中國力求走出毛澤東的「人治」時代，邁向現代的「法治」系統。

在塑造新的性文化方面，國家扮演着重要角色。例如Pan (2006: 28–36) 認為，1980年一孩政策的制定主要是為了限制生育率，但卻帶來一個意想不到的後果：一對夫婦有了一個孩子之後，不再是為了生育而維持性生活，而是出於相互的愛慕與歡愉。1950

年的婚姻法禁止納妾及盲婚啞嫁，在一夫一妻制度的前提下提倡自由選擇結婚對象。而1980年修訂的婚姻法，進一步改變了愛情的含意：浪漫式愛情的新價值取代了講求恩情和感激之心的傳統價值。因此，改革時期，「性愛是為了歡愉」這觀念取代了毛澤東時期的種種觀念，如「性的目的只是生育」、浪漫式愛情不過是一種腐敗墮落、帶有資本主義色彩的「小資階級情調」等看法。[5]

雖然一夫一妻制的異性戀婚姻仍被設定為理想典範，但隨着社會學、性學、社會工作與法律等學科的出現或重現，以及手提電話、phone-in電台節目、電話熱線以及網上聊天室等新科技的發展，大大地促進了有關性的公眾討論，開啟了新的性空間，這些性空間對年輕男女建立社交網絡尤其重要。雖然Barme (1994)擔心新興的市場經濟可能會將異見轉變為「軟性色情與重新包裝的反對聲音」，然而在迅速發展的市場經濟下，各種「談情說性」的現象的確顯而易見。[6]

正是在這種背景下，改革時期出現了讓公眾討論同性戀的空間。1980年代的文獻大量採用醫學和精神健康的觀點，絕大多數聚焦於如何「治療」同性戀，而這時期正是愛滋病爆發之初。1979年刑法第160條引進「流氓罪」之後，即使同性戀並未被明確列為流氓罪的一種，但同性戀者卻常常因這項罪名而被捕。[7]因此，同性戀者的定位就在「精神病患者」和「流氓」兩者之間徘徊，或者兩者皆是。

然而，在1990年代，伴隨着劇烈的社會、法制和經濟發展，清晰可見的男同志身份和社群慢慢出現（Wu 2003: 125–136; Rofel 2007: Ch. 3; Wei 2007）。1997年修訂的刑法刪除了流氓罪的明文解釋，2001年中國精神病協會亦將同性戀從精神病列表中移除，這些發展成功地將同性戀從病理和偏差的形象中釋放出來。同時，愈來愈多

本土著作將同性戀描繪為一種正常的生活方式（Wu 2003: 125–133）。[8]

自2003年起，根據中國的愛滋病政策，愛滋病防治工作開始實施，「男男性接觸者」（men having sex with men）成為受監控的對象（He and Detels 2005: 826）。然而，早於十年前，跟男同志相關的非政府健康組織和全國服務熱線自1992年開始成立，得到來自香港、台灣和海外的跨國同志運動人士協助。儘管這些努力主要是為了防治愛滋病，但也開拓了公開或半公開的空間，討論同性戀相關的議題，包括出櫃、社會歧視、公眾認同，以及精神健康等（Wu 2003: 125–133; Rofel 2007: 85–89）。

性少眾頻頻在媒體曝光（例如湖南衛視2000年的電視談話節目《有話好說》，就有公開的男同志和專家出鏡）（Wu 2003: 132），大都市裏出現各種男同志消費場所（如酒吧、會所、按摩院、澡堂等），互聯網亦同時興起。這些空間讓女／男同志可以透過真實和想像的社群去認識大家。

Jeffreys（2006: 1–12）提醒我們，像阮芳賦的學者（如 Ruan 1991: 120–134; Ruan and Bullough 1989），傾向假設毛澤東「黨警國政權」下的所謂極大壓迫，與1980年起中國「開放」後的疑似性解放形成強烈對比。然而，對於這種假設我們應有所保留。其他學者遂沿用Foucault的觀點，指出自1980年代以來被「解放」的性論述與「政府所主導的議程通常有着密切關聯，這些議程的設計乃在促進現代化和社會穩定，以作為繁榮的基礎，同時確保中國共產黨持續擁有政治上的合法性」（Jeffreys 2006: 4）。因此，性一直都受政府監控，只是轉變了形式而已。

例如，Woo (2006) 認為1980年的婚姻法賦予人民 (特別是女性) 的權力，在婚姻中面對關係惡化和剝削時可以提出離婚。然而，隨着社會集體責任已從黨國轉移到個人身上，女性離婚訴訟人由於財力資源有限，在法庭上通常處於不利位置。這是因為在當前這個「具有社會主義特色的市場」和不平等的階級社會裏，人們必須自行支付法律、社會、醫療、教育等服務。這些服務在過往的社會主義、邁向「無階級」的社會裏，(至少) 理論上曾被視為公民應有的權利。因此1980年的婚姻法並不一定帶來男女平等。Farrer (2006) 讓我們看到國家如何採取西方的性解放及個人自由的觀點，在中學提倡青少年性教育，然後同時透過強調傳統的性別角色 (尤其是女性貞操的重要)，打壓年輕人進行婚前性行為的權利。Erwin (2000) 認為，雖然電話熱線的設立令到有關情慾的公開討論爆發起來，但並不一定意味着更大的個人自由，而應被理解為消費性資本主義和國家權力的延伸後果，兩者均「提倡現代化和社會穩定，以作為繁榮的基礎，並得以持續擁有政治上的合法性」(170)。[9]

因涉及同性戀的議題，北京酷兒影展在組織上似乎總是遇到問題。2001年原定在北京大學校園舉辦的首屆北京酷兒影展於最後一刻被取消，就是其中一例。由於獲得廣泛媒體宣傳，且正面地描繪同性戀，影展似乎觸動了北京大學官員的神經。他們認為該活動鼓吹和提倡同性戀，導致影展於最後一刻被取消 (Wu 2003: 137;《誌同志》，崔子恩執導，2009)。到了2009年，第四屆北京酷兒影展又面臨挑選放映場地的困境。選址最後定在宋莊，這是北京近郊一處偏僻的藝術公社。雖然這個決定原意是希望避免政府干預以及媒體關注，但由於太過偏僻，觀眾人數明顯受到影響。[10]

中國男同志，身處於中國的政治轉變、經濟改革，以及社會轉型等歷程當中，他們的故事會是怎樣呢？以下的男同志故事，來自廣東省省會，一個國際化的都市：廣州，以及廣東省裏的副省級市。廣東省位於中國南部，香港早期居民主要來自這裏。2010年常住居民人口為104,303,132人。[11]（作者按：上述數據在此中譯本中更新，英文原版的數據則止於2005年，中國國家統計局，http://www.stats.gov.cn/tjsj/tjgb/rkpcgb/dfrkpcgb/201202/t20120228_30384.html，2017年3月1日取得資料。）

「我是村裏唯一的男同志」

老吳1957年出生於廣州市，早年經歷了毛澤東時期，當時他覺得身為一名男同志很不容易。他就讀一所強調男女分開教學的中學，在那裏他結識了他的初戀，後來這段戀情在革命的集體主義氛圍裏終結。他於1986年結婚，當時29歲；如今與妻子處在未離婚但分居的狀態。他直到1993年才進入男同志的圈子。當我在2008年訪問他時，他把自己的故事娓娓道來：

> 我當時是中學高年級學生，大概15歲。我發現自己喜歡同性 …… 當時是毛澤東當政時期。我們一起念書，一起耕種，一起游泳，一起玩樂和住在一起。當然，男生和女生是分開的 …… 然後我覺得和某一個男同學很親近 …… 那是我人生最快樂的時光之一 …… 我覺得非常的自然。

我發現自己對異性沒有興趣。我以為自己病了。那個時候，社會上沒有任何媒體談論同性戀；如果有，也是非常負面的。我把自己當作一個病人……我試圖迴避這個問題，但我也不敢去看醫生……我試着糾正自己……我強迫自己喜歡異性……我不可以跟任何人訴説……因為我覺得不光彩……當時我不知道去哪裏找其他男同志。我不知道任何的公廁或公園……直到1990年代中期，我才知道這些東西。1993年，我從某些分類廣告去找男性朋友，後來才發現人民公園……總之，之前（1970和1980年代）社會如同一個封閉的系統……我以為我是世界上唯一的同性戀者。

我29歲時結了婚。之前，我爸、我媽，以及單位裏的人都問我為什麼沒有結婚，我沒理由跟人家爭辯。經過幾次的介紹，我選擇了這個女人。我們有一個女兒，她現在快20歲了。

我想我父母那一輩的想法是你應該結婚生小孩，繼後香燈。他們不明白，兩個男人可以生活在一起……他們堅持死前要看到你（子女）結婚……他們不斷地跟我和我的兄弟姊妹説，如果你們這些孩子都結了婚，他們就能安心的死去……好吧，我們都照着做了……我必須滿足他們。我的父親過身了，我的母親現在80歲。

唉……那些日子，我非常的壓抑……而且你選擇朋友必須非常小心……如果單位裏的人知道你是同志，整個單位都會歧視你……甚至後來……在那些地方都是危險的，我意思是指在公園……在澡堂……你很容易被勒索……或被警察抓。

　　本章開首提到的阿明出生於 1966 年，晚了老吳將近十年，在
1980 年代中度過他的早期成年生活，當時中國正開始實施一連串的
改革。當我 2008 年訪問他時，他已步入 42 歲。他和自己的親兄弟
阿江出生在廣東的一個農村。他們都是在十幾歲時意識到自身的同
性情慾，並且和一些同學或同村的人有過一些性經驗。直到他們在
工作或閒暇時去到廣州，才進入了同志圈。阿江於 1993 年結婚，
並在 1998 年離婚。阿明則在 1994 年結婚，1998 年離婚，但是在
2005 年時又再婚。兩人都有小孩。阿江說：

> 我在初中時知道自己是同性戀……我對男人有幻
> 想，之後跟一個同學發生性關係。我們只是用手
> ……在上學前做……我們仍然保持聯絡……當然
> 我們都結婚了……1990 年代我中學畢業後去到廣
> 州，對同志圈有了更多的認識……在北京路附近有
> 個很出名的公廁。
>
> 　　我不想結婚。我的家人逼我的。他們說大家在
> 這個年紀都要結婚，為什麼你不結婚？……之後我
> 就在 1993 年結婚了……我從未跟任何人說過這件
> 事……很難跟父母說，這是不光彩的事……我妻
> 子是我表親介紹的……我們倆確實交往了一陣子
> ……然後一年過後，我決定結婚。也是因為結了婚
> 會有「紅利」，所以我覺得還好……然後我們去註了
> 冊……我們沒有很多性生活，在我們女兒出生前我
> 們有些性生活，但在女兒出生後，我完全失去和她
> 上床的興致……而且是的，是她提出離婚的……她
> 知道我是同性戀……她發脾氣時總是說我喜歡男人
> ……我就說我男女都喜歡……嗯，但我現在沒什麼

所謂了。社會不同了。以前，我覺得自己像個流氓
……很多的歧視……但現在好很多了。

阿明和他的兄弟阿江一樣，同樣受到家庭的壓力。

我想是在我七、八歲時吧……晚上我在院子裏休
息，那個男人穿着短褲。接着我碰他，他沒有反
抗。他大約20歲……村民……後來我也對我的同
學做類似的事情……我對女生沒興趣……我想我
是去到廣州時才真的了解到同性戀的世界是怎樣的
……我每逢周末都去廣州……後來我去一個公廁，
我非常的興奮……在那裏遇到很多男人。

當時是1994年，我父親介紹女孩給我……我很
直接地告訴他我沒有興趣……但是我父親堅持「每
個人都要結婚，你也要做同樣的事！」他很擔心我
……之後他幫我找了一個女人……於是我和這個女
人約會了大概一年……之後我們就結婚了……但我
們相處得不好……我們有一個兒子，可是她最終決
定離婚……她在法庭上說我是同性戀……然而法
官不在意，我沒有做任何犯法的事，對嗎？！……
然後我們離婚了……事實上她在我們結婚一年後就
提出離婚……但是我拖了三年……所以我們是在
1998年才離婚的。

在我們村裏，你要在30歲之前結婚，不然你會
被人笑……只有殘疾人士，像啞巴或聾人，才找不
到女人……不然就是你太窮找不到老婆……如果你
沒結婚，人們只會在你背後笑你。

這些受訪者的早期生活，告訴我們在毛澤東時期和改革初期，住在廣東（也可能是中國其他地方）的男同志們的一般情況。這些男同志面對最少三個問題。

第一個問題，是社會對同性戀的論述，普遍地及持續地將同性戀病理化，視之為變態異常，此論述某種程度上亦受到國家的強化和大眾媒體的影響。老吳當時覺得自己有病，因為同性戀仍然被視為一種精神病。雖然中國並沒有法律明文規定同性戀為罪行，然而男同性戀者因為被歸類在「流氓罪」這個籠統的範疇裏面，他們很容易受到懲罰。阿江年輕時認為自己是個流氓，正是內化這種官方對同性戀的間接說法。再者，Li (2006) 認為，雖然行政處罰和黨的歧視性制裁並沒有堅實的法律基礎，但在過去確實對男同性戀者構成了真正的威脅。中國警察，按照自己對同性戀態度的看法，可以逮捕或查問任何引起他們注意的男同志，並通報其工作單位或家人，對這些男同志的未來造成嚴重的後果，例如他們的工作晉升機會，以及房屋分配等。雖然我的受訪者沒有這種經歷，但是老吳透露了他的恐懼，而其他研究亦已指出這些經驗對很多男同志來說並非少見。[12]

第二個問題是工作單位。因為在 1990 年代中期之前的主要城市地區，它就像一個監管同性戀的機制。[13] 在社會主義制度下，單位是中國城市地區的基本社會組成部分。對城市居民來說，它提供就業及其他物質上的好處（廣為人知的鐵飯碗），同時也為成員提供完整的社會保障與福利服務，包括住房、醫療、託兒和伙食。因此，透過單位，整個都市人口都受到管控——被安置、組織、監督、教育及調查。每個單位就像一個社群，給予成員一份認同與社會歸屬感。[14] 這形成了一種近距離和精細的監視，受到官僚幹部的

支持，並與家庭緊密扣連，幾乎讓男同志沒有空間公開表達他們同性慾望的可能。就像老吳說的：「如果單位裏的人知道你是男同志，整個單位都會歧視你。」

第三個問題是家庭。Rofel (2007: 97–102) 指出，在中國，家庭總被視為不可或缺的場所，它讓個人得以為人，並擁有社會身份。家庭不只給予男性建立道德觀念的特權、使他們獲得社會物質上的權力，亦同時塑造一種意識，此意識認為「異性戀」婚姻是成為一名成功公民的先決條件 (透過 1950 年的婚姻法以及 1980 年的修訂版本形成規範)。在過去 (以至現在)，尤其在農村地區，家庭對中國男同志具有極大影響力。

中國男同志過去 (和現在仍然) 需要處理兩項重大的家庭問題。第一，是家庭角色，亦即是扮演一名孝順的兒子，對父母和長輩需要按章地表現愛與尊敬。其中一項主要元素是遵從家長的期望，順從結婚的壓力，進而履行繼後香燈的義務，這被視為一名孝順乖兒子的象徵。每當父母要求他們結婚，我的受訪者幾乎總是無言以對。例如老吳說的：「我沒有理由去反駁……他們 (他的父母) 堅決要在死前看到你 (兒子) 結婚。」阿江說：「他們說大家在這個年紀都要結婚，為什麼你不結婚？」阿明說：「我父親堅持『每個人都要結婚，你也要做同樣的事！』。」物質上的因素進一步令到人們期待兒子扮演這種孝順角色，尤其是在農村地區。這是指家庭物質財產的分配，如果兒子結婚的話會得到好處。這就是為什麼阿江說他結婚會得到「紅利」。

其次是「面子」問題，體現在兩個面向或層次：「臉」是一個人的道德觀，屬於最基本的層面，代表個人道德品行的完整性；而

「面子」是個人的社會外觀，指向個人的社會聲望，超越臉的層面，於臉之上（Hu 1944; Zito 1994: 119–120; Yan, Y. X. 1996: 142–148）。兩者都是透過人際交往被建構出來的。「丟臉」是「基於不道德或社會不認可的行為，而被人群所譴責」（Hu 1944: 46）。此乃受訪者無法出櫃的原因之一，是害怕「丟臉」，因為臉「保持了道德界線的意識，維護道德的價值，並體現社會制裁的力量」（50）。在這意義上，臉如同衣櫃的框架，維護着異性戀規範的道德界線。

此外，如一個人具備社會上被認為有損名譽的特質而受到公眾羞辱或恥笑，例如同性戀，勢必影響家庭聲譽。因此，丟個人的臉亦意味着丟家庭的臉，這也就無可避免地讓家庭丟了面子。這就是為什麼受訪者全都這麼害怕「羞恥」，主要不是因為他們脆弱，無法挺身為自己辯護說同性戀和異性戀一樣健康正常，而是因為作為男同志，會為自身及家人帶來的恥辱。就像阿江說的：「很難跟父母說，這是不光彩的事。」

當官方及主流針對同性戀的論述離不開醫學與偏差異常的角度，加上單位與家庭天羅地網式的監控系統，身為男同志的受訪者揭露了過去的掙扎：一個對自身性傾向感到困惑的男人，認為這是一種精神病或是偏離社會的異常行為；他害怕被警察捉，所作所為必須非常謹慎；所以他很難找到其他男同志。雖然零星的同性社交環境如公廁、公園等讓他們有空間去體驗同性情慾，但通常也只會是短暫快速的性接觸，以滿足手淫之慾；至於長期的伴侶關係，或是與男友同住、獨立於其家庭之外的生活，是非常難以想像的。作為一個好公民和好兒子，唯一可能的選擇就是結婚。

「我就是我」

但出生在 1970 或 1980 年代晚期的年輕一代又如何呢？小光，2008 年時 32 歲，出生在廣東的一個小村莊，成長於 1980 年代。他有初中學歷，曾從事體力勞動工作，現在是愛滋病非政府組織的員工。在小學時就意識到自己的同性情慾，並在十幾歲時就認定自己是男同志。但他找不到可以傾訴的人，而他讀的有關同性戀的書通常都視之為一種疾病。十八九歲他便開始工作，並透過一些性伴侶確認了自己的身份。自此之後，他迫切地渴望了解更多關於同性戀的事。

> 我在初中時讀了一些書……醫生寫的書，這些書總是說同性戀是一種可以被治療的病……我很害怕……我不知道怎麼辦……我無人可說。
>
> 我做汽車修理工人時，知道自己是男同性戀者……我拼命地想要知道那是什麼。後來我上網搜尋……我不知道怎樣找，我沒有輸入同性戀這個字……我記得我打了愛滋病……然後一堆關於男同志的網站就跳出來……我根本就是透過網絡出櫃的……然後我透過網絡遇到很多朋友……然後我進入了同志酒吧、桑拿等。

跟老一代不同，小光透過網絡得到力量，網絡提供他一個重要的平台，好讓他與想像的同志社群聯繫。網上的男同志世界讓他找到很多資訊，隨後更帶領他進入「真實」的男同志世界。

就像阿明和老吳一樣，小光住在一個小村莊，在那裏出櫃對他來說仍然是個大問題。

> 延續家族血統是非常重要的問題。我是家中獨子
> ⋯⋯而且我住在農村⋯⋯我父母給我很多壓力⋯⋯
> 他們以前幫我找過一些女孩，我總是不想見她們
> ⋯⋯就算我見了她們，我也只是說「不要，我不喜
> 歡她！」⋯⋯他們就是不明白為什麼⋯⋯他們說我
> 不是個好兒子⋯⋯我大部分的同學跟朋友都結婚
> 了，我壓力就更大⋯⋯之後有個女孩，她很漂亮，
> 人很好。我拒絕了她之後，我的家人知道我一定有
> 什麼問題⋯⋯但我了解我父母也有很多來自朋友和
> 親戚的壓力⋯⋯我總覺得對不起他們⋯⋯因為我不
> 是個好兒子。

　　Yan, Y. X. (2003) 的人類學研究以黑龍江下岬村為主要田野研究場域，指出 1990 年代農村地區的重大改變，最顯著的特色就是強調個人家庭 (private family) 以及個體性在戀愛和家庭生活中的重要性。農村青年似乎已經開始展現更多的個人特色，這在他們的伴侶選擇、婚後住所、生育選擇和夫妻關係上都非常顯而易見，甚至對長者的尊敬和照顧也明顯減少。也許，女人的確比從前擁有更大的協商權力，例如她們可以主動提出離婚，這從阿江和阿明的例子中可以看到。然而，Yan 的描述或許無法完全套用在農村男同志的例子上。一個農村男人如果不願意自己找一個結婚對象，透過相親安排以取代自由選擇伴侶的做法，仍然非常普遍。這就是為什麼大部分像阿江這樣的受訪者，都曾經有過由父母安排相親交往的經驗。再者，儘管孝道 (尤其對長者的照顧) 整體上式微，但農村地區的男同志仍然受到強制性婚姻系統的影響，因為婚姻似乎被定義為孝道的核心。年輕人仍然覺得，人們視同性戀為一些讓父母「丟臉」、「不光彩」或「抬不起頭」的事情。

所以小光有什麼選擇呢？

> 我之後搬去深圳……後來認識了一些朋友，而且在機緣巧合下搬去了上海……我並沒有向家人道別，就飛去上海，一待就是兩年。

> 我想我是在搬出去後和在深圳工作時，才開始改變的。我見到很多來自跨國企業的人，尤其是在上海，我看到很多事物，遇到很多人，學到很多……那對我來說是很大的轉變，從一個城市搬到另一個城市，開始接受自己的性取向……但有時候，那不只是作為一名男同志而已，而是你如何接納自己，不只是在性方面，而是在很多面向……你必須真實地做回自己。

> ……現在我的家人知道我是男同志，但他們仍然要我結婚……我還是覺得沒有結婚就代表我是壞兒子的……而我可以做的就是對他們好。我窮，所以無法給他們更多錢，但那不重要，最重要的事情是我們現在說話可以沒有隔閡，我愛他們。

1980年代以來的一系列改革，導致中國由農村遷移到城市的人口空前增長，這些人口稱為「漂流人口」(亦被指為「國內遷徙」及「流動人口」)。[15]其規模逐步擴大，從2000年的1.21億，增至2010年的2.21億，以至2014年的2.53億。(作者按：上述數據在此中譯本中更新，英文原版的數據則止於2008年，中國國家統計局，http://www.stats.gov.cn/tjsj/ndsj/2015/indexch.htm，2017年3月25日取得資料。)在這群矚目的農村移動人口裏，無聲無色的同志亦正在

遷徙當中。這似乎是面對同性戀時很合理的一條出路，同時也是一個實現情慾的方法（見第七章）。小光先是搬到深圳工作，然後再到上海。這些遷移經驗不僅幫助他接受自己的性傾向，同時也滋養了一種強調個體性的自我意識。

總括來說，小光的故事跟之前的故事形成對比，因為網絡的興起，成為性別認同的主要途徑；遷移的可能性，造就了一個可以讓農村青年實現同性情慾的環境；作為男同志與發揮個體性變得有關聯，讓個人可以表達自我，以至發現「真我」。

堅哥於1977年出生於安徽省丘陵地區一個小村中的大家庭，家中有父母及三個兄弟姊妹；他年輕時曾有一段時間困惑於如何面對自己的性傾向。他留在家鄉直到完成中專，然後搬到城市裏。1995年他在江蘇省遇到他的初戀，最後成了他的終生伴侶。他們自1998年以來一直同居。

> 我在1995年時遇到我的男朋友，當時我去江蘇工作。我立即被他吸引。我們在一起好一段時間，但是後來，我記得很清楚，那是在1997年，我在一本雜誌上讀到一篇文章。報導一宗兇殺案件，是一名男同性戀者在他男朋友決定要結婚時把他燒死。那個男同性戀者隨後亦自殺身亡。這篇文章寫得很負面，你只會覺得做男同志是壞的，精神有問題的，是變態的事情……那個時候，我堅信大眾媒體上所說的……我想，他們是對的，就是兩個男人在一起是沒有希望，沒有未來的……我告訴我的男朋友，試圖想要分手，甚至說服我自己去愛女人，並且覺得結婚或許是正確的事。

　　後來我覺得廣州是一個包容和開放的城市……
所以我搬到這裏……那時候，我認為我應該做的就
是離開家，愈遠愈好，這樣我就能減輕做男同志的
壓力。

　　我想我真正的啟蒙是發生在1999年或2000年左
右，那時我開始上網。對我來說，真正的啟蒙從來不
是來自教育，而是來自網絡……我看到這麼多男同
志網站……一個嶄新的世界突然在我面前呈現……
在那之前，我覺得我是世上唯一的男同志，或者唯一
的兩個，連我男朋友在內……我不知道世界上有這
麼多男同志……我不再感到那麼孤單……之後，我
讀了很多書，有些是海外的，像金賽的性學報告，有
些是中國的，像李銀河寫的書……我才了解男同志
並不是一種病，也不是非法的，而是正常的。

　　2005年時我告訴我妹妹。她當然無法相信，因
為她認為男同性戀都是那種心理不正常的人，你怎
麼會是那種人呢？她說，你是我哥哥，我知道你，
你絕對健康正常……所以她一開始無法面對兩種矛
盾的形象：一個是不正常的精神病患者，一個是她
那健康正常的哥哥……她很煩惱……但之後她就沒
事了……她告訴我們的姊姊，姊姊再告訴我們的哥
哥，然後哥哥告訴爸爸……嗯，他們（他的家人）的
確覺得同性戀是丟臉的事。在我向他們出櫃之前，
我只是跟他們說我想自己住……但現在他們知道
了。我想他們現在都沒問題，但是就算他們不能接
受我，他們也不能改變我……我是個堅強的人，我
就是我……我現在一年回家一次。

堅哥的故事反映了大眾媒體以及網絡在中國男同志的生活裏扮演着日益重要的角色。堅哥說讓他打開眼界的正是媒體，特別是網絡。離開農村對他來說是一種實現情慾的方式。出櫃不是一個完全負面的經驗，它同時也有助於確認自己的個體性。

這兩個故事體現了廣大的社會變革對當代中國男同志生活的影響。首先是1997年流氓罪在刑法裏被刪除，其後在2001年同性戀從精神疾病列表中被移除，減少了社會對同性戀的歧視，以及變態和異常的污名。然而大眾態度並沒有這麼快地改變。堅哥的妹妹對同性戀就持有兩種截然不同的印象：一個是建基於社會文化的「變態者」，另一個是她自己經驗中「正常和親愛」的哥哥。

其次，經濟改革減輕了國家對公民社會的控制，並促使擁有龐大觀眾的流行文化（和其後網絡）的出現。這增加了透過各種媒體及流行文化創造公共空間的機會，使雜誌、報紙、學術著作、電台清談節目和電視節目等出現較正面的同性戀形象。例如，堅哥能夠讀到金賽性學報告，以及中國著名社會學者李銀河的著作。

還有，酒吧、會所、澡堂、卡拉OK、按摩院等男同志消費場所亦隨之湧現，加上傳呼機、手提電話和網絡等通訊科技的發展，大大地確立了男同志社群在真實世界和想像空間中的自我認同。雖然我們在第三章和下一章均談到，男同志社群有其自身的歧視邏輯，但是大部分的受訪者仍然受到男同志社群及網絡的鼓舞。小光說他幾乎可以算是「從網絡上出櫃」，而堅哥也表示他不是透過正規教育，而是經由網絡獲得真正的啟蒙。

不管在城市抑或農村地區，經濟改革都產生了不少影響。自1990年代中，單位在城市的角色與重要性開始減弱。[16] 至於在農村人口方面，經濟改革則產生了大量的流動人口，農村青年搬到大城

市去工作。這種前所未有由農村遷移至城市的大規模流動,使得許多農村男同志得以逃離他們的家庭與親屬網絡。

因此,年輕男同志在處理他們的情慾方面有更多的選擇。雖然結婚仍然是一種常態,尤其是在農村,但年輕男同志有不同的策略去應對。說謊——尤其是對年輕受訪者來說,似乎是確保家人得以減輕痛苦最好的方法。正如一位受訪者所言:「我的父母會認為他們抬不起頭來,會有很多流言⋯⋯所以我不會承認(同性戀)——即使他們懷疑,我也不會說,我只會否認。」另外一位表示,「我每次打電話回家,都會避免談論它。」其他人則使用「沒錢沒時間」這條萬用公式,因為結婚可能牽涉到昂貴的聘禮和奢華的嫁妝。第四章對香港memba的討論曾提及,這種戰術可視為「弱者的武器」,亦可被解讀為「顛覆」的一種;在此意義上,這些戰術削弱了婚姻制度,即使他們沒有明顯地挑戰婚姻制度或霸權式的家庭價值觀。然而,問題是他們的家人會相信這些謊言和藉口多久呢?年輕男同志似乎期望他們的家人,即使知道事實,還是會默認或默許他們的性傾向,不會公開挑戰他們。

然而,正如本章開頭的故事一樣,愈來愈多的年輕男同志向家人出櫃,生活更圍繞着他們的男同志友人和同志社群。故事裏的那個壽星仔小北,2008年時他25歲。出生於西安,是獨生子。2005年在西安的一所大學畢業後前往廣州,在一間媒體公司上班。有些受訪者對家人、朋友和同事出櫃似乎沒有太大的問題,他便是其中一人。

> 我記得我年紀很小,大概只有三歲。我在針灸繪圖
> 上看到一個裸體男人的全身——正面全身、背面及

側面，總共三張圖……在我記憶裏，那是我人生中第一次，自己非常清楚知道我對男性身體有着強烈的慾望……或許因為我爸是個精神病醫生，我很年輕時就有醫學知識……我讀了很多相關的書籍……我沒有出櫃的問題……我在中學時很公開……在大學時也很公開……所以大學不是一個認識自己性向的地方，反而是一個讓我參加同志活動、志願服務，以及和男生約會的場所。

我告訴了我的老闆。到現在為止我在兩間公司服務過，他們都知道，還有同事……我們相處頗融洽……就算我在西安時，我的同學和朋友也知道，他們全都是異性戀，我認為如果他們知道我是同性戀的話，我們之間的溝通會更順暢……現在，你可以在電視上看到許多同性戀的故事，尤其是鳳凰衛視，內容相當客觀正面。例如同志之愛，或者一對共同生活了十幾年的同志伴侶，他們曾經經歷過什麼等等。

當單身已成為一種選擇，結婚反而變成一種負面或不負責任的行為。農村地區的男性過去往往把女人當作工具，負責煮飯、洗衣服、生小孩等家務，而不是一個可以進行情感交流與溝通的個體。年長的受訪者，例如阿明、阿江和老吳，對待妻子的方式似乎都很傳統，甚至有點仇恨女性。或許這種仇恨讓他們得以處理同性情慾與異性婚姻之間的衝突，並容許他們對妻子的情感與性需求保持無知，或者無視。然而，這種婚姻策略受到許多年輕受訪者的批評。就如阿光所說：

> 我永遠不會因為我的家人而結婚。我覺得這是非常
> 不負責任的事⋯⋯它只是在說明你對自己不誠實，
> 不能真正地認同自己⋯⋯對於你想要怎樣過你自己
> 的人生，你沒有堅定的信念⋯⋯如果你可以真正的
> 面對自己，真的想要過自己的人生⋯⋯那麼你就會
> 發現，所謂的社會歧視不是件大不了的事⋯⋯（和
> 同性）結婚是我們的權利，不是一項責任，例如和
> 女人結婚。

然而，不是所有的受訪者對婚姻都抱持此種負面態度。關於婚姻，有兩種不同的看法：一種是所謂的便利婚姻（現在通常叫形式婚姻），另一種是強調安定的異性戀婚姻。由於婚姻仍然是件大事，找個女同志結婚，是一些受訪者常提及的選項。Robbie，2008年時22歲，出生於湖南，當時是他入讀大學的第三年：

> 我媽知道我現在和男朋友在一起⋯⋯我爸爸不知道
> ⋯⋯他是個很固執的人，愛面子，所以對他來說會
> 很難去面對⋯⋯但是我的媽媽和姊姊知道，而且她
> 們喜歡我的男朋友⋯⋯我男朋友的父親已經過世，
> 但他的母親知道他和我在一起。他的媽媽覺得我沒
> 有問題，我媽媽現在也沒事，但要我跟一個拉拉（中
> 國女同志的自我稱呼）結婚。我會的⋯⋯因為我也
> 喜歡小孩。我一定要遵守我媽的要求⋯⋯我的男朋
> 友的確正在計劃要跟一名拉拉結婚。他的媽媽說同
> 樣的話：「只要你結婚而且生了小孩，我不管你和
> Robbie 之間的事。」對我來說，理想的情況是我與男
> 朋友和一對拉拉住在一起。

Robbie的說法聽起來有點天真和理想化。其他人則表示這種安排不切實際或有其複雜性，例如牽涉法律程序、假結婚（有時稱之為「形式婚姻」）涉及的欺詐，後期的分居問題、孩子的監護權等。[17]

其他透過同志社群出櫃已一段時間的受訪者，明白男人之間有性很容易，但是要有長久關係卻很難。對他們來說，退守到異性戀婚姻似乎是個具吸引力的選擇。小凱，2008年時21歲，出生於廣東一個農村，當時是一名大學生。他和男人交往，但仍對異性戀婚姻有憧憬。

> 或許我來自農村，我的家人一定要我結婚。而且我的確認為婚姻是一個男人的最終目的地。我不認為同志的愛情可以持久……所以我會結婚……有一部分是因為我父母，有一部分是因為我自己，我從來沒有和女人上過床，但我猜我可以接受女人，至少心理上。

阿明在1994年結婚，有一個兒子，並在1998年離婚，因此技術上來說他履行了孝道。然而，2005年時他再度結婚。

> 對，我2005年又結婚……嗯，我不想，但我的嫂嫂向我介紹她，她是她的親戚……嗯，她人很好，是個很好的女人，而且她對我的朋友也很好……我們現在分開住，她住家裏而我住在我的公司，只是一街之隔……我們很近……在我們的兒子出生前，我們有做愛……但現在沒有……嗯，我的確想和男人一起生活，但是法律不允許，那對人們來說只會是

> 個奇怪的想法……但我的太太和孩子對我來説都沒
> 有問題……我想我最後都會喜歡這種形式。

這些男人對伴侶式異性戀婚姻抱有強烈渴望，它意味着安全感和舒適感，就像一道護身符。一如他們的香港同路人（第四章），這些男人傾向假設一對一關係是一種理想的關係形式。由於這種關係不容易在男人身上找到，他們並不介意在女人身上找尋。那麼，究其原因，結婚對他們來說較少基於家庭壓力，更多是出於對安穩生活的渴望，而他們相信這只有在異性戀婚姻制度內才可找到。

說到同性婚姻，我的受訪者持兩種對立的觀點。[18]一種觀點認為，作為同性戀者，最大的障礙是逼婚的壓力，以及得不到社會接納，而非法律的保障。持這種觀點的受訪者認為，同性婚姻不會為他們帶來太多好處。如小凱所言（大學生，2008年時21歲）：「沒有必要，我關心的是我父母的期望，以及人們如何看待他們……這會很不光彩的。如果你的親戚或朋友知道這件事，會很丟臉。」然而，另一種觀點認為，同性戀權利能否得到正式認可，是他們首要關注的焦點。如同阿江所言：「我喜歡同性婚姻，它就是一種保護，有了它你就不會出去滾，它會令一段關係更加穩定、更加健康。」堅哥立場鮮明：「婚姻是權利，不是義務。從同性戀權利的角度來看，同性婚姻非常重要……它告訴我們，你就像大多數的異性戀一樣，享有同樣權利。如果你想結婚，你知道你的權利就在那裏，你可以行使你的權利去公開登記結婚。如果你不想結婚，權利依然存在。」

我的受訪者對同性婚姻的對立觀點，往往反映了曖昧的立場，亦顯示出相關爭議之間存在着一種自身矛盾。承認同性婚姻，是為

了同性戀者爭取平等權利，但同時亦在法律層面上假定了同性戀主體的存在。當這種主體進入公共論述時，公開性身份就有可能導致更多的政府管制。正如政府為了監控愛滋病，自2003年就將「男男性接觸者」鎖定為高危族群。而且，這種通過法律建構出來的主體，將更突顯個人的同性戀身份，無可避免地增加了向家人和社會出櫃的壓力。對中國同志而言，這仍然是最大的障礙與壓力來源，而非法律上的歧視。此外，從西方學界的熱切爭論可以看出，當同志的平等權利獲承認，通常意味着必須融入傳統的異性戀婚姻模式，然而這並不是所有同志都認可的生活方式。

對大部分中國男同志來說，出櫃仍然是最大的問題。正如第四章所指，西方的出櫃模式通常是一種「告解模式」(Foucault 1980 53–73; Boellstorff 2005: 201–209)。不出櫃或是留在櫃裏通常被視為是不忠於自我且消極的做法。儘管出櫃是一種政治行動，挑戰了強制異性戀的觀念，但 Bell and Binnie (2000: 104) 曾沿用 Butler (1993: 226–230) 的觀點來提醒我們，這並非四海皆準的法門，我們不能急於宣稱出櫃是男同志性公民權的必要元素，反而應該追問，出櫃對哪些人來說是可行又負擔得起的選項。Seidman, Meeks, and Traschen (1999) 指出，我們不應該因為衣櫃保留了異性戀主義的權力，或因為它有機會令到同性戀者產生自我憎恨的傾向，而簡單地把它視為一種負面和壓迫的生活方式。留在衣櫃也可以是正面的，因為這樣有助迴避意外曝光的風險，並創造出一個「受保護」的社會空間，讓個人得以塑造一個男同志的自我，遊走於異性戀世界與同性戀世界之間。在中國改革開放之前，男同志幾乎不可能想像搬離家庭、未經父母許可下獨自居住的生活。即使在現今這個年代，這都不是一個容易的抉擇。同樣地，比起留在櫃裏，出櫃不一定代表更

忠於自我。我的受訪者（如小凱、阿明）並非一面倒地認為同性戀
與異性戀是兩個截然不同的存在方式，人們必須二擇其一；他們看
到的是一種組合：異性戀婚姻配上浪漫的同性戀，也可以是一種
選項。[19]

　　Wong (2007) 指出，在部分中國學者（她以 Chou [2000] 為例）
眼中，西方的「出櫃」方式對中國同志來説始終行不通，因為它建
基於一種強調個人主義的自我觀念，一般意味着離開自己的家（家
庭和父母）。我同意 Wong (2007) 的説法：「出櫃」與「回家」不必被
視為對立的策略。受訪者的故事，正正呈現出中國背景下出櫃經驗
的多樣性。像小光，他的第一次「出櫃」經驗實際上是離開家鄉搬
到上海，但他最近又搬到廣州，某程度上是「回家」，因為廣州離他
家較近，而讓他與家更加接近。

男同志與文化公民權

　　年輕一代和老一代之間最大的差異，或許是個體性的興起，而
個體性跟文化公民權的概念亦有關聯。毛澤東時期，有關公民權的
論述必須讓路，取以代之的是階級論述。以個人主義為首的公民
權，意指一個公民擁有個人、政治和社會權利的看法，則被國家為
中心的公民權所取代 (So 2004: 247–250)。在一片強調集體主義和
革命豪情的聲音下，「個人」被埋沒了。同性戀被建構為一種病態人
格或一種擁有「流氓」的特性，令男同志淪為二等公民。

　　在改革時期，公民權的模式從「社會主義公民權」轉變成「市場
公民權」，後者強調經濟論述，包括「『砸了鐵飯碗』、價格理論、供

求定律、物質獎勵、講求效率、利益至上等等」(Keane 2001: 8)。
Keane (2001) 認為經濟繁榮催化了財產權的改革，再而改變社會關
係，形成新的身份如文化公民權或「DIY」公民權等的身份。文化公
民權藉由社群的共同性體現，讓各少數族群提出訴求，爭取各種權
利；DIY公民權 (Hartley 1999: 154–165) 的概念則取材自Foucault
(1988) 提出的「自我技術」(technologies of the self)，強調差異，透過
積極塑造自我的過程，表明一種新的公民主體。由此可見，無論處
於為他人犧牲的「雷鋒精神」[20]和進取的企業家精神之間、「精神文
明」和「物質文明」之間，抑或實務主義和意識形態鬥爭之間，這種
「新社會主義公民」常掙扎於人民的集體意識和個人 (作為生產者和
消費者) 的經濟主體意識之間。

　　隨着公民權被重新建構，同性戀者亦以「文化公民」的形式再
現，代表着一種新的做人方式，而非一個病態或異常的主體。當被
問到「男同志」對他的意義是什麼時，堅哥發表了很長的言論。

> 農村裏的人很保守……(你説的保守指的是什麼？)
> 我的意思是他們無法忍受差異。如果你行為異常，
> 人們會開始談論你……在農村裏，大門總是敞開，
> 歡迎鄰居到來……所以八卦流言很嚴重……我記
> 得，80年代時，我姊姊穿了一件連身裙，就招來了
> 批評：「太不像話了，她穿連身裙做什麼？」……所
> 以，在村裏，你不能展現你的個性……個性受到壓
> 抑，人性受到壓抑……人們會説三道四，誰離婚或
> 者誰有婚前性行為……嗯，現在好多了。
>
> 　我出生於70年代。當時我還年輕，不是太懂，
> 但是社會好像是一個非常封閉的系統……在80年

代，各種改革才剛開始，人們還在討論個人是不是應
該開工廠，僱用工人是不是可以這一類的問題⋯⋯
沒有討論同性戀的空間⋯⋯在1997年之前，同性戀
仍然是流氓罪⋯⋯試想像：你遇到一個男人，但你
怕被逮捕，總是活在白色恐怖下⋯⋯現在情況改變
了，之前你只想跟別人一樣，現在你想要不一樣。

同性戀⋯⋯讓我多了思考⋯⋯如果我是異性
戀，我不認為我會作出這麼多的反思⋯⋯它代表的
是精神上的獨立⋯⋯我想，身為少數，我們有權說
出來⋯⋯社會應該允許不同的聲音⋯⋯愛滋病患者
應該有他們自己的聲音和權利，乙型肝炎病患者應
該有他們自己的聲音和權利，男同志應該有自己的
聲音和權利，女人應該有她們的聲音和權利⋯⋯多
元和差異必然是這個時代的一項重要議題。

對我來說，身為同志在過往代表着抗爭、痛苦
和壓抑；接着代表的是信念；現在的意義都是與幸
福有關⋯⋯我不知道，也許未來它代表的會是驕傲。

堅哥認為現在和過去世代之間最大的差異，在於個體性這個觀
念。過去，人們經由集體主義融合在一起，被鼓勵朝着全面的利他
主義與階級間的意識形態鬥爭中邁進。「人民」主體就是如此創造出
來，付出的代價就是個體性。然而，現在的年輕一代強調個體性、
差異和個人的權利，這當然包括少數族群的個人權利。許多受訪者
均談及身為同志的重要性，正好跟這種DIY公民權的概念互相呼
應。小北自豪地說：「對我而言，做男同志就是代表着文化、富
足、多元與熱情。」男同志因而象徵着一種新的做人態度，講求精
緻、解放和現代性，而這三種特質亦正是透過世界主義、新自由主

義與大眾文化的全球化而建構的（Rofel 2007: Ch. 3）。

我第一次見小光時，他讓我看他在上海製作的影片。全是同性戀的愛情故事。有些加了工，像MV一樣，背景音樂是配了音的流行歌曲；有些則比較像在同志影展常看到的紀錄片。那些作品的水準之高讓我驚訝。這些透過媒體形式表達自我的作品，似乎證明了21世紀中國DIY公民權的出現：

> 我認為我（以前）是一個自我價值很低的人，也是一個思想狹隘的人。我那時候是一個內向的人。我（以前）不喜歡說話，我從來無法生動清楚地說話……我是個很困惑的人……來到深圳，然後再到上海，幫了我很多。
>
> 我喜歡拍照……因為我想表達我的想法，我想表達語言無法表達的事物……或許我不擅長寫作或說話，所以我才會選擇相片或影片……我有強烈的衝動想表達自己……在上海時，我製作了那些給你看的影片……我不認為它們是藝術品，它們只是一種紀錄的方式……我想拍攝關於愛滋病，關於同志生活，關於一個男同志的奮鬥、悲傷、孤獨……的影片……所以我的影片總是籠罩着特別的憂鬱色調，來表達那種情緒。

討論與結論

如果「新中國」指的是共產黨於1949年開始統治的中國，那麼「新新中國」則標誌着自1990年代末，新自由主義政經發展下的後

毛澤東時代的中國（李照興 2008：41–43）。儘管它與新中國有不少相似之處，新新中國將自己呈現為一個現代、開放和全球化的社會。2008年奧運會壯觀的開幕禮，高調地宣揚了這種新新中國的形象。然而，在全球化全速前進的新新中國裏，作為一般的中國人民，特別是男同志而言，到底有什麼自由和歡愉的可能性？他們又需要面對什麼樣的風險、受什麼人的支配呢？

　　本章以同性戀作為例子，追蹤了新新中國中性文化的轉變。這些轉變伴隨着過去幾十年間，中國從毛澤東時期的「人治」到當代「法治」的轉向，以及各種經濟與社會改革的演化。這些法律上的改變和經濟改革，某程度上減弱了國家對私人生活的監控，並創造出一個新的社會空間，讓人們（特別是年輕人）可以進行情慾交流。他們不再受制於一生一世、一夫一妻，以及異性戀婚姻的模式，更多的是開始流行所謂西式的拍拖約會、婚前與婚後性行為、同居和離婚等，而賣淫／嫖娼活動與色情刊物也蔚然成風，大眾媒體亦紛紛針對有關親密與性的議題大肆報導、討論和提出建議。中國社會正見證着性解放，以及個人主義的興起。儘管我們必須警惕國家和市場在促進性文化發展的同時也可以施以限制，但無可否認，新的性空間和新的情慾故事正不斷浮現。這個背景包括了法律的轉變（特別是流氓罪被刪除，以及同性戀從精神疾病名單中移除）；對私人事務的鬆綁，尤其是在工作單位和家庭層面上；大眾媒體的興起；男同志消費市場及社群的出現；以及資訊與通訊科技的進步，從手機到網絡聊天室等的冒起。我們正是在這個背景下，見證了1990年代以來男同志身份和社群的大規模發展。有趣的是，同志這個共產主義的術語，曾幾何時意味着人民的「一體性」，以及對革命激情的無私和共同意志，如今卻改變了意義，意指男同志和其他性

少眾，代表着一種「差異」的概念，一個帶有個體性與世界主義色彩的酷兒術語。

雖然關於同性戀的醫學和偏差論述仍有一定的影響力，但男同性戀者已慢慢地與病理及變態的形象分離，成為一個文化公民，並有潛力成為一個良好公民：博學多才、文明有禮、國際化，且具備「良好素質」。這當然是一項好的進展。然而，必須重申的是，我們仍然需要警惕國家和市場兩者如何同時解放和限制男同志空間的發展，以及哪些人在文化（都會）公民權的霸權式理想下被邊緣化。

現時，在中國除了黨或得到黨同意並領導的政府之外，任何人進行組織工作或成立工會都是違法的，因此男同志要組織起來似乎不大可能。這使得任何以集體形式進行的同志平權抗爭都相當艱難，亦抑制了集體同志公民權的發展。男同志場所仍然偶爾會遇到公安的突擊檢查，或被公安強迫關閉。為了取得批准去完成工作，大部分跟同志相關的非牟利團體都會偽裝成倡導公共衛生的團體，但與此同時，它們的活動仍會受到政府的監視。

話雖如此，新的故事正在浮現，重構着個人的生活，也就是男同志發展自我、體現 DIY 公民權的過程。他們的選擇多得很，如保持單身、一邊談着同性戀情一邊留在異性戀婚姻、形式婚姻（男同志與女同志的結合），甚至談論同性婚姻等。然而，當西方的男同志模式和新的文化公民權被日益採用或吹捧，部分主體會面臨邊緣化。雖然我未能透過此研究訪問受訪者的妻子，但我也明白，每當男同志提議結婚以達到異性戀婚姻的理想時，那就意味着女性或許仍是被邊緣化的主體。她們的男同志丈夫，對她們的情感與性需求似乎置之不理。不過，當前女性在婚姻方面的社會與法律權力已有所提升，愈來愈多女性主動提出離婚，她們可以主動終止這些「失

敗」的婚姻。對男同志來說，留在衣櫃裏成為一種新的丟臉行為，因為它意味着不忠於自我，與新定義強調個性、表達與驕傲的男同志真我背道而馳。

與此同時，文化公民權代表着一種新興的、霸權式的理想價值，而未能符合這種理想的社群則被邊緣化。其中之一是"money boy"，他們大多是年輕的中國男子，一般由農村遷移到城市，從事性交易。不論在異性戀或男同志社群裏，他們似乎都是受到多重歧視的一群。我將在下一章討論此問題。

第七章

漂泊的人生：
酷兒世界裏的性與工作

我以前在電子用品店當銷售員。那些日子很無聊。早上起床，下午吃午飯，下班回家，然後睡覺。上班，下班，睡覺⋯⋯每一天重複着這種模式，又無聊又累人⋯⋯最後一個月只拿到 1,000 元。我呢，只要做一兩個客，就賺到一個打工仔一整個月的人工！

——阿軍，20 歲，不確定自己的性傾向，
現為全職妓院男技師，入行三年，現居上海，
2004 年接受訪問

北京的生活水平很高。一個來自農村的移民，需要租房間、買衣服⋯⋯如果你不知道如何打扮，如何表現⋯⋯那就反映出你是低素質的⋯⋯人們會看不起你⋯⋯你必須符合這個城市的理想標準⋯⋯而且你不能享有許多福利，基本支出比本地人多很多⋯⋯例如你生病時，需要支付額外費用。

——阿濤，32 歲，男同志，現為全職獨立性工作
者，入行八年，現居北京，2004 年接受訪問

> 我遇到一個客人……他是天菜，我立刻被他吸引
> 了。那一天我工作非常賣力……哈哈……接下來
> 幾天，我好想念他……我約他出來吃晚飯，我可
> 以感覺到他也喜歡我。但是……他直接說了（因為
> 我是MB），我們不能（約會），我覺得非常傷心和失
> 望。我仍留着他給我的錢，沒有花掉，一直留着
> ……啊，我那時真的很難過。
>
> ——阿紀，24歲，男同志，自由性工作者，
> 入行六個月，現居北京，2004年接受訪問

究竟男性為何從事性工作？男性性工作與同性戀、貧窮和遷移
又有多大的關聯？從事性工作的男性，有何得失？針對賣淫，尤其
是男與男之間的性交易，國家的政策是什麼？在中國，向男性提供
性服務的男性，跟公民權又有什麼關係呢？

本章繼續檢視當代中國男同志的生活，並展示其一大特色：
"money boy"（MB）。MB為當地用語，指的是向男性提供性服務、
以換取金錢或其他回報的男性。男同志社群以至男性性工作者自己
都會用上這個稱呼。以下，我將首先概述1990年代男性賣淫的出
現，然後思索自那時起社會和政治上的變化對他們產生什麼影響。

1978年起的一系列改革促使人口不斷從農村遷往城市，而
money boy正是其中的一部分。這些money boy是城市中一種新的主
體。雖然對於來自農村的移民來說，性工作相對大部分工作帶來較
高收入和享有其他好處（例如性歡愉、工作上的自主、自尊等），但
money boy同時身處一個複雜的網絡，面對着種種支配和權力，他
們的壓力不僅來自整個社會的層面上，在男同志社群內部亦然。作
為漂泊的性勞工和酷兒主體，money boy掙扎着和摸索着一種屬於

自己的身份，努力地活出城市公民權的理想，當中涉及了階級、工作、性別、性，以及遷移等方面的議題。

中國的同性性工作

在中國大陸，跟其他地方一樣，關於「娼妓」的討論，主要以女性為主。[1] Hershatter (1997) 對現代上海的女性性工作進行了詳盡的歷史研究。她認為，有別於19世紀末、20世紀初那些服務上流社會客人的高級妓女，在民初時期，女性賣淫不再給人一種屬於城市的世故和摩登的印象，反而愈來愈被描繪成為危險、欠缺紀律和帶病的一群。隨着中國受到民族主義與現代化等沿自西方意識形態的巨大影響，女性賣淫被認定為不健康的行為，同時也是國恥、一種衰弱的表現，為了家庭必須剷除，為了國家必須徹底消滅。[2]

Hershatter (1997) 繼而指出，中國在毛澤東時期大力消除女性賣淫，並視之為帝國主義的遺害、來自西方的罪惡、一種殘酷的、針對女性的性剝削，是社會主義革命的障礙。政府遂進行大規模的文宣工作，採取激進的措施，例如關閉大部分妓院，將妓女送到再教育中心等，並聲稱這些努力得到成效。然而，在改革時期，由於貧富差距擴大、相對貧窮加劇、由農村遷移至城市的人口急劇上升，加上性文化的轉變，政府不得不承認女性賣淫在各地大範圍地復甦。[3]

有關男性賣淫的研究相對少見，但男性（向男性）賣淫的文化[4]明顯地曾在中國歷朝歷代中出現過，甚至有文獻記載了在宋朝時期（960–1279）有發達的男性賣淫系統（Van Gulik 1961: 163; 小明雄

1997: 130–134; Hinsch 1990: 92–97)。自1990年代，男性賣淫引起了政府和媒體的關注，部分是因為公開的男同志消費場所開始湧現，如酒吧、會所、按摩院、桑拿、卡拉OK等，部分則是因為愛滋病感染個案在男男性接觸者的人口中急劇上升（China Ministry of Health et al. 2006: 2; Zhang and Chu 2005; Wong et al. 2008; Kong 2008）。

　　政府企圖剷除所有形式的性工作，並特別着力於打擊跟性相關的產業和集團。男性賣淫令情況變得更加複雜，因為男性性產業的構成總是包括了同性戀這個元素，承載着多一重的社會歧視。然而，國家的市場經濟意識形態強調的是「物質文明」（相對於「精神文明」），而最好的體現就是消費主義。幾乎所有事物，包括女人和男人的身體，都有被商品化的可能，無意間助長了來自農村和小鎮的年輕男性和女性投身性產業的潮流。

　　目前，在中國以第三者身份參與賣淫（即組織、誘導、介紹、協助或強迫他人賣淫）屬刑事罪行，可判處數年監禁及罰款。賣淫本身雖不屬刑事罪，但被視為危害社會的行為。女性性工作者和嫖客會被拘留，並接受思想改造，亦可能需要繳交罰款（Jeffreys 2007: 154）。2004年，34歲的南京本地人李寧因經營男性賣淫，被判入獄八年，並判處罰款六萬元人民幣。這宗案件被廣泛報導，其後亦有類似案例出現。自此，政府劃一地處理異性戀賣淫和同性賣淫，執行嚴打政策，[5]以打擊愛滋病感染個案急升的性產業，並規管屬於「不當」範圍的同性性行為。[6]

成為 Money Boy 的過程[7]

在中國，為男性提供性服務的男性多數被叫作 "money boy"。其他常見的用語有「鴨子」、「孩子」、「小孩」，或乾脆叫做「賣的」。服務女人的男人也叫「鴨子」或「少爺」。[8]雖然部分受訪者不介意客人的性別，但主要客人仍是男性。

男性性工作者類型很多，[9]但在中國有四類最為常見。第一類是全職的獨立工作者，通常是自己一個人工作，在公園和酒吧等公共場所，或是經由日益普及的網上渠道拉客。在這些地方，money boy 會有機會遇到潛在顧客。談好價錢後，一般會去到另外一個地方進行性交易（如酒店）。第二類是全職妓院男技師，通常從屬於一個經理，在某一性場所（如男妓院或按摩院）工作。顧客可以挑選男孩，而性或色情按摩則在一間房間或一個劃出來的間隔裏進行。客人也可以帶男孩離開（所謂「出台」），去另一個地方共度幾個小時，甚至過夜。這些男孩一般會住在工作場所，由一名扯皮條（又稱「經理」、「老闆」、「媽媽桑」或「姥姥」）管理，未經同意通常不得外出。第三類是兼職或自由工作者，包括一些已「離職」的 money boy，當他們缺錢或收到舊客人的請求時，便偶爾賺一些外快。最後一類是住家男（當地人叫「被養的」），即被客人包養。[10]

阿洋，2004 年時 22 歲（初中教育程度，不確定自己的性傾向），他的故事最能代表他們為何當上 money boy。他是一名妓院男技師，妓院以酒吧和餐廳作為包裝，卻被警察突擊檢查。在訪問時他剛剛失業：

> 我出生在江蘇的一條小村落。我讀完初中，做過服
> 務生和工廠工人，但是工資實在太低，每個月只有
> 大概六七百元，於是我決定離開我的家鄉。我選擇
> 北京，因為它是中國四大直轄市之一，[11] 薪酬應該
> 比其他地方高。這就是我來到北京的原因⋯⋯然後
> 我透過一個朋友在一間電腦工廠找到一份工作，負
> 責組裝電子零件。他們只提供一餐飯，一個月之後
> 我沒有多少錢剩下，更別說寄錢回家了。我覺得，
> 既然我搬出來工作，就應該寄些錢回家。我真的想
> 多賺點錢⋯⋯於是我透過一位朋友接觸到這個（行
> 業），我就這樣開始了⋯⋯這份工作比起其他工作
> 好太多了⋯⋯我做 MB 做了半年。我之前有過兩個
> 老闆，現在我幫孫經理做事，但是因為酒吧剛剛被
> 警察突擊搜查，所以我只好再撐一下。

隨着人口史無前例地由農村大規模地流向城市（Solinger 1999;
Goodkind and West 2002; Li et al. 2007; Amnesty International 2007），
愈來愈多來自農村、有着不同背景的年輕男性投身性產業，為男客
提供性服務。他們是這個龐大流動人口的一部分，年齡從二十出頭
到三十出頭，多為單身的同性戀者，教育背景從低學歷到大學程度
都有。[12]

我的受訪者的工作經歷頗為複雜。在投身性產業之前，他們大
部分都做過很多工作，通常是臨時、低技術、低薪酬且工時長的散
工，例如在需要體力勞動的建造業、製造業或重工業工作（如汽車
技工、工廠工人），或在零售餐飲服務業工作（如廚師、服務員、酒
店行李員、保安人員、銷售員或理髮師）。他們投身性工作，主要

透過家鄉朋友，或是在男同志酒吧、公園、互聯網或商店認識到妓院的經理（Kong 2005a）。前面提到的阿洋，就是其中之一：二十出頭的年輕男性，教育水平一般，熱切地搬離農村老家，渴望在城市得到更美好的生活，最後卻成為工廠工人，工資極低，體會到城市生活可能跟農村生活一樣艱苦。

　　然而，城市代表的不只是工作機會，還有其他的可能。2004年，小金當時27歲，比妓院裏其他的男技師稍微年長（他們一般都是二十出頭），但言行非常得體有禮。他成長在江西的一個小村落，沒有受過多少教育。他是男同志，曾有一位交往六年的男朋友，但不幸在2003年過世了。他迫切需要金錢，又渴望得到新的生活，於是跑到北京，當了半年的男伴遊。之後，他辭掉工作，開始做一份小生意，但仍繼續做兼職接一些熟客。

> 他死了之後，我再也不知道如何面對這個城市……我不知道如何面對單位裏的人，因為他們知道我和他的關係……而且有那麼多的回憶……於是我辭了工作跑到北京……我想要開始一個新的生活……我必須生存，我必須靠我自己……所以我開始在這裏工作……為什麼選擇北京？我想這是國家的首都，是個大城市，歷史悠久。我發覺它是一個很包容的城市……有時候，當我在夜晚走在路上，我發現這個城市背後有着某樣東西，在它現代和摩登的一面背後，在那些牆和磚頭的背後，有着某樣特別的東西，我說不出來，但它有一種讓人解放的感覺。
>
> 　我從網上得知這類工作……所以我想，好吧，第一，我什麼都沒有，我得從頭開始，我要生存。

> 我除了自己沒有別人可以依靠⋯⋯第二，我只是不
> 想再「做自己」⋯⋯做這份工作可以讓我和過去的自
> 己保持距離⋯⋯我想要徹底的改變。

對小金和其他 money boy 來說，像北京、上海這樣的大城市代
表着摩登、品味和自由。這裏是讓他們忘記過去的理想地方，他們
相信可以體驗一個跟老家不同的全新世界。對小金而言，過去代表
的是逝去的男友，一段失落的愛情，以及面對恐同的困境。至於
32歲的男同志阿濤，他有初中學歷，獨立工作了八年，已在北京定
居。他來到這裏，是因為要離開家鄉的恐同環境，同時又渴望在大
城市嘗試性的體驗。當我在 2004 年訪問他時，他說：

> 我家很窮。除了離開，我沒有其他賺錢的方法⋯⋯
> 而且我非常渴望離開（我的家鄉）。我的老家非常
> 鄉下，很小又很保守⋯⋯沒有讓你生存的平台。
> 整個氣氛很壓抑。他們不會明白你⋯⋯他們覺得
> 它（同性戀）是一種病，是變態──他們會帶我去
> 看醫生！而且，我的家人老是問我什麼時候結婚。
> 所以我已經四年沒回去了。我不知道該怎麼樣回答
> 他們。

關於中國內部移民的討論，很多學者提出了持續不斷的內部移
民潮，是由各種不同的推拉因素所引致，推的因素包括結構性的社
會、經濟和文化因素；如土地短缺、土地的不當使用，以及農村地
區勞力過剩，促使移民離開自己的家鄉。拉的因素是不論國家或私
人市場均需要勞動力進行城市建設，加上城鄉收入差距日益擴大，
吸引了這些人來到城市（如 Li 1996: 1124–1133; Mackenzie 2002: 308–

309）。部分研究亦解釋了在「中國全球化」的意識形態下，後毛澤東時代的發展論述如何重新建構城鄉差異，置身其中的農村青年又如何形成一種與公民權相關的主體（如 Solinger 1999; Zhang 2001; Pun 2003, 2005; Yan, H. R. 2003a, 2003b）。除了這些因素，部分人的遷移似乎還有一個隱藏的原因：移民提供了一個處理同性情慾的途徑，遠離恐同的家鄉或工作環境；同時讓他們置身大城市，在性、物質和情感方面實踐自己的慾望。[13] 移民對於這些農村青年來說意義重大：走上這條路，他們就可以賺錢、體驗新世界、實現作為一個男同志的情慾，同時逃離農村的恐同環境，尤其是家人的逼婚壓力。

　　然而，我的受訪者來到北京和上海這樣的大城市之後卻頗為失望。身為農民工，他們面對的經濟困境意味着很多事：不只是基本的在城市求生，還要繼續供養父母及其家人、幫補兄弟姊妹的學費，以及／或是償還一些因為天然災害或家人患病而欠下的債務。因此，性工作成為一個相當吸引的選擇。幾乎所有人都視性工作為收入的來源，投身其中都是為了一個明確和重要的目的：錢！

　　阿濤繼續分享他的故事，説到如何開始意識到自己的身體可以是一個賺錢的工具：

> 我出身不好，除了做這行我沒有別的選擇。這是一個賺錢的捷徑……我本來不知道自己可以是個 money boy 的……之前，我只是想跟其他男人玩，比較是因為生理需求。當我來到北京，我意識到世界之大，你真的可以用你的身體來賺錢……所以我就開始做這行了。

對這些農民工來說，性工作能提供出路嗎？錢真的能解決他們的問題嗎？接下來，我將探討 money boy 三項身份特徵的複雜性。這三個身份分別為農民工、性工作者及同性戀者。他們相互緊扣，彼此關連。這些討論將突顯出他們如何在城市公民權的理想形象下掙扎求存。

遭受三重歧視的主體

農民工

因為戶口登記制度之故，這些由農村遷至城市的農民工不被授予城市公民享有的各項權利。戶口是一個獨有的制度，始於1958年，以出身地和家庭背景為根據，令到來自農村的移民無法獲得與當地居民一樣的福利，例如政府的住屋補助金、醫療保健、就業、子女教育等多個項目。[14] 雖然中國政府自1990年代晚期開始就戶口制度提出一些修訂和改革，但問題並未得到完全解決，每個城市的情況亦有所不同 (Li and Piachaud 2006; Zhu 2007)。[15]

根據文獻顯示 (Anmesty International 2007; Li et al. 2007)，由農村遷移至都市的移民幾乎在生活所有層面上都承受歧視和污名，包括法律制度、經濟系統 (如工廠) 和社會福利機關 (如醫療保健、住屋、子女教育) 內的差別對待。他們受到不同人士的歧視，如警察、政府官員、僱主、房東、當地居民等。外勞極少有機會能取得城市的永久居留權，因此也甚少享有全面的權利，並在各方面受到剝削，例如工作 (被拒簽僱傭合約、被迫加班、不得放假、無償工作、少付或拖欠工資，甚至被剝奪離職的權利)、住屋 (如被排除於

住屋津貼制度外）、醫療保健（如缺乏醫療資訊與治療途徑）和教育（如子女無權接受教育）等。

　　Guang (2003) 指出，國家措施和流行文化一起造就了一種新興的城市化身份，並將來自農村的移民不斷被建構成他者。一方面，國家以保持「城市形象」為由，管制活在城市邊緣的人——「乞丐、遊民、輕刑罪犯、三無人員，[16] 以及其他外表不夠體面的人」，藉此維持「城市秩序」(631)。另一方面，年輕人雜誌等流行文化將城市公民 (Guang 以上海人為例) 和農村移民建構成截然不同的形象，使之形成極端對比：前者「精明、自給自足、精打細算、包容、有生意頭腦、尊崇高檔文化、對外國文化持開放態度」；後者思想守舊、鄉下味重，要不就是懶惰，「不工作時只懂睡覺、休息和吃飯」(629)，要不就是盲目的工作，「重複着離開宿舍、工作、回宿舍的循環」的艱苦生活 (629)。透過這種極端的二分法——國際性與鄉土味、靈性追求與經濟考量、高尚與下流等等」(632–633)，農村移民被置於城市居民中的底層。如是者，戶口制度形成或結合了一連串因素，例如農村移民不安定甚或非法的地位、他們在知識和權利方面的匱乏、與當地居民的社經差異、社會的孤立與文化上的自卑感，最終助長了他們在城市生活中的脆弱境況。

　　雖然離鄉出走是阿濤的夢想，但他像其他農民工一樣，很快就意識到在城市生活的困難。因為他仍是持有農村戶口，無法享有許多社會和醫療福利。更重要的是，他的外表與口音顯露了他來自農村的身份，被視為低「素質」，與城市公民的文化想像扯不上關係。在城鄉的二元對立中，他就是活在邊緣的主體。如本章開首所述，他抱怨北京的生活水平太高，他必須租一間房間，購買衣服，穿得體面，才能配得上城市的理想形象，擺脫「低素質」的負面標籤。

面對這些不利條件，money boy 如何應對呢？部分受訪者認為城市人沒有禮貌又勢利，鄉下來的人反而比較老實、真誠。欣欣2004年時23歲，有高中學歷。他是男同志，在上海以自由工作者的身份做了 money boy 六個月，在公園和網上找客人：

> 來自農村的人是有素質的。例如你在街上問路，人們會真誠的幫你指路。在巴士上，他們會讓座給老人。但是在上海或廣州，我很少看到這種情況。都市人沒有禮貌又勢利……他們才是真的低素質。

農村移民的身份未必總是被當作壞事。欣欣像其他 money boy 一樣，會利用他的農村背景將自己包裝為單純、天真、溫馴、潔淨等，藉此提升身價。然而，大部分 money boy 還是選擇積極地為自己增值，試圖變得更像城市人，而非抗衡城市人的理想形象，把農村出身視為性交易市場中的籌碼。從一個小農村來到上海的阿清（2004年時22歲，男同志，初中學歷），挪用了城市公民權的論述將自己重塑為一個城市公民。

> 一個好的 MB 是一個良好的城市公民。他應該懂得精打細算。他知道如何釣男人，不是靠偷竊殺人這些非法勾當，而是利用他的資本……他應該賺多點錢，讓自己過好生活。就是說，他應該有自己的房子，穿着體面，樣貌得體。如果他有電腦技能又可以說英文就更好……這些都是他應該要具備的素質。

這種良好公民的形象與新興的男同志形象互相呼應，而很多人確實熱衷於扮演「見得人」的男同志。小推 (2004年時22歲，男同志，高中學歷) 説：

> 在上海，你可以看到很多男同志。他們穿着體面，
> 全身名牌、飾物等⋯⋯你外表就應該要像這樣啊！

從事性工作讓他們獲得物質資本，趕上城市講求的高標準。扮演「見得人」的男同志則讓他們擁有文化資本，將自己展示為國際化的主體。兩者均讓他們有能力去體會文化公民權的理想，從農民工的身份升格。然而，這兩種「新」的身份也為他們帶來新的挑戰。

性工作

　　如前文所述，受訪者投身性產業，最初的目的和最主要的原因是為了賺錢。但除了物質回報，他們也得到其他三方面的滿足：工作帶來的性歡愉，讓他們確認自己的男同志身份；工作相對容易拿捏，提供了自由和彈性的上班時間；以及向上流動對自尊心和自我發展的正面影響。

　　阿東 (2004年時26歲，男同志，高中學歷) 在北京當了半年的自由工作者。

> 我不只是為錢工作。大家在性方面都相當壓抑的，
> 我們在這個年紀也有我們的生理需求⋯⋯而在客
> 人面前，我可以很放鬆，説一聲我愛男人！我是同
> 志！我認為這份工作對我而言是一種心理上的平
> 衡：這是一個認識朋友的途徑，一個讓我可以放鬆

> 的地方。這是個舞台，讓我可以帶領一場表演，一
> 場展現自我的表演。

受訪者經常提到工作帶來的性歡愉，尤其是男同志和那些不清楚自己的性傾向、隱約對男性感到興趣的人。他們會把這種歡愉視為一種對同志身份的確認、一種男性情慾的典型體現。

有別於過往一些低技術或繁複沉悶的工作，他們從事性工作會擁有一定的自主，而這正正是另一種滿足感的來源。阿偉（2004年時25歲，男同志，初中學歷）通常獨自工作，主要在酒吧拉客。他做全職的獨立 money boy 已有八年，訪問時剛從深圳回到北京：

> 自由！其他工作你要準時上班，這份工你想睡到什
> 麼時候就睡到什麼時候，想吃的時候就吃，真的很
> 自由……我有錢的時候，我只會選那些看得上眼
> 的客人。如果他們想做，那很好；如果不想，也沒
> 關係。

本章開首提到的阿軍（2004年時20歲，初中學歷，不清楚自己的性傾向），出生於瀋陽的一個農村。他之前在北京和成都工作過，接着在上海安頓下來。他工作了三年，主要是在妓院工作。他曾經得到一個客人的幫助，有機會離開性工作。

> 我做MB做了三個月，然後有一個客人叫我不要再
> 做。於是我就不幹了，他為我租了一個單位，也幫
> 我找到了一份工作。

但是他覺得在電子用品店當售貨員非常乏味，而且做money boy的錢比做售貨員多很多。最後他還是決定留在妓院：

> 有一天我對他說，我不能過這種生活。他很生氣和難過。他叫我租約一到期就搬出去，然後我就回去妓院了。

　　第三種滿足，是來自於自尊心的建立和社會流動性的提升。小余（2004年時26歲，男同志，已婚，小學畢業）居於北京，是自由工作者：

> 我工作純粹是為了錢。我之前欠了別人的錢，很擔心，所以就這樣入了這一行……但入行後，我發現我學到不少東西。透過這份工作我認識了很多人。他們來自各種階層，對我很有幫助……我之前是一個很普通的打工仔。但自從我做了這份工，我知道了很多。我從上流階級學到很多東西，我常常出入一些豪華的地方……那個改變是很根本的，從內至外……我知道這些人脈對我將來很有幫助……這是我最大的收穫！

小余之後便和朋友經營了一間髮廊，同時又做保險代理。對他來說，社交網絡肯定是一項非常重要的資產。

　　其他國家對男性性工作的質性和民族誌研究顯示，相較其他低薪、繁複又讓人沮喪的低技術工作，男性性工作一般而言是一個吸引人的選擇，不只帶來金錢回報，也讓性工作者感受到其他好處，例如性歡愉、工作上的自主、彈性與自由、自尊心的強化，以及社

會流動性的提升等。[17]這種情況在中國 money boy 身上似乎特別明顯。強調這些好處或許是 money boy 的一種應對策略，為從事這份被社會高度污名化的工作作出自辯。[18]這樣他們就可以不把自己的身體視為純粹的賺錢機器，藉此脫離農民工成為打工仔的宿命，按照城市公民權的理想形象展開新生活。

然而，從事性工作需要面對不少風險甚至危險。由於政府採取嚴打措施，受訪者經常擔心會被警察逮捕，然後被送回老家。性工作亦涉及與客人之間的親密接觸，因此會有感染性病的風險。雖然沒有受訪者報稱是愛滋病患者或愛滋病病毒感染者，但有些人曾感染不同的性病，如陰蝨、疱疹、梅毒、淋病和尿道炎。其實沒有人感染愛滋病這一說法也不能作準，因為半數以上的受訪者都沒有接受過愛滋病病毒檢測。部分人認為自己已採取了足夠的預防措施，故無需做健康檢查。但更重要的是，他們仍持有農村戶口，必須支付較高的醫療費，又不想向醫護人員透露自己的同性性行為，更擔心檢驗結果會被呈交上政府機關。由此可見，他們三種身份相互扣連：作為農民工、男同性戀者和性工作者，他們的生活愈顯艱難。

在日常工作的層面，他們主要面對兩種困難。第一，是遇到不好或討厭的客人，例如有些客人會提出過分的要求、表現無禮、粗暴、甚至有暴力的傾向。[19]阿軍說：

> 有些人買你出台，你得和他們一起喝酒、一起吃藥。他們想要「爽」，就把你買回家和你做愛……他們可以做很多次……由朝到晚……他們要你舔這舔那，做這做那……一堆要求。
>
> 有時候他們會說你沒有幫他們好好口交，指責你服務質素低，然後打電話給姥姥，要姥姥帶另一

個男的來……我一毛錢都沒有拿到就回去，還被姥
姥罵，覺得我沒有做好。那個客人得到兩個男人服
務，只付一人錢！這種事老是發生，尤其是當你遇
到的是老油條。他們定期找 MB，懂得要伎倆！

小寶（2004年時20歲，男同志，初中學歷）以前曾在按摩院工
作，但最近一年在上海被一個男人包養了。他談到在街頭拉客的
恐懼：

在公園工作有危險。有些人到公園不是為了找
MB，而是來搶劫的。他們會把你帶來這裏，然後
搶走你的錢。我們有手機和幾百塊，那就是我們的
全部財產。如果我們被搶就死了！

他們面對的第二種困境，是覺得這份工作有時候毫無意義。
阿軍說：

我覺得我有點放棄自己。我不想學任何事。如果
有生意，我就工作；如果沒有，我就只是看電視、
打牌。每一天我都在混，我不知道一天是怎麼過的
……時間就這麼過了……我無法想像未來是怎樣，
我不知道將來會如何……我只是一直撐着……

一般的勞動工人講求紀律，打工仔在「太多工作，太少時間」
的生產模式下透不過氣來。相比之下 money boy 彷彿跟從前一套相
反的邏輯工作，「太多時間，太少工作」。此外，他們對空閒時間的
認知和體會，跟打工仔亦有所不同。因為他們必需隨時準備好，客
人、經理或金主老爺可能會突然打電話來，所以很難說他們什麼時

候上班、什麼時候下班。做這份工作，即使空餘時候也不能鬆懈。這種不自在的心理狀態，有時會讓他們承受不了。阿偉說：「你會不開心，你會覺得空虛和沒有意義。我在深圳時，每天和朋友一起吃藥。你感到非常空虛，你覺得很不舒服。」阿偉沉醉於軟性藥物，其他人則愛上賭博、打牌或打麻將。Brewis and Linstead (2000) 指出：「當談到性工作者如何消磨自己的時間，我們可以跟其他枯燥乏味的職業比對一下，當中的心理功夫很值得關注」(87)。雖然她們的研究針對女性性工作者，但這個觀察似乎亦適用於男性性工作者身上。

所以性工作者的一種主要對策，就是心理上跟這份工作保持距離。對於自己從事性工作，受訪者的看法各不相同。有些採用受害者的身份，把自己形容為失敗者，被扯皮條的「假情假意」所欺騙。

阿紀 (2004年時24歲，男同志，大學學歷) 說：「我愛他 (扯皮條)，但我也恨他。我恨他，因為他把我拉進這個圈子。他讓我變成一個MB……我的生活被他毀了。」其他人則堅持這不是一份「工作」，只是一個賺錢的手段。阿剛 (2004年時22歲，不清楚自己的性傾向，高中學歷) 就說：「這談不上是工作，只是用來賺錢的工具」。

還有些人會強調這只是一個認識「朋友」、尋找樂趣的方式，藉此淡化這份工作的基本邏輯，即用身體交換物質回報。例如小彬 (2004年時22歲，男同志，初中學歷) 說：「你遇到很多人，什麼階層都有，你跟他們交朋友……我從未把它當成一份工作，它只是一種娛樂。」有些人把它當成一般的工作，有得有失。像阿田 (2004年時20歲，不清楚自己的性傾向，高中學歷)：「這不過是另一份工，賺多一點錢。就是這樣，真的。」

最後，有些人甚至自視為企業家，把性工作當成一門生意和一個平台，幫助他們達到更大的目標。如小金（2004年時27歲，男同志，小學學歷）：「這對我來說只是一個跳板，不只是為了賺錢。做這份工作，你會有很多機會。如果你知道如何把握機會，你就可以跳出那個循環。」

這些對性「工作」的不同解釋，帶出了和推翻了各種二元對立，例如公共／私有；工作／休閒；愛／性；客人／朋友等等，而這種二元思維卻正正是社會上不同領域的運作邏輯，包括生產（工作）、消費（閒暇）、親密關係（愛情）等。同時，這些解釋也代表着一種對策，讓money boy得以面對這份被高度污名化的工作，以及情感上的重大衝擊。

顯然，性工作的壽命相當短暫。這一行總是在找「鮮肉」，所以在裏面待得愈久就賺得愈少。性工作者知道他們的時間不多。小彬（2004年時22歲，男同志，初中學歷）的看法和多數money boy一樣：「不會長久的。這是吃青春飯。等你變老了，你就不能做了。沒有人會找你。」他們都覺得「要是入了這行，就賺快錢，然後迅速離開」。利用身體致富的機會總有一天會耗盡，而事實上在大部分人身上成功致富的例子也不多。性工作的前景很有限，「晉升」成為扯皮條或經理是一個方法，但這又需要完全不同的技能，而且管理性工作者（亦即第三方賣淫）在中國是刑事罪行。

因此，受訪者的流動性強，像短暫而臨時的過客，在不同的職場間來來回回，從性工作到其他工作，從一個城市到另一個城市。例如，出生於山東的阿偉在1996年來到北京，然後透過朋友找到工作，在一家服裝店擔任售貨員。後來他發現老闆是男同志，包養

了他兩年。阿偉之後去了很多地方，包括深圳、香港、珠海等，在公園和酒吧拉客，又在妓院或以伴遊身份工作。2004年，他來到北京才當獨立性工作者。

　　無論他們如何看待自身的工作，似乎也改變不了別人的成見。社會對性工作的污名非常嚴重，部分是由政府的嚴打政策引起和強化的。尤其對男人而言，性工作總是被視為「不正當的工作」，更加不是「男人的工作」。而司法迫害與道德譴責將賣淫定性為非法和不道德，更把性工作者建構成危險、不可取、不正經和有病的人。

　　面臨社會對性工作的歧視，他們常用的策略之一，就是隱瞞自己的身份。他們很不願意跟別人討論工作，常對朋友或家人說謊，說自己從事其他工作。阿天（2004年時20歲，不清楚自己的性傾向，從事全職性工作一年）說：

> 不，我所有的朋友和家人，都不知道我在做什麼……我騙他們。我說我的工作是在一家餐館做服務員……我不會告訴他們（我做的是什麼）……他們肯定會歧視我。

　　許多人像阿濤一樣，透過遷徙各地持續隱瞞自己的工作，離鄉之後只會偶爾回去一次。

　　雖然他們在家人、朋友和同事（如果還有做其他工作的話）面前可以把自己隱藏好，但在男同志社群裏他們不能這樣做，因為男同志就是他們的潛在客人。男同志社群對money boy的歧視非常普遍（Jones 2005: 159–160, 2007: 102–103; Rofel 2007: 103–106, 2010）。我在廣東遇到的受訪者，大部分都表示對money boy有相當負面的

印象。阿明(2008年時42歲，男同志，自僱人士，結過兩次婚，他的故事記載於上一章)抱怨：

> 我有過很差的經驗……他們看起來很可憐，說他們是學生，沒有錢。於是我就給他們錢，幾百元。我不介意給他們錢或幫他們付晚餐，但我痛恨他們騙人，他們不誠實……有一次在公園裏，他跟着我，我還以為他喜歡我，他對我眨眨眼，所以我們就做了。他幫我口交時，趁我沒注意拿了我的錢包……還有另一次……我沖涼時，他拿了我的手機就走了……我想，我大概總共丟了十部手機。

事實上，阿明說的時有發生。有些受訪者坦白向我承認，他們會欺騙客人和偷錢。阿元(2004年時25歲，男同志，高中學歷)在上海當了一年半的全職獨立工作者，在公園拉客。他告訴我：

> 有一次我偷了很多錢。(多少？)幾千塊。但對我來說，這是很多錢。我當時很高興……但幾天後我就被警察抓去調查……但他們沒有發現任何東西，後來我就被釋放了！

阿偉說：

> 騙客人的錢很容易。但你要等，不能在前幾次出手……等到他變成你的朋友……然後說你家裏有些問題，你必須回家……例如你爹或你娘生病，所以你需要錢買票……或者你就簡單的說你丟了手機等等。

就算男同志針對money boy的控訴成立，但其實男同志客人的不良行為也並非少見。男同志社群往往強調前者而忽略後者。居於城市的男同志社群，會把「素質」這個詞語掛在口邊，將農民工和money boy等同於小偷、流氓、黑幫和勒索者，混為一談，當作是同等的「低素質」公民。有關素質的論述，Anagnost (2004) 指出，在人口政策的限制下，人們開始討論什麼樣的小孩才是最理想，素質的說法由此而生；這論述亦牽涉新自由主義管治下，強調跟農村截然不同、被推崇的中產階級生活形態 (Yan, H. R. 2003a)。[20] Rofel (2010) 進一步指出，男同志社群運用「素質」一詞，揭露了中國男同志一股新興的排斥力量。在新自由主義和國際化的影響下，他們渴望與money boy劃清界線，建構出種種區隔和差異，例如劃分「合法」與「非法」的慾望、分辨「良好」與「敗壞」的同性戀者、以及分開愛情與金錢等，而money boy則被視為男同志社群裏所有亂象的始作俑者。

男同志

正如前一章討論的農村男同志，我訪問的男同志MB對他們的性傾向感到恐懼和焦慮。大部分人都沒有向朋友或家人出櫃，擔心他們不會接受自己的性傾向，覺得人們認為同性戀不正常、有病或變態的。他們擔心這個消息會傷了朋友和家人的心，擔心他們會疏遠自己。他們不願意面對家人，認為自己的同志身份會帶來恥辱，讓家人丟臉。他們也一樣，受到家人不停逼婚的壓力。

雖然來到城市後他們有更多空間體驗情慾、確立男同志的身份認同，但這種男同志身份卻日益和消費掛鈎。他們全都學會如何消費和如何看起來很「基」，以符合男同志公民的理想形象，變身成誘

人的小鮮肉，迎合男同志客人。像小推説的：「你得買衣服、化妝品等。一個男同志得照顧好他自己。你得做個好看的男同志。」他們投放了許多時間金錢在衣服、配飾、髮型上，視之為必要的「工作開支」，從而扮演「見得人」的男同志。

　　然而，男同志身份有時與工作身份發生衝突，讓money boy在情緒和身體上都陷入更脆弱的處境。從事性工作意味着進行情色勞動，表達自我時需要在公開和私下之間劃清界線：什麼東西可以賣、什麼東西不能賣；身體哪些部位可以摸、哪些部位不讓人觸碰。[21]許多money boy盡力去維持這些界線。受訪者告訴我，他們通常不相信男同志世界有「真愛」，特別是在性產業裏遇到的那些男同志客人。阿軍這番見解在受訪者中很常見：

> 從我一進入這個（男同志）圈子，我就體會到同志之間沒有真愛。兩個男人生活在一起，不管他們有多相愛，他們多麼想得到彼此的承諾，最後都會分開……而在這個圈子（性產業），我覺得愛上客人是很笨的……這也是姥姥（他的老闆）教我的。他總是告訴我們不要愛上客人……甚至不要愛上任何人。

這種想法又會衍生出另一種態度，就是把工作需要的性和愛情裏的性分開。如同Browne and Minichiello (1995, 1996a, 1996b) 研究的墨爾本男性性工作者一樣，我的受訪者將「工作式性愛（work sex）」與「個人式性愛（personal sex）」分開。前者被視為「毫無意義」，當中的情感表現只是一種表演；後者被視為充滿熱情和親密性，只會和他們不收取費用的情感對象發生。像阿偉説的：

> 有很大的區別。跟客人一起時，如果他想要肛交，
> 我會躺下來讓他插我。如果他想口交，我會替他
> 含。但如果是跟我的男朋友，我會很主動。就算他
> 沒有主動要求什麼，我也會為他做……當我們彼此
> 擁抱時，會感受到那份激情。

然而，幾乎所有我訪問過的 money boy 都告訴我，他們免不了曾經越過那條界線。本章開首提到的阿紀（2004 年時 24 歲，男同志，大學生）就是愛上了妓院經理，並為他工作了半年。他從來沒有把性工作當作賺錢的手段，反而視之為找男朋友的途徑。他曾經很痛苦，因為他遇到了一個客人，是他眼中的「天菜」（heaven trade）（參照 Browne and Minichiello 1995: 610–611），也就是説這個客人激起了性工作者的幻想，象徵着「潛在的美滿將來」。這種客人所代表的遠遠超過金錢，是性工作者的奇遇。

但矛盾的是，在一方面，大部分受訪者認為在男同志以至性工作的世界裏，很難甚至不可能找到真愛；而另一方面，他們似乎又抱持着一個夢想，渴望某個客人會為他們帶來幸福的將來，他們可以在這個客人身上找到「真愛」。這些奇遇意味着愛情滲入了「工作」範圍，所產生的矛盾和情感傷害可以讓人難以承受。

當他們模糊了工作和友誼之間的界線，可能帶來更嚴重的後果。雖然他們都表示工作時有使用安全套，但有時還是會打破這個規矩，尤其是他們把某個客人當作朋友的時候。阿剛（2004 年時 22 歲，不清楚自己的性傾向，在妓院從事全職工作一年半）表示：「我做過一次（不安全性行為），我沒有用它（安全套）。我那時有點醉，感覺很好，而且他是個熟客。」阿偉説：「我認識他很久了，超過半

年，他是我的常客。他說不喜歡安全套，而且他檢查結果是陰性，所以我們就沒有用。」

他們工作時有着矛盾的身份，當一個客人來過幾次後就很容易把他當作熟客。這個客人再來多幾次後，他們便開始把他當成朋友。阿林2004年時22歲，男同志，從事這一行兩年。他在上海被一個男人包養，是他的舊客人。以下的對話，反映了他跟現任男友、舊客人，以及前男友使用安全套時的雙重標準。

> 阿　　林：對，我工作時當然都有用它（安全套）。但是我和男朋友住在一起的那一年，我們沒有用。
>
> 訪談者：但他那時也是一個MB，是嗎？
>
> 阿　　林：對……當他工作時，他有用它，他只有跟我的時候沒有用。
>
> 訪談者：為什麼？
>
> 阿　　林：因為我們視彼此為BF（男朋友）。
>
> 訪談者：所以，你和BF一起時就沒有用？
>
> 阿　　林：他說如果我們不「亂搞」，就不需要使用安全套。
>
> 訪談者：但是你怎麼知道他沒有「亂搞」？
>
> 阿　　林：嗯……我……相信他。
>
> 訪談者：所以你和現任BF有使用安全套嗎？
>
> 阿　　林：哦，對，因為我總是把他當作我的客人……雖然他當我是他的BF。

對 money boy 而言，安全套有着特殊的象徵意義。它似乎是他們區分工作與私人領域的方式。他們堅持工作時進行安全性行為，但當客人是常客時，變得比較像是朋友，他們便打破這個規則。他們和妻子或女朋友（如果有的話）或男朋友在一起時，很少使用安全套。我們不清楚他們伴侶的性生活情況，而這些非金錢交易的情感對象有沒有跟別人有過性行為、是否總是進行安全性行為等均是疑問。在情感關係的脈絡下，不用安全套的插入式性交對這些性工作者而言似乎有着重要的象徵意義，其根本邏輯就是工作＝風險＝不安全，以及愛＝信任＝安全。諷刺的是，進行有愛而不安全的性行為，因此成為風險最高的性行為。這與其他研究的發現相符：性工作者在私人性生活裏感染愛滋病病毒的風險，可能比工作場合裏更高。[22]

討論與結論

傳統以來，各國文獻大多把男性性工作者描繪成軟弱的年輕男子，性格有缺陷、童年時受到創傷、家庭失能，被困在自我憎恨、貧窮、欠缺文化素養的循環裏（例如 Coombs 1974: 784）。男性性工作者通常自稱異性戀者，強調工作的物質回報，否認從工作中得到性歡愉，只幫人進行口交，並且鄙視、甚至會暴力對待客人（如 Reiss 1961）。同樣，在中國文獻裏，Choi et al. (2002) 指出中國 money boy 進行「求生式性行為」（survival sex），他們為了取悅客人甚少使用安全套。He et al. (2007) 與 Wong et al. (2008) 均指出 money boy 的動機是經濟性的，主要是為了生存。他們的受訪者進行高風

險性行為，患有抑鬱症，依賴藥物，曾於過去或現在遭受性虐待或性暴力。

　　我的研究承繼了近年各國文獻的思路，接受男性賣淫是合情合理的工作，並檢視男性在個人和社會結構限制下從事性工作的眾多因素，包括移民、經濟收益、性歡愉、情感，以及自由等（例如 Calhoun and Weaver 1996; West and de Villiers 1993; Browne and Minichellio 1995, 1996a, 1996b）。[23] 我指出了多數受訪者都是由農村遷至城市的年輕單身男同志，他們基於各種原因來到這裏：不只是為了工作和體驗國際都會的生活（有關移民之文獻已明確討論過這一點，如 Solinger 1999; Zhang 2001; Pun 2003, 2005; Yan, H. R. 2003a, 2003b），同時也是為了體驗男同志情慾和逃離恐同的農村文化，尤其是家庭逼婚的壓力（Kong 2005a, 2008）。

　　關於公民權的討論，往往涉及一個問題：被排斥的是什麼人、被納入的又是什麼人。在中國全球化的意識形態下，後毛澤東時代、強調國家發展的論述重新建構了城鄉之間的差異，從農村遷至城市的移民置身其中，形成一種特殊的公民主體。他們如同其他城市邊緣人（如 Fong and Murphy 2006 描述的農民、罪犯、少數族群，以及都市貧民）一樣，必須面對國家急於把他們轉化為模範公民的事實（Guang 2003）。Money boy 的情況顯示了這個過程的複雜性。國家和大眾文化建立和強化了霸權式的理想公民形象，往往將農民工建構為「落後」、「低層次」和「低素質」，將性工作定性為「不道德」、「污穢」和「有病」，並批評同性性行為「不道德」、「變態」和「噁心」。

　　由農村遷至城市的移民，一般而言都是一些非正式和貧窮的農民工。他們無法取得永久居留權，社會福利和援助被剝奪，繼而背

上低素質、沒有文化的污名，導致他們在生活的眾多面向上都脆弱無助，包括就業、住屋和醫療。雖然從農村移民到城市是他們的夢想，也是他們處理自身同性情慾的途徑，然而對於那些已成為money boy的人來說，他們必須付出高昂的代價，才能達到城市人的理想標準。

來自農村的年輕男子覺得打工仔沒有前途，渴望找到另一條出路，所以從事性工作，獲得金錢回報以及其他滿足，如性歡愉、自尊、自由和工作上的自主、甚至得到向上流動的可能，以舒緩一般農民工普遍經歷過的經濟、社會和文化上的匱乏。扮演一個「見得人」的男同志公民或許有助提升自尊心，因為同性戀正慢慢擺脫病理化和異常化的論述，並漸漸與國際化和都市化產生連繫。在城市公民的理想標準和限制下，他們或許因此爭取到更好的位置。然而，正正是性工作者和男同志這雙重的新身份，為他們帶來了新的問題。

性工作可以是把雙面刃：它提供了歡愉與快樂，但也帶來了危險和威脅。雖然性工作能換來金錢和其他回報，但所承受的風險範圍甚廣，由被警察逮捕以至各種形式的威脅，例如受到客人的肢體和性的暴力，以及短暫的職業生涯與不穩定的工作環境所帶來的心理和情感上的衝擊。

在心理上與性工作切割，或許有助money boy處理這些問題。這種切割，可能是透過採用某種職業性話語來進行包裝（如一門生意或一份工作）。大多數受訪者把性工作視為賺錢工具，表現出一種無辜的受害者姿態，或只是將它當作一個認識更多「朋友」的途徑。這一種曖昧不明的「工作」認同，讓他們付上非一般的情感代價，使公共／私人；生產／消費；工作／娛樂；性／愛；客人／朋友

等二元對立變得複雜甚至矛盾，但同時也幫助了他們如何面對性工作的污名，縱使各種危險與威脅依然存在。在家人、朋友和同事面前，他們或許成功隱瞞 money boy 的身份，然而卻無法在同志社群裏隱藏自己，因為男同志是他們的潛在客人。他們遭受殘酷的歧視，被置於男同志公民層級裏的最底層。

在同性情慾方面，money boy 與上一章討論過的其他農村男同志一樣，也遇到相同的問題：結婚的壓力、以及向家人與親戚出櫃的困境。他們很少回家，而居住在城市讓他們有較多空間，過男同志的生活。但是，男同志公民的身份已越發與消費、都市化和國際化扣連，因此他們不得不趕上這股時尚潮流。

對許多男同志 money boy 來說，性工作不只是為了金錢，跟他們的性傾向也有關係。雖然他們明白在進行情色勞動時保持界線的重要性，但大部分人還是跨越了那條線，甘願冒上悲劇收場的情感風險，甚至面對感染愛滋病病毒的生命威脅。「婊子無情」並非只可理解成一種道德譴責，更是一種必須堅持的職業倫理（Ho 2000: 285）。[24] 然而，儘管扯皮條一再告誡甚至訓練他們不要愛上任何人，對「真愛」的渴望仍然諷刺地驅使他們一次又一次地跨越界線。

國家的法律限制讓 money boy 不能取得城市永久居留權，加上政府對（同性）性交易的嚴打政策、性工作的短暫壽命，以及鄉下的恐同文化，他們因為種種原因成為了短期的臨時工，在不同的工作場所和城市徘徊，遊走於性工作和其他工作之間。Money boy 是轉瞬即逝的酷兒主體，活在「酷兒時間」裏，置身於「生育與家庭的時間之外、勞動與生產邏輯的邊緣」（Halberstam 2005: 10）；他們出沒在「酷兒世界」，即那些早已被其他人遺棄、但由始至終又不屬於他們的空間，例如公園、妓院、按摩院、客人的單位。[25] 他們生活

隱密，甚少在工作或情慾空間以外的社交網絡中獲得幫助，他們的
世界好像離不開客人和同志的圈子，以致生活陷入一個封閉的
循環。[26]

　　男性性工作就像一個舞台，置身其中需要面對各種挑戰、應付
各種權力關係。而性工作者的身份正正涉及一種策略性的自我建
構，在性交易的商業過程中不斷應對不同的風險與危險、尋求快樂
與收穫、時而感到希望、時而感到絕望。Money boy 的例子體現了
當代中國城市裏，一種發展出自我的策略方式。儘管有些人會利用
農村背景抬高身價，為自己建立單純、天真和順從的形象，但他們
遷移至城市之後，生活上確實被剝奪了許多權利。相較於其他農民
工，他們的經濟狀況普遍來說較為理想，逃離了打工仔的厄運。然
而，性工作者仍受到各種肢體暴力、性風險和心理不健康等威脅。
雖然許多男同志透過遷徙逃離恐同的農村文化，但男同志 money
boy 的身份不僅把他們導向炫耀性消費，同時也帶來性工作的風
險，包括感情關係悲劇收場，甚至生命受到危害。

　　三種互相緊扣的身份——農民工、性工作者和同性性關係，
創造了 money boy 的複雜人生。跟其他活在城市邊緣的人一樣，
money boy 被困在城市公民權的階級世界，因為自己的社會階層、
性別、情慾、職業和移動性等受到差別對待，在農村／城市；高素
質／低素質；道德／不道德；健康／有病等二元對立下苦苦掙扎，摸
索出自己的身份。中國全球化下，自由化、現代化和國際化等進程
造成了具有支配力量的權力網絡，money boy 置身其中，無法脫
離。在我最後一次訪問阿軍時，他輕聲告訴我：「也許有一天，我
會遇到一個真正愛我的人，他會支持我念書，那麼我會回到學校，

取得文憑，然後找一份好工作！嗯……我知道這是不會發生的。」
做一個 money boy，就是一方面懷有夢想，另一方面又明白這個夢
想永遠不會實現。

跨越國界的華人男同性戀與公民權

在全球化、去殖民化和新自由主義的巨浪下，帶有現代特色的同性情慾開始在當代華人社會浮現，建構着各式各樣的男同志身份，當中混雜了不同元素。在香港，有重視國際視野和炫耀性消費的 memba；在倫敦，有被女性化的離散「金童」；在中國，則有成功融入城市文化的「同志」和「低素質」的 money boy。他們這些人，全都被捲入全球性同志文化的跨國流動之中。

此書在全球文化的脈絡下檢視了這些新興的性身份，探討了香港、倫敦和中國大陸（主要是廣東、北京和上海）的華人男同志如何在不同的政治、經濟、社會、文化和歷史環境下成為性公民。這些新興的同志主體，讓我就各種問題作出反思，包括同志運動在對抗社會歧視與爭取平權方面應走什麼路線？同志流行文化與消費場所帶來什麼樣的歡愉與風險？看似普世標準的出櫃模式與「家庭生命權力」（family bio-power）之間的張力為何？以及另類家庭與親密關係的實踐會出現什麼的可能性？

此書首先討論了身份這個概念。現代西方理論通常把身份假設成一種穩定、單一、清晰可辨的人類主體。因此，在性/別及種族/

族群研究中，「女人」、「男人」、「異性戀」、「同性戀」、「西方人」和「東方人」等身份均被假設為相對穩定、單一和清晰可辨的人種。[1] 這種假設掀起了不少爭論，包括這些主體的起源為何（天生而成抑或由社會建構）、他們的身份或角色如何隨着社會或道德而轉變、以及這些身份在面對壓迫時如何抗爭。我採用了解構主義、酷兒理論與黑人女性主義的觀點，提出華人男同志身份的概念，並指出這種身份的建構過程不是單一而成的，而且這個過程既不穩定，亦具有規管的作用。性身份是多樣化的，總是跟各種身份元素或差異類別（如性取向、種族與族群、階級、年齡、國籍、性別、能力等）交織和結合。然而，性身份的多樣性並非等同這些差異類別的總和，而是時時刻刻、在特定的體制下，由各式各樣、甚至互相矛盾的壓迫力量所形成，亦可說是各種差異互相交織的結果。因此，我們應從「差異政治」（politics of difference）的角度去理解性身份，避免落入身份的單一想像，埋沒同性情慾的多重經驗。此外，確認自己的男同志身份不一定會帶來解放。我認為身份的建構帶有規範和監管的效應，因為當個體的自我與行為被下了單一的定義，就必定排除了其他塑造自我、身體、慾望、行動和社會關係的可能性。我的目的並非要放棄身份作為一種自我認知與政治行動的基礎，而是重申其開放性質，強調我們應持續討論身份的定義和意義。我希望能藉此培養一種包容的文化，讓多元的聲音和訴求得到抒發和接納，為同志生活和身份政治添上更多意義。

「差異政治」的觀點，符合了後結構主義的「權力／抵抗」理論框架。我正正是參考了 Foucault (1980, 1982, 1988, 1991) 有關生命權力（bio-power）、治理性（governmentality）和自我的藝術（the arts of the self）的觀點，以華人男同志為例，理解非西方及非規範或非正典

(non-normative) 的性／別社群如何建構身份與公民權。Foucault 指出權力運作同時有着壓迫和創造兩方面，而我亦認為權力是多樣、流動和複雜的，如同「分散式霸權」(scattered hegemony)（Grewal and Kaplan 1994: 7）一樣，在體制、社群、個人等層面，以跨國的規模影響着我們的日常生活，通過異性戀規範、父權、性別主義、種族主義、民族主義等，不斷地規管和監控着性，同時賦予性具體的意義。我們就是在這種無所不在的規範和監管下，被塑造成性公民。

　　然而，被支配的空間，同時也是醞釀反抗力量的空間。權力支配的範圍，以及抵抗力量的規模，均受制於特定地區的政治、社會和文化環境，同時也受到主體的位置所影響，因為不同主體擁有不同資本。無論是透過公開、高調的政治行動，或是無聲無色的「弱者政治」(politics of the weak)，他們都在建構着同志身份、公民身份，以及反公共空間 (counterpublics)。例如被列入政治議程之中的同志訴求、文化領域中同志形象的表述／再現、同志消費場所的湧現、一瞬即逝的同志空間之形成，以及各種另類親密關係所代表的「生命實驗」。本書正是透過華人男同志的個人生命故事，探討了他們與國家、市場、大眾媒體、流行文化、公民社會、家庭、婚姻等社會體制之間的關係。我們因此了解到他們如何重新定義自我，或是作出掙扎、調節和反抗，從而建立一套策略，摸索性／別實踐的不同可能性，開展自己的生活。

　　廣義來說，本書是在全球化的命題下，分析非西方及非規範的性／別實踐的研究。受到 Inda and Rosaldo (2002: 9–26) 對文化帝國主義的批判所啟發，我將全球化視為一種複雜和不對等的過程，當中涉及三種方向的「流動」，彼此互有關聯：「從西方移至其他地方」的流動，即西方主導的酷兒身體、身份、資本和論述等如何流

通到香港、中國等非西方的城市或國家；「從其他地方移至到西方」的流動，就像從香港移民到倫敦的男同志的移民經驗；以及「他方之間的流動」，例如亞洲社會各地之間的酷兒流動，特別是香港與中國大陸之間的互動關係。三種動向一同建構着同志的身份、情慾與公民權。

本書先從香港出發。殖民的歷史因素，讓這個城市被捲進了全球化的進程。而我的分析聚焦在三個權力被同時支配／抵抗的空間，包括國家（或政府）、公民社會和私人領域。

國家在規管性方面扮演着重要角色，因此國家是我第一個檢視的權力支配／抵抗空間。藉着強調國家的角色，我把分析的焦點從身份認同轉移到文化公民權的層面。我們檢視國家與個人身份之間的關係時，帶出了一個重要的問題：一個人如要成為一個民族國家的「有效的」、完整的社會成員，先決條件究竟是什麼呢？這個提問揭露了文化公民權的標準是如何建構出來，並如何在社會被使用。因此，我們得以設想踰越這些限制的可能性。

在殖民政府管治下，香港遵從英國的法律，同性性行為亦首次被列為刑事罪行（1842–1990）。1991年的非刑事化，是為了回應各項政治與歷史因素而作出的策略性回應。我們不應視之為殖民政府肯定同性戀、贊同同志權利，或是認可同志生活方式的舉措。然而，非刑事化確實帶來了各種影響：它為私下進行某些性行為的男同志提供了保障，促使了女／男同志社群與文化的出現，亦孕育了新的公民主體：「同性戀」。然而，這次非刑事化把性限制在私人領域之內，懲罰那些違反界線的男同志，把同性戀人士區分為「好」與「壞」兩種，並促成了政治冷感、崇尚享樂主義的（男）同志次文化的發展。

　　香港政府的管治影響着同志運動的形態。西方文獻有關性公民權的討論往往把異性戀人士假設為擁有完整公民權的人，但我認為在殖民政府統治時期和當前特區政府的管治下，不論是異性戀抑或同性戀，香港人都只是擁有局部的公民權。隨着政權交替，香港人的公民權從重視守法的「殖民公民權」，轉變成講求自給自足的「進取公民權」。殖民政府以「尊重當地文化」之名，透過建立「低度的社會與政治整合的體制」(Lau 1980)和強調奉公守法的公民責任，令香港社會去政治化。特區政府則是以「和諧」及「穩定」之名，反對任何「激進」的民主改革(例如實行全民普選)，並強調自給自足、自力更生、個人發展的重要性，培養出一種針對自我的特有道德觀，將公民視為一種「政治冷感卻富有經濟生產力的主體」(Ku and Pun 2004: 2)。

　　在這個特定的後殖民背景下，我們可以更細緻地理解性公民權的概念。這概念牽涉了第一章提到的三項重要爭議：一、性公民權的意義究竟是在於設定「正常公民」的標準，好讓同志遵循，抑或在於提供一個挑戰異性戀規範、創建同志生活的可能性？二、性公民權與粉紅經濟互相扣連，成為一種國際化、建基於階級背景的消費公民權，這能否促進文化上的歸屬與認同，抑或只是按照階級、性別、種族與族群、年齡、身體類型、出身地等差異，把某些同志主體進一步邊緣化？三、性公民權會否將出櫃與同性婚姻(即一對一的關係模式)變成普世標準，讓一直實踐着另類親密關係的同志(尤其是男同志)陷入邊緣化的困境？

　　關於第一個問題，我認為過去的同志運動往往順應着政府的說法，推行着一種避免衝突、融入主流的運動模式，壓抑了任何激進或踰越界線的政治。這種運動所提倡和宣揚的性公民權的概念，與

奉公守法的殖民主體幾乎同出一轍，兩者均強調着一個低調、親建制、遵從主流的個體。2005年的國際不再恐同日與2008年的第一屆香港同志遊行帶來新的曙光，令人鼓舞，因為這些活動正視了同化與抗爭之間的矛盾。他們所倡議的性公民概念，是認為一個人既可以是「正常的」，又可以是「不正常的」。既爭取平等權利，亦強調同志與直人之間的差異；既爭取主流社會的接納，亦挑戰社會的異性戀規範。再者，他們所追求的是一種聯盟式政治，結合同志與非同志等不同勢力。這可謂更為適當的策略，超越了身份政治，將同志運動整合在廣大的民主運動大傘之下。然而，香港同志運動人士的當務之急，是要持續奮戰，以化解第一個問題指出的矛盾，避免同志生活被異性戀霸權收編的威脅，以重拾同志原有的顛覆性潛力，批判社會。也就是說，同志運動人士必須找到一個方法，對政治與文化環境保持敏感度，嚴肅處理各種矛盾，包括抗爭式政治與「社會和諧」之間如何取得平衡、西方酷兒政治（尤其是出櫃模式）與華人家庭裏的規範式生命政治之間是否一定存在矛盾、如何分辨「好」的同性戀公民與「壞」/「危險」的性異見分子，以至如何處理同志社群內部因為性別、階級、年齡等差異而形成的分裂和分歧。

香港文化被視為政治冷感，相關文獻指出香港人往往尋求非傳統的渠道去調解不滿（Lam 2004），將注意力轉向經濟消費或文化創作（Abbas 1992）。同樣地，由於政治體系受到封鎖，同志的力量被轉移至其他領域，特別是民間與私人領域，當中有着充滿活力的同志次文化、極富熱情的文化生產和同志世界、令人着迷的身體消費和表演、酷兒化的公共空間，以至顛覆傳統親密關係與家庭定義的情慾實踐。

我檢視的第二個權力支配/抵抗空間，是公民社會。我在此探討了香港同志的性政治，以及其公民權的建構過程。雖然政府的管治妨礙了社會大眾透過公民教育與學術討論來發展批判思維，但一個更有活力的同志文化世界已在大眾媒體與流行文化中浮現。同志運動通過文化領域成功改變了同性戀的形象，從傳統以來被認為是有病的變態個體，轉為一個國際化、擁抱跨國同志文化的新主體。雖然恐同論述仍充斥於八卦刊物與其他媒體，但一種新的歌頌同性戀的現象已出現在大眾媒體及流行文化之中（主要是獨立和非牟利的文化產品，而非主流文化）。同志公民多姿多采的生活，生動地呈現在電影、流行音樂、戲劇、小說、網誌等文化商品，顛覆性地挑戰着公民的「正常」生活。不論異性戀與否，何為正常/變態、異性戀/同性戀、陽剛/陰柔、好/壞等假設均受到質疑，更可能被重新定義。

然而，作為公民社會的一部分，同志文化的世界並非獨立於各種社會限制之外，例如它仍然受到政府的管控與審查、商業的考量、資金與贊助，以及部分由基督教與天主教教徒主導、積極和公開地反對非規範性/別的非政府組織的反撲。這些限制可以從以下例子看到：政府向香港電台節目《同志‧戀人》發出警告；女同學社統籌藝術展覽，部分展品遭受審查；以及香港同志影展選片的困難，一方面挑選歐美商業鉅製（通常是中產男同志的故事）以保票房，另一方面照顧另類、獨立與本土的電影，以及描繪女同志、跨性別和勞動階級等的作品。各種利益互相角力和交織，因此我們在分析香港同志在文化空間所享有的能見度時，必須加倍謹慎。

或許，同志圈中發展得最蓬勃的，是大量的同志消費設施。對香港同志（尤其是memba）而言，性公民權有着不同面向，但其實

消費公民權才是發展得最為全面的一部分。這種消費性的男同志公民權，把男同志身份認同與消閒和生活品味掛鉤，一方面對政治冷感，另一方面強調對經濟作出的貢獻，可說是香港公民主體的典型例子。

這一點牽涉到性公民權的第二項爭議，亦即粉紅經濟的討論。由於社會仍限制着同志的公民、政治與社會權利，同志消費主義似乎成為了最主要的示威方式，宣示着同志的經濟力量。但諷刺的是，這股同志力量卻建基於跨國中產品味主導的全球性粉紅經濟，以及全世界對霸權式男同志陽剛氣質的崇拜之上。這種同志公民的定型有時候不但不能促進文化上的團結與認同感，反而會造成更多分裂，導致各種同志公民階級的形成：[2] 周遊列國的中產 memba、男同志移民與湊魁仔（potato queen）、新興的中國大陸男同志移民與 money boy 等的「邊緣人」，以及其他按照年齡、身體形態、性別操演等差異而劃分的底層階級。香港 memba 實踐着一種「彈性的同志公民權」，意即通過服從、抵抗與重新定義等方式去應對社群對男同志陽剛氣質的崇拜，並利用既有資本為自己尋找一個合適的身份，以遊走於不同的同志空間，處理當中的權力關係。

一直以來，女性主義者都強調「個人就是政治」。因此，私人領域是我所探討的第三個權力支配／抵抗空間。這也是性公民權第三個受到爭議的範疇：性公民在私人領域建立着怎樣的親密關係？一般而言，一個模範公民往往遵從一種以異性戀為中心、一生一世、一夫一妻的劇本，其合法性由婚姻制度所確立，通過作為社會基本單位的核心家庭表現出來。我認為「家庭生命政治」（Ong 1993, 1996, 1999）正正是國家為人民定下規範的工具，透過一系列意識形態與家庭實踐，監控着健康的、有生產力的、發揮生殖功能的，以

及異性戀的身體。家庭式異性戀規範衍生自生命政治,透過家庭制度產生(其特色是功利家庭主義,或特區政府管治下的「和諧家庭」),並隱藏在一對一的伴侶關係之中。

出櫃對同志而言向來並非易事,因為它是一個終身的歷程,必須在強制異性戀的日常世界裏反覆實踐(「出櫃」或「不出櫃」)。典型的西方出櫃模式通常建基於個人主義對自我的重視,一個「出櫃」的人才有資格成為一個「見得人」的性公民。我以香港memba為例,質疑了這種出櫃模式應否成為性公民權的普世標準和先決條件。畢竟,它似乎與華人家庭中「關係式自我」的概念互相牴觸。Memba為求摸索出自己的同志身份,往往採用不同「戰術」,包括完全躲在衣櫃、與異性結婚、說謊、含糊其辭、以「沒錢沒時間」為藉口、保持沉默、重新定義「孝順」的意思,以至徹底出櫃,從而存活在生命政治所規範的異性戀家庭中,並創造出個人的性空間。

香港memba並不熱衷於談論同性婚姻,但卻熱切地投入各種親密關係,不會跟從異性戀霸權下、圍繞着「一對一」觀念的戀愛方式、婚姻生活、親密關係和家庭實踐。他們擁抱的觀念,是由自己所選擇的家庭,當中不僅有原生家庭,也包括「自選家庭」,後者由一大群人所組成(例如男朋友、密友)。它模糊性和情色的定義,挑戰着「愛人」、「朋友」、「伴侶」、「家庭」等詞彙的傳統意義。正如Bell and Binnie (2000: 134) 所強調,這種對友誼與家庭的訴求有着政治上的意義,代表了重塑性公民權的渴望。此外,即使是已有伴侶的香港memba亦會繼續冒險、繼續戀愛,遊走於較為女性化以追求白馬王子的浪漫劇本與較為男性化以追求刺激的性愛劇本。有些伴侶一起出動,有些分頭行事;有些公開尋歡,有些秘密行動;有些講求明確規則,有些只需雙方默許。從數之不盡的炮友(「2+n」

模式)到「高質」的後備情人(「2+1」模式),不同關係各適其適。透過這些另類親密關係、生活模式和生命實驗,他們超越了強制性一對一關係的主流文化。

香港是本書分析華人男同志身份和性公民權的第一個例子,但如要了解全球化的不同過程對華人男同志身份所產生的影響,我們可以從倫敦與中國大陸的例子得到更多啟發。香港男同志移民到英國倫敦,在前宗主國的首都定居下來。雖然不少文獻把全球化假設為一種「從西方到他方」的流動,但 Inda and Rosaldo (2002) 準確地指出人民、商品、圖像、觀念和資本等同時也會由「他方」流入西方,讓「第三世界人民在西方大都市留下重要的印記」(18)。因此,當我們分析全球化的現象時,「從他方到西方」的流動是另一個重要的面向,而本書關於倫敦一章的內容,正正是來自香港同志移民在英國生活的故事:他們為什麼遠走他方、身處異地後又是過着什麼樣的生活。

移民到倫敦的香港男同志主要分為三種類型,包括被英國男友帶到英國的海外「新娘」、順應家庭規劃而跟隨家人前來的兒子,以及為了個人發展而有計劃地隻身移民的人。身處倫敦,他們往往會面對不同問題,這些問題都跟性公民權有關,來自國家、公民社會和私人領域之間的角力。

這種離散的酷兒主體得以形成,部分是因為國家再一次扮演着重要的角色。身為少數族群,香港男同志移民受制於種族與族群的論述,也被各種移民與法例和歸化政策所限制。在英國,雖然華人被視為「模範族群」,然而在政治領域裏他們的代表性仍然不足,在大眾文化中亦缺乏能見度,在職場上更比英國人容易碰到「玻璃天花板」的問題。在「族群統治」(ethnocracy)的階級世界裏,他們處

於英國人與其他少數族群之間，包括南亞裔英國人和黑人／英籍黑人，以及其他「邊緣人」，如新歐洲移民、非法移民和難民。在這種族群政治中，無疑有着「英國人優先，華人第二」的基本秩序。

一方面，這些來自香港的華人男同志移民受惠於英國的同志運動。有些人透過2004年實施的民事伴侶法取得英國護照，順利獲得居英權。他們投入在倫敦聞名的同志次文化和社群，在跨國大都會體驗着令人難忘的同志世界。他們都認為，如果當初留在香港這種地方，將永遠無法擁有這些經驗。然而，他們也面對着英國男同志社群內部對性既刻板又殘酷的定型，以及把同志身體按種族分級的市場化現象。在英國男同志社群裏，中產、來自城市，以及陽剛的白人具有支配地位，被建構成標準的英國男同志公民，而華人男同志則是安靜與陰柔的「金童」，屬於次等的英國男同志公民之一。

私人領域中的「跨種族關係」一直是酷兒離散研究的重要課題，亞裔酷兒離散（尤其是亞裔美籍酷兒）研究對此就有詳盡的討論（如Eng 2001, Eng and Hom 1998; Leong 1996）。我的受訪者的故事豐富了相關研究，亦讓我對於「對白人充滿慾望和想像」提出質疑。居於英國的香港華人男同志漸漸地操練出一套戰術，時而熱切擁抱「金童」形象，時而斷然拒絕其刻板定型。種族主義和有關性的論述塑造着男同志關係裏的各種慾望，他們置身其中，就必須尋找方法去作出調整，為關係重新定義，以應對這一切。

來自香港的男同志移民同時身處三種文化：一、英國文化代表着一份自主、一種對品味的執着，同時也滲透着白人的優越主義與種族主義；二、華人文化提供了具體和實在的經濟支援與文化認同感，但卻帶來家庭壓力、義務與責任；三、英國男同志文化象徵着性自由與解放，但也強化了性的刻板形象和身體的市場化。男同志

移民的離散公民權就這樣形成了，當中涉及了階級、家庭與「種族」等身份元素的相互交織。

中國大陸，我們發現另外一種時常被忽略的「全球化」進程：「他方」之內的移動，也就是「那些繞過西方的文化迴路（circuits of culture），讓邊緣國家互相連結」（Inda and Rosaldo 2002: 22）。Yang（2002）曾研究上海大眾媒體與跨國主體的形成，她認為比起西方文化，香港與台灣文化對上海流行文化的影響更深。她指出：「批判理論（critical theory）單純地將資本主義視為西方的影響力，這種觀點有不足之處。在後毛澤東時期，中國面對的是香港、台灣以至東南亞的海外華人所發揚的區域性或跨國性的族裔資本主義（ethnic capitalism）。」（337）這種經濟發展，有着文化上的意義。本書探討的正正是流通在華人文化地區之內/之間的種種性現象，尤其是香港和西方同志文化的入侵對中國大陸同志文化的影響。

中國在過去幾十年經歷了巨大的變化。中國人的公民權模式從毛澤東時代的「社會主義公民權」，轉為改革時期的「市場公民權」。現時，「新新中國」在世界舞台上展現出現代、開放和全球化的一面。我們見證着各種轉變：流氓罪在1997年被刪除、同性戀在2001年被剔除出精神病名單；國家減少對工作單位與家庭內私人事務的調控；全國性的愛滋病防治工作有所加強，包括電話服務熱線和健康工作坊的設立，當中不少項目受惠於由海外以至香港、台灣等地的同志運動人士之間的跨國網絡；大眾媒體、互聯網和其他通訊科技相繼興起；大城市出現同志消費場所等。這些新的發展不只讓各種同志身份快速形成，例如「同志」和money boy，也促進了1990年代以來在性、愛情和粉紅經濟方面的交流與互動。「新新同志」正式出現：他們逐漸脫離病態與變態的形象，朝着「良好的城

市公民」這個形象邁進，不但見多識廣、文明有禮，而且國際化、「素質」高。

　　雖然國家現時根據新自由主義的意識形態推動着（同）性文化的發展，但同時亦施加了限制。不少例子均證明同志文化仍受打壓：政府針對酒吧、夜店、桑拿和咖啡廳等同志消費場所頻密地進行突擊檢查，對男性性工作者則採取「嚴打」行動，同時亦會審查有助提升男同志能見度的大眾文化，例如取消或阻礙北京酷兒影展舉辦等。由於中國過去政治動盪，「社會運動」與「人權」等詞彙一直有着特殊分量，且高度敏感。組織活動或成立工會絕非易事，因此在制度層面爭取同志權利或是作出集體抗爭都相當困難，集體性同志公民權的發展可謂難上加難。中國大部分同志相關的非政府組織必須偽裝成愛滋病組織，一方面得到官方認可與財政支持，另一方面卻也受到政府官員的緊密控制與監督。

　　至於在社群層面，中國大陸的同志消費場所跟隨了香港和其他已開發城市的腳步，令同志身體的性慾化與市場化成為新的常態。這種發展在中國的性工作者身上尤為明顯。當新新同志一直努力地成為時髦的新城市主體時，有着複雜身份（集農民工、性工作者和男男性接觸者於一身）的 money boy 卻被建構為一種流動的和被支配的城市酷兒他者，他們熱切地追尋着一種總是不能觸及的「可敬的」男同志公民權。

　　在私人領域，中國大陸男同志和香港的男同志一樣，仍然在新儒家思想主導的家庭環境裏掙扎，面對着出櫃的問題。雖然大部分人仍然留在衣櫃且和女人結婚，但新新同志的新故事正不斷出現，包括向家人出櫃、維持單身、和女同志結婚，甚或討論跟同性結婚。這些故事着重的是個體性、差異性與平等性。有關同性婚姻的

討論，突顯了性公民這個概念所引發的矛盾。大部分同志面對的障礙就是：爭取平等權利或許能提升同性戀主體的能見度，但這個主體將被視為性公民的一部分，無疑會引來更多的政府監控；另一方面，即使同性婚姻能為同志提供法律上的保障，比起法律上的歧視，解決家庭壓力和社會污名似乎更加急切。

＊＊＊

我走訪了這三個地方，採用了Foucault關於治理性（governmentality）、生命權力（bio-power）和自我技術（technologies of the self）的概念，在權力／抵抗的理論框架下指出了公民權的形成過程有着雙重元素：「被製造」與「自我製造」。一方面，Foucault提出的生命政治顯現在各種「分散式霸權」裏，限制着男同志的生活；但另一方面，正是由於自身的性公民權被污名化，受訪者才會追求「解放」，重新定義自我，開闢新生活的道路。

透過檢視這三個地域，我們對於性與新自由主義管治之間的關係有了更全面的理解。國家是我們最需要留意的主要體制，表面上開始撤出私人生活的領域、造就了充權的機會，但同時亦帶來新的限制。它認可了某些形式的非規範的性行為與親密關係：在英國，同性戀已非刑事化、性行為的合法年齡與異性戀一致、《民事伴侶法》亦已實施；在香港，同性戀同樣已非刑事化、合法性交年齡與異性戀一致；在中國，同性戀不再被視為流氓行為和刑事罪行，亦被剔除出精神疾病的名單。然而，國家同時按照自己的機制和規範為性公民的權下定義：例如在英國與香港，同性戀非刑事化深化了公共／私人領域的分野，亦促成政治冷感的同志次文化的發展；而在中國，政府經常對同志消費場所被進行突擊檢查，對男性性工

作者則採取嚴打政策，同時亦對有助提升同志能見度的大眾文化施以審查。值得留意的是，國家與市場保持着緊密的關係，尤其體現於它對新自由主義意識形態的認可。這種意識形態孕育了一個懂得規管自我的新自由主義同志主體，而這個主體內化了國家的標準，要成為一個負責任、會獲得別人尊重的公民。然而，這些標準在把性和「他者」正常化的同時，也劃下了「好」公民與「壞」公民之間的界線，並對非政府組織與家庭產生了新的規範性影響。

談到非政府組織時，我們必須關注國家如何與部分非政府組織策略性結盟，以進行「文明與體面的統治」(a reign of civility and respectability)，對性行為、身份、資訊與交流施以管制。[3] 例子包括一些發生在香港的媒體審查事件，以及國家透過資助或支援同志非政府組織加以控制，要求這些團體負起一些新的責任，藉此施以專制式管治。在香港和中國大陸，大部分同志非牟利團體更必須將自己包裝成國家認可的公共衛生機構（特別是與愛滋病相關的機構）。同樣，我們必須繼續留意國家如何利用家庭作為管治工具，再製「健康」的異性戀而邊緣化家庭中可能存在的同志成員。

在公民社會方面，我們可以從各種地域裏的同志運動看到女／男同志的情慾政治。同志齊心對抗歧視，尤其是在英國，他們成功爭取到與異性戀一致的合法性交年齡，以及民事結合的權利，間接造福了來自香港的同志移民。香港與中國大陸的同志運動走着不同的路線，分別受到(後)殖民主義與後社會主義意識形態的巨大影響。同志運動在不同場域裏面對着不同的困境，有着不同的發展，而這些運動也對本土特有的社會、政治與歷史因素具一定程度的敏感度，因此西方的同志運動模式不應被視為一種通用的標準，用來評價非西方社會裏的同志運動。

　　在塑造性與文化公民權之間的關係這方面，大眾媒體與流行文化扮演着關鍵的角色。在上述三個地域裏，正面的同志形象愈來愈多，逐漸脫離過去對女／男同志的刻板定型。然而，公民權的概念向來建基於納入與排斥這兩種元素，而見多識廣、中產、城市化和全球化的同志主體就成了一種霸權形象。某些酷兒或同志主體處於被支配的底層位置，曝光率嚴重不足，持續地活在年齡、階級、種族／族群、移民身份、體形、性別表達等差異造成的分界之下。

　　在同志社群內，同志身體的市場化非常顯著。在三個地域裏，市場化根據「分散式霸權」的邏輯，以粉紅經濟、世界主義、男同志對陽剛氣質的崇拜、種族主義、都市化等形式運作。雖然這個社群提供了大量的文化空間，讓男同志得以透過共同的情慾、語言和價值相認，但必須留意的是，這個空間亦令到同志身體被商品化、被賦予一種異國情調，以及總是跟情慾掛鈎。在倫敦男同志場所的「金童」，以至中國大陸的 money boy 都是明顯的例子。

　　私人領域是我們尋找愛與親密關係的地方，但在這個空間裏，人們還是會受到權力的支配，而異性戀式的家庭規範亦再一次被強化。出櫃對中國大陸的男同志來說仍然是一個重大問題，他們必須在家族生命政治的支配下找到各種策略，處理自己的性身份。然而，我們應保持質疑的態度，不宜武斷地將這種家庭制度等同於「華人性」（Chineseness），更應反思人們利用這種公式為達到什麼目的。雖然部分受訪者的確符合這種公式，繼續躲在衣櫃內，宣稱自己是「好」的性公民，但私人領域亦出現了各種具顛覆性的情慾實踐。這些實踐重新定義了家庭與親密關係的意義，推翻着各種情慾規範，包括保持單身、與女同志結婚（亦即「便利婚姻」或「形式婚姻」）、進入同性婚姻、採取 2 ＋ 1 或 2 ＋ n 的關係模式，以及其他更多的可能性。

　　透過檢視這三個地域，我們不只更全面地認識了性與新自由主義管治之間的關係，也更充分地掌握了性與全球化之間的關係，後者正是第一章提出的最後一條問題。人們通常把全球化想像成一種穩定、單一的過程，當中非西方主體往往被建構為被動的文化接收者。這種把文化影響力視為注射式 (hypodermic) 效應的觀點，忽略了非西方主體如何自行定義西方文化。就同性戀來說，全球性男同志身份的概念通常假設西方以外的男同志能被輕易地洗腦，被動地接收着支配全球的西方男同志文化。

　　然而，我在本書分析了華人男同志如何詮釋、翻譯和挪用看似屬於西方的同性戀概念，加以轉化，並且在中國文化的脈絡下應用於生活之中。一方面，我不認同應由全球性（即「西方」）男同志定義男同志文化的由來，這種觀點容易將華人男同志定性為「永遠的後來者」(Rofel 2007: 91)。另一方面，我也反對尋找中國同性戀傳統的「真正」根源，因為它根本不存在。我一直在尋找一種論述方式，去超越memba、同志、金童、money boy等當代華人男同志身份所代表的狹隘想像，拒絕落入「相似／相異」、「同質／異質」等二元思維。「西方」和「東方」（或是「中國」）、全球與本土，其實都是想像出來的文化空間。無論是全球性抑或華人男同志身份，都是被建構出來的，也是策略性地取決於一個人在不同社會文化處境的位置。換言之，與其追問為什麼在華人男同志身上找不到全球性男同志身份的特點、陽剛的氣質，或是公民權的種種標準，不如提出更有建設性的問題：為什麼華人男同志身份在全球性的政治經濟下會處於底層位置？他們如何忍受這種不平等？他們又如何挑戰着我們對男同志、陽剛氣質，甚至是性的種種假設？正是這種「格格不入」的狀態，讓我們培養出一種同志獨有的洞察力，以了解地緣政治環

境如何影響着全球性的酷兒政治。此外，從跨國的角度分析各種華人男同志身份亦有助於破解「華人性」(Chineseness) 的迷思：身為華人的意義會隨着地域不同而轉變，華人並不存在某些固有、不變或普遍的特質。這種被改寫的文化邏輯，發展成一種複雜的「社會過程，當中有着迥異的跨文化實踐」(Rofel 2007: 94)。我們亦因此開拓出酷兒視野，慢慢地掌握「全球性的酷兒文化下，華人男同志身份、實踐和慾望」的各種意義。[4]

＊＊＊

我在本書結合了同性戀社會學與酷兒理論，並且在跨國的層面分析了被邊緣化的華人男性 (不論是「基」、memba 或「同志」) 的自我認同，以及性公民權的建構過程，進而反思同志政治作為社會與民主運動的意義。我一直關注社會結構和公共秩序如何影響着身份與公民權的形成，同時也沒有忘記語言、修辭和論述如何把我們的生活文本化 (textualized)。我採用了個人生命史的研究方法，強調着人類經驗的複雜性、日常生活的具體性，以及人類作為行動者的各種自我反思之能力。我探討了主體如何作出調節，以應對全球化的進程，尤其是當中不對等的跨國流動。我亦針對社會歷史環境進行了在地的分析，以了解非西方和非規範的性/別問題。

無可避免地，本書提出的論點並不全面。我的樣本較細，而且聚焦於男同志。事實上，主體不斷轉變，即使我想捕捉這個歷程也會受到限制，雖然其中一些受訪者更在十多年來接受了我多次的訪問。透過民族誌方法論提到的「偶然時刻」(moments of contingency)，我盡可能從受訪者整體的敘事中提取出「真相的一部分」(partial truth) (Clifford 1986: 7)，亦明白到這種敘事是由「語言、修

辭、權力與歷史」所組成。此外，身為作者，我亦面對着把受訪者故事「再現」的問題。我試圖貼近「真實」，但也可能過度地加插了自己的意見 (Denzin and Lincoln 1994: 577–578; Krieger 1991: 5)。更根本的問題是，我可能無意地把自己主張的理論和立場放大了，一方面批評（西方世界裏）規範情慾的權力／知識體制，另一方面卻把自己的文字化為另一種「大敘事」(grand narrative)（雖然本書應該是一種「小眾書寫」〔minor writing〕）[5]，在點出某些關於華人男同志情慾的絕對「真相」時，我可能已經壓抑了其他聲音。

儘管存在這些潛在缺點，本書仍突顯了各種有助思考和行動的框架。在過去數十年，它們塑造着香港、倫敦和中國大陸的同性戀主體。我探索了一些讓同性戀經驗得以成形的重要環境和脈絡，並揭露了背後更深遠的歷史轉變。此外，我亦希望呈現出西方的所謂「普世」價值與論述和中國文化與傳統，如何對華人男同志身體產生深遠的影響。只有在全球性酷兒文化的脈絡下，人們才能想像出 "memba"、「金童」、「湊魁仔」、「同志」、"money boy" 等詞彙和身份的意義和內涵。我期望，在全球與本土、現在與過去、熟悉的國度與「異國」的文化差異之間，我們能夠開創一個包容眾多聲音的第三空間。

附錄一

方法論

　　1997至1998年間，我在香港及倫敦訪問了34位華人男同志；十年後，於2007至2008年間我再度訪問了其中三分之一的朋友，並額外訪問了26位華人男同志（11位居於香港，15位居於廣東），合共60段生命史。我主要是透過人際網絡和香港同志組織如智行基金會、午夜藍、香港彩虹等的介紹接觸受訪者，然後再以滾雪球方式尋找更多受訪者。我盡可能搜羅不同背景（包括年齡、教育程度、婚姻狀況、家庭狀況、職業等方面）的對象，以反映這個社群的多樣性。此外，2004至2005年間，我在北京和上海訪問了另外30位中國男性（北京14人，上海16人），他們為男性性工作者，專為男性提供性服務，其故事收錄在本書第七章。

　　有一點我們必須知道，就是研究被污名化的隱藏社群，從來都不可能取得具備「代表性」的完美樣本，因此我也不會宣稱受訪者的遭遇能代表所有香港的男同志、倫敦的英籍華人男同志移民、以及廣東的男同志或中國的男性性工作者。

　　我按照社會學研究的標準程序，在訪問前向受訪者仔細解釋研究的性質，強調訪問內容的保密性，進而取得受訪者的書面同意。書中出現的受訪者姓名都是化名，而為了進一步保障他們的私隱，

我稍微更改了部分人的背景資料。研究採用了所謂的開放式訪談，粗略地依據事前準備的大綱訪問，配合每個訪問的實況進行對答。訪問結束後，我將所有錄音內容整理成文字，加以分析和編碼。我以Glaser and Strauss (1967) 的紮根理論 (grounded theory) 為指引，遵循Ryan and Bernard (2000) 的框架，分析資料時嘗試歸納主題、建立編碼簿、在訪問文稿上標記，進而對照現存的本地和海外文獻，針對重複出現的主題，加以確認、比較和分析。[1]

後結構主義對傳統的「科學」方法論提出批判，指出了學術研究所牽涉的三個問題：研究對象的代表性、資料的真確性以及研究者自身的倫理價值。在訪問和寫作期間，我也不斷就這三個問題進行思考。

首先是研究對象的代表性問題。Denzin and Lincoln (1994: 177–178) 就此提出了兩個看似獨立但實則相關的問題：一個是被研究的對象，亦即是他者的問題 (誰是他者？誰被代言？)；另一個是研究者自身在文本或田野裏的位置問題 (誰可以替他者發聲？從什麼位置發聲？有什麼依據？)

不少訪問或報導通常都將同性戀者塑造成他者的角色，甚至扭曲事實。我和其他學者 (Kong, Plummer, and Mahoney 2002: 240–245) 曾指出，過去一百年來，北美和歐洲出現了三波的「同性戀」研究：「傳統的」、「現代化的」以及「後現代的」。簡單來說，傳統的「同性戀」研究依賴實證主義的形式，嚴格地將認知的主體 (即研究者) 以及研究對象 (即受訪者) 區分開來。透過公式化的訪問，看似客觀無私的研究者針對「同性戀者」得出「科學」的解釋和結論。截至六、七十年代前，社會科學學者一直以「變態」來看待「同性戀」，之後則以「病態」來理解「同性戀」，最後才演化至將同性戀當

作跟一般人「不同」的人看待。現代化的同性戀研究始於六、七十年代，1960 年代以降同志運動的興起，為學者帶來新的理解和研究方向。隨着詮釋性研究的出現，訪問漸漸成為一種自我認同與「出櫃」的工具。愈來愈多自我認同為同志的研究者進行訪問，瓦解了舊有的主體／研究者與客體／受訪者之間的劃分，但這亦暗示了只有女／男同志研究者才可以進行訪問，因為他們對其他同志的理解更為「真實」。然而，更近期的「後現代」和酷兒理論對此提出了批判，對於研究主題（「同性戀」）、研究性質（「訪談」）和研究人員本身（「研究者」）亦加以質疑，特別是同志學者訪問其他同志的時候，是否只是從西方中產白人同志的角度進行分析、以霸權式的全球化同志經驗作為參考標準？而研究過程又排斥了哪些人？

在一定程度上，我有研究和代表「華人男同志」的優勢，因為我是「其中一員」。當我研究華人男同志的身份認同時，對象的確是我所訪問的人們，但也是我自己的一部分，兩者比重不相上下。而我亦了解到，研究結果不但有助我理解這個社群，同時也增長了我對自身的認識。作為一個「局內人」，受訪者對我的接納度極大，因此比較容易與他們建立良好的關係。然而，身為「局內人」的我也不可以宣稱自己就是華人男同志的最佳代表。由於階級、年齡、教育以及其他社會文化因素，在許多議題上我和受訪者的遭遇和取態並不一樣，特別對於政治運動、文化政治以及社會介入的想法與目標也不盡相同。因此有時候，我覺得自己更像個「局外人」。所以，我同時是局內／局外人，這種特殊的經驗確立了我的後結構主義思想。男同志身份沒有任何一致性，也沒有所謂的「本質」。它的意義，是各方透過互相競逐而建構出來的，與個人的其他社會身份與差異類別相互交織。

　　酷兒理論對研究和訪問的另一項關注，是日益重視對自我的反思。Bourdieu (1992: 68–72) 認為，自我反思能讓我們對於整個知識形成的歷程（包括訪問）有更多的覺察。我們必須檢視研究的主體和生產知識時所處的社會位置，以及研究者在建構知識時自身的文化、學術、知識、歷史等因素（Kong, Plummer, and Mahoney 2002: 249–251）。在訪問與書寫的過程中，我不斷反思自己的各種身份和角色：洗耳恭聽的研究者、共同參與研究的半個受訪者、以及同志經驗的代言人。[2]

　　或許更根本和重要的是，研究對象的再現正正也是一種自我的再現（Krieger 1991: 5, 1985）。[3]也就是說，書寫受訪者的經驗時，總是會連結到作者／研究者自身的處境。無論作者／研究者的聲音是否顯著，她／他總是在文本中呈現一個獨特的自我，在分析研究對象和解說研究主題的同時，帶着一種作者獨有的色彩（Denzin and Lincoln 1994）。[4]Strathern (1987) 直言，「畢竟，沒有證據顯示『我們』已經停止將我們的問題歸咎給『他人』」(269)。這個難題不可能完全解決，然而當我們強調要讓「他者」發聲、讓他們的生命為世人所知的時候，或許就是我們消減個人色彩的開始。將訪談資料整理成文字時，我覺察到書寫不只是一個描述的過程，而是積極地建構着受訪者的身份，體現着 Foucault 有關權力和知識的觀點。我亦發現這些有關華人男同志的知識不只包括了受訪者的多重聲音，也夾雜了我自身作為作者的聲音。

　　第二個問題是研究結果的真確性，即是傳統方法論中的有效性（validity）問題。[5]最簡單的層面，就是受訪者可能說謊或者企圖取悅研究者，以獲得正面的評價（Plummer 1983: 102）。即使假設他們給了「真實」的回答，問題依舊存在。由於訪問大多以追述方式進

行（例如當受訪者最初發現喜歡男人時的感受、他們出櫃時的感受、他們第一次有性經驗或談戀愛時的感受、他們最初去男同志場所時的感受等），受訪者必須積極重構他們的過去，與當下的自我連結起來。記憶與解釋的問題由此產生（Plummer 1983: 105–106; 亦可參見 Thompson 1988: 110–117）。此外，即使訪問問題不是關於過去（例如身為男同志的意義、對愛／性的想法等），他們仍可能敍述出一個具備一致性的故事。Stein (1997: 202–205) 就指出生命史的研究方法突顯了受訪者「活生生的經驗」和當中的曖昧不明與矛盾，研究者如要寫出一個順暢和符合邏輯的故事，並非易事。

　　這正正是實證主義的弊端：「真實」並不存在，沒可能平鋪直敍。實證主義偏偏宣稱透過「客觀」的方法能揭露過去的「真實」，這是自欺欺人的。相反，「後現代觸覺」(post-modern sensibility) 將文本的「有效性」理解為一種凌駕讀者的慾望，反映着作者自身的權力，而非一種客觀的權威（Denzin and Lincoln 1994: 579）。

　　後現代主義的洞見和「酷兒式訪問」的理念，已記載於現存文獻中（Kong, Plummer, and Mahoney 2002: 248–249）。如果「後現代觸覺」可以化為一種挑戰社會既定權力／知識體系的政治行動，那麼這本書本身，借用 Deleuze and Guattari (1986: Ch. 3) 的說法，就是小眾或弱勢（社群）的書寫行動，企圖挑戰西方對於同性戀身份、身體、性和自我的霸權式演繹。如果「後現代觸覺」能讓訪問材料的再現轉化成一種書寫策略，那麼我的策略就是要整合「他者性」與「邊緣性」以進行「抵抗」和社會學分析。也就是說，我對實證主義的傳統研究方法進行持續的批判，並透過承認自己是「既得利益者」，而非「客觀無私」，來對華人性身份與公民身份進行社會學研究。我一直質疑所謂普遍性的理性思維，所以置身於香港、倫敦、

廣東、北京、上海等不同時空之中來理解男同志的生命軌跡,並藉由受訪者的聲音,檢視性的權力／知識體系,進而揭露日常生活中的強制異性戀規範。因此我刻意跨越個別學科的框架(如社會學、酷兒理論、文化研究、人類學等),並融合了不同主題(如正統社會學與自傳／傳記書寫)。或許,我正試圖回歸社會學的起點,重新演繹它作為一種富有創造力和想像力的學科的歷程。這正正是傳統社會學家的使命,他們嘗試理解「人與社會、個人生平與歷史、自我與世界之間的交互作用」(Mills 1959: 4)。

最後,是倫理價值的問題。如果我只是把訪問視為一種工具,只是客觀分析被訪者的故事,或許一切會變得輕鬆愉快。然而,我希望透過這個研究,萌生出一種對受訪者生活的領會、在研究田野裏跟他們建立關係,以及藉此對自我有更深入的理解。這需要一種細緻的審美觀,它要對情慾經驗的特定文化意義,以及受訪者們共同分享的歷史、文化、社會結構和位置等保持一定的敏感度。

附錄二

受訪者資料

表 A.1

早期受訪者（訪談期間為 1997 至 1998 年間）：香港／倫敦

	姓名 （化名）	年齡	教育程度	訪問時 報稱的職業	2009 年備註
1	Adam	46	學士學位（心理學） （美國）	出版商	70 年代末回到香港
2	Alan	36	中學畢業（香港）	舞蹈員	
3	Alex *	33	專上畢業（香港）	電腦分析員	
4	Aron *	33	預科畢業（香港）	輔助醫療專 業員	於 1998 年 移民到多倫多
5	Barry	22	中學畢業（香港）	銀行櫃位員	
6	Ben	38	中學畢業（香港）	自僱人士 （運輸業）	
7	Bobby	23	學士學位（時裝） （英國）	學生	曾在英國留學
8	Brian	22	學士學位（商業） （英國）	學生	曾在英國留學
9	Calvin	32	專上畢業（香港）	輔助醫療專 業員	
10	Charles	23	學士學位（市場行銷） （澳洲）	空中服務員	
11	David	43	中學普通水平證書 （O-Level）（英國）／ 文憑（香港）	自僱人士 （餐飲業）	已逝
12	Dennis	22	中學畢業（香港）	銀行櫃位員	

13	Edward	25	學士學位(經濟)(澳洲)	見習經理	
14	Eric *	48	學士學位(醫學)(英國)	醫生	於1985年返回香港
15	Frank *	35	中學畢業(香港)	無業	現職:保險銷售員
16	George *	24	學士學位(藝術)(香港)	藝術家	
17	Ivan	22	學士學位(文學)(香港)	見習經理	
18	James *	22	學士學位(藝術)(香港)	學生	現職:自由設計師
19	Jeff *	26	學士學位(建築)(英國)	學生	現職:建築師,定居倫敦
20	Jonathon	33	文憑(藝術行政)(英國)	學生	1999年返回香港
21	Kenny *	28	學士學位(時裝)(英國)	學生	現職:空中服務員,定居倫敦
22	Leo *	36	學士學位(電腦)(英國)	學生	現職:護士,定居倫敦
23	Martin *	27	學士學位(藝術)(英國)	學生	現職:策展人,現居英國
24	Matthew	38	中學畢業(香港)	自僱人士(服裝業)	
25	Nelson *	30	文憑(媒體)(英國)	自由工作者	現職:經理,現居英國
26	Norman	17	中學畢業(香港)	學生	
27	Peter	26	中學畢業(香港)	警察	
28	Richard	20	文憑(傳播)(香港)	學生	
29	Robert	20	學士學位(產業)(澳洲)	學生	
30	Russell	36	碩士(傳播)(香港)	自由作家	
31	小明雄	43	學士學位(美國)	翻譯	已逝
32	Stuart	35	中學畢業(香港)	建築工人	
33	Terry	25	中學畢業(香港)	伴遊	
34	Tony	21	特殊教育(香港)	店員	

* 於2007–2008年間再次訪談

新受訪者（訪談期間為2007至2008年間）：廣東

	姓名 （化名）	年齡	教育程度	訪問時 報稱的職業	2009年備註
35	Bill		學士學位（香港）	項目經理	
36	Bowie	23	學士學位（工程） （香港）	學生	
37	Christopher	18	中學畢業（香港）	學生	
38	Eddy	23	文憑（影像）（香港）	編輯助理	
39	Ian	22	學士學位（語言學） （香港）	學生	
40	Jason	20	預科畢業（香港）	項目經理	
41	Joey	22	學士學位（文學） （香港）	學生	
42	Josh	22	高級文憑（香港）	企業計劃 見習生	
43	Sunny	19	中學畢業（香港）	非政府組織 志願者	
44	榮哥	61	小學（澳門）	退休／非政府 組織義工	1968年到香港
45	仁哥	66	中學畢業（香港）	退休 （之前是店員）	

新受訪者（訪談期間為2007至2008年間）：廣東

	姓名 (化名)	年齡	教育程度	訪問時 報稱的職業	原籍	2009年備註
46	小北	25	學士學位 (西安)	公關經理	西安	2005到廣州
47	阿江	42	初中	保安	廣州	
48	阿凌	25	研究所 (廣州)	學生	福建	2006到廣州
49	阿明	42	初中	自僱人士	廣州	
50	阿偉	42	學士學位 (上海/美國)	自由工作者	上海	在中國遊歷
51	老吳	51	高中	運輸業	廣州	
52	堅哥	31	專上畢業	自僱人士	安徽	1998年到廣州
53	Robbie	22	學士學位 (湖南)	學生	湖南	2005年到廣州
54	小飛	25	初中	無業	福建	2008年到廣州
55	小光	32	初中	項目經理	廣州	
56	小華	18	小學	無業	四川	2006年到廣州
57	小羯	20	學士學位 (廣州)	學生	廣州	
58	小凱	21	學士學位 (斧山)	學生	廣州	
59	小樹	33	初中	舞蹈教師	廣州	
60	小王	25	學士學位 (北京)	電腦分析師	四川	2005年到廣州

男性性工作者（訪談期間為 2004 至 2005 年間）：北京／上海

	姓名 （化名）	年齡	教育程度	性傾向 （自我認同）	受訪時從事的 性工作類型	從事性工作 時間
北京						
1	阿東	26	高中	男同志	自由工作者	半年
2	阿剛	22	高中	不確定	全職妓院工作者	一年半
3	阿豪	25	專上畢業	異性戀	自由工作者	三年
4	阿康	20	初中	不確定	全職妓院工作者	半年
5	阿紀	24	大學	男同志	自由工作者	半年
6	阿平	30	小學	男同志	自由工作者	八年
7	阿濤	32	初中	男同志	全職獨立工作者	八年
8	阿天	20	高中	不確定	全職妓院工作者	一年
9	阿偉	25	初中	男同志	全職獨立工作者	八年
10	阿洋	22	初中	不確定	全職妓院工作者	半年
11	豆豆	22	高中	男同志	全職獨立工作者	半年
12	小彬	22	初中	男同志	全職妓院工作者	半年
13	小金	27	小學	男同志	自由工作者	半年
14	小余	26	小學	男同志 （已婚）	自由工作者	半年

男性性工作者（訪談期間為2004至2005年間）：北京／上海

	姓名 （化名）	年齡	教育程度	性傾向 （自我認同）	受訪時從事的 性工作類型	從事性工作 時間
上海						
1	阿濱	22	專上畢業	不確定	全職妓院工作者	一年
2	阿江	25	專上畢業	男同志	自由工作者	二年
3	阿軍	20	初中	不確定	全職妓院工作者	三年
4	阿李	22	專上畢業	異性戀	自由工作者	一年半
5	阿林	22	高中	男同志	被男人包養	二年
6	小明	23	高中	異性戀	全職獨立工作	三年半
7	阿強	25	高中	男同志	自由工作者	二年
8	阿清	22	初中	男同志	全職獨立工作	一年
9	阿斯	21	高中	男同志	自由工作者	一年半
10	阿文	19	大學	男同志	全職獨立工作	一年
11	阿安	23	高中	男同志	全職妓院工作者	一年
12	阿元	25	高中	男同志	全職獨立工作者	一年半
13	小寶	20	初中	男同志	被男人包養	一年
14	小曹	23	高中	不確定	全職獨立工作者	三年
15	小推	22	高中	男同志	全職獨立工作	半年
16	星星	23	高中	男同志	自由工作者	半年

注釋

導論

1. 2008年香港同志遊行參加人數為1,000人。其後香港同志遊行分別於 2009、2011、2012、2013、2014、2015及2016年再次舉行,成為一年 一度的公開活動。2016年的遊行共有6,800人參與。(作者按:上述數 據在此中譯本中更新,英文原版的數據則止於2009年。)

2. Richardson (1998: 88–95) 在討論英國的的性與公民權之間的關係時, 認為女同志和男同志在政治、社會和公民權利方面均只是「局部的」公 民。我將會在第二章中說明香港人無論是否同性戀者,在殖民與後殖 民治理的背景下,也只屬「局部的」公民。

3. 關於這種香港同志運動「政治冷感」的特質,可以參考我之前的討論 (Kong 2004),亦可見於 Ho (1997: 202–242) 和 Ho and Tsang (2004a)。 這個問題將於第二章進行較完整的討論。

4. Aihwa Ong 依據 Foucault (1982, 1988, 1991) 生命政治的概念,在著作中 (如1993: 753–762; 1996: 748–749; 1999: 117–119) 提出「家庭生命政治」 一詞,以了解國家和華人家庭之間的關係。她特別指出「家庭政治」是 一系列「規管健康和富有生產力的身體的理性實踐,以及他們在流動 的資本主義活動中的部署」(Ong 1993: 755),同時將華人家庭連繫到 殖民管治、現代性和全球資本主義。我在本書中延續她的說法,並且 指出由「家庭生命政治」衍生出來的家庭式異性戀規範性,可以被視為 是國家和家庭對同志身體 (尤其是男同志) 控制的工具。詳細討論可見 第四章。

5. 香港一直是個移民城市,傳統上居民具有高度的流動性。九七問題觸

發1990年代湧現的移民潮，吸引了學術研究的關注。相關作品如Skeldon (1994) 的研究，亦可見於Ong (1993, 1996, 1999) 提出的「彈性公民權」(flexible citizenship)，這個革新的概念是用來形容部分香港人（尤其有錢商人）擁有多國護照，在全世界不同的城市之間穿梭，以求有更好的家庭發展。酷兒遷移的議題將於第五章有更詳盡的討論。

6. Potato queen一般譯作馬鈴薯皇后，意指特別偏好歐美白人男子的亞洲男同志。在香港八、九十年代通常叫湊魁，最新的講法是食西餐或食洋腸。詳情請參看第三章。

7. 已有一些知名文獻致力描述中國自經濟改革以來的急速變遷，並且特別指出這一系列的轉變帶來有關社會和文化邊緣的問題。相關例子可見於Perry and Selden (2000), Blum and Jensen (2002), 以及Fong and Murphy (2006) 等人的文章。

8. 例如Farrer (2002)討論中國自1970年代末期，市場本位經濟對上海充滿活力的青年性文化之影響；Rofel (2007) 的討論，是關於中國政府及其人民（包括男女同性戀者）如何熱切地參與了一項「慾望工程」，以塑造一種全球化時代下的中國新人類。亦可見於Jeffreys (2006) 的文集，探討轉型中的當代中國有關性文化的各種情況與問題。

9. 參見李銀河 (1998: 228–237)、阿強 (2008) 和周華山 (1996a: 38–62; 101–121) 所記載之故事。

10. 我引用了Agamben (1995) 的見解，他探討一個人出生時的「裸命」(bare life) 如何透過國家與政治而被改造成「好的生活」(good life)。根據他的說法，「與生俱來的生活」(born with regard to life) 的存在本質應該是「好的生活」(good life)。這個特別的說法，可以被解讀為政治就是將生活改造為好的生活，同時將赤裸裸的生命變得政治化。換句話說，裸命的概念是把一個人的政治性生命 (bios) 剝掉，剩下動物性的生命 (zoe)。他的論點受到Foucault的理論所啟發，而我亦由此領略到主權或國家的支配如何涵蓋「生活」，並能夠着眼於公民權的排斥與納入，以及赤裸裸的生命和好的生活之區分。我認為在很大程度上中國的money boy，長久以來非常渴望可以擁有如城市居民般的「好的生活」或有「素質」的生活，然而他們的努力卻總是徒勞無功的。關於money boy的討論將會見於第七章。

11. 我運用了 Appadurai (1996: Ch. 2)有關五種「景觀」(scapes) 的描述：種族景觀 (ethnoscapes)、科技景觀 (technoscapes)、金融景觀 (financescapes)、媒體景觀 (mediascapes) 和意念景觀 (ideoscapes)。他在其關於「全球文化經濟」的論文中以此描繪人民、貨物、資本、圖像和意念的各種流動。見於 Inda and Rosaldo (2002) 的引言篇，他們整理了全球化的主要爭論與動態；亦可見於他們的較新版本 (Inda and Rosaldo 2008)。

12. 借用了 Parker 創造的「同性景觀」(homoscape)，是 Appadurai (1996) 五種「景觀」的延伸，以指涉全球酷兒文化經濟下有關酷兒圖像、意念、身體、資本和科技等的全球流動。

13. 我明白華人男同志的生活經驗與女同志以及其他性小眾，如雙性戀者、變性人、易服者，以及性愉虐者等人有着極大的差異。基於研究限制，我只集中訪問男同志，並將我的討論限定於華人男同志。然而在理論化同志空間、身份、實踐和慾望，以及與全球化和公民權之關係的分析時，我明白我主要是以男同志而不是以其他性小眾的經驗作為分析對象。

14. 參見如 Massey (1994), Ferguson (2006) and Trouillot (2001) 對全球化的批判，這部分將於第一章詳細解釋。

15. 對於使用「跨國的」(transnational) 取代「全球化」(globalization) 的一般討論，參見 Hannerz (1996: 6), Ong (1999: 4–8), Grewal and Kaplan (1994: 1–33)。關於跨國的性/別研究的理論，可參見 Grewal and Kaplan (2001), Farr (2007), Blackwood (2005)。更充分的討論請參見第一章。

16. 參見 Fraser (1992: 123) 對於其創造的「從屬的反公共空間」(subaltern counterpublics) 之討論，以及 Warner (2002: 112) 關於反公共空間的討論，兩者皆強調存在於公民社會內部的差異。更充分的討論請參見第一章的註釋30。

17. Leung (2008) 重新挑起「理論」與「酷兒」之間的緊張關係，並且提出學術、全球化和英語寫作與非學術或半學術、在地化和華語寫作之間的張力。透過整理三位以本地同志書寫為主的香港作家之作品中所呈現的酷兒情感 (affect)，她希望可以為全球化的酷兒理論提供在地化的介入。參見第一章註釋18。

18. Ho and Tsang (2007) 認為精英論述 (通常為英語寫作) 明顯地主導了香

港有關性/別的論述，但它亦受到了本地日常生活用語的挑戰，從而締造了理解華人性/別的新空間。

19. 關於新亞洲酷兒研究更為詳盡的討論，請參見第一章。

20. Inda and Rosaldo (2002, 2008) 就三項全球化流動而對文化帝國主義進行批判：西方文化對非西方社會的文化的支配、西方社會中非西方文化的存在，以及非西方社會之間和內部的文化支配。他們的見解讓我對此課題有更深入的了解。

21. 在介紹「分散式霸權」時，Grewal and Kaplan (1994) 挑戰歐洲中心的後現代主義觀點，指出它是從歐美 (Euro-American) 立場出發的內部爭辯，並認為我們對於後現代性的理解，應該將其視為一系列複雜的社會、經濟、政治和文化關係，而此種關係以跨國的形式，並在特定的時間框架之下，在多個場域裏產生關於空間、時間和主體性的特定論述。一種多重、流動，而又互相扣連的支配結構，即他們稱為的「分散式霸權」的概念，透過對多重和跨國的身份和主體性的闡述，挑戰全球化文化帝國主義的大論述，並使他們展現女性主義對跨國的批判。由於華人男同志的身份置身於多重、流動和互相交織的區域裏，我希望可以借用以上的概念來作出關於跨國的酷兒批判。

22. 參見 Cvetkovich (2003) 關於酷兒創傷和（女同志）情感的理論整理，以及 Leung (2008, 2007) 有關香港本地酷兒書寫和文化的應用。

23. 參見第五章的註釋 2，解釋「亞洲人」一詞在不同地方的不同涵意。

24. 請參看甯應斌 (2010) 提出用「社會性」取代「性」的修訂。但這個比較策略性的倡議，主要是針對中國大陸的改動，本書並沒有採用。

第一章

1. 這些問題借用自 Manalansan (2003: 5)。這是一本出色的「新酷兒研究」代表性著作，以紐約市的菲律賓移民為例，檢視跨國酷兒身份政治。Manalansan 對 Altman (1996b) 以及 Adam，Duyvendak and Krouwel (1999) 加以批判，認為這些作品似乎在酷兒身份的全球化之下將全球男同志單一化，並將全世界的男同志身份與白人男同志身份混為一談。有趣

的是，Manalansan 提出的問題「誰的凝視／誰的 Gay？」（Whose Gaze/ Whose Gay？）似乎是針對 Altman 1997 年題為「全球凝視／全球男同志」（Global Gaze/Global Gays）一文所提出的批判性反思。亦可參見 Rofel（2007: 89–94）。

2. 本質主義者基本上採科學實證取向，認為一個人可以「發現」或「否定」一個人的真實「性」的特質，並指出真實的性是「一種內在的真實或本質，一種天生命定的模式，是自然賦予的，與價值情感並無任何關連」（Stein 1997: 203）。Weeks（2003: 7）主張，此種「化約論調」，簡化人類行為的複雜性，以想像其構成是單純的；再者它是「決定論」的，因為「它試圖將個人解釋為內在能力的自動產物，無論是基因的、本能的、荷爾蒙的，或者潛意識之神秘作用下的產物」。就同性戀而言，這類學者的早期討論着重在起源的問題：即是什麼原因造成同性戀呢？用廣東話說，即是「你做乜攪基?」他們最初研究「同性戀」時，將其視為「變態的」，之後為「病態的」，最後才是「不同的」個人。對這些理論家來說，某人只「是」一個同性戀者。這類研究無論有沒有同情心，往往具有濃厚的臨床治療傾向。男同性戀者被視為病態異常的人類類型，被視為「他者」，被迫談論什麼讓他變成這樣，以及他是如何與別不同（Kong, Plummer, and Mahoney 2002: 240–242）。

3. 不少學者指出（如 Seidman 1996: 14–15; Plummer 1998: 607），英國社會學者 Mary McIntosh 於 1968 年的文章 The Homosexual Role「同性戀角色」，促進了使用新功能主義的框架來理解同性戀。她破除主流觀點，提出同性戀是一種自然、生理，以及心理的狀態。她追問在什麼社會條件下會產生同性戀作為一種獨特的個人身份的這種概念，而非探求是什麼造成同性戀。該文因而將焦點自普遍的同性戀慾望之研究，轉向同性戀身份與次文化的出現之歷史分析。

4. Epstein（1987）對於此一爭論提出了全面性的評論。亦可參見 Nardi and Schneider（1998）之文集。

5. 此種社會結構取向使男同志身份的概念相對化，並認為 19 世紀晚期西方的同性親密關係經驗有其歷史獨特性，進而描繪不同的同性戀身份的「製造」過程。例子有三：一、如 17 世紀末期，在一些主要城市如倫敦，男性易服者出沒的社交俱樂部以及同性戀圈子的出現，為同性戀身份與社群的發展提供了一個文化脈絡（McIntosh 1968; Bray

1988）；二、19世紀浮現的醫學專業化，法律及道德環境的轉變，錯綜複雜地相互關聯，導致了性分類（例如「同性戀」此一類別）的建構，結果是同性戀自我組織起來和隨之而來社會對其活動的規範（Weeks 1981: Ch. 6）；三、資本主義的出現，孕育了以個人的性為基礎而獨立存在於異性戀家庭之外的個人生活的可能（D' Emilio 1983; Greenberg and Bystryn 1984; Adam 1985）。

6.　亦可參見Plummer (1975: 131–152)，說明成為同性戀的四個核心階段：敏感期（sensitization）、顯著期（signification）、現身期（coming out），以及穩定期（stabilization）；Troiden (1979) 的四個階段則為：敏感期（sensitization）、分離與辨識期（dissociation and signification）、現身期（coming out），以及承諾期（commitment）。他後來修正的版本則為敏感期（sensitization）、身份困惑期（identity confusion）、身份出現期（identity assumption），以及承諾期（commitment）。亦可見於 Warren (1974: Ch. 7)。

7.　Plummer (1998: 608–609) 提到除了「Foucault 洪流」之外，另一項介入同志生活的經驗社會學的主要力量是愛滋病的出現，使得研究精力幾乎都只投注於愛滋病的相關議題上，甚少考慮及研究其他議題。

8.　Foucault 的名言（1980: 43）：「19世紀同性戀除了是一種生活類型、生活形式以及生活形態，也成為一種人物、一種過去、一種案例歷史、以及一種童年，伴隨草率的解剖，也可能有着神秘的生理機能。他所有的組成無不受他的性慾特質所影響……雞姦只是暫時的脱軌行為，同性戀此刻成為一種物種。」Foucault (1980) 關於性慾醫療化促使同性戀身份出現的概念，與 Weeks (1981: Ch. 6) 關於性分類導致同性戀身份之建構的想法非常相近。

9.　對於「酷兒」（Queer）一詞的使用，Hennessy (1995) 作出以下三種區分：文化研究領域的新興理論（如酷兒理論）、前衛的男女同性戀次文化和激進的性政治運動的一種新形式（如酷兒國度 Queer Nation）。此處我指的是學術領域的酷兒理論。學術界裏有許多文獻是「酷兒轉向」（queer twist）的代表作：如 Sedgwick (1990), Fuss (1989, 1991), Butler (1990), de Lauretis (1991) and Warner (1993)。儘管這些作者之中，不少人對於酷兒的觀點有所分歧，Seidman (1995: 125) 認為這些作者都有着某種共同的普遍看法，可以歸結如下：「……大量擷取法國後結構理

論以及解構主義，作為一種文學與社會批判的方法；主要用於精神分析的分類與觀點；鍾情於去中心或解構策略，並從正面且具體的社會和政治藍圖展現出來；想像社會為一個有待詮釋與批判的文本，目標是挑戰知識的支配地位與社會的階層化」。

10. 與後結構主義身份表述並行，酷兒理論主張一種不穩定的「酷兒身份」。相對於一些詞彙具有較為固定的含意，如同性戀（含有醫學味道）或女／男同志（多指中產階級白人），酷兒則是一種持續建構中的身份。酷兒身份是持續構成的場域，因它總是回應着來自經濟、政治，以及文化不同的變化，幾乎與其他身份相對立的（Jagose 1996: Ch. 7–8）。Edelman（1995: 346）認為，「酷兒理論具有負面性的烏托邦取向，持續地朝向某種實現，但卻是永遠沒法實現的，這種力量代表着的只是一種虛無的實現，並會在缺乏主體的慾望流動下消散」。

11. 例如 Lancaster 作品中尼加拉瓜的「男子氣概」（machistas），男人與男人性交但不認為自己是同性戀（Lancester 1988）。Herdt 作品中的「儀式同性戀」（ritualized homosexuality），男孩與年輕男人之間的「精液交換」在巴布亞新幾內亞是受到社會支持的普遍行為（Herdt 1994）；第「三」性如泰國「kathoey」、 菲律賓「bakla」、 印尼「waria」、 波利尼西亞「fa'afafine」、印度「Hijra」等，總體來說，這些都呈現出橫跨傳統亞洲和太平洋社會中性態的多樣特質。因此，非西方國家對性／別研究未必反映西方對這方面的知識。其他例子可參見 Weston（1993）; Herdt（1997）; Johnson, Jackson, and Herdt（2000）; Boellstorff（2007a: Ch. 6）。

12. Williams and Chrisman（1993: 2）認為殖民主義是帝國主義歷史中的一個特殊階段，目前對它的最佳理解是：「資本主義生產模式的全球化，對世界上原本非資本主義地區的滲透，對於社會組織的前／非資本主義形式的破壞」。Mongia（1996: 1–3）認為，後殖民主義作為一種新興的思想學派，至少在兩個層面上處理了「後殖民性」的問題。第一個層面，是後殖民主義者視後殖民主義為一個歷史標誌，代表着曾經被殖民的第三世界正式去殖民後的年代。他們研究一些不對等與不均勻的剝削與支配歷程，透過這些歷程，讓我們了解被殖民國家的歷史、社會與政治經驗如何被納入西方的框架底下。第二個層面，是後殖民主義者認為，不管是正式去殖民之前或之後，西方勢力促使了豐富的非西方文化的知識生產，從而允許了西方勢力在其他非西方國家的部

署。他們主張一種方法論的修正主義，以對西方的知識與權力結構提供大規模的批判，並檢視關於他者的知識的生產過程。

13. 有一種關於非西方社會與文化內部的殖民主義的新辯論。Appadurai (1996: 32) 指出，「對於新幾內亞的渣亞人 (Irian Jaya) 來說，印尼化可能比美國化更令人擔憂；對韓國人來說可能更擔憂的是日本化；斯里蘭卡人擔憂印度化；柬埔寨人擔憂越南化；而亞美尼亞及波羅的海共和國的人民則擔心俄羅斯化。」

14. 參見早期結合種族與性的作品，尤其是以亞裔美國人為背景者：Takagi (1996), Yukiko Hanawa (1994: 2[1]) 編輯的 positions 特刊 Circuits of Desire，以及 Leong (1996) 的精選文章。

15. 亦可參見 Stoler (1995), Lancaster and di Leonardo (1997) 和 Manderson and Jolly (1997) 作品選集中的文章。

16. 自英國於1842年統治香港以來，被定罪的雞姦者從未曾被處以絞刑。英國於1861年廢除了雞姦者的死刑罪，香港緊跟其後於1865年廢除；通報的案例極為少數 (Lethbridge 1976: 306；亦可參見本書第二章)。

17. 在其第二版中，小明雄 (1997: 12) 認為在中國文化中，反同性戀心理以一種「模糊式跨性文化」隱晦地運作。根據 Leung (2007: 562–565) 對小明雄作品的謹慎細讀，她認為小明雄論點之轉變，可以被解讀為是一種1997年間，同性戀恐懼、殖民性，以及民族主義之間論述關係的轉變，「相當近期的恐同歷史被挪用為一種反殖民論述；中國民族主義的出現取代了殖民意識形態，成為新霸權；全球同性戀認同的出現致使各種性差異面臨被納入其巨大單一的形象底下之威脅。」(564) 藉由這種轉變，小明雄試圖指出中國同性戀獨特之處，而不是認為同性戀在古代中國只是受頌揚的傳統。

18. Leung (2007: 560–561, 2008: 6) 指出還有一股智識性的力量提供了對於香港酷兒文化的理論洞見。這股力量來自文化工作者和藝術家，主要於報章、雜誌、以及其他多媒體製作中發表的中文作品。她指出香港學者受到殖民傳統和大學企業化及國際化的影響，為了晉升及取得終身聘用的資格，往往以英文寫作。結果，本地的中文作品往往被忽略，即使它們對於香港的特殊問題提供了細緻的理論見解。她以游靜和麥海珊的中文著作為例，此種失衡反映了學術、全球，以及英文書

寫的「理論」的力量凌駕於非/準學術和本地中文寫作之上 (亦可見於 Chan[2002] 對於香港文化研究的類似討論)。因此，Leung 訴求英文理論著作與本地中文書寫的相互交織，這樣才能創新地及更為酷兒地將酷兒理論全球化的現象在地化。

19. 我同意 Manalansan (2003: 5–9) 的見解，新酷兒理論學者主要來自美國學術界中相對邊緣領域的研究，譬如種族研究、後殖民研究、婦女研究，以及同志研究等，他們批判地將自身及其作品坐落於「國際的」同志運動論述之中，以檢視在地/國家網絡裏，酷兒性 (queerness) 的多重意義。參見 Manalansan 2003: Ch. 1，當中第三條註釋就列出他認為是「新酷兒研究」的重要作品。亦可見 Cruz-Malave and Manalansan (2002: 1–10); Eng, Halberstam, and Munoz (2005)。

20. 就解構來說，我主要是指 Jacques Derrida、Ernesto Laclau、Chantal Mouffe，以及 Stuart Hall 的著作。例如，Derrida (1976) 強烈抨擊西方哲學裏形而上學的理性中心主義 (logocentrism)。就身份而言，如 Fuss (1989: 102–103) 所主張的，「解構主義打亂了原本視身份為自我存在的認知，並且提供一種身份差異的觀點。身份總是包括了非身份這幽靈，以致於主體往往被分割，而身份的建立總是排拒他者或壓迫沒有身份者。」身份與他的反面 (即非身份) 向來分不開。身份的邏輯是一種界線的邏輯，更簡單地說，此種界線必然產生一種從屬他者 (subordinated other)。Derrida 對本質主義式的身份概念或其他任何概念的解構批判，從而使得身份或其他任何概念「被抹去」。此種取向受到其他學者的大量應用，以塑造差異政治。例如，Mouffe (1995) 批判本質主義的女性觀念，提倡建基於沒有確定身份的激進民主運動；Hall (1996a, 1996b) 對於文化身份的表述，認為文化認同基於兩方面：相似性與連續性，以及差異性與斷裂性，身份永遠是一種定位與再定位的政治。這些人的作品啟發我對中國 (男同志) 身份的本質主義概念之批判。

21. Yuval-Davis (2008: 162) 指出，「交織性」(intersectionality) 一詞最初是 Kimberlé Crenshaw 於 1987 年討論美國黑人女性與工作時所使用，她與 hooks (1981), Anthias and Yuval-Davis (1983，1992) 等人長久以來致力於交織性分析。

22. 汲取 Mouffe (1995) 之洞見，她批判一種本質式「女人」的類別。認為沒有籠統的「女人」這類別，因我們不能將「女人」簡化成單一身份。要了解「女人」，只有依據種族、階級等不同身份而佔據不同主體位置來了解。

23. Hall (1996a: 10) 認為身份或文化身份，至少可以從兩方面思考：一方面，文化身份的定義是依據「有着共同歷史與祖先的人們所共同持有的……一個共享的文化，一種集體的『真實自我』」。另一方面，與其說是一個身份，不如說是眾多身份，因身份是一個「製造」的過程，「在歷史與文化的論述裏生成的過程就是多個不穩定的認同過程。」(113)。因此身份向來「是歷史、文化與權力所交織而成的」，身份不具本質，而是持續定位。這也就是為何討論身份「永遠存在身份政治、定位政治，沒有絕對的保證，沒有不成問題的、先驗的身份的來源法則」(133)。參見 Hall (1996b: 1–17) 從解構主義的取向對身份概念的理論性探討。

24. Grewal and Kaplan (2001) 認為，審視身份的複雜性至少有兩種方式。一是我剛描述的「交織性」理論，主要取自黑人女性主義者的思想（如：Kimberlé Crenshaw, bell hooks, Patricia Hill Collins, Floya Anthias and Nira Yuval-Davis）。例如 Collins (1990, 1998) 認為，描繪黑人女性的支配關係不應該只描繪種族、階級，以及性別壓迫系統的相似性與相異性，彷彿它們是三個獨立系統；而是應該審視其之間的交織性與相互關聯性，亦即在任何既有的社會歷史脈絡下，這三個相互扣連的壓迫系統如何構成黑人女人的經驗，探討這其間的「交織性」。另一種則是後現代理論學者如 Gilles Deleuze, Felix Guattari and Stuart Hall 等人所提出的接合理論 (articulation theory)。例如 Stuart Hall，在一次與 Lawrence Grossberg 的訪談中主張，接合是一種連結的形式，它使得兩種或更多不同的元素在某些「不必然永遠是確定的、絕對的、必要的」情境下，形成一體 (Grossberg 1986: 53)。統一的身份概念只有在某種特定的接合論述中才得以成立。Hall 認為接合理論「既是一種理解意識形態元素在某些條件下如何整合於一個論述之內的方式，也是一種探問這些元素如何在特定的接合點上，與某些政治主題接合或沒有接合的方式。」(53)

25. Foucault (1982) 認為人類透過三種客體化 (objectification) 模式而被製造的：第一種是探究模式，人類變成科學研究的客體；第二種是「區分實踐」(dividing practices) 之研究，主體區分自己的內在，或是將自己與他人區分 (例如，瘋子與常人，病人與健康的人，罪犯與「好孩子」)；第三種則是人類將自身轉化為主體的方式，例如，一個人如何認同自己作為一個「性」的主體。第二與第三種過程與我對身份研究相關，透過這些過程我們參與一種「主體化」(subject-ification，借用 Ong[1996] 在關於文化公民身份之製造的討論中之用語) 的雙重歷程。亦可參見 Foucault 關於「治理性」(governmentality) (1991) 和「自我的技術」(technologies of the self) (1998) 的論述。

26. 例如 Adrienne Rich 的「強制異性戀」一詞，是指一個社會系統，如資本主義或種族主義一樣，其中性偏好從未是一項「自由選擇」，而是「某種被強行加諸、管理、組織、宣傳，以及維持之事物」(1980: 648)。Judith Butler (1990) 強烈批評強制異性戀系統，認為它正常化了二元對立的性／別系統。總結她的作品，Butler (1995: 31) 否定性別源自性這個看法。性別乃是經由儀式性重複 (ritualized repetition) 的傳統習俗而產生的，此種儀式具有社會強制性，強制異性戀是其中一股強制力量。人們常常有個錯覺，以為性別操演的形成可追溯至內在的性別核心或者天生的性，以及真實或持久的性本質或傾向所造成的結果：「性別的『統一』是規範性實踐 (regulatory practice) 所產生的結果，它意圖透過強制異性戀使性別身份統一」(Butler 1990: 31)。女人與男人被迫遵循一種看起來如同天生的男人／女人，或男性化／女性化的二元對立，她稱之為「異性戀網絡」(heterosexual matrix) (5；亦可參見 Butler 1990: 第一章的第六條註釋)。Ken Plummer[1992: 19] 定義「異性戀主義」為「在『各個社會領域裏』〔如工作、家庭、學校、媒體、教堂、法院、街道等……〕，『一組多樣化的社會實踐』——從語言到身體，在公共領域亦在私人領域，隱蔽的或公開的——『在其中二元區分了同性戀／異性戀，而異性戀享有特權』。」

27. 參見 Ahmed (2004: 146–155)，探討異性戀規範之權力滲透了日常生活，製造一種異性戀舒適生活的公開形式，其代價是令到酷兒主體感到不安適。

28. Rubin (1993:13–14) 將階層化的性價值系統示意為「內圈」(charmed circle) 和「外圈」(outer limits)。位在「內圈」的性被視為是「好的」、「正常的」、「自然的」，並且是一種「祝福」，因此理想的性應該是「異性戀、結婚、一夫一妻、以生育為目的和非商業的。應該是成雙成對的、具有情感關係的、同代之間的，並且發生在家裏的。也不應該涉及色情、戀物、任何性玩具、或扮演男人與女人之外的角色」等。任何違反這些規則的性均被視為「壞的」、「不正常的」、以及「不自然的」，因此落入「外圈」。這種「壞」的性可能是「同性戀、非婚的、濫交的、非生殖性的、或商業的」。此種性「可能是自慰手淫或在狂歡派對上發生、可能是隨便和陌生人之間的、可能是跨代之間的、可能發生在『公開場合』的，或至少在草叢中或公共浴室裏。它可能涉及了使用情色物品、戀物、性玩具，或扮演非一般的角色」(14)。Rubin 認為這些性價值階層的運作與其他意識形態系統，如種族主義、種族中心主義，以及宗教沙文主義等非常相近。

29. 亦可參見 Duncombe (2002) 的 Cultural Resistance Reader 第三部分，當中文章探討了「不像政治的政治」，以及 Moore (2005) 的 Global Resistance Reader 第四部分，當中的文本探討了透過音樂、詩篇、圖片及藝術作品來表達的抗爭。

30. 有別於過往對於公民社會概念化過程中對「公共領域」這概念的討論（如 Jeffrey Alexander、Jürgen Habermas），不同學者對於公民社會內部的「差異」，以及由次級群體如女人、少數族群和同志所創造的「反公共空間」的討論日益增多。例如，Fraser (1992) 界定「從屬的反公共空間」為「平行的論述場域，置身其中的次級社會群體在此創造和流傳抗衡的論述，並對其身份、利益與需求作出對抗性的詮釋」(123)。Warner (2002: 112) 定義一個「反公共空間」為「一個場景，在這裏受支配的團體重新創造自身成為一個公共空間 (public)，並且在此過程中，發現自己不只與支配的社會團體相衝突，也與形成支配性文化作為一個公共 (public) 的文化的常規相衝突」。亦可參見 Meek (2001) 對公民社會以及性的差異政治 (sexual politics of difference) 之討論。

31. Berlant and Warner (1998: 563–564) 認為「低俗的」公共性文化，如 1990 年代紐約 Christopher 街附近的酒吧、性俱樂部、書店，以及色情商店裏的性文化，一直醞釀着一群批判的群眾，這些地方之後成為「一個

政治基礎，同志向政治人物施加壓力的地方」(563)。然而，他們批評那些所謂「可敬的」的同志政治人物，不承認這些次文化是他們政治成功基礎的一部分，反過來認為這些次文化是低俗無聊的。

32. Bourdieu (1986) 將資本分為四種類型：經濟資本 (例如收入)；文化資本，包括體現的狀態 (embodied state)，如長期培養思想與身體的成果、客體化狀態 (objectified state)，如文化產品，以及制度化狀態 (institutionalized state)，如教育資格；社會資本 (由社會關係所構成)；以及象徵性資本 (當上述三種資本被合理化及視為理所當然)。亦可參見 Bourdieu((1989, 1984); Moi (1991) and Skeggs (1997) 對於 Bourdieu 性別關係中的階級概念之挪用。

33. Marshall (1950: 8) 根據三項要素定義公民身份。一、公民或法律權利，是個人自由所不可或缺的權利，如言論自由、財產權，以及司法正義權等。與公民 (法律) 權最息息相關的機構為法院；二、政治權包括行使政治權力的權利，如選舉權以及被選舉權。相應機構為議會以及地方政務委員會；三、社會權利是指一系列包括經濟福利、就業以及社會安全的權利。相關機構為教育與社會服務單位。

34. 參見 Richardson (2000, 2004, 2005)。Bell and Binnie (2000: Ch. 1) 提供了一個很好的摘要，介紹了將性公民身份理論化的重要思想家。亦可參見 Plummer (2003: Ch. 4)。

35. 類似的立場可見 Bawer (1993)。他認為在美國多數的男同志是「主流男同志」，相對於「次文化導向的男同志」，他們與異性戀者看起來並無二致，選擇過著和大部分異性戀者類似的傳統生活。

36. Dangerous Bedfellows (1996: ix) 收集一系列文章，企圖引起人們重新思考在公眾場所發生的性行為 (public sex)、愛滋行動以及酷兒政治的意義，並且塑造一種超越「自由主義改革派 (例如訴求軍隊納入男同志) 或者激進的行動表現派 (例如商場接吻行動)」的新政治。該書為此種「危險」酷兒的激進性提供了最佳例證。「危險」酷兒「玩弄公共與私人的界線，扭曲酷兒領導階級整體或者男同志『社群』的概念，惡搞規範與教育之間虛假的二元對立。」(14)

37. Butler (1993: 227) 認為身份政治，一般具體化為普遍的出櫃行動，必定因自身所製造的排他作用而受到批判：「出櫃對誰來說是歷史上可負擔得起的選項？要求所有人『出櫃』難道可以是不分階級的嗎？這個

詞如何被使用？什麼人可以出櫃，誰又被排斥？對誰人而言，「出櫃」是夾在種族、族群、或宗教信仰與性政治之間而不會有衝突呢？」

38. 例如 Nardi (1999) 認為友誼關係是男同志生活的重要一環，透過檢視男同志的友誼關係我們有了新的見解，並且模糊了我們傳統上對於家庭、愛情、友情以及陽剛氣質是由什麼構成的認知。參見 Weeks, Heaphy and Donovan (2001) 對於女／男同志自選家庭以及其他「生活實驗」的討論；以及 Haritaworn, Lin and Klesse (2006) 編輯的 Sexualities 9(5) 特刊，探討多元關係 (polyamory) 概念。更詳盡的討論可參見本書第四章。

39. 可參見 Kivisto and Faist (2007: 2) and Plummer (2003: 61) 列出的眾多新興公民權。

40. 亦可參見 Boellstroff (2005: 25–30) 對於同性戀全球化的批評，以及他訴求的第三條路線，該路線冀望非西方非規範的性態概念化，能同時回應全球化的影響以及傳統的承傳問題。

Ｉ香港　引言

1. 參見導論和第三章引言中有關中國大陸公民權的討論。

2. 參見 Ku and Pun (2004) 文集中的不同文章，尤其是 So (2004) 與 Ho (2004)，也可參見 Ku (2002a, 2002)；Lo (2001)。

3. 除了少數的民選市政局議員。市政局為殖民政府底下的一個市政機關，提供大眾市政服務，後於 1999 年解散。

4. 關於 Lau (1982) 提出的模式，可參見第四章的進一步討論。

5. 可參見 Ho (2004: 29–30) 對於 Turner (1995) 的分析的詮釋。

6. 於 1989 年發生的六四事件，所指的是一系列在天安門廣場及附近的示威活動（主要由學生及知識分子領導），最後因為政府在六月四日當天進行清場行動而釀成多人死亡，一般稱之為天安門事件。在香港，人們通常簡稱它為「六四」。

7. So (2004: 242) 認為，香港特區政府當時正準備要削減社會福利、公務

員職位和薪金，並且收緊公民權利，如施行公安條例（賦予警察權力，以「國家安全」為理由干預或禁止任何公眾遊行與集會）、推動具爭議性的基本法第23條立法（該法案基本上是針對國家顛覆，但許多香港人認為這是對言論自由的嚴重拑制）。亦可見 So (2002) 有關首任行政長官董建華如何透過特區政府企圖施行軟權威主義來處理合法性危機和社會抗爭的討論。

8. Sautman (2004: 125–126) 認為，來自中國大陸的新移民在香港社會處於一個較低的族群位置。由於他們暫時沒有全面的政治公民權，因此在社經權利方面他們普遍都是弱勢的。然而他們可以期待在香港居住滿七年後被納入主流族群。他們所代表的是一種居民／邊緣居民的合成體。

9. 2003 年七月一日的遊行被認為是自 1997 年以來最大規模的遊行。估計有五十萬人參與，抗議《香港基本法》第 23 條的立法提案（見註釋第 7 條），以及特區政府的惡劣管治。自此每年的七月一日都會舉行大遊行（簡稱七一大遊行），成為一個發聲平台，以表達對政治、經濟、社會和文化等的不滿，這可以說是改變了香港的政治生態，可參見 Sing (2009)。

10. 可參見 Mathews (1997) 提出香港人的身份認同既是「中國以外」(apart from China)，也是「中國一部份」(a part of China) 的觀點；結集於 Pun and Yee (2003) 的《書寫城市：香港的身份與文化》和 Cheung and Chu (2004) 的 *Between Home and World: A Reader in Hong Kong and Cinema* 的不同文章，尤其是 Leung (2004) 對於 1950 至 1990 年代期間出現香港文化身份的電影分析。亦可參見呂大樂 (2007)《四代香港人》一書。

11. 特別參考 Sing (2009) 所編之 *Politics and Government in Hong Kong* 的引言和第一章及第二章。亦可參見二千年起開始成立的另類媒體如香港獨立媒體 (www.inmediahk.net, 2004–) 和立場新聞 (www.thestandnews.com, 2012–) 在政治、社會運動和言論自由等方面所刊登的文章，均對於香港社會出現的不同議題進行強烈批判。

12. 參見本書導論的第 4 條註釋，以及我在第四章中挪用 Aihwa Ong 的家庭政治概念來談及華人男同志。

第二章

1. 梁定邦 (1987: 4–6) 指出，雖然英國於 1842 年取得了香港的主權，但直至 1844 年之前，香港仍然沿用既有的大清律例 (除了少數例外)。在 1844 年以後，大英法律在香港完全適用，除非該些法律「不適用於該殖民地或其居民的當地實際狀況」(1844 年《最高法院條例》第 15 號第 3 條)；其中一項例外便是接受非一夫一妻制婚姻 (男人納妾)，後於 1971 年的《婚姻制度改革條例》中被廢除。因此，可以說，自 1844 年至 1997 年間，香港社會緊隨英國的法律。

2. Lethbridge (1976: 300–306) 認為，在英國法律中雞姦 (buggery) 泛指肛交 (sodomy，可以發生在男人與男人之間，或男人與女人之間) 與人獸交 (bestiality，發生在男人或女人與動物之間)。因此，它涵蓋了與男人、女人和動物發生的三種性行為。第一種是可能涉及情感的同性戀行為；第二種被認為是不尋常的異性戀性行為，在英國一般相信大多發生在工人階級，用以作為方便且廉價的節育手段；第三種通常是與青少年和心智未成熟有關。法例將這些不同類型的性行為混為一談，以單一用語「雞姦」來涵蓋全部，不但強化了對同性戀的污名，同時也較難將其廢除。

3. 「嚴重猥褻行為」(gross indecency) 一詞的界定亦相當主觀。基本上無需提供任何肢體接觸的證據，就可將一個人冠以「嚴重猥褻行為」的罪名；如果兩個男人的舉止表現被視為「嚴重猥褻行為」的話，他們就會可能被定罪。然而，什麼情況下屬於「猥褻行為」或者「嚴重猥褻行為」，則沒有確定的準則。

4. Lethbridge (1976: 309) 認為，歐洲人的集體榮譽感 (esprit de corps) 某種程度上保障了在香港居住的歐洲中產階級的同性戀者。一些過分高調的同性戀者通常在不獲續約的情況下被遣返老家，或者經僱主鼓勵他們自動辭職。

5. 蘇格蘭籍的約翰‧麥樂倫是香港皇家警隊的督察。1980 年，他被特別調查組指控犯下嚴重猥褻行為，該小組是由政府於 1978 年成立，用以追查公務員和制服團隊中的同性戀者。當警方前去他的宿舍進行逮捕時，他被發現死於屋內，身上有五處槍傷。儘管他被裁定為自殺，但

香港媒體對於此案的調查結果仍然深感懷疑。主要的疑問是圍繞一個人在中了第一槍之後，為何還能維持清醒而向自己多開四槍呢？而令廣大市民更為震驚的是揭露了麥樂倫原來一直受到特別調查組的追查。由於他曾經在1977年服務於政治部的人事審查組，故可以接觸到一份涉及嫌疑是同性戀者的檔案，當中包括官員的名字和其他相關資料。因此，麥樂倫之死被懷疑是他殺而非自殺，而由於他掌握了不少警隊內部同性戀高級官員的資訊，故警方也被認為在這宗案件的處理上有所隱瞞。殖民政府的公正和誠信備受質疑（Ho 1997: 7–21）。詳情可見調查專員楊鐵樑爵士（1981）對於此案所作的綜合報告；亦可參見Chan (2007: 38–45) 對於香港規管同性戀相關法例的發展所進行之探討。

6. 參見Klesse (2007: Ch.1) 對於英國非刑事化法案之影響所進行的討論。

7. 有別於英美的國會和其他地方的立法機關，香港立法會議員提出私人草案的權力受到諸多限制，其角色主要是就法例加以審議和辯論。

8. 這種情況與西方的酷兒政治類似，內部分裂一直是運動的一部分。Seidman (1993) 指出美國自1970年代以來已經出現內部分裂的情況。酷兒社群一直受到中產階級和白人女男同志所支配，故一些非白人或非中產階級的酷兒、雙性戀者、戀童者、易服者、變性人，以及從事非常規的性或性別實踐（如性愉虐）者，均不斷對此提出異議。Plummer (1999) 指出英國自1970年代以來出現了三種內部分裂：第一種是在同化主義者和踰越者之間，這牽涉了自由主義與激進主義同志運動者的基本張力；第二種是在性別議題上的爭辯，這具體表現為激進女性主義者和男同志之間的分裂（女同志於1972年脫離Gay Liberation Front的行列）；第三種是基於階級而產生的分裂，這涉及了提倡左翼政治的人士和宣揚資本主義與男同志消費主義者之間的對立。

9. 他們批評香港紅十字會的「捐血人士指引」充滿歧視性，認為指引中「如果你是男性而曾與另一名男性發生行為的話，從此不應該捐血」的條文將男同志和不安全性行為劃上等號。

10. 請參閱Wong (2004: 208–212) 對此次行動的詳細說明。

11. 皮繩愉虐（BDSM）是「綑綁與調教」（bondage and discipline，BD）、「支

配與臣服」(domination and submission，DS)，以及「施虐與受虐」
(sadism and masochism，SM) 的縮寫。

12. 2005年，香港政府宣佈就訂立性傾向歧視條例進行民意調查，立法與
否將會視乎調查結果是傾向支持抑或反對。為了抗衡支持的一方，基
督教反同陣營維護家庭聯盟和一群宗教人士發起聯署行動，在本地報
章《明報》刊登了四頁全版廣告，發表標題為「寬容同性戀者 ≠ 鼓勵同
性性行為」、「反對歧視同性戀者 ≠ 贊成性傾向歧視條例立法」的聲
明，以表達其反對聲音。他們詳細地說明同性戀的「危險性」，呼籲香
港市民反對此條反歧視法案，因為他們擔憂一旦條例通過的話，將會
鼓勵一種「不健康」的生活方式，並且破壞一夫一妻制的異性戀家庭理
想模式 (Ho 2008: 465–466)。這次反同行動卻觸發了香港第一屆國際
不再恐同日 (IDAHO) 的舉辦。

13. 2008年，IDAHO籌備委員會由16個非政府團體組成，包括香港女同
盟會、新婦女協進會、國際特赦組織香港分會、關懷愛滋、學聯社會
運動資源中心 (自治八樓)、香港彩虹、彩虹行動、啟同服務社、基恩
之家、香港基督徒學會、主愛同志運動、尋道會、跨性別資源中心、
民間人權陣線、香港十分一會和 Les Peches。支持夥伴包括：F'union、
姊妹同志、香港天主教正義和平委員會、中華基督教會深愛堂社關團
契、女同學社、香港性學會、Gay Radio 和《點心》雜誌。

14. 活動的其中一項環節是要求參加者躺在地上一分鐘，以紀念因為恐同
暴力而被謀殺或攻擊的性小眾。

15. 在 IDAHO 舉行前的一天 (2008年5月18日)，有另一個稱為「直人撐
同志」的遊行集會，從而表達「彎直共融」的理念，遊行路線由香港島
轉移到九龍，從深水埗出發走到旺角，之後在旺角舉行公開論壇。

16. Yee (1989: 226–228) 於 1980 年代中期在香港一些大學進行參與觀察，
他指出當中的書籍和功課設計可以說是「反智」的，並預設了「填鴨」
式的師生關係，講課速度快如「子彈」，老師亦往往展示權威的姿態。

17. 根據 Louie (2002)，中國文學將傳統華人男性的陽剛氣質概念化為「文」
和「武」。文武的理想類型形成了兩個極端，華人的陽剛氣質身份便由
此建構出來。進一步的闡述可見於第六章。

18. 小明雄為公眾人物，同時也是我的受訪者之一。已歿。

19. Clarke (1993) 探討 1980 年代廣告策略的新趨勢，即是針對女／男同志

的時尚消費者，同時又不會冒犯異性戀消費者。在When dykes go shopping的文章中，Clarke敦促我們要重新思考女同志身份政治和資本主義之間的微妙關係，這似乎是逐漸脫離早期女性主義者對於消費文化、陰柔氣質和抵抗策略所進行的反時尚（anti-fashion）批判。亦可參見Chang（1998: 294–296）對於台灣同性戀恐懼/同性戀愛慕的流行文化之探討。

20. 男同志在電影中的形象可以分為以下幾種類型：第一種類型代表各種形式的跨性別，包括變性人（如《笑傲江湖2》裏的東方不敗，程小東執導，1992）、傳統京劇中扮演旦角的男演員（如《霸王別姬》中的程蝶衣，陳凱歌執導，中國，1993）、扮裝皇后（如《假男假女》中的Joey，侯永財執導，1996），以及「暫時性的變裝」，戲中的角色為了掩飾其性別而暫時穿着異性服飾（Straayer 1996：Ch. 3）（如《金枝玉葉》中的阿穎，陳可辛執導，1994）；第二種類型是變態、精神病患或反派角色（如《四級殺人狂2之男瘋》裏的Hu Jin-gwan，侯永財執導，1999），或者愛滋病患者（如《基佬四十》裏的甘永烈，舒琪執導，1997）；第三種類型是矯揉造作、潑婦型和娘娘腔的男性，他們一般是已經「出櫃」、受過教育和時尚的男同志（如《薰衣草》中的Chow Chow，葉錦鴻執導，2000）。第四種類型是以直人打扮的男同志（如《春光乍洩》裏的黎耀輝，王家衛執導，1997），他們通常並未「出櫃」（如《基佬四十》裏的羅家聲，舒琪執導，1997），最後變成直男（如《三個相愛的少年》裏的程如海，趙崇基執導，1994），又或者是金剛芭比，即是身材健美和健身肌肉型的男同志。最後的類型是懷有「同性情誼」的男人（如《喋血雙雄》裏的殺手和警察組合，吳宇森執導，1989），表現出一種強烈的男性友誼。

游靜（2005：135–139）亦根據五大角色類別而對女同志的再現進行分類：（1）變成異性戀的女同志（如《人在紐約》，關錦鵬執導，1989）；（2）帶着「冰封」般女同志情慾的女人，場景設定在古裝或者武俠片之中（如「愛奴」，楚原執導，1972；《自梳》，張之亮執導，1997；《遊園驚夢》，楊凡執導，2001）；（3）警匪片中的行為反常者和罪犯（如《古惑仔情義篇之洪興十三妹》，葉偉文執導，1998）；（4）異性戀男導演製作的色情片中之女同志伴侶（如《玉蒲團二之玉女心經》，錢文琦執導，1996）；（5）「暫時性的變裝」（Straayer 1996: Ch.3）（如《金枝玉葉2》，陳可辛執導，1996）。

21. 蘭桂坊是香港中環商業區一條街道的名字，但香港人也會用它來指稱附近的地區。這個地方的特色是充斥着嶄新、亮麗和潮流的時尚酒吧、餐廳、咖啡室、沙龍和其他娛樂場所。因此，它標誌着一種「上流」的氛圍，以及崇尚享樂主義和消費主義，故被稱為「男同志的聚腳地」。

22. 請參見「香港獨立媒體」這個於2004年新出現的另類媒體，它結合了文化批判與社會運動 (www.inmediahk.net)。

23. Leung (2008: Ch.4) 認為促使他成為香港的酷兒代表人物，未必是他的踰越或他帶給同志社群的驕傲，而是他那極度曖昧不明的性別表現、性身份，以及他與伴侶間的親密關係。

24. 不少學者指出這種酷兒主流化產生了兩種相互矛盾的影響。一方面，是逐漸出現的「異性戀酷兒化和酷兒異性戀化」的雙重整合作用 (Emig 2000; McNair 2002: 129–148)。最廣為人知的「異性戀酷兒化」現象為美國電視連續劇 Queer Eye for the Straight Guy (港譯《粉雄救兵》)，劇中的五位男同志 (稱為「五美」，the Fab Five)，專長於時裝、形象、美容、室內設計和文化藝術等五大方面，因此可以對其他人 (特別是異性戀男人) 的生活風格、品味和消費模式作出指導和建議，這或許在一定程度上創造了「都會美型男」(metrosexuals)，這個詞語最早出現於 Mark Simpson 在1994年11月15日的《獨立報》(The Independent) 上發表的「Here comes the mirror men」)，他們通常是生活在大都會的異性戀男性，擁有強烈的審美觀，熱衷於時裝和美容，並會投放大量時間和金錢於外表上，對於展現自己的虛榮感並不為恥 (亦可參見www.marksimpson.com)。至於在「酷兒異性戀化」的趨勢下，男同志也變得愈來愈像異性戀男人。然而，只是有別於「危險酷兒」的「良好同志」才能與異性戀者看齊 (Smith 1994: 204–239; Sinfield 1998: 168)。這種雙重作用讓性變得商品化，而性身份的差異也得以淡化。好處是酷兒的高度曝光令大眾不得不面對同性戀議題，亦能發揮抗衡異性戀主義的作用，促成整體社會的寬容，甚至可以成為酷兒追求公民權利的基礎。

    然而，另一方面，Kellner (1995: 40) 指出「差異帶來銷售，資本主義必須不斷地將市場、風格、潮流和產品變得多元化，用來繼續吸引消費者進入其實踐與生活方式」。hooks (1999) 也指出差異的商品化 (the commodification of difference) 將會消弭抵抗的力量，並將顛覆的潛力轉化成消費。就如遊客一樣，異性戀觀眾觀看電影裏的同志角色，好像只是在「參觀」同志社群而不必改變他們的異性戀思維。正如 Emig (2000: 223) 所言，「如果商品文化引起異性戀者與男同志之間耐人尋味的團結，是代表着一種新霸權的話，那麼它必定會產生內在的排斥和邊緣位置。而這些又會是什麼呢？」這種形式的文化公民權同時呈現納入和排斥的情況。那些負擔不了華麗的同志生活方式，或者無法展現霸權崇拜下的陽剛氣質（如直人的打扮、中產階級、年輕和四肢健全等），以及在男性主導的同志世界裏佔據邊緣位置的人（如女同志），往往被視為「次等的」酷兒公民（參見第三章）。

25. 陳雲 (2008) 可謂開展了第一項有關香港文化政策發展的研究，內容全面且具系統性。

26. 參見 Richardson (2005) 探討英國社會裏同志團體在新自由主義治理下出現的形式。

27. 關於此議題的詳細檔案資料可參見 www.leslovestudy.com。

28. 根據女同學社 (2007) 所言，淫藝物品審裁處只因為一件藝術作品標題上寫有「啜核私處」的四個字，而將該作品評為不雅級別。雖然這四個字經常在媒體出現，但可能的解釋是因為這件藝術作品暗示了兩個女孩正在進行口交，故在主觀性的審查下被視為「淫藝及不雅」。依照慣例，由於審裁處是在閉門會議的情況下作出了這項評級決定，故並無向公眾交代判決理由的法律責任。

第三章

1. Rice Bar 於 2008 年結業。

2. Propaganda 於 2016 年結業。

3. Ong (1999) 以「靈活彈性的公民權」之概念探討在投資、工作，以及家庭方面，有能力在不同的民族國家之間移動並從中獲利的跨國華人專業人士和企業家。我把她的概念套用在香港 memba 身上，香港 memba 周旋於不同的異性戀與男同志空間裏，以創造他們自己的男同志公民權概念。

4. 例如參閱 Featherstone (1987), Bocock (1992) and Miles (1998: Ch. 2) 等著作裏的文獻回顧。

5. 例如 Ma (2001) 對香港人的飲酒階層之討論，以及 Cheng (2001) 對於高度西化的消費區蘭桂坊的民族誌研究，兩篇文章均收錄在 Mathews and Lui (2001) 關於香港消費文化的文選中。

6. 正如 Mort (1980) and Evans (1993: Ch. 2–5) 所指出，在英國，同性戀非刑事化亦可能助長了人們對政治的冷漠以及男同志的消費次文化。參見第二章。

7. 於免費同志月刊《點心》雜誌上可以找到完整且最新的男同志場所清單。

8. 中華人民共和國原則上施行更為嚴厲的藥 (毒) 品政策，然而由於其在相關法令執行上的懈怠，因此用藥者 (吸毒者) 仍有其空間。

9. 參見 Tang (2008) 對於香港女同志身份認同與城市空間之間的關係之詳細討論，見第七章。

10. 例如 Altman (1996a, 1996b)；關於對酷兒「全球」化的批判可參見 Manalansan (1993, 2003)。

11. 參見 Connell and Messerschmidt (2005)，就 1990 年代「霸權式陽剛氣質」概念的出現後，人們對此概念的各種使用方式進行了摘要整理，尤其是在 Connell (1995) 之後開始使用者，他們並呼喚大家重新思考此一概念的理論與實踐的意義。

12. 對於歐美社會男同志形象的歷史分析，顯示了一連串從「娘娘腔」到「gay」到「粗豪大男人」的改變。(Forrest 1994; Segal 1990: Ch. 6; Gough 1989; Humphries 1985)。他們認為陽剛氣質已被男同志們宣稱、主張或再挪用。這種「粗豪大男人」的外表，似乎完全聚焦在身體以及運動型的男性身上，尤其是男子漢的身體更是被讚賞。我同意 Gough (1989: 120) 的看法，這種粗豪大男人的外表，在年輕、時髦，以及居住於大都市的男同志之間較為顯著。

13. 參見 Lin (2006) 風趣生動的討論，探討台灣反娘娘腔的男同志文化。

14. 鬼佬字面上的意思為「鬼/男人」，然而一般被翻譯成「洋鬼子」。此一用語在香港普遍使用，長久以來帶有侮辱及譴責的種族貶抑意味，如今其負面意涵已大為減少，甚至可以是個中性詞彙，本地華人甚至白人都會使用，雖然部分白人仍然有所反感。

15. 在該文中，Ho and Tsang 認為政治主權的轉變影響了華人男同志與他們的西方伴侶之間的跨種族親密關係，他們以這些伴侶關係之間的性實踐（主要集中於肛交的討論）為研究範圍。

16. 湊魁字面上的意思是「照顧鬼」。魁通常意味着「首領」、或者「魁梧的身體」，然而這裏亦可以表示「鬼」。香港 memba 將「照顧鬼」解讀作「與鬼約會」，亦即「與鬼佬或西方人約會」。

17. 例如參見 Ku and Pun (2004: Part II) 的 'Migration, Belonging and Exclusion'。

18. 藍牙是一種無線通訊科技，以固定或行動裝置如手機，透過短距離的數據交換，創造人際網絡區域。

19. 許多受訪者，包括我的一些 memba 朋友，在中國大陸的男同志場所玩樂時都有過不愉快的經驗。參見第七章，廣東受訪者與中國的 money boy 的往來也有着類似的不愉快經驗。

20. 參見 Bell and Valentine (1995)，以及 Ingram, Bouthllette and Retter (1997)。

第四章

1. 這個框架已受到嚴厲批判，因為它簡化了現代化的過程，只關注於工業化與功利主義對家庭的影響；過度強調家庭的規模大小、結構和（尤其是）物質功能；忽略了家庭的非物質和情感層面，以及在當下後殖民香港的背景之下家庭成員之間的互動關係（如 Shae and Ho 2001; Ng 1994, 1995）。近期傾向將研究坐落於塑造香港家庭生活的特殊社會政治、經濟和殖民條件上，並且不將家庭視之為「物」，而是視之為一系列的日常生活實踐，不同的家庭成員透過這些實踐來「營造家庭」（doing family）。（參見 *Social Transformation in Chinese Societies*, 2009, Vol. 4, Special Focus on "Doing Families in Hong Kong"）

2. 參見 Law (2009)，他創造了「合謀式殖民主義」（collaborative colonialism）一詞，用以呈現殖民者與香港人如何共享（後）殖民權力，以創造香港人的華人性（Chineseness）。

3. 呂大樂（2007）探討當今存活的四代香港人。第一代出生於 1920 與

1930年代,主要出生於中國大陸,於1940到1950年代之間來到香港。第二代是戰後嬰兒世代 (1946–1965)。第三代出生於1966年至1975年之間。第四代是第二代的後代,出生於1976年至1990年之間。

4. Salaff (1981) 稱香港的家庭單位為「改良的向心家庭」(modified centripetal family),因為它著重「經濟合作與匯集成員的收入以促進家庭經濟」(258),並且強調「兒子的首要地位,因為兒子延續宗教文化的父系中心,以及祖宗傳統的印記。」(258)。此種父系中心的結果,使得兒子成為家庭的主要既得利益者,而女兒則是遵守此種家庭系統結構,即要求女兒婚前要對原生家庭忠誠,而婚後要奉獻給丈夫的家庭。

5. 請參見第六章,關於中國社會的面子議題有更詳盡的描述。

6. 參見Adam (2006: 13) 研究中,報導多倫多70對男同志伴侶的類似經驗。他們的成功關係的藍圖來自於異性戀模式,並且認為商業的酒吧浴室場景與伴侶關係是對立的。

7. Seidman (2002) 研究過去數十年當代美國男同志的生活,追蹤從戰後美國衣櫃 (closet) 的形成,到當前追求性公民權的運動。

8. 由台灣學者倪家珍於一場會議中提出,關於台灣的同志政治。見朱偉誠 (2008 註釋10)。

9. 如我在其他地方指出 (Kong 2000: Ch. 4),香港男同志要在社會體制如學校、工作場合或教堂出櫃並不容易。有些人在學校被霸凌,有些人因為其工作性質 (如紀律部隊) 之故而必須留在櫃裏,有些人非常難以整合同性戀與宗教信仰 (尤其是基督教) 之間的矛盾。然而,家庭似乎始終是最具支配性的組織,在後殖民環境和香港土地空間的限制之下,無人可以完全脫離家庭。參見Chao (2002),批判華人父系家庭與異性戀婚姻體制,如何結合國家政策與房屋安排,限制女同志在台灣追求被認可的 (文化) 公民權。

10. 此部分源自於Kong (2009)。

11. 參見第五章,部分倫敦受訪者曾與其同性伴侶結婚。

12. 亦可參見Bech (1997: 141–148) 的討論,探討男同志關係裏性、愛與友情的流動性,以及他對「同性戀的存在形式」與現代性之間所作的關連。

13. 例如，Nardi (1999) 在其對美國男同志之間友誼所扮演的角色的探討中，生動地描繪此種情況。

14. Beck and Beck-Gensheim (1995) 認為在現代化的個人化歷程之下，西方（以德國作為主要例子）個人不得不「尋找正確的生活方式」(2)。這導致了在一個「新時代」之下，個人更自主地建立親密關係、實驗不同的性生活，以及組織不同的家庭形式，在這過程當中，有不同的可能性與危險性，他們稱之為「愛情的正常性混亂」(the normal chaos of love)。參見 Lewis (2001)，檢視關於家庭的改變與個人主義增長之焦慮的相關論辯。亦可參見 Mason, Skolnick, and Sugarman (2003); Scott, Treas, and Richards (2004) 等文集中收錄的相關著作，以檢視當代家庭與婚姻生活的快速變遷。

15. Jamieson (2004) 認為，Giddens (1992) 承認性關係往往是雙向的，然而他引用精神分析的解釋，説明獨佔感可能來自於一種無意識的慾望，想要重溫「嬰兒對母親所享有的」獨佔感。再者，性關係的這種雙向性往往會受到信任所強化，但信任並不能無限度擴張，因為「情感與行動在眾目睽睽之下不會被揭露」。Jamieson (2004) 指出這種概念「並沒有設想伴侶關係在成年人生活中所會遇到的挑戰」(41)。

16. Woods 認為家庭一直是西方同志文學的重要主題。他指的是：（一）男女同志在實際上如何來自家庭的故事；（二）男女同志如何嘗試適應他們的（父母）家庭，或者與之保持距離，或是家庭如何拒絕或驅逐他們的故事；以及（三）男女同志如何創造自己的家庭的故事，一種新的關係配置，此種配置或許可以被稱之為「另類家庭」或「家庭的替代方案」。

17. 關於同性婚姻的論辯，參見如 Sullivan (1995: Ch. 5), Bawer (1993: 145–146), Warner (1999: Ch. 3); Meeks and Stein (2006); 亦可見 Bell and Binnie (2000: 53–61, Ch. 8)。

18. 例如英國部分，可見 Yip (1997); Weeks et al. (2001, 2004); Heaphy et al. (2004); 加拿大部分可參見 Adam (2006); 美國部分可參見 Mutchler (2000)。

19. 在香港的性教育裏也可能看到此種觀點。參見 Ng (1998), Ng and Ma (2004: 491–492), Ho and Tsang (2004b: 704–705), 亦可參見第二章。

20. 再婚案例的計算是將「新郎初婚與新娘再婚」、「新娘初婚與新郎再婚」和「雙方都是再婚」的數字相加，除了在1971年《婚姻制度改革條例》頒佈之前，在香港以傳統風俗形式結婚，或在外地結婚而再辦理登記手續者之外。(香港特區政府統計處人口統計組：香港的女性及男性——主要統計數字，2008)。

21. 在香港，「釣魚」指在公廁尋找性伴侶。英國稱之為「Cottaging」，在澳洲稱之為「beat」，在美國稱之為「cruising」。其他獨特的男同志性文化包括「黑房」(亦即男同志酒吧或俱樂部裏讓人從事性愛的房間，在歐洲國家頗為普遍)、男同志桑拿或浴室裏，這些地方有許多秘密隔間或公開地方，容許各種性愛的可能。

22. Illouz (1997) 認為 (異性戀) 浪漫的文化如何在現代社會裏扮演定義自我的角色，以及此種文化，如何與資本主義，尤其是消費文化，互相糾結，並成為一種對浪漫追求的烏托邦。亦可參見與 Illouz (2007) 所做的訪談。

23. Mutchler (2000) 提出了四種主要劇本 (浪漫、性冒險、安全的性，以及性脅迫)，這四種劇本似乎刻畫出他在加利福尼亞所訪談的30位年輕男同志的性經驗。

24. Swidler (1980) 認為當代美國文化中的愛情神話，有四種可以識別的對立：選擇與承諾之間的張力、對社會責任的反抗與對社會的依附之間的張力、自我實現與自我犧牲之間的張力，以及透過愛來表達性慾與性慾的克制之間的張力。我發現第一種與第三種張力 (亦即選擇相對於承諾，自我實現相對於自我犧牲) 最適用於解釋我的受訪者對於白馬王子劇本的回應，特別是 Aron。

25. 我的研究發現裏性的非獨佔性 (sexual non-exclusivity) 與 Yip (1997) 的英國基督徒男同志伴侶研究之發現類似。

26. 例如，Yip (1997) 的英國基督徒男同志伴侶研究 (30個案例)，沒有一對伴侶是屬於「期待性方面不需專一的伴侶關係，而到目前為止行為上都很專一」的類別。

27. 我的見解來自於 Adam (2006)，對於多倫多70位伴侶關係中的男同志，在一對一劇本中實驗另類關係的討論。亦可見 Heaphy et al. (2004) and Weeks et al. (2001)。

28. 正如其他學者指出的（如 Adam 2006），男同志能夠將「性是愛」與「性是玩樂」分開。類似的情況，性工作者亦能夠區分工作的性（work sex）與個人的性（personal sex）（見第七章我對於男性性工作者的討論，以及 Kong [2006c] 中我對女性性工作者的討論。）

29. 我認為 de Certeau (1984: xi–xxiv) 對於弱者的戰術的討論，如「曖昧不明」、「偽裝掩飾」、「聰明伎倆」和「如何脫身」可以適用於我的受訪者，即在處理出櫃議題上所使用的戰術。

30. 亦可參見 Plummer (1995: Ch. 6)，Weeks et al. (2001) and Weston (1991)。

31. 更多的另類「生活方式」正在形成：例如，獨居或單身；「相愛而不同住」（living apart together，亦即承諾長期一起的伴侶，但並不居住在一起）（Levin and Trost 1999）；多元關係（polyamory），即「一種關係形式，在這種關係裏，同時維持與多個伴侶之間（一般是長期）的親密與性關係，而且認為是可能、可行和值得的」（Haritaworn, Lin, and Klesse 2006：515）；參見 Easton and Liszt (1997) 裏經典的概念「有道德的蕩婦」（ethical slut）；與 Haritaworn et al. (2006) 的多元關係特刊，以及 Barker (2005)。

第五章

1. 後阿圖塞馬克思主義（post-Althusserian Marxism）與解構主義均認為身份是按照相似性與相異性而運作的。Hall (1996c) 受到兩者影響，提出一種新的族群概念。他認為族群一直在兩點之間掙扎：一方面是族群、「種族」和「英國性」，另一方面是邊緣、外圍和「黑人特質」（blackness）。他對黑人文化政治的構想，涉及「一種新的文化政治，面對差異時並非採取壓抑的態度，而是積極回應，某程度上這取決於新族群身份的建構」(169)。我借用他的概念，以檢視英國的華人男同志移民如何在英國性（Britishness）、華人性（Chineseness）和同志特質（gayness）的論述之間經歷着身份上的掙扎，從而塑造一種新的酷兒文化政治。

2. 在英國社會，「亞洲人」（Asian）和「亞裔英國人」（Asian British）通常指

的是南亞人，即來自印度大陸和斯里蘭卡的人及其後代。在北美的社
會，「亞洲人」(Asian) 和「亞裔美州人」(Asian American) 則通常指東亞
和東南亞人，包括來自中國、香港、台灣、菲律賓、泰國、印尼等地
的人及其後代。我在倫敦接觸的受訪者在談及東亞及東南亞人士時使
用「亞洲人」(Asian) 一詞，但它在英國社會普遍是指南亞人士。

根據英國 2011 年的人口普查，所有非白人人口佔總人口 (63,182,178)
12.9% (8,171,819 人)。亞洲或亞裔英國人 (亦即來自南亞地區，如印
度、巴基斯坦和孟加拉的人) 是最大的非白人族群，共有 4,373,339
人，佔總人口的 6.9%，佔非白人人口的 53.5%。黑人或黑種英國人
(即加勒比裔黑人以及非裔黑人) 是第二大的非白人族群，有 1,904,684
人，佔總人口的 3%，佔非白人人口的 23.3%。參見 www.statistics.gov.
uk。(作者按：上述數據在此中譯本中更新，英文原版的數據則止於
2001 年。)

3.　關於北美的討論，可參見 Leong (1996); Eng and Hom (1998); Eng (2001);
　　關於澳洲的討論，可參見 Jackson and Sullivan (1999) and Martin et al.
　　(2008)。

4.　我主要參考 Baker (1994); Parker (1998) and Skeldon (1994a)。亦可參見
　　Skeldon (1994b); Cheng (1996); Benton and Gomez (2008)。

5.　加拿大於 1962 年刪除移民政策的種族限制，隨後是美國 (1965 年)、
　　澳洲 (1973 年) 和紐西蘭 (1978 年)。參見 Skeldon 1994a: 26–27。

6.　Tam 針對這種框架作出了批評，認為它過於本質化 (essentialized)，總
　　是強調華人社群自願地跟其他族群分離，將它呈現為一種「問題」，彷
　　彿這個社群缺乏文化視野。她認為，這種觀點不僅無視了華人社會和
　　文化組織上的複雜性，也忽略了結構性因素如何造成華人在英國生活
　　遇到的種種不平等。

7.　Klesse (2007: Ch. 1) 探討了英國法律措施的歷史，以及建基於公共 / 私
　　人這種二分法的政治論述，如何規管同志的身份建構與實踐。亦可參
　　見 Waite (2003) 有關英國合法性交年齡之爭的生動討論。

8.　Cooper (2002: Ch. 6) 受到 Foucault 有關權力與抵抗的概念啟發，指出了
　　國家與情慾之間的複雜關係，特別是同志如何努力去影響國家的形成
　　與措施，以及國家如何支援或限制同志對於平等的倡議。亦可參見

Cooper (1995)。同樣，Stychin (2003: Ch. 2) 認為法律在規管 (同) 性方面同時發揮了支援與限制的功能。

9. Klesse (2007: 25–26) 引入了 Mort (1980) and Evans (1993) 的觀點，認為這種法律性約束導致和強化了同志次文化的政治冷感與享樂主義。參見第二章。

10. 參閱 Keogh et al. (2004) 有關兩個少數族群在倫敦男同志社群生活的研究，包括在英國出生的加勒比裔黑人，以及愛爾蘭白人移民。

11. 《霸王別姬》是一部改編自李碧華同名小說 (1992) 的電影 (導演陳凱歌，1993)，講述一名總是扮演女性角色的同性戀京劇演員，愛上他的異性戀舞台搭檔的悲情故事。《蝴蝶君》(導演 David Cronenberg, 1993) 改編自黃哲倫的同名戲劇作品 (1998)，參考法國外交官 Bernard Boursicot 的真實故事。Bernard Boursicot 與京劇女伶時佩璞發生「錯戀」，時佩璞的真實身份其實是中國間諜，而且是一個男人。兩部作品的電影演員張國榮與尊龍，或許都為中國男性開拓了一定的「性市場」。他們的女性裝扮受到讚揚，優雅的表現與細膩的情感讓他們成功通過考驗，舉手投足猶如女人。可參見我對西方社會中的亞洲男性身體之討論 (Kong 2007)。

12. 在傳統的中國文化裏，金童與玉女指的是無辜、年輕、純潔的處男與處女。

13. 亦可參見 Nguyen (2004) 對新興亞裔美國色情男星 Brandon Lee 的討論。Brandon Lee 成功獲得 1 號的角色，但前提是形象必須符合一個已被美國同化的陽剛 1 號。普遍而言，亞洲人還是被分配扮演被支配、賤視和插入的角色。

14. 亦可參見 Manalansan (1993, 2003) 對於紐約菲律賓男同志移民的討論。

15. 「好大食」或 size queen 是指偏好大陽具的男同志。

16. Madam JoJo's 是倫敦蘇豪區的一間酒吧，主要接待變裝皇后及其仰慕者。

17. 參見 Keogh et al. (2004b) 就英國出生的加勒比裔黑人男同志之討論。

18. 參見由 Luibhéid and Cantú (2005) 編輯之文集。該文集輯錄了研究移民與情慾的學者，探討酷兒移民在美國社會裏的生活。

III 中國大陸 引言

1. 參見Goodman and Perry (2002: 1–19); Keane (2001); Li and Wu (1999); Harris (2002) 對於當代中國公民身份的意義和變更之討論。文獻指出在中國的語境中，有一些詞彙可指涉「citizen」的意思，例如中國官方常用的「人民」，意味着一種從屬於國家、跨族群的身份 (如「中國人民」)；「國民」則為台灣人常用，在中國較少使用；至於「公民」，其意義似乎最接近西方citizenship的定義，但由於其內涵暗示着各種權利，政府向來避免使用，雖然隨着1990年代後經濟與文化公民權的發展，被愈來愈多人提及；「市民」則在香港與中國被普遍使用，尤指某一特定自治市或地區的人民 (如「北京市民」)。

第六章

1. 積極塑造的概念借用自Keane (2001) 對1990年代以來的中國公民身份之討論。Keane本人則參考Hartley (1999: 154–165) 的「DIY公民權」和Foucault (1998) 的「自我技術」(technologies of the self) 兩個概念。

2. Sommer (1997) 認為，男男性行為被禁止，並不是因為引入「新滿洲道德」所導致，而是清朝社會對於男人被插入的污名化所致。

3. Evans (1997) 利用官方、半官方，以及民間機構自1949年以來出版的非文學作品，呈現中國女性如何在主流論述與實踐範疇裏被性別化 (gendered) 與被性化 (sexualized)。她認為這種對女性的建構，不論是在1950年代到1970年代早期，受拘束的意識形態環境氛圍裏，或是在1990年代為消費者導向的背景之下，都一直存在。

4. 由1949至1997年間，似乎有愈來愈多的同性戀個案被當作流氓罪來處理。有趣的是，1949至1979年間，中國並沒有制定任何相關的刑事法例。也就是說，技術上而言，當時並沒有法例明確禁止或適用於同性戀行為上。流氓罪於1979年首次被引入刑法第160條，指的是各種不當的社會行為，如「聚眾鬥毆，尋釁滋事，侮辱婦女或者進行其他流氓活動，既而破壞公共秩序，情節惡劣者」(Gao 1995: 66; Liu

1995）。由此可知，同性戀甚至沒有被包括在上述清單裏，儘管它可能被視為「其他流氓活動」之一（Gao 1995: 75）。然而，由1949至1997年（刑法於1997年經修正，將流氓罪刪除），同性戀個案總是被當作「流氓罪」，接受相同的處罰。

5. Pan (2006: 24–28) 認為，當代中國的「性革命」是性文化於整個生命周期出現複雜變化的一個結果，包羅了所有最基本的人類活動，影響着這些活動的功能及其相互關係。中國性革命有五項重要特點：「性不再與生殖掛鈎；現代愛情觀對傳統婚姻觀念的挑戰；性在婚姻中的重要性漸受重視；情慾開始脫離浪漫承諾的綑綁；以及今日中國婦女生活的質變」（24）。Pan認為政府通過提倡生育、生產力、婚姻等，有意或無意地在塑造當代中國性文化的新意義上扮演着重要角色。亦可參見Yan, Y. X. (2003) 於黑龍江下岬村進行的人類學研究，其探討了1949年以來，年輕一代在伴侶選擇、婚後居住、夫妻權力與生育決定方面的文化改變。

6. 參見Farrer (2002) 對上海蓬勃的青少年性文化的討論；Erwin (2000) 探討電話熱線如何促成對於性的公開討論；Rofel (2007) 則觀察了範圍更廣的公眾討論，分析大眾文化中人們的情慾、嚮往、渴望與激情如何構成她所說的「慾望中國」。亦可參見Hershatter (1996: 88–93)。

7. 參見本章註釋第4條。

8. 已有相關本土著作出版，但主要是由異性戀學者以傳統客觀且具科學社會學方法所書寫，例如《他們的世界：中國男同性戀群落透視》（李銀河與王小波 1992），以及《同性愛》（張北川 1994）。Wu (2003: 125–133) 亦指出了一些其他同志刊物，如月報《朋友》(1998–) 和雙周雙語網上雜誌《桃紅滿天下》，發行自1997年到2001年。

9. 參見Hershatter (1996), Evans (1997), Sigley (1998), Honig (2003)。

10. 我有幸參加了第四屆北京酷兒影展，於其中一晚主持一場映後座談會。我得悉主辦方（主要是藝術家）在籌辦影展時遇到很大困難，常被政府找麻煩。

11. 常住人口的定義指的是在某一城市居住超過六個月以上的居民。

12. 參見例如Li (2006), Gil (2002) 和周華山 (1996b：第六章) 的訪談報導。

13. 過去農村地區的控制機制是生產大隊和生產隊，但在鄧小平改革時期已完全廢除。

14. 參見Bray (2005)。其研究探討中國城市地區的單位,如何成為一個獨特的社會主義管治形式。

15. 參見Solinger (1999),其研究探討了由農村遷往城市的移民,與中國城市地區公民權之間的關係。亦可參見Zhang (2001) 對於北京浙江村內移民定居地所做的田野研究。

16. 關於單位是否已漸漸失去對城市居民的影響之爭論,可參見Bray (2005), 余紅與劉欣 (2004),李漢林 (2008)。

17. 參見Cho (2009) 對韓國男同性戀者與女同性戀者之間「契約婚姻」的批判。

18. 參見Li (2006: 94–99) 類似的觀察與討論。

19. 參見Boellstorff (2007b) 關於印尼男同性戀者類似的討論。

20. 雷鋒是1950年代人民解放軍的一名士兵。他於1962年21歲時去世,因公殉職。他去世後,被視為人民的模範,學習他的無私、高尚、願意為國家犧牲的精神。在「向雷鋒同志學習」的運動下,全國青年被灌輸了所謂的「雷鋒精神」,與1960年代早期大躍進運動同步進行。每隔一段時期,當執政當局想要緩和及控制個人主義的興起時,雷鋒便會被重新挪用 (例如1989年六四事件發生之後)。

第七章

1. 有關性工作的文獻,大部分均採取公共衛生的觀點,着重女性性工作與性病和愛滋病傳播之間的關係。可參見Cohen et al. (1996); Gil at al. (1996); Hong and Li (2007)。

2. 亦可參見Dikötter (1995: 133–135)。

3. 亦可參見Jeffreys (2004: Ch. 4)。

4. 相較於女性性工作,關於男性性工作的研究相對少見,而且大部分均圍繞服務男客的性工作者為主,主要服務女客的男性性工作者之研究更為罕見。

5. Biddulph (2007: Ch. 1, 註釋46) 指出,「嚴打」是「嚴厲打擊嚴重刑事犯罪」之簡稱。自1983年起,警方針對包括賣淫在內 (主要是女性賣淫)

的「嚴重罪行」，發起了一系列持續進行的嚴打行動。針對商業性性行為的嚴打行動亦稱為「掃黃」。可參見 Biddulph (2007: 153–176); Jeffreys (2004: Ch. 4)。

6.　參見 Jeffreys (2007) 對此案例之詳細討論。

7.　我其中一個研究計劃是針對大中華地區的男性性產業（主要包括香港、北京、上海、大理、廣東、深圳），而本章主要根據我於 2004 至 2005 年間在北京與上海的實地考察而寫成。一般認為，為數不少的男性和男同志在這兩個城市從事性工作。受訪者均出生於中國，年滿 18 歲，並表示在過去六個月裏曾至少一次和其他男人發生性行為，以換取金錢。這段期間我共進行了 30 次面對面的深入訪談（北京 14 人、上海 16 人）。

8.　參見童戈 (2007：6–14) 有關中國男性性產業術語和俗語的列表。

9.　Aggleton (1999) 收錄了有關在法國、加拿大、美國、墨西哥市、聖多明各、哥斯達黎加、巴西、利馬、泰國和菲律賓等地從事性工作的男性之文章。亦可參見 West and de Villers (1993) 在倫敦西部的研究。

10.　我的受訪者中有九位屬於第一類型，八位屬於第二類，十一位屬於第三類，兩位屬於第四類。

11.　中國有四個直轄市——北京、上海、重慶和天津，是獨立於省級統治的特別自治城市。

12.　我的所有受訪者都是漢人，屬中國人數最多的一個族群。他們的年齡從 19 歲到 32 歲之間，但主要是二十歲出頭。有三位自稱異性戀者，七位不清楚自己的性向（但對男人有興趣），其餘的則自稱同性戀（「同志」、「gay」或者「圈內人」）。除了一位已婚之外，其餘都是單身，四位報稱與男人有穩定、不涉金錢往來的情感關係，而三位則和女人有這種關係。超過一半達到一般或更高教育水平（三位受過小學教育，八位受過初中教育，十三位受過高中教育，六位受過大專或大學教育）。所有人都出生於中國內地，來自不同地區，但主要是農村或接近農村的地區。請參見附錄。

13.　我借用 Rofel (2007: 3) 的説法：自改革時代開始，中國人漸漸成為充滿欲望的主體，按照情慾、物質和情感方面的自我利益，去滿足各式各樣的念頭、需求與渴望。

14.　關於戶口系統的發展，可參見 Chan and Zhang (1999) and Wang (2004)

詳細的討論；關於由農村遷至城市的移民所遭受的歧視與污名，可參見Li et al. (2007), Goodkind and West (2002), Amnesty International (2007)。

15. Zhu (2007) 在關於福建省的研究中指出，大部分身為移民的受訪者並不要求在城市永久居留。問題不僅在於難以獲得城市戶口（最近的戶籍制度已放寬），而是不同因素的結合，造成了流動人口的暫時性：勞動市場對臨時農民工的需求（例如，即使他們能在城市永久居住也找不到工作）、移民為了把自身的經濟機遇多樣化和最大化而作出的策略（例如，如果他們必須放棄家鄉的土地才能得到「完整」的城市人身份，那麼城市戶口將顯得不夠吸引）、移民希望把風險減至最低（例如，萬一要在惡劣環境下生活，他們必須依賴家鄉資源，尤其是土地）。Zhu (2007) 不只將焦點放在戶口，還指出結構性因素（如戶口制度和勞動市場）和個人因素（如移民有意識和理性的遷移策略）均促使了中國流動人口的臨時性質。

16. 「三無人員」指的是「沒有固定居所、沒有固定工作，以及沒有固定收入」的人 (Guang 2003: 621)。

17. 例如英格蘭 (Davies and Feldman 1997)、美國 (Calhoun and Weaver 1996) 和澳洲 (Browne and Minichiello 1995)。亦可參閱 Prestage (1994) and Vanwesenbeeck (2001: 258–271)。

18. 參見我針對香港性產業裏中國性工作者的討論 (Kong 2009)。

19. 參見 Browne and Minichiello (1995: 606–611) 的客人分類。

20. 亦可參見 Kipnis (2006) 如何從「關鍵字」的角度探討「素質論」在當代中國的管治、文化和社會方面形成的符號政治。

21. 參見我對香港男性性工作者的討論 (Kong 2005c: 32–45)，以及 Browne and Minichiello (1995) 有關澳洲男性性工作者之討論。關於女性性工作者的相關討論，可參見 Kong (2006c), Sanders (2005: Ch. 8), and O' Connell Davidson (1996)。有關現代西方性工作的勞動過程，可參見 Brewis and Linstead (2000a, 2000b) 精闢的文獻整理，內容主要取自英國與澳洲的經驗。

22. 例如 Joffe and Dockrell (1995: 341–342), Browne and Minichiello (1995: 602–606)。亦可參閱 Vanwesenbeeck (2001: 251–258)。

23. 可參見 Kong (2009a: 718–719) 的文獻概覽。

24. Ho (2000) 的討論雖圍繞台灣女性性工作者的情況，但我認為這想法亦適用於中國的 money boy。

25. 參見 Delany (1999) 有關紐約市時代廣場性工作者的次文化生活之討論。

26. 參見 Brewis and Linstead (2000a: 92) 引用 O'Neil (1996: 21) 有關女性性工作者的討論。

結語

1. 也有一些例外。例如：符號互動論就提出多重社會角色的概念，認為自我是不斷變動和彈性的 (Plummer 2000: 194)。

2. 我的觀點沿自 Sautman (2004)。他指出香港已發展成一個半族裔統治的政體 (semi-ethnocracy)，並建立了不對等的公民階層 (公民、居民、邊緣人民)。參見本書第一部分。

3. Ho (2008) 指出，東亞有不少新成立的民主國家，表面上尊重多元文化，實則與基督教和天主教背景的非政府組織緊密合作，以持續進行一種「文明與體面的統治」，藉此監管性行為和資訊流通。

4. 可參見有關非西方男同志如何在全球性酷兒文化中應對白人同志身份之討論，如 Boellstorff (2005) 有關印尼男同志的研究，以及 Manalansan (2003) 有關紐約市菲律賓男同志移民的研究。

5. 我的觀點沿自 Deleuze and Guattari (1986: Ch. 3)。他們分析了小眾文學 (minor literature) 作為一種抗爭模式的政治潛力。

附錄一

1. 參見收錄於 Strauss and Corbin (1997) 的文章，以及 Denzin and Linclon (2000) 的第四與第五部分。

2. 在訪問過一個戀足的人之後，Plummer (1995) 提出了一連串的問題：「是什麼帶領我去尋找一位願意談論自己『不尋常』性生活的男人？為

何我，或者其他人，以神聖的社會科學之名，想要去討好某些人以求他們告訴我他們的性生活？⋯⋯他如何能產生這樣的故事，我對他的回答的『寬容』應對又如何鼓勵他繼續訴說這種故事⋯⋯他的故事中有多少是他事前獨自綵排之後的表演成果？那麼，我的訪問稿與他的真實生活之間的關係又是什麼？而我又是如何書寫這份文稿的？用他的想法，抑或我的想法，或是透過我的聲音表達他的想法，還是透過他的聲音表達我的想法？一旦文稿被他人閱讀（包括我和他），將為這份文稿開啟什麼樣的多重詮釋？有沒有一種正確的解讀，可以讓我們找到戀足癖的真相？還是被藉機譴責、或是窺探，或者僅僅只是當作一種挑逗，抑或成為協助他人為自身定位的指引？」(11–12)

3. Krieger (1985) 透過在地觀察及深入訪談的方式研究美國中西部一個女同志社群。她對於觀察者與被觀察者之間的關係和代表性問題有深入的反思。

4. 即使研究主體變成「作者」，這個問題亦無法完全解決。因為我們仍需考慮他們成為「作者」的制度規範，以及他們在書寫之際的歷史限制 (Clifford 1986: 13)。因此，雖然「為他者發聲」的假設可能不成立，而我們能在文本／田野研究裏聽到作者／研究者和研究主體的聲音，但更大的問題在於作者的單一聲音是否排斥或蓋過其他多重的聲音。

5. Seale et al. (2004) 表示學者們已提出新的概念，這些新概念重視的不是傳統上為追求合法性 (legitimatization) 所強調的信賴度 (reliability)、有效性 (validity)，以及可概括性 (generalizability)，而是強調品質 (quality) 與可信性 (credibility)。例如「描述的全面性⋯⋯類別上的完整度⋯⋯真實性作為研究者的現場證據；生態有效性 (ecological validity)⋯⋯一致性指『不同觀察者，或同一觀察者在不同場合，將事件分派到同一類別』⋯⋯可信度指研究者的詮釋與『現實』世界的連結⋯⋯疑似性 (plausibility) 指研究者的研究結果與學術世界所接受的理論之間的一致性。」(407)。

參考文獻及其他資料

中文書目

小明雄：1989。《同性愛問題30講》。香港：友禾製作事務所。

小明雄：1997（1984）。《中國同性愛史錄》。香港：粉紅三角出版社。

朱偉誠：2008，〈台灣同志運動的後殖民思考：論現身問題〉，載朱偉誠：《批判的性政治：台社性／別與同志讀本》。台北：台灣社會研究雜誌社，頁191–213。

江紹祺：2014。《男男正傳：香港年長男同志口述史》。香港：進一步多媒體有限公司。

余紅、劉欣：2004。〈單位與代際地位流動：單位制在衰弱嗎？〉，《社會學研究》第6期，頁52–63。

余雲楚、何國良：2001。〈香港家庭及家庭研究何去何從：從傳統，經現代，到後現代？〉，《香港社會學學報》第2期，頁85–122。

吳俊雄：2001。〈尋找香港本土意識〉，載吳俊雄、張志偉：《閱讀香港普及文化，1970–2000》。香港：牛津大學出版社，頁86–95。

吳敏倫：1990。《性論》。香港：商務印書館。

呂大樂、吳俊雄、馬傑偉編：2011。《香港．生活．文化》。香港：牛津大學出版社。

呂大樂：1997。《唔該，埋單：一個社會學家的香港筆記》。香港：牛津大學出版社。

呂大樂：2007。《香港四代人》。香港：進一步多媒體有限公司。

李志超：2001。《燃燒慾望地圖》。香港：指南針集團有限公司。

李明堃：1987。〈香港家庭的組織和變遷〉，載李明堃：《變遷中的香港政治和社會變遷》。香港：商務印書館，頁152–178。

李照興：2008。《潮爆中國》。香港：天窗出版。

李銀河、王小波：1992。《他們的世界：中國男同性戀群落透視》。太原：山西人民出版社。

李銀河：1998。《同性戀亞文化》。北京：今日中國出版社。

阮芳賦：2005。〈試論 Sexuality 的漢譯〉，載潘綏銘：《中國「性」研究的起點與使命》。高雄：萬有出版社，頁13–30。

周華山、麥海珊、江建邦編：1995。《香港同志站出來》。香港：香港同志研究社。

周華山、趙文宗：1995。《衣櫃性史：香港及英美同志運動》。香港：香港同志研究社。

周華山：1996。《北京同志故事》。香港：香港同志研究社。

周華山：1996。《香港同志故事》。香港：香港同志研究社。

林奕華：1996。《太多男人太少時間》。香港：博益出版集團有限公司。

林奕華：1997。《27.01.97-30.09.97》。香港：陳米記文化事業有限公司。

金曄路編：2001。《月亮的騷動——她她的初戀故事：我們的自述》。香港：Cultural Act Up。

洛楓：2005。〈男生女相，雄雌同體：張國榮的歌衫舞影與媒介論述〉，《媒介擬想》第3期，頁134–146。

香港女同盟會：2004。《她們的女情印記：香港會愛上女人的女人口述史》。香港：香港女同盟會。

基督徒學會、基恩之家、性權會、f'union：2006。《看得見的真相：香港同志平權報告》。香港：基督徒學會、基恩之家、性權會、f'union。

張北川：1994。《同性愛》。濟南：山東科學技術出版社。

梁定邦：1987。〈香港法制簡介〉，載港人協會，《香港法律十八講》。香港：商務印書館，頁1–35。

陳雲：2008。《香港有文化：香港的文化政策(上卷)》。香港：花千樹出版社。

陳諾爾編：2001。《歧視個案專題研討：香港紅十字會捐血者須知》。香港：香港彩虹、彩虹行動及現象研究室。

富曉星：2012。《空間‧文化‧表演：東北A市男同性戀群體的人類學觀察》。北京：光明日報出版社。

彭曉輝：2005。〈對"sex"和"sexuality"的討論及其定義的中文翻譯〉，載潘

綏銘：《中國「性」研究的起點與使命》。高雄：萬有出版社，頁7–12。

游靜：1996。《另起爐灶》。香港：青文書屋。

游靜：2005。《性／別光影：香港光影中的性與性別文化研究》。香港：香港電影評論學會。

甯應斌：2005。〈性政治：性運的由來及其派別〉，載何春蕤、丁乃非、甯應斌合著：《性政治入門：台灣性運演講集》。桃園縣中壢市：中央大學性／別研究室，頁99–180。

甯應斌：2010。〈社會性〉，載何春蕤編：《連結性：兩岸三地性／別新局》。桃園縣中壢市：中央大學性／別研究室，頁3–14。

童戈：2005。《中國人的男男性行為：性與自我認同狀態調查》。北京：紀安德諮詢中心。

童戈：2007。《中國男男性交易狀態調查》。北京：紀安德諮詢中心。

葉志偉：2003。《突然獨身》。香港：Friendmily Business。

葉志偉：2004。《不能》。香港：Kubrick。

榮念曾：1997。〈香港・邊緣・藝術〉，載香港文化界聯席會議、國際演藝評論家協會(香港分會)、進念・二十面體：《香港九七文化視野文件集》。香港：進念・二十面體，頁29–30。

邁克：1993。《假性經》。香港：大本營。

邁克：1993。《影印本》。香港：大本營。

邁克：1994。《男界》。香港：大本營。

邁克：2000。《性文本》。香港：牛津大學出版社。

邁克：2003。《互吹不如單打》。香港：牛津大學出版社。

邁克：2005。《迷魂陣》。香港：牛津大學出版社。

魏偉、蔡思慶：2012。〈探索新的關係和生活模式：關於成都男同性戀伴侶關係和生活實踐的研究〉，《社會》第6期，頁57–85。

英文書目

Abbas, A. (1992) "Introduction: The Last Emporium: Verse and Cultural Space," in Leung Ping-kwan, *City at the End of Time*, trans. G. T. Osing and the author,

Hong Kong: Twilight Books in association with the Department of Comparative Literature, University of Hong Kong, pp. 3–19.

—— (1997) *Hong Kong: Culture and the Politics of Disappearance*, Hong Kong: Hong Kong University Press.

Abbas, A. and Erni, J. N. (eds.) (2005) "Introduction," *Internationalizing Cultural Studies: An Anthology*, Malden, MA: Blackwell Publishing, pp. 1–12.

Adam, B. D. (2006) "Relationship Innovation in Male Couples," *Sexualities*, 9 (1): 5–26.

—— (1985) "Structural Foundations of the Gay World," *Society for Comparative Study of Society and History*, 27 (4): 658–671.

Adam, B. D., Duyvendak, J. W., and Krouwel, A. (eds.) (1999) *The Global Emergence of Gay and Lesbian Politics: National Imprints of a Worldwide Movement*. Philadelphia: Temple University Press.

Agamben, G. (1995) *Homo Sacer: Sovereign Power and Bare Life*. Trans. D. Heller-Roazen. Stanford: Stanford University Press.

Aggleton, P. (ed.) (1999) *Men Who Sell Sex: International Perspectives on Male Prostitution and AIDS*. London: UCL Press.

Ahmed, S. (2004) *The Cultural Politics of Emotion*. New York: Routledge.

Altman, D. (1982) *The Homosexualization of America, the Americanization of the Homosexual*. New York: St. Martin's Press.

—— (1995) "The New World of 'Gay Asia'," in S. Perera (ed.), *Asian & Pacific Inscriptions: Identities, Ethnicities, Nationalities*. Melbourne: Meridian, pp. 121–138.

—— (1996a) "On Global Queering," *Australian Humanities Review*. Online. Available at: <http://www.australianhumanitiesreview.org/archive/Issue-July-1996/altman.html> (accessed 30 Sept 2008).

—— (1996b) "Rupture or Continuity? The Internationalization of Gay Identity," *Social Text*, 48: 77–94.

—— (1997) "Global Gaze / Global Gays," *GLQ: A Journal of Lesbian and Gay Studies*, 3: 417–436.

—— (2001) *Global Sex*. Chicago: The University of Chicago Press.

Altman, D., Aggleton, P., William, M., Kong, T., Reddy, V., David Harrad, D.,

Reis, T., and Parker, R. (2012) "Men Who Have Sex with Men: Stigma and Discrimination," *Lancet*, 380: 439–445.

Amnesty International. (2007) *China: Internal Migrants: Discrimination and Abuse. The Human Cost of an Economic "Miracle"*. Online. Available at: <http://www. amnesty.org/en/library/info/ASA17/008/2007> (accessed 30 Sept 2008).

Anagnost, A. (2004) "The Corporeal Politics of Quality (Suzhi)," *Public Culture*, 16 (2): 189–208.

Anthias, F. and Yuval-Davis, N. (1983) "Contextualizing Feminism: Gender, Ethnic and Class Divisions," *Feminist Review*, 15: 62–75.

———— (1992) *Racialized Boundaries: Race, Nation, Gender, Colour and Class and the Anti-Racist Struggle*, London: Routledge.

Appadurai, A. (1996) *Modernity at Large: Cultural Dimensions of Globalization*, Minneapolis: University of Minnesota Press.

Au Yeung, S. (2006) "Hong Kong's Alternative Film and Video Movement as an Agent for Social Change," unpublished MPhil thesis, The University of Hong Kong.

Ayres, T. (1999) "China Doll: The Experience of being a Gay Chinese Australian," *Journal of Homosexuality*, 36 (3/4): 87–97.

Baker, H. D. R. (1994) "Branches all over: The Hong Kong Chinese in the United Kingdom," in R. Skeldon (ed.), *Reluctant Exiles? Migration from Hong Kong and the New Overseas Chinese*, Hong Kong: Hong Kong University Press, pp. 291–307.

Bakken, B. (2000) *The Exemplary Society: Human Improvement, Social Control, and the Dangers of Modernity in China*, Oxford: Oxford University Press.

Bao, H. W. (2012) "Queering/Querying Cosmopolitanism: Queer Spaces in Shanghai," *Culture Unbounded*, 4: 97–102.

Barker, M. (2005) "This is My Partner, and this is My...Partner's Partner: Constructing a Polyamorous Identity in a Monogamous World," *Journal of Constructivist Psychology*, 18: 75–88.

Barmé, G. (1994) "Soft Porn, Packaged Dissent, and Nationalism: Notes on Chinese Culture in the 1990s," *Current History*, 93 (584): 270–275.

Bass, M. (2015) "Asia: Advances in a Field in Motion," *Intersections: Gender and*

Sexuality in Asia and the Pacific, 37. http://intersections.anu.edu.au/issue37/baas_review_essay.htm (assessed online 16 Feb 2017)

Baudrillard, J. (1988) *Jean Baudrillard: Selected Writings*, edited and introduction by M. Poster, Stanford: Stanford University Press.

Bawer, B. (1993) *A Place at the Table: The Gay Individual in American Society*, New York: Touchstone.

Bech, H. (1997) *When Men Meet: Homosexuality and Modernity*, trans. T. Mesquit and T. Davies, Chicago, IL: University of Chicago Press.

Beck, U. and Beck-Gernsheim, E. (1995) *The Normal Chaos of Love*, trans. M. Ritther and J. Wiebel, Cambridge: Polity Press.

Bell, D. (1995) "Pleasure and Danger: The Paradoxical Spaces of Sexual Citizenship," *Political Geography*, 14 (2): 139–153.

Bell, D. and Binnie, J. (2000) *The Sexual Citizens: Queer Politics and Beyond*, Cambridge: Polity.

Bell, D. and Valentine, G. (1995) *Mapping Desire: Geographies of Sexualities*, London and New York: Routledge.

Benton, G. and Gomez, E. T. (2008) *The Chinese in Britain, 1800–Present: Economy, Transnationalism, Identity*, Basingstoke: Palgrave Macmillan.

Berger, R. (1982) "The Unseen Minority: Older Gays and Lesbians," *Social Work*, 27 (3): 236–242.

Berlant, L. and Warner, M. (1998) "Sex in Public," *Critical Enquiry*, 24: 547–566.

Berry, C. (2001) "Asian Values, Family Values: Film, Video, and Lesbian and Gay Identities," *Journal of Homosexuality*, 40 (3/4): 211–231.

Berry, C., Martin, F., and Yue, A. (eds.) (2003) *Mobile Cultures: New Media in Queer Asia*, Durham, NC and London: Duke University Press.

Biddulph, S. (2007) *Legal Reform and Administrative Detention Powers in China*, Cambridge: Cambridge University Press.

Binnie, J, and B. Skeggs (2004) "Cosmopolitan Knowledge and the Production and Consumption of Sexualized Space: Manchester's Gay Village," *The Sociological Review*, 52 (1): 39–61.

Binnie, J. (1995) "Trading Places: Consumption, Sexuality and the Production of Queer Space," in D. Bell and G. Valentine (eds.), *Mapping Desire: Geographies of Sexualities*, London and New York: Routledge, pp. 182–199.

Binnie, J. (2004) *The Globalization of Sexuality*, London: Sage.

Blackwood, E. (2005) "Transnational Sexualities in One Place: Indonesian Readings," *Gender and Society*, 19 (2): 221–242.

Blackwood, E. and Wieringa, S. E. (2007) "Globalization, Sexuality, and Silences: Women's Sexualities and Masculinities in an Asian Context," in S. E. Wieringa, E. Blackwood, and A. Bhaiya (eds.), *Women's Sexualities and Masculinities in a Globalizing Asia*, New York: Palgrave Macmillan, pp. 1–20.

Blum, S. D. and Jensen, L.M. (eds.) (2002) *China Off Center: Mapping the Margins of the Middle Kingdom*, Honolulu: University of Hawai'i Press.

Bocock, R. (1992) "Consumption and Lifestyles," in R. Bocock and K. Thompson (eds.), *Social and Cultural Forms of Modernity*, Cambridge: Polity in association with Open University: pp. 119–167.

Boellstorff, T. (2005) *The Gay Archipelago: Sexuality and Nation in Indonesia*, Princeton and Oxford: Princeton University Press.

——— (2007a) *A Coincidence of Desire: Anthropology, Queer Studies, Indonesia*, Durham and London: Duke University Press.

——— (2007b) "When Marriage Falls: Queer Coincidences in Straight Time," *GLQ: A Journal of Lesbian and Gay Studies*, 13 (2–3): 227–248.

Bourdieu, P. (1984) *Distinction: A Social Critique of the Judgement of Taste*, trans. R. Nice, Cambridge, MA: Harvard University Press.

——— (1986) "The Forms of Capital," in J. Richardson (ed.), *Handbook of Theory and Research for the Sociology of Education*, New York: Greenwood, pp. 241–258.

——— (1989) "Social Space and Symbolic Power," *Sociological Theory*, 7: 14–25.

——— (1992) *An Invitation to Reflexive Sociology*, Chicago: University of Chicago Press.

Bray, A. (1988) *Homosexuality in Renaissance England*, London: Gay Men's Press.

Bray, D. (2005) *Social Space and Governance in Urban China*, Stanford, CA: Stanford University Press.

Brewis, J. and Linstead, S. (2000a) "'The worst thing is the screwing' (1): Consumption, and the Management of Identity in Sex Work," *Gender, Work and Organization*, 7 (2): 84–97.

——— (2000b) "'The Worst Thing is the Screwing' (s): Context and Career in Sex Work," *Gender, Work and Organization*, 7 (3): 168–180.

Browne, J. and Minichiello, V. (1995) "The Social Meanings behind Male Sex Work: Implications for Sexual Interaction," *The British Journal of Sociology*, 46 (4): 598–622.

——— (1996a) "Research Directions in Male Sex Work," *Journal of Homosexuality*, 31 (4): 29–36.

——— (1996b) "The Social and Work Context of Commercial Sex between Men: A Research Note," *Australian and New Zealand Journal of Sociology*, 32 (1): 86–92.

Bullough, V. L. (1976) *Sexual Variance in Society and History*, New York: Wiley.

Butler, J. (1990) *Gender Trouble: Feminism and the Subversion of Identity*, London: Routledge.

Butler, J. (1993) *Bodies that Matter: On the Discursive Limits of "Sex"*, New York and London: Routledge.

——— (1995) "Melancholy Gender / Refused Identification," in M. Berger, B. Wallis, and S. Watson (eds.), *Constructing Masculinity*, New York and London: Routledge, pp. 21–36.

Calhoun, T. C. and Weaver, G. (1996) "Rational Decision Making among Male Street Prostitutes," Deviant Behavior, 17: 209–227.

Campbell, C. (1987) *The Romantic Ethic and the Spirit of Modern Consumerism*, Oxford: Blackwell.

Cass, V. C. (1979) "Homosexual Identity Formation: A Theoretical Model," *Journal of Homosexuality*, 4 (3): 219–235.

——— (1984) "Homosexual Identity Formation: Testing a Theoretical Mode," *Journal of Sex Research*, 20 (2): 143–167.

Census and Statistics Department, HKSAR (2008) *Women and Men in Hong Kong: Key Statistics 2008*, Hong Kong: The Government of the HKSAR. Online. Available at: http://www.censtatd.gov.hk/products_and_services/products/publications/index.jsp (accessed 8 Dec. 2008).

Centre of Social Policy Studies (CSPS) (2014) "Public Opinion on Sexual Orientation Discrimination," (公眾對性傾向歧視意見). Hong Kong: Centre of Social Policy Studies, Department of Applied Social Sciences, Hong Kong Polytechnic University.

Chan, K. W. and Zhang, L. (1999) "The Hukou System and Rural-Urban Migration in China: Processes and Changes," *The China Quarterly*, 160: 818–855.

Chan, P. C. W. (2007) "Same-Sex Marriage / Constitutionalism and Their Centrality to Equality Rights in Hong Kong: A Comparative-Socio-Legal Appraisal," *The International Journal of Human Rights*, 11 (1): 33–84.

Chan, P. C. W. (2008) "Male / Male Sex in Hong Kong: Privacy, Please?," *Sexuality and Culture*, 12 (2): 88–115.

Chan, S. C. K. (2002) "Building Cultural Studies for Postcolonial Hong Kong: Aspects of the Postmodern Ruins in between Disciplines," in S. Herbrechter (ed.), *Cultural Studies, Interdisciplinarity, and Translation*, Amsterdam: Rodopi, pp. 217–237.

Chang, H. H. (1998) "Taiwan Queer Valentines," in K. H. Chen (ed.), *Trajectories: Inter-Asia Cultural Studies*, London: Routledge, pp. 283–298.

Chao, A. (2002) "'How Come I can't Stand Guarantee of My Life?' Taiwan Citizenship and the Cultural L of Queer Identity," *Inter-Asian Cultural Studies*, 3 (3): 369–381.

Chase, T. (2012) "Problems of Publicity: Online Activism and Discussion of Same-Sex Sexuality in South Korea and China," *Asian Studies Review*, 36: 151–170.

Chasin, A. (2000) *Selling Out: The Gay and Lesbian Movement Goes to Market*, New York: St. Martin's Press.

Chauncey, G. (1994) *Gay New York: Gender, Urban Culture, and the Making of the Gay Male World, 1890–1940*, New York: Basic Books.

Cheng, S. L. (2001) "Consuming Places in Hong Kong: Experiencing Lan Kwai Fong," in G. Mathews and T. L. Lui (eds.), *Consuming Hong Kong*, Hong Kong: Hong Kong University Press, pp. 237–262.

Cheng, S. T. and Chan, A. C. M (2006) "Filial Piety and Psychological Well-being in Well Older Chinese," *The Journal of Gerontology*, 61 (5): 262–269.

Cheng, Y. (1996) "The Chinese: Upwardly Mobile," in C. Peach (ed.), *The Ethnic Minority Population of Great Britain: Ethnicity in the 1991 Census*, vol. 2, London: HMSO, pp. 161–179.

Cheung, E. M. K. and Y. W. Chu (eds.) (2004) *Between Home and World: A Reader in Hong Kong Cinema*, Hong Kong: Oxford University Press.

Chiang, H. (2014) "Queering China: A New Synthesis," *GLQ*, 20 (3): 353–378.

China Ministry of Health, Joint United Nations Program on HIV/AIDS, and World Health Organization (2006) *2005 Update on the HIV/AIDS Epidemic and Response in China*, Beijing, China: National Center for AIDS/STD Prevention and Control, China CDC.

Chiu, S. W. K. and Lui, T. L. (eds.) (2000) *The Dynamics of Social Movement in Hong Kong*, Hong Kong: Hong Kong University Press.

Cho et al. (2014) *Tongzhi and Transgender Equality Report* (同志及跨性別平權報告). Hong Kong: Hong Kong Christian Institute, Leslovestudy, Out and Vote and Queer Theology Academy (Collaborative).

Cho, J. S. P. (2009) "The Wedding Banquet Revisited: 'Contract Marriages' between Korean Gays and Lesbians," *Anthropological Quarterly*, 82 (2): 401–422.

Choi, K. H., Diehl, E., Yaqi, G., Qu, S., and Mandel, J. (2002) "High HIV Risk but Inadequate Prevention Services for Men in China Who Have Sex with Men: An Ethnographic Study," *AIDS and Behavior*, 6 (3): 255–266.

Chou, E. (1971) *The Dragon and the Phoenix*, New York: Bantam Books.

Chou, K. L., Chow, N. W. S., and Chi, I. (2004) "Leisure and Participation amongst Hong Kong Chinese Older Adults," *Ageing & Society*, 24 (4): 617–629.

Chou, W. S. (2000) *Tongzhi: Politics of Same-sex Eroticism in Chinese Societies*, New York: Haworth Press.

Chow, R. (1998) *Ethics After Idealism: Theory-Culture-Ethnicity-Reading*, Bloomington: Indiana University Press.

Chow, Y. F. (2008) "Martial Arts Films and Dutch-Chinese Masculinities: Smaller is Better," *China Information*, XXII (2): 331–359.

Chu, W. C. and F. Martin (2007) "Editorial Introduction: Global Queer, Local Theories," *Inter-Asia Cultural Studies*, 8 (4): 483–4.

Chua, L. J. and T. Hildebrandt (2014) "From Health Crisis to Rights Advocacy? HIV/AIDS and Gay Activism in China and Singapore," *Voluntas*, 25: 1583–1605.

Chuang, K. (1999) "Using Chopsticks to Eat Steak," *Journal of Homosexuality*, 36 (3/4): 29–41.

Chung, T. Y., Pang, K. L., Lee W. Y., and Lee, K. W. (2013) *Survey on Hong Kong Public's Attitudes Toward Rights of People of Different Sexual Orientations*, Hong Kong: Public Opinion Programme, The University of Hong Kong; Hon Cyd Ho Sau-lan, Legislative Councillor.

Clarke, D. (1993) "Commodity Lesbianism," in H. Abelove, M. A. Barale, and D. M. Halperin (eds.), *The Lesbian and Gay Studies Reader*, London: Routledge, pp. 186–201.

Clifford, J. (1986) "Introduction: Partial Truths," in J. Clifford and G. E. Marcus (eds.), *Writing Culture: The Poetics and Politics of Ethnography*, Berkeley: University of California Press, pp.1–26.

Cohen, M. S., Henderson, G. E., Aiello, P., and Zheng, H. (1996) "Successful Eradication of Sexually Transmitted Disease in the People's Republic of China: Implications for the 21st Century," *Journal of Infectious Diseases*, 174: S223–S229.

Collins, P. H. (1990) *Black Feminist Thought: Knowledge, Consciousness, and the Politics of Empowerment*, Boston: Unwin Hyman.

—— (1998) "Towards a New Vision: Race, Class, and Gender as Categories of Analysis and Connection," in R. F. Levine (ed.), *Social Class and Stratification: Classic Statements and Theoretical Debates*, Lanham: Rowman & Littlefield Publishers, pp. 231–248.

Community Business (2012) *Hong Kong LGBT Climate Study 2011–12: Attitudes to and Experiences of Lesbian, Gay, Bisexual and Transgender Employees*.

Connell, R. W. (1995) *Masculinities*, Cambridge: Polity Press.

Connell, R. W. and Messerschmidt, J. W. (2005) "Hegemonic Masculinity: Rethinking the Concept," *Gender & Society*, 19 (6): 829–59.

Coombs, N. R. (1974) "Male Prostitution: A Psychosocial View of Behaviour," *American Journal of Orthopsychiatry*, 55 (5): 782–789.

Cooper, D. (1995) *Power in Struggle: Feminism, Sexuality and the State*, Buckingham: Open University Press.

―――― (2002) "Imagining the Place of the State: Where Governance and Social Power Meet," in D. Richardson, and S. Seidman (eds.), *Handbook of Lesbian and Gay Studies*, London: Sage, pp. 231–252.

Corber, R. J. and Valocchi, S. (eds.) (2003) *Queer Studies: An Interdisciplinary Reader*, Malden, MA: Blackwell Publishing: "Introduction," pp. 1–17.

Cornel, W. (1987) "The Dilemma of the Black Intellectua," *Critical Quarterly*, 29 (14): 39–52.

Crenshaw, K. (1989) *Demarginalizing the Intersection of Race and Sex*, Chicago: University of Chicago Press.

Cronin, A. and King, A. (2010) "Power, Inequality and Identification: Exploring Diversity and Intersectionality Amongst Older LGB Adults," *Sociology*, 44 (5): 876–892.

Cruz-Malave, A. and Manalansan IV, M. (eds.) (2002) *Queer Globalizations: Citizenship and the Afterlife of Colonialism*, New York and London: New York University Press.

Currie, J., Petersen, C. J., and Mok, K. H. (2006) *Academic Freedom in Hong Kong*, Lanham, MD: Lexington Books.

Cvetkovich, A. (2003) *An Archive of Feelings*, Durham and London: Duke University Press.

Damm, J. Book review: Chinese Male Homosexualities: Memba, Tongzhi and Golden Boy. *China Information*, 25 (3): 290–292.

Dangerous Bedfellows (eds.) (1996) *Policing Public Sex: Queer Politics and the Future of AIDS Activism*, Boston, MA: South End Press.

Davies, P. and Feldman, R. (1997) "Prostitute Men Now," in G. Scambler and A. Scambler (eds.), *Rethinking Prostitution: Purchasing Sex in the 1990s*, London: Routledge, pp. 29–53.

de Certeau, M. (1984) *The Practice of Everyday Life*, trans. S. Rendall, Berkeley: University of California Press.

D' Emilio, J. (1983) "Capitalism and Gay Identity," in A. Snitow, C. Stansell, and S.

Thompson (eds.), *Powers of Desire*, New York: Monthly Review Press, pp. 100–113.

de Kloet, J. (2008) "Gendering China Studies: Peripheral Perspectives, Central Questions," *China Information*, 22 (2): 195–219.

de Lauretis, T. (1991) "Queer Theory: Lesbian and Gay Sexualities," *Differences: A Journal of Feminist Cultural Studies*, 3: iii–xviii.

Delanty, G. (2007) "Theorising Citizenship in a Global Age," in W. Hudson and S. Slaughter (eds.), *Globalization and Citizenship: The Transnational Challenge*, London and New York: Routledge, pp. 15–42.

Delany, S. R. (1999) *Times Square Red, Times Square Blue*, New York and London: New York University Press.

Deleuze, G. and Guattari, F. (1986) *Kafka: Toward a Minor Literature*, trans. D. Polan, Minneapolis: University of Minnesota Press.

Denzin, N. K. and Lincoln, Y. S. (1994) "The Fifth Moment," in N. K. Denzin and Y. S. Lincoln (eds.), *Handbook of Qualitative Research*, Thousand Oaks, CA: Sage, pp. 575–586.

——— (eds.) (2000) *Handbook of Qualitative Research*, Thousand Oaks, CA: Sage.

Derrida, J. (1976) *Of Grammatology*, translated by Gayatri Chakravorty Spivak, Baltimore: John Hopkins University Press.

Dikötter, F. (1995) *Sex, Culture and Modernity in China: Medical Science and the Construction of Sexual Identities in the Early Republican Era*, Hong Kong: Hong Kong University Press.

Duncombe, S. (ed.) (2002) *Cultural Resistance Reader*, London and New York: Verso.

Easton, D. and Liszt, C. A. (1997) *The Ethical Slut: A Guide to Infinite Sexual Possibilities*, San Francisco, CA: Greenery Press.

Edelman, L. (1995) "Queer Theory: Unstating Desire," *GLQ: A Journal of Lesbian and Gay Studies*, 2 (4): 343–346.

Emig, R. (2000) "Queering the Straights: Straightening the Queers: Commodified Sexualities and Hegemonic Masculinity," in R. West and F. Lay (eds.), *Subverting Masculinity: Hegemonic and Alternative Versions of Masculinity in Contemporary Culture*, Amsterdam: Rodopi, pp. 207–226.

Eng, D., Halberstam, J., and Munoz, J. E. (2005) "What's Queer about Queer Studies Now?," *Social Text*, 23 (3–4): 1–17.

Eng, D. L. (2001) *Racial Castration: Managing Masculinity in Asian America*, Durham, NC and London: Duke University Press.

Eng, D. L. and Hom, A. Y. (eds.) (1998) *Q & A: Queer in Asian America*, Philadelphia: Temple University Press.

Engebretsen, E. L. (2014), *Queer Women in Urban China: An Ethnography*, London: Routledge.

Engebretsen, E. L. and W. F. Schroeder (2015) (eds.), *Queer/Tongzhi China: New Perspectives on Research, Activism and Media Cultures*, Demark: NIAS Press.

Epstein, S. (1987) "Gay Politics, Ethnic Identity: The Limits of Social Constructionism," *Socialist Review*, 17 (3–4): 9–50.

Erni, N. J. (2003) "Run Queer Asia Run," *Journal of Homosexuality*, 45 (2/3/4): 381–384.

Erni, N. J. and Spires, A. J. (2001) "Glossy Subjects: G & L Magazine and 'Tongzhi' Cultural Visibility in Taiwan," *Sexualities*, 4 (1): 25–49.

Erwin, K. (2000) "Heart-to-heart, Phone-to-phone: Family Values, Sexuality, and the Politics of Shanghai's Advice Hotlines," in D. S. Davies (ed.), *The Consumer Revolution in Urban China*, Berkeley: University of California Press: pp. 145–170.

Escoffier, J. (1998) *American Homo: Community and Perversity*, Berkeley: University of California Press.

Evans, C. and Gamman, L. (1995) "The Gaze Revisited, or Revisiting Queer Viewing," in P. Burston and C. Richardson (eds.), *A Queer Romance: Lesbians, Gay Men and Popular Culture*, London: Routledge, pp. 13–56.

Evans, D. (1993) *Sexual Citizenship: The Material Construction of Sexualities*, London: Routledge.

Evans, H. (1997) *Women and Sexuality in China: Dominant Discourses of Female Sexuality and Gender since 1949*, Cambridge: Polity Press.

Faist, T. (2000) *The Volume and Dynamics of International Migration and Transnational Social Spaces*, Oxford: Oxford University Press.

Farr, K. (2007) "Globalization and Sexuality," in G. Ritzer (ed.), *The Blackwell Companion to Globalization*, Malden, MA and Oxford: Blackwell. Online. Available at: <http://www.blackwellreference.com/subscriber/tocnode?id=g9781405132749_chunk_g978140513274935> (accessed 1 Aug 2008).

Farrer, J. (2002) *Opening Up: Youth Sex Culture and Market Reform in Shanghai*, Chicago and London: University of Chicago Press.

—— (2006) "Sexual Citizenship and the Politics of Sexual Storytelling among Chinese Youth," in E. Jeffreys (ed.), *Sex and Sexuality in China*, New York: Routledge, pp. 102–123.

Featherstone, M. (1987) "Lifestyle and Consumer Culture," *Theory, Culture and Society*, 4 (1): 55–70.

Ferguson, J. (2006) *Global Shadows: Africa in the Neoliberal World Order*, Durham, NC: Duke University Press.

Fiske, J. (1989) *Reading the Popular*, London: Routledge.

Fong, V. L. and Murphy, R. (eds.) (2006) *Chinese Citizenship: Views from the Margins*, London and New York: Routledge.

Forrest, D. (1994) "We're Here, We're Queer, and We're Not Going Shopping: Changing Gay Male Identities in Contemporary Britain," in A. Cornwall and N. Lindisfarne (eds.), *Dislocating Masculinity: Comparative Ethnographies*, London: Routledge, pp. 97–110.

Foucault, M. (1977) "Nietzsche, Genealogy, History," in D. F. Bouchard (ed.), *Language, Counter-memory, Practice: Selected Essays and Interviews by Michel Foucault*, New York: Cornell University Press, pp. 139–164.

—— (1980) *The History of Sexuality, Volume One: An Introduction*, trans. Robert Hurley, New York: Vintage; first American edition published by Pantheon Books (1978).

—— (1982) "The Subject and Power," in H. L. Dreyfus and P. Rabinow (eds.), *Michel Foucault: Beyond Structuralism and Hermeneutics*, Chicago: The University of Chicago Press, pp. 208–226.

—— (1984a) "On the Genealogy of Ethics: An Ooverview of Work in Progress," in P. Rabinow (ed.), *The Foucault Reader*. Chicago: University of Chicago Press, pp. 40–372.

——— (1984b) "What is enlightenment?," in P. Rabinow (ed.), *The Foucault Reader*, New York: Pantheon Books, pp. 32–50.

——— (1988) "Technologies of the Self," in L. H. Martin, H. Gutman, and P. H. Hutton (eds.), *Technologies of the Self: A Seminar with Michel Foucault*, London: Tavistock, pp. 16–49.

——— (1991) "Governmentality," in G. Burchell, C. Gordon, and P. Miller (eds.), *The Foucault Effect: Studies in Governmentality*, London: Harvester Wheatsheaf, pp. 87–104.

——— (1996; 1st edn. 1989) "Friendship as a Way of Life," in S. Lotringer (ed.), trans. L. Hochroth and J. Johnston, *Foucault Live (Interviews, 1961–1984)*, New York: Semiotext (e), pp. 308–312.

Fraser, N. (1992) "Rethinking the Public Sphere: A Contribution to the Critique of Actually Existing Democracy," in C. Calhoun (ed.), *Habermas and the Public Sphere*, Cambridge, MA: MIT Press, pp. 109–142.

Fung, R. (1995) "Burdens of Representation, Burdens of Responsibility," in M. Berger, B. Wallis, and S. Watson (eds.), *Constructing Masculinity*, London: Routledge, pp. 291–298.

——— (1996) "Looking for My Penis: The Eroticised Asian in Gay Video Porn," in R. Leong (ed.), *Asian American Sexualities: Dimensions of the Gay and Lesbian Experience*, London: Routledge, pp. 181–198.

Fuss, D. (1989) *Essentially Speaking: Feminism, Nature and Difference*, London: Routledge.

——— (ed.) (1991) *Inside/Out: Lesbian Theories, Gay Theories*, London: Routledge.

Gagnon, J. and W. Simon (1974) *Sexual Conduct: The Social Sources of Human Sexuality*, London: Hutchison.

Gao, G. (1995) "Comparative Research on Hooliganism," *Chinese Sociology and Anthropology*, 27 (3): 64–78.

Gender Research Centre, Hong Kong Institute of Asia-Pacific Studies, The Chinese University of Hong Kong, and Equal Opportunities Commission 2016. *Study on Legislation against Discrimination on the Grounds of Sexual Orientation, Gender Identity and Intersex Status*. Hong Kong: Equal Opportunities Commission.

Giddens, A. (1991) *Modernity and Self-Identity: Self and Society in the Late Modern Age*, Cambridge: Polity.

——— (1992) *The Transformation of Intimacy: Sexuality, Love and Eroticism in Modern Societies*, Cambridge: Polity Press.

Gil, V. E. (2002) "The Cut Sleeves Revisited: A Contemporary Account of Male Homosexuality," in S. D. Blum and L. M. Jensen (eds.), *China Off Center: Mapping the Margins of the Middle Kingdom*, Honolulu: University of Hawai'i Press, pp. 238–248.

Gil, V. E., Wang, M. S., Anderson, A. F., Lin, G. M., and Wu, Z. O. (1996) "Prostitutes, Prostitution and STD/HIV Transmission in Mainland China," *Social Science & Medicine*, 42: 141–152.

Glaser, B. G. and A. L. Strauss (1967) *The Discovery of Grounded Theory: Strategies for Qualitative Research*, New York: Aldine de Gruyter.

Goodkind, D. and West, L. A. (2002) "China's Floating Population: Definitions, Data and Recent Findings," *Urban Studies*, 39 (12): 2237–2250.

Goodman, M. and E. J. Perry (eds.) (2002) *Changing Meanings of Citizenship in Modern China*, Cambridge, MA: Harvard University Press.

Gopinath, G. (2005) *Impossible Desires: Queer Diasporas and South Asian Public Cultures*, Durham, NC: Duke University Press.

Gough, J. (1989) "Theories of Sexual Identity and the Masculinization of the Gay Man," in S. Stepherd and M. Wallis (eds.), *Coming on Strong: Gay Politics and Culture*, London: Unwin Hyman, pp. 119–136.

Greenberg, D. F. and Bystryn, M. H. (1984) "Capitalism, Bureaucracy, and Male Homosexuality," *Contemporary Crimes: Crime, Law and Social Policy*, 8: 33–56.

Grewal, I. and Kaplan, C. (2001) "Global Identities: Theorizing Transnational Studies of Sexuality," *GLQ: A Journal of Lesbian and Gay Studies*, 7 (4): 663–679.

——— (eds.) (1994) *Scattered Hegemonies: Postmodernity and Transnational Feminist Practices*, Minneapolis: University of Minnesota.

Grossberg, L. (1986) "On Postmodernism and Articulation: An Interview with Stuart Hall," *Journal of Communication Inquiry*, 10 (2): 45–60.

Guang, L. (2003) "Rural Taste, Urban Fashion: The Cultural Politics of Rural/ Urban Difference in Contemporary China," *Positions: East Asia Cultures Critique*, 11 (3): 613–646.

Halberstam, J. (2005) *In a Queer Time & Place: Transgender Bodies, Subcultural Lives*, New York: New York University Press.

Hall, S. (1977) "Culture, Media, and the 'Ideological Effect'," in J. Curran, M. Gurevitch, and J. Woollacott (eds.), *Mass Communication and Society*, London: Edward Arnold, pp. 315–348.

——— (1991) "Ethnicity: Identity and Difference," *Radical America*, 23: 9–20.

——— (1996a) "Cultural Identity and Diaspora," in P. Mongia (ed.), *Contemporary Postcolonial Theory: A Reader*, London: Arnold, pp.110–121.

——— (1996b) "Introduction: Who Needs Identity?," in S. Hall and P. Gay (eds.), *Questions of Cultural Identity*, London: Sage, pp. 1–17.

——— (1996c) "New Ethnicities," in H. A. Baker, M. Diawara, and R. H. Lindeborg (eds.), *Black British Cultural Studies: A Reader*, Chicago: Chicago University Press, pp. 163–172.

Han, C. S. (2005) "Gay Asian-American Male Seeks Home," *The Gay and Lesbian Review Worldwide*, 12 (5): 35–36.

Hanawa, Y. (ed.) (1994) Special Issue: Circuits of Desire. *Positions: East Asia Culture Critique*, 2 (1) spring issue.

Hannerz, U. (1996) *Transnational Connections: Culture, People, Places*, London and New York: Routledge.

Haritaworn, J., Lin, C. J., and Klesse, C. (eds.) (2006) Special Issue on Polyamory, *Sexualities*, 9(5).

Harris, P. (2002) "The Origins of Modern Citizenship in China," *Asia Pacific Viewpoint*, 43 (2): 181–203.

Hartley, J. (1999) *The Uses of Television*, London: Routledge.

He, N. and Detels, R. (2005) "The HIV Epidemic in China: History, Response, Challenge," *Cell Research*, 15 (11–12): 825–32.

He, N., Wong, F. Y., Huang, Z. J., Thompson, E. E., and Fu, C. (2007) "Substance Use and HIV Risks among Male Heterosexual and 'money boy' Migrants in Shanghai, China," *AIDS Care*, 19 (1): 109–15.

Healey, E. and A. Mason (eds.) (1994) *Stonewall 25: The Making of the Lesbian and Gay Community in Britain*, London: Virago Press.

Heaphy, B. (2007) "Sexualities, Gender and Ageing: Resources and Social Change," *Current Sociology*, 55 (2): 193–210.

Heaphy, B., Donovan, C., and Weeks, J. (2004) "A Different Affair? Openness and Nonmonogamy in Same Sex Relationships," in J. Duncombe, K. Harrison, G. Allan, and D. Marsden (eds.), *The State of Affairs: Explorations in Infidelity and Commitment*, London: Lawrence Erlbaum Associates, Inc.: pp. 167–186.

Heaphy, B., Yip, A. K. T., and Thompson, D. (2004) "Ageing in a Non-Heterosexual Context," *Ageing & Society*, 24: 881–902.

Heater, D. (2002) *World Citizenship: Cosmopolitan Thinking and Its Opponents*, London: Continuum.

Hennessy, R. (1995) "Queer Visibility in Commodity Culture," in L. Nicholson and S. Seidman (eds.), *Social Postmodernism: Beyond Identity Politics*, Cambridge: Cambridge University Press, pp. 142–183.

——— (2000) *Profit and Pleasure: Sexual Identities in Late Capitalism*, London and New York: Routledge.

Herdt, G. (1994; 1st edn 1981) *Guardians of the Flutes: Volume 1 Idioms of Masculinity*, Chicago: The University of Chicago Press.

——— (1997) *Same Sex, Different Cultures: Exploring Gay and Lesbian Lives*, Boulder, CO: Westview Press.

Herdt, G. and Howe, C. (eds.) (2007) *21st Century Sexualities: Contemporary Issues in Health, Education, and Rights*, London: Routledge.

Hershatter, G. (1996) "Sexing Modern China," in G. Hershatter, E. Honig, J. N. Lipman, and R. Stross (eds.), *Remapping China: Fissures in Historical Terrain*, Stanford, CA: Stanford University Press, pp. 77–93.

——— (1997) *Dangerous Pleasures: Prostitution and Modernity in Twentieth-century Shanghai*, Berkeley: University of California Press.

Hinsch, B. (1990) *Passions of the Cut Sleeve: The Male Homosexual Tradition in China*, Berkeley: University of California Press.

Hird, D. (2011) Book review: Chinese Male Homosexualities: Memba, Tongzhi and Golden Boy, *The China Quarterly*, 205: 184–186.

Ho, D. K. L. (2004) "Citizenship as a Form of Governance: A Historical Overview," in A. S. Ku and P. Ngai (eds.), *Remaking Citizenship in Hong Kong*, Oxon: RoutledgeCurzon, pp. 19–36.

Ho, J. (2000) "Self-empowerment and 'Professionalism': Conservations with Taiwanese Sex Workers," *Inter-Asia Cultural Studies*, 1 (2): 283–299.

——— (2008) "Is Global Governance Bad for East Asian Queers?" *GLQ: A Journal of Lesbian and Gay Studies*, 14 (4): 457–479.

Ho, P. S. Y. (1995) "Male Homosexual Identity in Hong Kong: A Social Construction," *Journal of Homosexuality*, 29 (1), 71–88.

——— (1997) "Politicising Identity: Decriminalisation of Homosexuality and the Emergence of Gay Identity in Hong Kong," unpublished PhD thesis, University of Essex.

——— (1999) "Developing a Social Constructionist Therapy Approach for Gay Men and Their Families in Hong Kong," *Journal of Gay & Lesbian Social Services*, 9 (4): 69–97.

——— (2006) "The (Charmed) Circle Game: Reflections on Sexual Hierarchy through Multiple Sexual Relationships," *Sexualities*, 9 (5): 549–566.

Ho, P. S. Y. and Tsang, A. K. T. (2000) "Negotiating Anal Intercourse in Inter-Racial Gay Relationships in Hong Kong," *Sexualities*, 3 (3): 299–323.

——— (2004a) "Beyond Being Gay: The Proliferation of Political Identities in Colonial Hong Kong," in A. K. W. Chan and W. L. Wong (eds.), *Gendering Hong Kong*, Hong Kong: Oxford University Press, pp. 667–689; first published in D. Howarth, A. J. Norval, and Y. Stavrakakis (eds.) (2000), *Discourse Theory and Political Analysis: Identities, Hegemonies and Social Change*, Manchester, New York: Manchester University Press, pp. 134–150.

——— (2004b) "The Things Girls Shouldn't See: Relocating the Penis in Sex Education in Hong Kong," in A. K. W. Chan and W. L. Wong (eds.),

Gendering Hong Kong, Hong Kong: Oxford University Press, pp. 690–708; first published in (2002) *Sex Education*, 2 (1): 61–73.

———— (2007) "Lost in Translation: Sex and Sexuality in Elite Discourse and Everyday Language," *Sexualities*, 10 (5): 623–644.

Hong Kong Cultural Policy Studies (1995) *Hong Kong Film Forum 1994—Final Report*, Hong Kong: Zuni Icosahedron.

Hong Kong Government (1996) *Equal Opportunities: A Study of Discrimination on the Grounds of Sexual Orientation, A Consultation Paper*, Hong Kong: The Government Printer.

Hong Kong Government (Law Reform Commission of Hong Kong) (1983) *Report on Laws Governing Homosexual Conduct (Topic 2)*, Hong Kong: The Government Printer.

Hong Kong Government (Law Reform Commission of Hong Kong) (1988) *Homosexual Offences: Should the Law be Changed? A Consultative Paper*, Hong Kong: The Government Printer.

Hong, Y. and Li, X. (2007) "Behavioral Studies of Female Sex Workers in China: A Literature Review and Recommendation for Future Research," *AIDS and Behavior*, 12 (4): 623–636.

Honig, E. (2003) "Socialist Sex: The Cultural Revolution Revisited," *Modern China*, 29 (2): 143–175.

hooks, b. (1981) *Ain't I a Woman: Black Women and Feminism*, London: South End Press.

———— (1999) "Eating the Other," in S. Hesse-Biber, C. Gilmartin, and R. Lydenberg (eds.), *Feminist Approaches to Theory and Methodology*, New York: Oxford University Press, pp. 179–194.

Hu, H. C. (1944) "The Chinese Concepts of 'Face'," *American Anthropologist*, 46 (1): 45–64.

Hubbard, T. K. (ed.) (2003) *Homosexuality in Greece and Rome: A Sourcebook of Basic Documents*, Berkeley, CA: University of California Press.

Hudson, W. and Slaughter, S. (eds.) (2007) "Introduction," *Globalisation and Citizenship: The Transnational Challenge*, London and New York: Routledge, pp. 1–12.

Humphries, M. (1985) "Gay Machismo," in A. Metcalf and M, Humphries (eds.), *The Sexuality of Men*, London: Pluto Press, pp. 70–85.

Illouz, E. (1997) *Consuming the Romantic Utopia: Love and the Cultural Contradictions of Capitalism*, Berkeley: University of California Press.

———— (2007) "Romantic Love: Interview with Eva Illouz," in S. Seidman, N. Fischer, and C. Meeks (eds.), *Introducing the New Sexuality Studies*, London and New York: Routledge, pp. 36–44.

Inda, J. X. and Rosaldo, R. (eds) (2002) "Introduction: A World in Motion," *The Anthropology of Globalization: A Reader*, Malden, MA and Oxford: Blackwell, pp. 1–33.

Inda, J. X. and Rosaldo, R. (eds.) (2008) "Tracking Global Flows," *The Anthropology of Globalization: A Reader*, Malden, MA and Oxford: Blackwell, pp. 3–46.

Ingram, G. B., Bouthillette, A. M., and Retter, Y. (eds.) (1997) *Queers in Space: Communities, Public Spaces, Sites of Resistance*, Washington: Bay Press.

Ingram, G. B. (2011) "Book review: Chinese Male Homosexualities: Memba, Tongzhi and Golden Boy," *Sexualities*, 14 (6): 748–750.

Isin, E. F. and Wood, P. K. (1999) *Citizenship and Identity*, London: Sage.

Jackson, P. A. and Sullivan, G. (eds.) (1999) Special Double Issue "Multicultural Queer: Australian Narratives," *Journal of Homosexuality*, 36 (3–4).

Jackson, P. A., Cook, N. M. (eds.) (1999) *Genders and Sexualities in Modern Thailand*, Silkworm, Chiang Mai.

Jackson, P. A. (2000) "'That's What Rice Queen Study!' White Gay Desire and Representing Asian Homosexualities," *Journal of Australian Studies*, 65: 181–188.

Jackson, S. and Scott, S. (2004) "The Personal is Still Political: Heterosexuality, Feminism and Monogamy," *Feminism and Psychology*, 14 (1): 151–7.

Jagose, A. R. (1996) *Queer Theory: An Introduction*, New York: New York University Press.

Jamieson, L. (2004) "Intimacy, Negotiated Nonmonogamy, and the Limits of the Couple," in J. Duncombe, K. Harrison, G. Allan, and D. Marsden (eds.), *The State of Affairs: Explorations in Infidelity and Commitment*, London: Lawrence

Erlbaum Associates, Inc., pp. 35–57.

Janoski, T. (1998) *Citizenship and Civil Society: A Framework of Rights and Obligations in Liberal, Traditional and Social Democratic Regime*, Cambridge: Cambridge University Press.

Jeffreys, E. (2004) *China, Sex and Prostitution*, London: RoutledgeCurzon.

——— (2007) "Querying Queer Theory: Debating Male-Male Prostitution in the Chinese Media," *Critical Asian Studies*, 39 (1): 151–175.

——— (ed.) (2006) "Introduction," *Sex and Sexuality in China*, New York: Routledge, pp. 1–12.

Jeffreys, E. and Yu, H. Q. (2015), *Sex in China*, Cambridge: Polity.

Joffe, H. and Dockrell, J. E. (1995) "Safer Sex: Lessons from the Male Sex Industry," *Journal of Community and Applied Social Psychology*, 5: 333–346.

Johnson, M., Jackson, P., and Herdt, G. (2000) "Critical Regionalities and the Study of Gender and Sexual Diversity in South East and East Asia," *Culture, Health & Sexuality*, 2 (4): 361–375.

Jones, J. and Pugh S. (2005) "Ageing Gay Men: Lessons from the Sociology of Embodiment," *Men and Masculinities*, 7 (3): 248–260.

Jones, R. (2005) "Identity, Community, and Social Practice among Men Who Have Sex with Men in China," in M. M. Tam, H. B. Ku, and T. Kong (eds.), *Rethinking and Recasting Citizenship: Social Exclusion and Marginality in Chinese Societies*, Hong Kong: Centre for Social Policy Studies, The Hong Kong Polytechnic University, pp. 149–166.

Jones, R. H. (2007) "Imagined Comrades and Imagery Protections: Identity, Community and Sexual Risk among Men Who Have Sex in China," *Journal of Homosexuality*, 53 (3): 83–115.

Kam, L. Y. L. (2003) "Negotiating Gender: Masculine Women in Hong Kong," unpublished MPhil thesis, The Chinese University of Hong Kong.

——— (2008) "Recognition through Mis-Recognition: Masculine Women in Hong Kong," in F. Martin, P. A. Jackson, M. McLelland, and A. Yue (eds.) (2008), *Asiapacifi Queer: Rethinking Genders and Sexualities*, Urbana and Chicago: University of Illinois Press, pp. 99–116.

——— (2013) *Shanghai Lalas: Female Tongzhi Communities and Politics in Urban China*, Hong Kong: Hong Kong University Press.

Kang, W. Q. (2009) *Obsession: Male Same-Sex Relations in China, 1900–1950*, Hong Kong: Hong Kong University Press (Queer Asia Series).

Keane, M. (2001) "Redefining Chinese Citizenship," *Economy and Society*, 30 (1): 1–17.

Kellner, D. (1989) "Commodities, Needs and Consumption in the Consumer Society," in D. Kellner (ed.), *Jean Baudrillard: From Marxism to Postmodernism and Beyond*, Stanford: Stanford University Press, pp. 7–32.

Keogh, P., Dodds, C., and Henderson, L. (2004) *Migrant Gay Men: Redefining Community, Restoring Identity*, London: Stigma Research. Online. Available at: <http://www.sigmaresreach.org.uk/download/report04b.pdf> (assessed 26 November 2008).

Keogh, P., Henderson, L., and Dodds, C. (2004) *Ethnic Minority Gay Men: Redefining Community, Restoring Identity*, London: Stigma Research. Online. Available at: <http://www.sigmaresreach.org.uk/download/report04c.pdf> (assessed 26 November 2008).

Khong, T. K. (2008) "Chinese Representation in British Politics," *Viewpoints*, The British Chinese Community Website. Online. Available at: <http://www.dimsum.co.uk/viewpoints/chinese-representation-in-british-politics.html> (assessed 26 November 2008).

Kibria, N. (2002) *Becoming Asian American: Second-Generation Chinese and Korean American Identities*, Baltimore: The John Hopkins University Press.

Kipnis, A. (2006) "Suzhi: A Keyword Approach," *The China Quarterly*, 186: 295–313.

Kivisto, P. and Faist, T. (2007) *Citizenship: Discourse, Theory, and Transnational Prospects*, Malden, MA: Blackwell Publishing.

Klesse, C. (2007) *The Spectre of Promiscuity: Gay Men and Bisexual Non-monogamies and Polyamories*, Aldershot, UK: Ashgate.

Kong, T. S. K. (1993) "Self-identity and Love of the Hong Kong People," unpublished MA thesis, University of Essex.

——— (2000) "The Voices In-Between: The Body Politics of Hong Kong Gay

Men," unpublished PhD thesis, University of Essex.

———— (2002) "The Seduction of the Golden Boy: The Body Politics of Hong Kong Gay Men," *Body & Society*, 8 (1): 29–48.

———— (2004) "Queer at Your Own Risk: Marginality, Community and Hong Kong Gay Male Bodies," *Sexualities*, 7 (1): 5–30.

———— (2005a) *HIV/AIDS Prevention Programme on Male Sex Workers in Mainland China (In-depth Interviews)*. Unpublished internal report submitted to UNAIDS on behalf of Chi Heng Foundation.

———— (2005b) "Queering Masculinity in Hong Kong Movies," in L. K. Pang and D. Wong (eds.), *Masculinities and Hong Kong Cinema*, Hong Kong: Hong Kong University Press, pp. 57–80.

———— (2005c) *The Hidden Voice: The Sexual Politics of Chinese Male Sex Workers*, Hong Kong: Centre for Social Policy Studies, Department of Applied Social Sciences, the Hong Kong Polytechnic University.

———— (2006a) "Asian Sexual Cultures," in G. Ritzer (ed.), *Encyclopedia of Sociology*, London: Blackwell, pp. 4213–4218.

———— (2006b) "Repositioning the Asian Diasporic Male Bodies," paper presented at Asia Reconstructed: From Critique of Development to Postcolonial Studies, the 16th Biennial Conference of the Asian Studies Association of Australia, University of Wollongong, Australia, 26–29 June 2006.

———— (2006c) "What It Feels Like for a Whore: The Body Politics of Women Performing Erotic Labour in Hong Kong," *Gender, Work and Organization*, 13 (5): 409–434.

———— (2007) "Asian Male Bodies," in S. Seidman, N. Fischer, and C. Meeks (eds.), *Introducing the New Sexuality Studies*, London and New York: Routledge, pp. 90–95.

———— (2008) "Risk Factors Affecting Condom Use among Male Sex Workers Who Serve Men in China: A Qualitative Study," *Sexually Transmitted Infections*, 84: 444–448.

———— (2009) "Where is My Brokeback Mountain?" *Social Transformations in Chinese Societies*, 4: 135–159.

———— (2010) "Outcast Bodies: Money, Sex and Desire of Money Boys in

Mainland China," in C. Yau (ed.), *As Normal as Possible: Negotiating Sexualities in Hong Kong and China*, Hong Kong: Hong Kong University Press (in press).

—— (2011) "Transnational Queer Labour: The 'Circuits of Desire' of Money Boys in China," *English Language Notes*, 49 (1): 139–144.

—— (2012a) "A Fading Tongzhi Heterotopia: Hong Kong Older Gay Men's Use of Spaces," *Sexualities*, 15 (8): 896–916.

—— (2012b) "Chinese Male Bodies: A Transnational Study of Masculinity and Sexuality," in B. Turner (ed.), *Routledge Handbook of Body Studies*, London: Routledge, pp. 289–306.

—— (2012c) "Reinventing the Self under Socialism: The Case of Migrant Male Sex Workers in China," *Critical Asian Studies*, 44 (3): 283–308.

—— (2012d) "Sex Entrepreneurs in the New China," Contexts, 11 (3): 28–33.

—— (2014) "Male Sex Work in China," in V. Minichiello and J. Scott (eds.), *Male Sex Work and Society*, New York: Harrington Press, pp. 314–341.

—— (2015) *Purchasing Sex, Consuming Love: A Qualitative Study of Hong Kong Men Who Buy Sex*, Hong Kong: Center for Criminology, HKU.

—— (2016a) "Sex and Work on the Move: Money Boys in Post-Socialist China," *Urban Studies*, 54(3): 678–694.

—— (2016b) "The Sexual in Chinese Sociology: Homosexuality Studies in Contemporary China," *Sociological Review*, 64(3): 495–514.

—— (2017) "Gay and grey: participatory action research in Hong Kong," *Qualitative Research*, published online first 24 June 2017. DOI: 10.1177/1468794117713057

Kong, T. S. K., Laidler, K. A., Lau, G. L., and Cheung, Y. W. (2009) *Final Report on Understanding Drug Use and Its Associated Risk for HIV Infection among MSM in Hong Kong*, unpublished internal report submitted to Council for AIDS Trust Fund.

Kong, T. S. K., Joe Laidler, K., and Pang, H. (2012) "Relationship Type, Condom Use and HIV/AIDS Risks among Men Who Have Sex with Men in Six Chinese Cities," *AIDS Care*, 24 (4): 517–528.

Kong, T. S. K, Lau, S. H. L., and Li, E. C. Y. (2015) "The Fourth Wave? A Critical Reflection on the Tongzhi Movement in Hong Kong," in M. McLelland and V. Mackie (eds.), *The Routledge Handbook of Sexuality Studies in East Asia*,

London and New York: Routledge, pp. 188–201.

Kong, T. S. K., Mahoney, D., and Plummer, K. (2002) "Queer(y)ing the Interview: from Criminalised Homosexuals to Post-Modern Queers," in J. Gubrium and J. Holstein (eds.), *Handbook of Interview Research*, London: Sage, pp. 239–258.

Krieger, S. (1985) "Beyond 'Subjectivity': The Use the Self in Social Science," *Qualitative Sociology*, 8: 309–324.

——— (1991) *Social Science and the Self: Personal Essays on an Art Form*, New Brunswick, NJ: Rutgers University Press.

Ku, A. (2002) "Postcolonial Cultural Trends in Hong Kong: Imagining the Local, the National, and the Global," in M. Chan and A. So (eds.), *Crisis and Transformation in China's Hong Kong*, Armonk, NY: M. E. Sharpe, and Hong Kong: Hong Kong University Press, pp. 343–362.

Ku, A. S. and Pun, N. (eds.) (2004) *Remaking Citizenship in Hong Kong*, Oxon: RoutledgeCurzon.

Lai, Y. K. (2004) "Lesbian Masculinities: Identity and Body Construction among Tomboys in Hong Kong," unpublished MPhil thesis, The Chinese University of Hong Kong.

Lam, C. W., Lam, W. M., and Leung, T. Y. K. (2005) "The Changing Nature and Ideology of Marriage in Hong Kong," in K. P. H. Young and A. Y. L. Fok (eds.), *Marriage, Divorce and Remarriage: Professional Practice in the Hong Kong Cultural Context*, Hong Kong: HKU Press, pp. 243–266.

Lam, W. M. (2004) *Understanding the Political Culture of Hong Kong: The Paradox of Activism and Depoliticization*, Armonk, NY; London: M. E. Sharpe.

——— (2005) "Depoliticization, Citizenship, and the Politics of Community in Hong Kong," *Citizenship Studies*, 9 (3): 309–322.

Lancaster, R. N. and di Leonardo, M. (eds.) (1997) *The Gender Sexuality Reader*, London: Routledge.

Lancester, Roger N. (1988) "Subject Honour and Object Shame: The Construction of Male Homosexuality and Stigma in Nicaragua," *Ethnology*, 27 (2): 111–125.

Lau, H. L. (2004) "Gay Specificity: The Reworking of Heteronormative Discourse in the Hong Kong Gay Community," unpublished MPhil thesis, The Chinese University of Hong Kong.

―――― (2014) "Experiencing Risky Pleasure: The Exploration of 'Chem-fun' in the Hong Kong Gay Community," unpublished PhD thesis, University of Hong Kong.

Lau, S. K. (1978) "From Traditional Familism to Utilitarianistic Familism: The Metamorphosis of Familial Ethos among the Hong Kong Chinese," *Hong Kong: Occasional Paper No. 78*, Social Research Centre, the Chinese University of Hong Kong.

―――― (1982) *Society and Politics in Hong Kong*, Hong Kong: The Chinese University Press.

―――― (2002) "Tung Chee-hwa's Governing Strategy: The Shortfall in Politics," in S.K. Lau (ed.). *The First Tung Chee-hwa Administration: The First Five Years of the Hong Kong Special Administration Region*, Hong Kong: The Chinese University Press, pp. 1–40.

Law, W. S. (1998) "Managerializing Colonialism," in Chen, K. H. (ed.), *Trajectories: Inter-Asia Cultural Studies*, London: Routledge, pp. 109–121.

―――― (2009) *Collaborative Colonial Power: The Making of the Hong Kong Chinese*, Hong Kong: Hong Kong University Press.

Lee, M., Chan, A., Hannah, B., and Green G. (2002) "Chinese Migrant Women and Families in Britain," *Women's Studies International Forum*, 25 (6): 607–618.

Lee, Q. (1994) "Delineating Asian (Hong Kong) Intellectuals: Speculations on Intellectual Problematics and Post/Coloniality," *Third Text*, 26: 11–23.

Leong, R. (ed.) (1996) *Asian American Sexualities: Dimensions of the Gay and Lesbian Experience*, London: Routledge.

Lethbridge, H. J. (1976) "The Quare Fellow: Homosexuality and the Law in Hong Kong," *Hong Kong Law Journal*, 6 (3): 292–326.

Leung, H. C. and Lee, K. M. (2005) "Immigration Controls, Life-Course Coordination, and Livelihood Strategies: A Study of Families Living across the Mainland-Hong Kong Border," *Journal of Family and Economic Issues*, 26 (4): 487–507.

Leung, H. H. S. (2007) "Archiving Queer Feelings in Hong Kong," *Inter-Asia Cultural Studies*, 8 (4): 559–71.

——— (2008) *Undercurrents: Queer culture and postcolonial Hong Kong*, Hong Kong: Hong Kong University Press.

Leung, P. K. (2004) "Urban Cinema and the Cultural Identity of Hong Kong," in E. M. K. Cheung and Y. W. Chu (eds.), *Between Home and World: A Reader in Hong Kong Cinema*, Hong Kong: Oxford University Press, pp. 369–398.

Levin, I. and Trost, J. (1999) "Living apart together," *Community, Work and Family*, 2: 279–294.

Lewis, J. (2001) *The End of Marriage: Individualism and Intimate Relations*, Cheltenham: Edward Elgar Publishing.

Li, B. and Piachaud, D. (2006) "Urbanization and Social Policy in China," *Asia-Pacific Development Journal*, 13 (1): 1–26.

Li, B. Y. and Wu, Y. H. (1999) "The Concept of Citizenship in the People's Republic of China," in A. Davidson and K. Weekley (eds.), *Globalization and Citizenship in the Asia-Pacific*, Basingstoke: Macmillan, pp. 157–68.

Li, C. (1996) "Surplus Rural Laborers and Internal Migration in China: Current Status and Future Prospects," *Asian Survey*, 36 (11): 1122–1145.

Li, S. L. (2003) *Cross-dressing in Chinese Opera*, Hong Kong: Hong Kong University Press.

Li, X. M., Zhang, L. Y., Fang, X. Y., Xiong, Q., Chen, X. G., Lin, D. H., Mathur A., and Stanton, B. (2007) "Stigmatization Experienced by Rural-to-Urban Migrant Workers in China: Findings from a Qualitative Study," *World Health & Population*, 9 (4): 29–43.

Li, Y. H. (2006) "Regulating Male Same-Sex Relationships in the People's Republic of China," in E. Jeffreys (ed.), *Sex and Sexuality in China*, London: Routledge, pp. 82–101.

Licoppe, C., Riviere C. A., and Morel J. (2016) "Grindr Casual Hook-ups as Interactional Achievements," *New Media & Society*, 18 (11): 2540–2558.

Lim, E. B. (2014) *Brown Boys and Rice Queens: Spellbinding Performance in the Asias*, New York: New York University Press.

Lin, D. (2006) "Sissies Online: Taiwanese Male Queers Performing Sissinesses in Cyberspaces," *Inter-Asia Cultural Studies*, 7 (2): 270–88.

Liu, H. (1995) "Hooliganism," *Chinese Sociology and Anthropology*, 27 (3): 57–63.

Liu, H., Yang, H. M., Li, X. M., Wang, N., Liu, H. J., Wang, B., Zhang, L., Wang, Q. Q., and Stanton, B. (2006) "Men Who Have Sex with Men and Human Immunodeficiency Virus / Sexually Transmitted Disease Control in China," *Sexually Transmitted Diseases*, 33 (2): 68–76.

Lo, S. H. (2001) "Citizenship and Participation in Hong Kong," *Citizenship Studies*, 5 (2): 127–142.

Louie, K. (2002) *Theorising Chinese Masculinity: Society and Gender in China*, Cambridge: Cambridge University Press.

——— (2003) "Chinese, Japanese and Global Masculine Identities," in K. Louie and M. Low (eds.), *Asian Masculinities: The Meaning and Practice of Manhood in China and Japan*, London and New York: RoutledgeCurzon, pp. 1–15.

Luibhéid, E. and L. Cantú (eds.) (2005) *Queer Migrations: Sexuality, U. S. Citizenship, and Border Crossings*, Minneapolis: University of Minnesota Press.

Ma, E. K. W. (2001) "The Hierarchy of Drinks: Alcohol and Social Class in Hong Kong," in G. Mathews and T. L. Lui (eds.), *Consuming Hong Kong*, Hong Kong: Hong Kong University Press, pp. 117–140.

Mackenzie, P. W. (2002) "Strangers in the City: The Hukou and Urban Citizenship in China," *Journal of International Affairs*, 56 (1): 305–319.

Mak, A. (2000) "Bi All Means: The Trouble with Tong Zhi Discourse: Beyond Queer Looks in the East is Red and Swordsman II," unpublished M. Phil thesis, University of Hong Kong.

Mak, A. and King, M. A. (1997) "Hong Kong's Tongzhi Novement: Through the Eyes of Queer Sisters," in S. Woodman (ed.), *Hong Kong's Social Movements: Forces from the Margin*, Hong Kong: July 1 Link and Hong Kong Women Christian Council, pp. 100–108.

Malinowski, B. (1922) *Argonauts of the Western Pacific: An Account of Native Enterprise and Adventure in the Archipelagoes of Melanesian New Guinea*, London: Routledge & Kegan Paul.

Manalansan IV, M. F. (1993) " (Re) Locating the Gay Filipino: Resistance,

Postcolonialism, and Identity," *Journal of Homosexuality*, 26 (2/3): 53–72.

———— (2003) *Global Divas: Filipino Gay Men in the Diaspora*, Durham and London: Duke University Press.

Manderson, L. and Jolly, M. (eds.) (1997) *Sites of Desire/Economies of Pleasure: Sexualities in Asia and the Pacific*, London: University of Chicago Press.

Marcuse, H. (1964) *One Dimensional Man: Studies in the Ideology of Advanced Industrial Society*, London: Routledge and Kegan Paul.

Marshall, T. H. (1950) *Citizenship and Social Class and Other Essays*, Cambridge: Cambridge University Press.

Martin, F. (2015), "Transnational Queer Sinophone Cultures," in McLelland, M. and Vera, M. (eds.), *Routledge Handbook of Sexuality Studies in East Asia*, London: Routledge: 35–48.

Martin, F., Jackson, P. A., McLelland, M., and Yue, A. (eds.) (2008) *AsiapacifiQueer: Rethinking Genders and Sexualities*, Urbana and Chicago: University of Illinois Press.

Mason, M. A., Skolnick, A., and Sugarman, S. D. (eds.) (2003) *All Our Families: New Policies for a New Century: A Report of the Berkeley Family Forum*, New York: Oxford University Press.

Massey, D. (1994) *Space, Place, and Gender*, Minneapolis: University of Minnesota Press.

Mathews, G. (1997) "Heunggongyahn: On the Past, Present, and Future of Hong Kong Identity," *Bulletin of Concerned Asian Scholars*, 29 (3): 3–13.

Mathews, G. and Lui, T. L. (2001) (eds.) "Introduction," *Consuming Hong Kong*, Hong Kong: Hong Kong University Press.

McIntosh, M. (1968) "The Homosexual Role," *Social Problems*, 16: 182–192.

McNair, B. (2002) *Striptease Culture: Sex, Media and the Democratisation of Desire*, London, New York: Routledge.

Mead, M. (1952) *Sex and Temperament in Three Primitive Societies*, London: Routledge & Kegan Paul; first published by William Morrow & Co., New York (1935).

Medhurst, A. and Munt, S. R. (eds.) (1997) *Lesbian and Gay Studies: A Critical*

Introduction, London: Cassell.

Meeks, C. (2001) "Civil Society and the Sexual Politics of Difference," *Sociological Theory*, 19 (3): 325–343.

Meeks, C. and Stein, A. (2006) "Refiguring the Family: Towards a Post-Queer Politics of Gay and Lesbian Marriage," in D. Richardson, J. McLaughlin, and M. E. Casey (eds.), *Intersections between Feminist and Queer Theory*, Basingstoke, Eng.: Palgrave Macmillan, pp. 136–155.

Miles, S. (1998) *Consumerism: As a Way of Life*, London: Sage.

Mills, C. W. (1959) *The Sociological Imagination*, Oxford: Oxford University Press.

Minichiello, V., Marino, R., and Browne, J. (2002) "Knowledge, Risk Perceptions and Condom Usage in Male Sex Workers from Three Australian Cities," *AIDS Care*, 13 (3): 387–402.

Moi, T. (1991) "Appropriating Bourdieu: Feminist Theory and Pierre Bourdieu's Sociology of Culture," *New Literary History*, 22: 1017–1049.

Mongia, P. (ed.) (1996) *Contemporary Postcolonial Theory: A Reader*, London: Arnold.

Moore, L. (ed.) (2005) *Global Resistance Reader*, London and New York: Routledge.

Mort, F. (1980) "Sexuality: Regulation and Contestation," in Gay Left Collective (ed.), *Homosexuality: Power and Politics*, London: Allison and Busby, pp. 38–51.

Mort, F. (1988a) "Boy's Own? Masculinity, Style and Popular Culture," in R. Chapman and J. Rutherford (eds.), *Male Order: Unwrapping Masculinity*, London: Lawrence and Wishart.

Mort, F. (1988b) *Cultures of Consumption: Masculinities and Social Space in Late-Twentieth Century Britain*, London: Routledge.

Mouffe, C. (1995) "Feminism, Citizenship, and Radical Democratic Politics," in L. Nicholson and S. Seidman (eds.), *Social Postmodernism: Beyond Identity Politics*, Cambridge: Cambridge University Press, pp. 315–331.

Mulvey, T. J. (2005) "Hong Kong Families in the Twenty-First Century," in R. J. Estes (ed.), *Social Development in Hong Kong: The Unfinished Agenda*, Hong Kong: Oxford University Press, pp. 225–235.

Mutchler, M. G. (2000) "Young Gay Men's Stories in the States: Scripts, Sex, and Safety in the Time of AIDS," *Sexualities*, 3 (1): 31–54.

Nardi, P. (1999) *Gay Men's Friendships: Invincible Communities*, Chicago, IL: University of Chicago Press.

Nardi, P. M. and Schneider, B. E. (eds.) (1998) *Social Perspectives in Lesbian and Gay Studies: A Reader*, London: Routledge.

Nee, V. (1996) "The Emergence of a Market Society: Changing Mechanisms of Stratification in China," *American Journal of Sociology*, 101 (4): 908–949.

Ng, C. H. (1994) "Power, Identity, and Economic Change – 25 Years of Family Studies in Hong Kong," in B. K. P. Leung and T. Y. C. Wong (eds.), *25 Years of Social and Economic Development in Hong Kong*, Hong Kong: Center of Asian Studies, University of Hong Kong, pp. 94–110.

———— (1995) "Bringing Women Back in: Family Change in Hong Kong," in V. Pearson and B. K. P. Leung (eds.), *Women in Hong Kong*, Hong Kong: Oxford University Press, pp. 74–100.

Ng, M. L. (1998) "School and Public Sexuality Education in Hong Kong," *Journal of Asian Sexuality*, 1: 32–35.

Ng, M. L. and Ma, J. C. (updated by Lau, M. P. and Francoeur, R. T.) (2004) "Hong Kong," in R. R. Francoeur and R. Noonan. (eds.), *Continuum Complete International Encyclopedia of Sexuality*, New York: Continuum, pp. 489–502.

Ng, V. (1987) "Ideology and Sexuality: Rape Laws in Qing China," *Journal of Asian Studies*, 46 (1): 57–70.

———— (1989) "Homosexuality and the State in Late Imperial China," in M. B. Duberman, M. Vicinus, and G. Chauncey (eds.), *Hidden from History: Reclaiming the Gay and Lesbian Past*, New York: Nal Books.

Ngo, T. W. (2000) "Social Values and Consensual Politics in Colonial Hong Kong," in H. Antlov and T. W. Ngo (eds.), *The Cultural Construction of Politics in Asia*, Surrey: Curzon Press, pp. 131–153.

Nguyen, T. H. (2004) "The Resurrection of Brandon Lee: The Making of a Gay Asian American Porn Star," in L. Williams (ed.), *Porn Studies*, Durham: Duke University Press: pp. 223–270.

———— (2014) *A View from the Bottom: Asian American Masculinity and Sexual Representation*. Durham: Duke University Press.

Nutong Xueshe (2007) "In/Out: Hong Kong Tongzhi Creative Workshop and Exhibition," *Inter-Asia Cultural Studies*, 8 (4): 589–599.

O'Connell Davidson, J. (1996) "Prostitution and the Contours of Control," in J. Weeks and J. Holland (eds.), *Sexual Cultures: Communities, Values and Intimacy*, London: Macmillan, pp. 180–198.

O'Neil, M. "The Aestheticization of the Whore in Contemporary Society: Desire, the Body, Self and Society," paper presented to the Body and Organization Workshop, Keele, September 1996.

Ong, A. (1993) "On the Edge of Empires: Flexible Citizenship among Chinese in Diaspora," *Positions: East Asia Culture Critiques*, 1 (3): 745–778.

———— (1996) "Cultural Citizenship as Subject Making: Immigrants Negotiate Racial and Cultural Boundaries in the United States," *Current Anthropology*, 37 (5): 737–762.

———— (1998) "Flexible Citizenship among Chinese Cosmopolitans," in C. Pheng and B. Robbins (eds.), *Cosmopolitics: Thinking and Feelings Beyond the Nation*, Minneapolis: University of Minnesota Press, pp. 134–162.

———— (1999) *Flexible Citizenship: The Cultural Logics of Transnationality*, Durham and London: Duke University Press.

———— (2007) *Neoliberalism as Exception: Mutations in Citizenship and Sovereignty*, Durham and London: Duke University Press.

Ooi, V. (1997) "The Best Cultural Policy is No Cultural Policy: Cultural Policy in Hong Kong," *Cultural Perspective Hong Kong 1997*, complied by Hong Kong Cultural Sector Joint Conference, International Association of Theatre Critics (Hong Kong), Zuni Icosahedron, Hong Kong, pp. 31–43.

Padilla, M. B., Hirsch, J. S., Munoz-Laboy, M., Sember, R. E., and Parker, R. G. (eds.) (2007) *Love and Globalization: Transformations of Intimacy in the Contemporary World*, Nashville, TN: Vanderbilt University Press.

Pakulski, J. (1997) "Cultural Citizenship," *Citizenship Studies*, 1 (1): 73–86.

Pan, S. M. (2006) "Transformation in the Primary Life Cycle: The Origins and

Nature of China's Sexual Revolution," in E. Jeffreys (ed.), *Sex and Sexuality in China*, New York: Routledge, pp. 21–42.

Pang, M. (1996) "Barriers Perceived by Young Chinese Adults to Their Employment in Companies in the UK," *International Journal of Human Resource Management*, vol. 7, London: Routledge.

———— (1999) "Employment Situation of Young Chinese Adults in the British Labour Market," *Personnel Review*, 28 (1/2): 41–57.

Parker, D. (1998) "Chinese People in Britain: Histories, Futures and Identities," in G. Benton and F. N. Pieke (eds.), *The Chinese in Europe*, New York: St. Martin's Press, Inc., pp. 67–95.

Parker, Richard G. (1999) *Beneath the Equator: Cultures of Desire, Male Homosexuality, and Emerging Gay Communities in Brazil*, London: Routledge.

Perry, E. J. and Selden, M. (eds.) (2000) *Chinese Society: Change, Conflict and Resistance*, London and New York: Routledge.

Phelan, S. (2001) *Sexual Strangers: Gays, Lesbians, and Dilemmas of Citizenship*, Philadelphia: Temple University Press.

Plummer, K. (1975) *Sexual Stigma: An Interactionist Approach*, London: Routledge & Kegal Paul.

———— (1983) *Documents of Life: An Introduction to the Problems and Literature of a Humanistic Method*, London: Unwin Hyman.

———— (1992) "Speaking Its Name: Inventing a Lesbian and Gay Studies," in K. Plummer (ed.), *Modern Homosexualities: Fragments of Lesbian and Gay Experience*, London: Routledge, pp.3–25.

———— (1995) *Telling Sexual Stories: Power, Change and Social Worlds*, London and New York: Routledge.

———— (1998) "Afterword: The Past, Present, and Futures of the Sociology of Same-Sex Relations," in P. M. Nardi and B. E. Schneider (eds.), *Social Perspectives in Lesbian and Gay Studies: A Reader*, London and New York: Routledge, pp. 605–614.

———— (1999) "The Lesbian and Gay Movement in Britain: Schisms, Solidarities, and Social Worlds," in B. D. Adam, J. W. Duyvendak, and A. Krouwel (eds.), *The Global Emergence of Gay and Lesbian Politics: National Imprints of a*

Worldwide Movement, Philadelphia: Temple University Press, pp. 133–157.

—— (2000) "Symbolic Interactionism in the Twentieth Century," in B. Turner (ed.), *The Blackwell Companion of Social Theory*, Oxford: Blackwell Publishers, pp. 194–222.

—— (2001) "The Square of Intimate Citizenship: Some Preliminary Proposals," *Citizenship Studies*, 5 (3): 237–253.

—— (2003) *Intimate Citizenship: Private Decisions and Public Dialogues*, Montreal; Kingston: McGill-Queen's University Press.

—— (2008) "Foreword," in P. L. Hammack and B. J. Cohler (eds.), *The Story of Sexual Identity: Narrative Perspectives on the Gay and Lesbian Life Course*, Oxford: Oxford University Press.

Podmore, D. and Chaney, D. (1974) "Family Norms in a Rapidly Industrializing Society: Hong Kong," *Journal of Marriage and the Family*, 36 (2): 400–407.

Poon, M. K. L. and Ho, P. T. T. (2008) "Negotiating Social Stigma among Gay Asian Men," *Sexualities*, 11 (1/2): 245–268.

Prestage, G. (1994) "Male and Transsexual Prostitution," in R. Perkins, G. Prestage, R. Sharp, and F. Lovejoy (eds.), *Sex Work and Sex Workers in Australia*, Sydney: University of New South Wales Press Ltd, pp. 174–190.

Pun, N. (2003) "Subsumption or Consumption? The Phantom of Consumer Revolution in 'globalizing' China," *Cultural Anthropology*, 18 (4): 469–492.

—— (2005) *Made in China: Women Factory Workers in a Global Workplace*, Durham and London: Duke University Press.

Pun, N. and Wu, K. M . (2004) "Lived Citizenship and Lower-class Chinese Migrant Women: A Global City without Its People," in A. S. Ku and N. Pun (eds.), *Remaking Citizenship in Hong Kong: Community, Nation and the Global City*, New York: RoutledgeCurzon, pp. 139–154.

Pun, N. and Yee, L. M. (eds.) (2003) *Narrating Hong Kong Culture and Identity*, Hong Kong: Oxford University Press.

Rassool, N. (1999) "Flexible Identities: Exploring Race and Gender Issues among a Group of Immigrant Pupils in an Inner-City Comprehensive School," *British Journal of Sociology and Education*, 20 (1): 23–36.

Reibstein, J. and Richards, M. (1993) *Sexual Arrangements: Marriage and the Temptation of Infidelity*, New York: Scribner.

Reiss, A. J. (1961) "The Social Integration of Queers and Peers," *Social Problems*, 9: 102–119.

Rich, A. (1980) "Compulsory Heterosexuality and Lesbian Existence," *Signs*, 5: 631–660.

Richardson, D. (1998) "Sexuality and Citizenship," *Sociology*, 32 (1): 83–100.

———— (2000) "Constructing Sexual Citizenship: Theorizing Sexual Rights," *Critical Social Policy*, 20 (1): 105–135.

———— (2001) "Extending Citizenship: Cultural Citizenship and Sexuality," in N. Stevenson (ed.), *Culture and Citizenship*, London: Sage, pp. 153–166.

———— (2004) "Locating Sexualities: From Here to Normality," *Sexualities*, 7 (4): 391–411.

———— (2005) "Desiring Sameness? The Rise of a Neo-Liberal Politics of Normalization," *Antipode*, pp. 514–535.

Richardson, D. and S. Seidman (2002) *Handbook of Lesbian and Gay Studies*, London: Sage.

Robinson, W. I. (2007) "Theories of Globalization," in G. Ritzer (ed.), *The Blackwell Companion to Globalization*, Malden, MA and Oxford: Blackwell. Online. Available at:<http://www.blackwellreference.com/subscriber/tocnode?id=g9781405132749_chunk_g97814051327498> (accessed 1 Aug 2008).

Rofel, L. (2007) *Desiring China: Experiments in Neoliberalism, Sexuality, and Public Culture*, Durham and London: Duke University Press.

———— (2010) "The Traffic in Money Boys," *Positions: East Asian Cultures Critique*, 8 (2): 425-458.

———— (2012) " Grassroots Activism: Non-normative Sexual Politics in Post-socialist China," in Sun, W. N. and Guo, Y. J. (eds.), *Unequal China: The Political Economy and Cultural Politics in Inequality*, London: Routledge.

Rose, N. (1996) "Governing 'Advanced' Liberal Democracies," in A. Barry, T. Osborne, and N. Rose (eds.), *Foucault and Political Reason*, Chicago: University of Chicago Press, pp. 37–64.

Ruan, F. and Bollough, V. (1989) "Sex Repression in Contemporary China," in P. Kurtz (ed.), *Building a World Community: Humanism in the Twenty-First Century*, Buffalo, New York: Prometheus Books, pp. 198–201.

Ruan, F. F. (1991) *Sex in China*, New York: Plenum Press.

—— (1997) "China," In D. J. West and R. Green (eds.), *Sociolegal Control of Homosexuality: A Multi-nation Comparison*, New York: Plenum Press, pp. 57–66.

Ruan, F. F. and Tsai, Y. M. (1987) "Male Homosexuality in the Traditional Chinese Literature," *Journal of Homosexuality*, 14: 21–33.

—— (1988) "Male Homosexuality in Contemporary Mainland China," *Archives of Sexual Behavior*, 17 (2): 189–199.

Rubin, G. S. (1993) "Thinking Sex: Notes for a Radical Theory of the Politics of Sexuality," in H. Abelove, M. A. Barale, and D. M. Halperin (eds.), *The Lesbian and Gay Studies Reader*, London: Routledge: pp. 3–44; first published in C. S. Vance (ed.) (1984), *Pleasure and Danger: Exploring Female Sexuality*, Routledge and Kegan Paul.

Ryan, G. W. and Bernard, H. R. (2000) "Data Management and Analysis Methods," in N. K. Denzin and Y. S. Lincoln (eds.), *Handbook of Qualitative Research*, 2nd edn, Thousand Oaks, CA: Sage, pp. 769–802.

Said, E. W. (1978) *Orientalism: Western Conceptions of the Orient*, London: Routledge & Kegan Paul.

Salaff, J. (1976) "Working Daughters in the Hong Kong Chinese Family: Female Filial Piety or a Transformation in the Family Power Structure?" *Journal of Social History*, 9: 439–465.

—— (1981) *Working Daughters of Hong Kong: Filial Piety or Power in the Family?* Cambridge: Cambridge University Press.

Salaff, J., Shik, A., and Greve, A. (2009) "Like Sons and Daughters of Hong Kong: The 1.5 Generation Returns," in Social Transformation in Chinese Societies 'Doing Families' (In press).

Sanders, T. (2005) *Sex Work: A Risky Business*, Devon: Willan.

Sang, T. L. D. (1999) "Translating Homosexuality: The Discourse of Tongxing'ai in Republican China," in L. H. Liu (ed.), *Tokens of Exchange: The Problem of*

Translation in Global Circulation, Durham and London: Duke University Press, pp. 276–304.

——— (2003) *The Emerging Lesbian: Female Same-sex Desire in Modern China*, Chicago and London: The University of Chicago Press.

Sautman, B. (2004) "Hong Kong as a Semi-Ethnocracy: 'Race', Migration and Citizenship in a Globalized Region," in A. S. Ku and N. Pun (eds.), *Remaking Citizenship in Hong Kong: Community, Nation and the Global City*, New York: RoutledgeCurzon, pp. 115–138.

Scott, J. (1985) *Weapon of the Weak: Everyday Forms of Peasant Resistance*, New Haven, CT: Yale University Press.

Scott, J., Treas, J., and Richards, M. (eds.) (2004) *The Blackwell Companion to the Sociology of Families*, London: Blackwell.

Seale, C., Giampietro, G., Jaber, F., and Silverman, D. (eds.) (2004) *Qualitative Research Practice*, London: Sage.

Sedgwick, E. K. (1990) *Epistemology of the Closet*, Berkeley: University of California Press.

Segal, L. (1990) *Slow Motion: Changing Masculinities, Changing Men*, London: Virago.

Seidman, S. (1993) "Identity and Politics in a 'Postmodern' Gay Culture: Some Historical and Conceptual Notes," in M. Warner (ed.), *Fear of a Queer Planet: Queer Politics and Social Theory*, Minneapolis: University of Minnesota Press, pp. 105–142.

——— (1995) "Deconstructing Queer Theory or the Under-Theorization of the Social and the Ethical," in L. Nicholson and S. Seidman (eds.), *Social Postmodernism: Beyond Identity Politics*, Cambridge: Cambridge University Press, pp. 116–141.

——— (1998) "Are We All in the Closet? Notes towards a Sociological and Cultural Turn in Queer Theory," *European Journal of Cultural Studies*, 1: 177–192.

——— (2002) *Beyond the Closet: The Transformation of Gay and Lesbian Life*, New York and London: Routledge.

——— (2005) "From Outsider to Citizen," in E. Bernstein and L. Schaffner (eds.),

Regulating Sex: The Politics of Intimacy and Identity, New York and London: Routledge, pp. 225–246.

——— (ed.) (1996) *Queer Theory / Sociology*, Oxford: Basil Blackwell.

Seidman, S., Meeks, C., and Traschen, F. (1999) "Beyond the Closet? The Changing Social Meaning of Homosexuality in the United States," *Sexualities*, 2 (1): 9–34.

Sheller, M and J. Urry (2006) "The New Mobilities Paradigm," *Environment and Planning A*, 38: 207–226.

Sigley, G. (1998) "Guest Editor's Introduction," *Chinese Sociology and Anthropology*, 31 (1): 3–13.

Sinfield, A. (1998) *Gay and After*, London: Serpent's Tail.

Skeggs, B. (1997) *Formations of Class and Gender*, London: Sage.

Skeldon, R. (1994a) "Hong Kong in an International Migration System," in R. Skeldon (ed.), *Reluctant Exiles? Migration from Hong Kong and the New Overseas Chinese*, Hong Kong: Hong Kong University Press, pp. 21–51.

——— (1994b) "Reluctant Exiles or Bold Pioneers: An Introduction to Migration from Hong Kong," in R. Skeldon (ed.), *Reluctant Exiles? Migration from Hong Kong and the New Overseas Chinese*, Hong Kong: Hong Kong University Press, pp. 3–18.

——— (ed.) (1994) *Reluctant Exiles? Migration from Hong Kong and the New Overseas Chinese*, Hong Kong: Hong Kong University Press.

Smith, A. M. (1994) *New Right Discourse on Race and Sexuality: Britain, 1968–1990*, Cambridge: Cambridge University Press.

So, A. Y. (2002) "Social Protests, Legitimacy Crisis, and the Impetus toward Soft Authoritarianism in the Hong Kong SAR," in S. K. Lau (ed.), *The First Tung Chee-hwa Administration: The First Five Years of the Hong Kong Special Administration Region*, Hong Kong: The Chinese University Press, pp. 399–418.

——— (2003) "Cross-Border Families in Hong Kong: The Role of Social Class and Politics," *Critical Asian Studies*, 35 (4): 515–534.

——— (2004) "One Country, Three Systems? State, Nation, and Civil Society in the Making of Citizenship in the Chinese Triangle of Mainland-Taiwan-Hong Kong," in A. S. Ku and N. Pun (eds.), *Remaking Citizenship in Hong Kong: Community, Nation and the Global City*, New York: RoutledgeCurzon, pp. 235–253.

Solinger, D. (1999) *Contesting Citizenship in Urban China: Peasant, Migrants, the State, and the Logic of the Market*, Berkeley: University of California Press.

Sommer, M. H. (1997) "The Penetrated Male in Late Imperial China: Judicial Constructions and Social Stigma," *Modern China*, 23 (2): 140–180.

Song, G. (2004) *The Fragile Scholar: Power and Masculinity in Chinese Culture*, Hong Kong: Hong Kong University Press.

Song, H. L. (2006) *Celluloid Comrade: Representations of Male Homosexuality in Contemporary Chinese Cinemas*, Honolulu: University of Hawai'i Press.

Spivak, G. C. (1988) "Can the Subaltern Speak?" in C. Nelson and L. Grossberg (eds.), *Marxism and the Interpretation of Culture*, Urbana: University of Illinois Press, pp. 271–313.

Stacey, J. (2003) "Gay and Lesbian Families: Queer Like Us," in M. M. Mason, A. Skolnick, S. D. Sugerman (eds.), *All Our Families: New Policies for a New Century: A Report of the Berkeley Family Forum*, Oxford: Oxford University Press, pp. 144–169.

Stein, A. (1997) *Sex and Sensibility: Stories of a Lesbian Generation*, Berkeley: University of California Press.

Stoler, A. L. (1995) *Race and the Education of Desire: Foucault's History of Sexuality and the Colonial Order of Things*, Durham: Duke University Press.

Straayer, C. (1996) *Deviant Eyes, Deviant Bodies: Sexual Re-orientation in Film and Video*, New York: Columbia University Press.

Strathern, M. (1987) "Out of Context: The Persuasive Fictions of Anthropology," *Current Anthropology*, 28 (3): 251–281.

Strauss, A. L. and Corbin, J. M. (eds.) (1997) *Grounded Theory in Practice*, Thousand Oaks, CA: Sage.

Stychin, C. (2003) *Governing Sexuality: The Changing Politics of Citizenship and Law Reform*, Oxford: Hart.

Sullivan, A. (1995) *Virtually Normal: An Argument about Homosexuality*, London: Picador.

Sun, Z. X., Farrer, J. and Choi, K. H. (2006) "Sexual Identity Among Men Who Have Sex with Men in Shanghai," China Perspectives. Online. Available at: <http://chinaperspectives.revues.org/document598.html> (accessed 18 August 2007).

Swidler, A. (1980) "Love and Adulthood in American Culture," in N. J. Smelser, and E. H. Erikson (eds.), *Themes of Work and Love in Adulthood*, Cambridge, Massachusetts: Harvard University Press, pp. 120–147.

Szeto, M. M. (2004) "The Radical Itch: Rethinking Radicalism in Contemporary Chinese Societies," unpublished PhD Thesis, University of California, Los Angeles.

Takagi, D. Y. (1996) "Maiden Voyage: Excursion into Sexuality and Identity Politics in Asian America," in S. Seidman (ed.), *Queer Theory / Sociology*, Oxford: Basil Blackwell, pp. 243–258.

Tam, M. S. M. (2005) "We-Women and They-Women: Imagining Mistresses Across the Hong Kong-China Border," in M. Tam, H. B. Ku, and T. S. K. Kong (eds.), *Rethinking and Recasting Citizenship: Social Exclusion and Marginality in Chinese Societies*, Hong Kong: Centre for Social Policy Studies, the Hong Kong Polytechnic University, pp. 107–130.

Tam, S. T. (1998) "Representation of 'the Chinese' and 'Ethnicity' in British Racial Discourse," in E. Sinn (ed.), *The Last Half Century of Chinese Overseas*, Hong Kong: Hong Kong University Press, pp. 81–90.

Tang, D. S. T. (2008) "Conditional Spaces and Infinite Possibilities: Hong Kong Lesbians and Urban Spatialities," unpublished PhD thesis, The Hong Kong Polytechnic University.

—— (2012) *A Dialogue on Chinese Male Homosexualities. Inter-Asia Cultural Studies*, 13 (4): xx.

Thompson, P. (1988; 1st edn 1978) *The Voice of the Past: Oral History*, Oxford: Oxford University Press.

Tong, C. K. M. (2008) "Being a Young Tomboy in Hong Kong: The Life and Identity Construction of Lesbian Schoolgirls," in F. Martin, P. A. Jackson, M.

McLelland, and A. Yue (eds.), *AsiapacifiQueer: Rethinking Genders and Sexualities*, Urbana and Chicago: University of Illinois Press, pp. 117–130.

Troiden, R. (1979) "Becoming Homosexual: A Model of Gay Identity Acquisition," Psychiatry, 42 (4): 362–373.

———— (1988) *Gay and Lesbian Identity: A Sociological Analysis*, New York: General Hall.

Trouillot, M. R. (2001) "The Anthropology of the State in the Age of Globalization: Close Encounters of the Deceptive Kind," *Current Anthropology*, 42 (1): 125–138.

———— (2003) *Global Transformations: Anthropology and the Modern World*, New York: Palgrave Macmillan.

Tsang, A. K. T. (1987) "Sexuality: The Chinese and the Judeo-Christian Traditions in Hong Kong," *Bulletin of the Hong Kong Psychological Society*, 19/20:19–28.

Tsang, D. Y. K. (2005) *2005–2006 Policy Address: Strong Governance for the People*, Hong Kong: The Government of the HKSAR. Online. Available at: <http://www.policyaddress.gov.hk/09-10/eng/archives.html> (accessed 8 Dec 2008).

———— (2006) *2006–2007 Policy Address: Proactive, Pragmatic, Always People First*, Hong Kong: The Government of the HKSAR. Online. Available at: <http://www.policyaddress.gov.hk/09-10/eng/archives.html> (accessed 8 Dec 2008).

Tung, C. H. (2001) *2001 Policy Address: Building on Our Strengths, Investing in Our Future*, Hong Kong: The Government of the HKSAR. Online. Available at: <http://www.policyaddress.gov.hk/09-10/eng/archives.html> (accessed 8 Dec 2008).

Turner, B. (2001) "Outline of a General Theory of Cultural Citizenship," in N. Stevenson (ed.), *Culture and Citizenship*, London: Sage, pp. 11–32.

Turner, M. (1995) "Hong Kong Sixties/Nineties: Dissolving the People," in Turner, M., and I. Ngan (eds.), *Hong Kong Sixties: Designing Identity*, Hong Kong: Hong Kong Arts Centre, pp. 13–34.

Turner, M. and I. Ngan (eds.) (1995) *Hong Kong Sixties: Designing Identity*, Hong Kong: Hong Kong Arts Centre.

Turner, N. (1994) "Out of the Closet and into the Fire," *Eastern Express*, 23 April: 17.

Urry, J. (2007) *Mobilities*, Cambridge: Polity.

Van Gulik, R. H. (1961) *Sexual Life in Ancient China: A Preliminary Survey of Chinese Sex and Society from ca. 1500 B.C. till 1644 A.D.*, Leiden, Netherlands: E. J. Brill.

Vanwesenbeeck, I. (2001) "Another Decade of Social Scientific Work on Sex Work: A Review of Research 1990–2000," *Annual Review of Sex Research*, 12: 242–289.

Waites, M. (2003) "Equality at Last? Homosexuality, Heterosexuality and the Age of Consent in the United Kingdom," *Sociology*, 37 (4): 637–655.

Walby, S. (1994) "Is Citizenship Engendered?" *Sociology*, 28 (2): 379–395.

Wang, F. L. (2004) "Reformed Nigration Control and New Targeted People: China's Hukou System in the 2000s," *The China Quarterly*, 177: 115–132.

Warner, M. (1999) *The Trouble with Normal: Sex, Politics, and the Ethics of Queer Life*, New York: Free Press.

—— (2002) *Publics and Counterpublics*, New York: Zone Books.

—— (ed.) (1993) *Fear of A Queer Planet: Queer Politics and Social Theory*, Minneapolis: University of Minnesota Press.

Warren, C. (1974) *Identity and Community in the Gay World*, New York: Wiley.

Weeks, J. (1981) *Sex, Politics and Society: The Regulation of Sexuality Since 1800*, Harlow: Longman.

—— (1985) *Sexuality and Its Discontents: Meanings, Myths and Modern Sexualities*, London: Routledge.

—— (1990; 1st edn 1977) *Coming Out: Homosexual Politics in Britain from the Nineteenth Century to the Present*, London: Quartet Books.

—— (1998) "The Sexual Citizen," *Theory, Culture & Society*, 15 (3–4): 35–52.

—— (2003; 1st edn 1986) *Sexuality*, London and New York: Routledge.

—— (2007) *The World We Have Won: The Remaking of Erotic and Intimate Life*, London and New York: Routledge.

Weeks, J., Heaphy, B., and Donovan, C. (2001) *Same-Sex Intimacies: Families of Choice and Other Life Experiments*, London: Routledge.

—— (2004) "The Lesbian and Gay Family," in J. Scott, J. Treas and M. Richards (eds.), *The Blackwell Companion to the Sociology of Families*, London: Blackwell, pp. 340–355.

Wei, W. (2007) "'Wandering men' No Longer Wander around: The Production and Transformation of Local Homosexual Identities in Contemporary Chengdu, China," *Inter-Asia Cultural Studies*, 8 (4): 572–588.

———— (2013) *Book review: Chinese Male Homosexualities: Memba, Tongzhi and Golden Boy*, Women's Studies, 42: 617–620.

West, C. (1987) "The Dilemma of the Black Intellectual," *Critical Quarterly*, 29 (14): 39–52.

West, D. J. and de Villiers, B. (1993) *Male Prostitution*, London and New York: The Haworth Press.

Weston, K. (1991) *Families We Choose: Lesbians, Gays, Kinship*, New York: Columbia University Press.

———— (1993) "Lesbian/Gay studies in the House of Anthropology," *Annual Review of Anthropology*, 22: 339–367.

Wieringa, S. E., Blackwood, E., and Bhaiya, A. (eds.) (2007) *Women's Sexualities and Masculinities in a Globalizing Asia*, New York: Palgrave Macmillan.

Williams, P. and Chrisman, L. (eds.) (1993) *Colonial Discourse and Post-Colonial Theory: A Reader*, London: Harvester Wheatsheaf.

Wilson, A. (2006) "Queering Asia," *Intersections: Gender, History and Culture in the Asian Context*, issue 14. Online. Available at: <http://wwwsshe.murdoch.edu. au/intersections/issue14/wilson.html> (accessed 24 Aug 2008).

Wong, A. W. C. (2011) "Book review: *Chinese Male Homosexualities: Memba, Tongzhi and Golden Boy*," *Asian Anthropology*, 10: 158–160.

———— (2013) "The Politics of Sexual Minorities and Evangelical Activism in Hong Kong," *Inter-Asia Cultural Studies*, 14 (3): 340–360.

Wong, W. W. C. (2011) "Book review: *Chinese Male Homosexualities: Memba, Tongzhi and Golden Boy*," *Sexually Transmitted Infections*, 87 (4): 330.

Wong, D. (2004) " (Post-)Identity Politics and Anti-Normalization: (Homo)Sexual Rights Movement," in A. S. Ku and P. Ngai (eds.), *Remaking Citizenship in Hong Kong*, London: Routledge: pp. 195–214.

———— "Hong Kong Lesbian Partners Actively Create Their Own Families," paper presented at *Doing Families in Hong Kong Workshop*, organized by the Department of Sociology, The University of Hong Kong, Nov 11, 2006.

———— (2007) "Rethinking the Coming Home Alternative: Hybridization and Coming Out Politics in Hong Kong's Anti-Homophobia Parades," *Inter-Asia Cultural Studies*, 8 (4): 600–616.

Wong, F. M. (1972) "Modern Ideology, Industrialization, and Conjugalism: The Case of Hong Kong," *International Journal of Sociology of the Family*, 2: 139–150.

———— (1975) "Industrialization and Family Structure in Hong Kong," *Journal of Marriage and the Family*, 27 (4): 985–1000.

Wong, F. Y., Huang, Z. J., He, N., Smith, B. D., Gin, Y., Fu, C., and Young, D. (2008) "HIV Risks among Gay-and-Non-Gay-Identified Migrant Boys in Shanghai, China," *AIDS Care*, 20 (2): 170–180.

Wong, T. W. P. (1998) "Colonial Governance and the Hong Kong Story," *Occasional Paper No. 7*, Hong Kong: Hong Kong Institute of Asia-Pacific Studies, The Chinese University of Hong Kong.

Wong, W. C. W. and Kong, T. S. K. (2007) "To Determine Factors in an Initiation of a Same-Sex Relationship in Rural China: Using Ethnographic Decision Model," *AIDS Care*, 19 (7): 850–857.

Wong, W. C. W., Zhang, J., Wu, S. C., Kong, T. S. K., and Ling, D. C. Y. (2006) "The HIV Related Risks among Men Having Sex with Men in Rural Yunnan, China: A Qualitative Study," *Sexually Transmitted Infections*, 82: 127–130.

Woo, M. Y. K. (2006) "Contesting Citizenship: Marriage and Divorce in the People's Republic of China," in E. Jeffreys (ed.), *Sex and Sexuality in China*, New York: Routledge, pp. 62–81.

Woodhead, D. (1995) "'Surveillant Gays': HIV, Space and the Constitution of Identities," in D. Bell and G. Valentine (eds.), *Mapping Desire: Geographies of Sexualities*, London: Routledge, pp. 231–244.

Woods, G. (1998) *A History of Gay Male Literature: The Male Tradition*, New Haven, CT: Yale University Press.

Wu, C. C. (2004) *Homoerotic Sensibilities in Late Imperial China*, London and New York: RoutledgeCurzon.

Wu, J. (2003) "From 'Long Yang' and 'Dui Shi' to Tongzhi: Homosexuality in China," *Journal of Gay & Lesbian Psychotherapy*, 7 (1/2): 117–143.

Wu, Y. H., Bai, L. S., Liu, Y. C., and Zhao, Z. H. (2004) "Men Who Have Sex with Men and HIV/AIDS Prevention in China," in Y. Lu and M. Essex (eds.), *AIDS in Asia*, New York: Kluwer Academic / Plenum Publishers, pp. 365–377.

Yan, H. R. (2003a) "Neoliberal Governmentality and Neo-Humanism: Organizing Sushi / Value Flow through Labor Recruitment Networks," *Cultural Anthropology*, 18 (4): 493–523.

———— (2003b) "Spectralization of the Rural: Reinterpreting the Labor Nobility of Rural Young Women in Post-Mao China," *American Ethnologist*, 30 (4): 578–596.

Yan, Y. X. (1996) *The Flow of Gifts: Reciprocity and Social Networks in a Chinese Village*, Stanford, CA: Stanford University Press.

Yan, Y. X. (2003) *Private Life Under Socialism: Love, Intimacy, and Family Change in a Chinese Village, 1949–1999*, Stanford, CA: Stanford University Press.

Yang, M. M. H. (2002) "Mass Media and Transnational Subjectivity in Shanghai: Notes on (Re-)Cosmopolitanism in a Chinese Metropolis," in J. X. Inda and R. Rosaldo (eds.), *The Anthropology of Globalization: A Reader*, Malden, MA and Oxford: Blackwell, pp. 325–349; first published in A. Ong and D. M. Nonini (eds.) (1997), *Ungrounded Empires: The Cultural Politics of Modern Chinese Transnationalism*, New York: Routledge, pp. 287–319.

Yang, T. L. (1981) *Report of Inquiry into Inspector MacLennan's Case*, Hong Kong: The Government Printer.

Yee, A. H. (1989) "Cross-Cultural Perspectives on Higher Education in East Asia: Psychological Effects upon Asian Students," *Journal of Multilingual and Multicultural Development*, 10 (3): 213–245.

Yeung, H. M. (2016) "Ideal Relationship? An Investigation of Same-Sex Intimacy through 10 Same-Sex Couples in Hong Kong," unpublished capstone project dissertation, The University of Hong Kong.

Yip, A. K.T. (1997) "Gay Male Christian Couples and Sexual Exclusivity," *Sociology*, 31 (2): 289–306.

Yip, P. S. F., Chi, I., Chiu, H., Kwan, C. W., Conwell Y., and Cane E. (2003) "A Prevalence Study of Suicide Ideation among Older Adults in Hong Kong SAR," *International Journal of Geriatric Psychiatry*, 18 (11): 1056–1062.

Yung, D. (1997a) "In Search of Cultural Policy 93," in *Cultural Perspective Hong Kong 1997*, complied by Hong Kong Cultural Sector Joint Conference, International Association of Theatre Critics (Hong Kong), Zuni Icosahedron, Hong Kong, pp. 51–53.

Yuval-Davis, N. (2008) "Intersectionality, Citizenship and Contemporary Politics of Belonging," in B. Siim and J. Squires (eds.), *Contesting Citizenship*, London and New York: Routledge, pp. 159–172.

Zhang, B. C. and Chu, Q. S. (2005) "MSM and HIV/AIDS in China," *Cell Research*, 15 (11–12): 858–864.

Zhang, B. C., Liu D. C., Li, X. F., and Hu, T. Z. (2000) "A Survey of Men Who Have Sex with Men: Mainland China," *American Journal of Public Health*, 90 (12), 1949–1950.

Zhang, B. C., Wu, S. W., Li, X. F., Zhu, M. Q., and Yang L. G. (2004) "Study on High Risk Behaviours among Male Sex Workers Related to STI/HIV," *Journal for China AIDS/STD*, 10: 329–331.

Zhang, L. (2001) *Strangers in the City: Reconfigurations of Space, Power, and Social Networks within China's Floating Population*, Stanford, CA: Stanford University Press.

Zheng, T. T. (2015) *Tongzhi Lives: Men Attracted to Men in Postsocialist China*, Minneapolis: University of Minnesota Press.

Zhu, Y. (2007) "China's Floating Population and Their Settlement in the Cities: Beyond the Hukou Reform," *Habitat International*, 31 (1): 65–76.

Zito, A. (1994) "Silk and Skin: Significant Boundaries," in A. Zito and T. E. Barlow (eds.), *Body, Subject & Power in China*, Chicago and London: The University of Chicago Press, pp. 103–130.

華語電影及電視節目

《人在紐約》，關錦鵬執導，1989。
《三個相愛的少年》，趙崇基執導，1994。

《心猿意馬》，李志超執導，1999。
《古惑仔情義篇之洪興十三妹》，葉偉民執導，1998。
《好郁》，游靜執導，2005。
《四級殺人狂2男瘋》，侯永財執導，1999。
《玉蒲團二之玉女心經》，錢文琦執導，1996。
《自梳》，張之亮執導，1997。
《似是故人來》(錄像)，鮑靄倫執導，1993。
《妖夜迴廊》，李志超執導，2003。
《金枝玉葉》，陳可辛執導，1994。
《金枝玉葉2》，陳可辛執導，1996。
《東方不敗》，程小東執導，1992。
《家變》(電視劇)，TVB製作，1977。
《面具》，張曾澤執導，1972。
《春光乍洩》，王家衛執導，1997。
《基佬40》，舒琪執導，1997。
《假男假女》，侯永財執導，1996。
《遊園驚夢》，楊凡執導，2001。
《喋血雙雄》，吳宇森執導，1989。
《愛奴》，楚原執導，1972。
《誌同志》(紀錄片)，崔子恩執導，2009。
《薰衣草》，葉錦鴻執導，2000。
《鏗鏘集》〈同志‧戀人〉(新聞節目)，香港電台製作，2006。
《霸王別姬》，陳凱歌執導，1993。

華語舞台劇

《水滸傳》，林奕華執導，2006。
《白雪先生灰先生》，黃智龍、梁祖堯合導，2008。

《男更衣室的四種風景》，林奕華執導，1991。

《男裝帝女花》，林奕華執導，1995。

《教我如何愛四個不愛我的男人》，林奕華執導，1989。

《馴情記》，黃智龍、梁祖堯合導，2003。

《攣到爆》，黃智龍、梁祖堯合導，2004，2006，2008。

索引